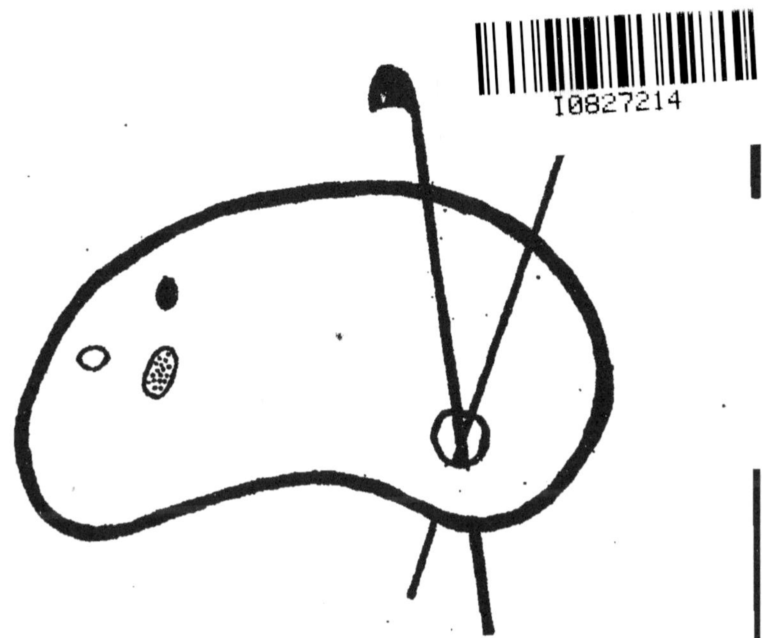

ACADÉMIE ROYALE

DES SCIENCES, DES LETTRES ET DES BEAUX-ARTS DE BELGIQUE.

NOTICES

BIOGRAPHIQUES ET BIBLIOGRAPHIQUES

CONCERNANT

LES MEMBRES, LES CORRESPONDANTS ET LES ASSOCIÉS.

1886

BRUXELLES,

F. HAYEZ, IMPRIMEUR DE L'ACADÉMIE ROYALE DE BELGIQUE

1887

PUBLICATIONS ACADÉMIQUES.

DEPUIS LA RÉORGANISATION, EN 1816.

Mémoires, t. I à XLVI; 46 vol. in-4°. Prix : 8 fr. depuis le t. X. — *Mémoires couronnés et Mémoires des savants étrangers*, t. I à XLIX; 49 vol. in-4°. Prix : 8 francs, à partir du tome XII. — *Mémoires couronnés et autres Mémoires*, (Collection in-8°.) Tomes I à XXXIX; 39 vol. in-8°. — *Tables de Logarithmes*, par A. Namur et P. Mansion; in-8°. — *Tables des Mémoires* (1816-1857 et 1858-1878). In-18.

Bulletins, 1re série, tomes I à XXIII; 2me série, tomes I à L; 3me série, tomes I à XII; 106 vol. in-8°. *Appendice*. An. 1853-1854. In-8°. Prix : 4 francs par volume. — *Tables générales*, 1re série, tomes I à XXIII (1832 à 1856), 1858; 2me série, tomes I à XX (1857 à 1866), tomes XXI à L (1867 à 1880), 1883; 3 volumes in-8°.

Bibliographie académique, 1854, vol. in-18. — 1874, vol. in-18. — 1886, vol. in-18.

Catalogue de la bibliothèque de l'Académie, 1850; nouvelle édition, 1re partie, 1881; 2e partie : sciences, 1883; 2 vol. in-8°.

Catalogue de la bibliothèque du baron de Stassart, 1863; in-8°.

Centième anniversaire de fondation de l'Académie (1772-1872). 1872; 2 vol. gr. in-8°.

Annuaires, années 1835 à 1887, 53 volumes in-18. Prix : fr. 1-50.

COMMISSION ACADÉMIQUE POUR LA PUBLICATION DES MONUMENTS DE LA LITTÉRATURE FLAMANDE.

ŒUVRES DE VAN MAERLANT : *Der Naturen Bloeme*, t. I, publié par J.-H. Bormans, 1857; 1 vol. in-8°. — *Rymbybel*, avec *Glossaire*, publié par J. David, 1858-1860; 4 vol. in-8°. — *Alexanders Geesten*, publié par F.-A. Snellaert, 1860-1862; 2 vol. in-8°. — *Nederlandsche gedichten, etc.*, publiées par F.-A. Snellaert, 1869; in-8°. — *Parthenopeus van Bloys*, publié par J.-H. Bormans, 1871; in-8°. — *Speghel der Wysheit, van Jan Praet*, publié par J.-H. Bormans, 1872; in-8°.

COMMISSION ACADÉMIQUE POUR LA PUBLICATION D'UNE COLLECTION DES ŒUVRES DES GRANDS ÉCRIVAINS DU PAYS.

Chastellain, par le baron Kervyn de Lettenhoven, 8 vol. in-8°. — *Le livre des Chroniques de Froissart*, par le même, 2 vol. in-8°. — *Œuvres de Froissart*, par le même, avec *Poésies* et *Glossaire*, par A. Scheler; 30 volumes in-8°. — *Philippe de Commines*, par le baron Kervyn de Lettenhove; 3 vol. in-8°. — *Jehan Le Bel*, par M.-L. Polain; 2 vol. in-8°. — *Jean et Baudouin de Condé*, par A. Scheler; 3 vol. in-8°. — *Li ars d'amour, etc.*, par J. Petit; 2 vol. in-8°. — *Li Roumans de Cléomadès*, par A. Van Hasselt; 2 vol. in-8°. — *Watriquet de Couvin*, par A. Scheler; 1 volume in-8°. — *Les enfances Ogier; Berte aus grans piés; Bueves de Commarchis*, d'Adenez li Rois, par A. Scheler; 3 vol. in-8°. — *Trouvères belges du XIIe au XIVe siècle*, par le même; 1 vol. in-8°; Nouvelle série, 1 vol. in-8°. — *Li Bastars de Bullion*, par le même 1 vol. in-8°. — *Récits d'un Bourgeois de Valenciennes* (XIVe SIÈCLE), par le baron Kervyn de Lettenhove; 1 vol. in-8°. — *Œuvres de Ghillebert de Lannoy*, par Ch. Potvin; 1 vol. in-8°. — *Poésies de Gilles li Muisis*, par le baron Kervyn de Lettenhove; 2 vol. in-8°. — *Œuvres de Jean Lemaire de Belges*, par J. Stecher; 3 vol. in-8°. — *Li Regret Guillaume*, par A. Scheler; vol. in-8°.

COMMISSION ACADÉMIQUE DE LA BIOGRAPHIE NATIONALE.

Biographie nationale, t. I à IX, 1re p., 1866-1886; gr. in-8°.

COMMISSION ROYALE D'HISTOIRE.

Collections de Chroniques belges inédites, publiées par ordre du Gouvernement; 71 volumes in-4°.

Comptes rendus des séances : 1re série, avec table, 17 vol.; 2me série, avec table, 13 vol.; 3me série, avec table, 15 vol. in-8°; 4me série, tomes I à XII.

Annexes aux Bulletins : 15 volumes in-8°.

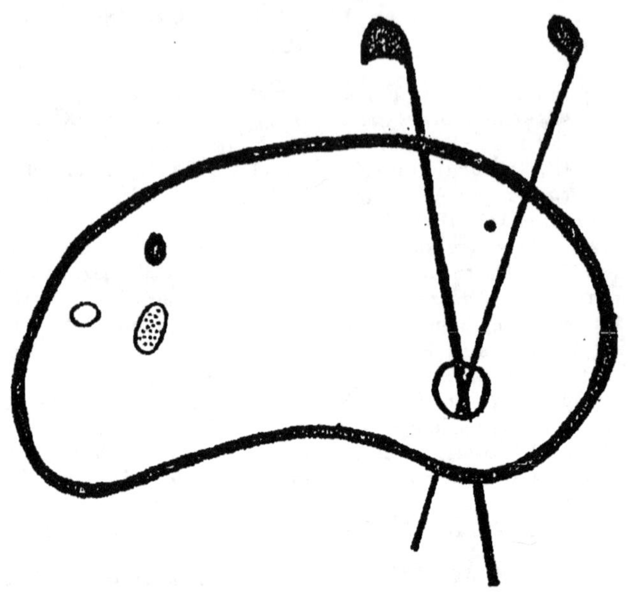

FIN D'UNE SERIE DE DOCUMENTS
EN COULEUR

BIBLIOGRAPHIE ACADÉMIQUE.

ACADÉMIE ROYALE

DES SCIENCES, DES LETTRES ET DES BEAUX-ARTS DE BELGIQUE.

NOTICES

BIOGRAPHIQUES ET BIBLIOGRAPHIQUES

CONCERNANT

LES MEMBRES, LES CORRESPONDANTS ET LES ASSOCIÉS.

1886

BRUXELLES,

F. HAYEZ, IMPRIMEUR DE L'ACADÉMIE ROYALE DE BELGIQUE

1887

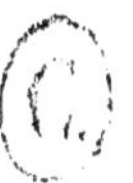

TABLE DES MATIÈRES.

SIGNES CONVENTIONNELS.

Les distinctions dans l'ordre de Léopold sont indiquées par le signe ✠, qui se rapporte au grade de *chevalier;* ce signe, précédé des lettres O., C., G. O., G. C., désigne les grades d'*officier*, de *commandeur*, de *grand officier* ou de *grand cordon*.

Les renseignements bibliographiques placés sous la rubrique : BULLETINS DE L'ACADÉMIE (1re *série*), comprennent souvent, après la mention de la tomaison, les indications suivantes : 1°, 2°, 3°. Ces indications se rapportent à la 1re, 2e ou 3e partie du volume.

ORGANISATION DE L'ACADÉMIE.

APERÇU HISTORIQUE [1].

En 1769, il se forma à Bruxelles une *Société littéraire*, sous les auspices du comte de Cobenzl, ministre plénipotentiaire de l'Impératrice Marie-Thérèse auprès du prince Charles de Lorraine, gouverneur général des Pays-Bas. La première séance eut lieu chez le comte de Neny, chef et président du conseil privé, le 5 mai de la même année.

Trois ans après, la Société littéraire vit élargir son cadre et reçut de Marie-Thérèse, par lettres patentes datées du 16 décembre 1772, le titre d'*Académie impériale et royale des sciences et belles lettres*, ainsi que plusieurs privilèges

(1) Un abrégé de l'Histoire de l'Académie (1769-1872) a été donné par Ad. Quetelet, dans l'ouvrage intitulé : *Centième anniversaire de fondation*, tome Ier.

Plus récemment, M. Ed. Mailly, membre de la classe des sciences, a écrit l'Histoire de l'Académie impériale et royale des sciences et belles-lettres de Bruxelles. (Voyez *Mémoires couronnés et autres Mémoires*, coll. in-8°, tomes XXXIV et XXXV.) Cette histoire a été mise à contribution pour rectifier certains renseignements de l'édition de 1874 du présent ouvrage.

importants pour cette époque. La première séance fut tenue à la Bibliothèque royale, sous la présidence de M. de Crumpipen, chancelier de Brabant, le 13 avril 1773 (¹).

L'Académie impériale et royale continua paisiblement ses travaux jusqu'au 21 mai 1794, jour où elle s'assembla pour la dernière fois à cause des évènements politiques; elle publia, outre cinq volumes de mémoires sur les sciences et les lettres, un grand nombre d'ouvrages couronnés, dont la liste a été insérée dans l'*Annuaire* de 1841, 7e année.

Par arrêté du 7 mai 1816, le Roi Guillaume Ier la rétablit, sous le titre d'*Académie royale des sciences et belles-lettres*. L'installation eut lieu au Musée des tableaux de la ville, le 18 novembre de la même année (²).

En 1832, l'Académie, consultée par M. le Ministre de l'intérieur sur l'utilité de la création d'une classe des beaux-arts, répondit, à l'unanimité, qu'elle regardait cette extension comme nécessaire. Différents plans de réorganisation furent proposés, soit au sein, soit en dehors de l'Académie; le Gouvernement reprit l'examen de ces plans, et, par ses arrêtés du 1er décembre 1845, signés par le Roi Léopold Ier, sépara les classes des sciences et des lettres et créa la classe des beaux-arts (³).

(¹) Voyez dans l'*Annuaire de l'Académie* pour 1840, 6e année, les différents documents insérés par M. Gachard, d'après les pièces retrouvées dans les archives de l'État, et relatifs à l'histoire de l'ancienne Académie impériale et royale.

(²) Voyez le procès-verbal de la séance dans l'*Annuaire de l'Académie* pour 1840, 6e année.

(³) Voyez, dans les *Annuaires* de 1846 à 1850, les documents relatifs à la réorganisation de l'Académie.

Deux événements mémorables ont eu lieu depuis pour l'Académie.

Le premier a été la célébration, le 7 mai 1866, du cinquantième anniversaire de son rétablissement par le Roi Guillaume [1].

Le second a eu lieu les 28 et 29 mai 1872, lorsque la Compagnie a célébré solennellement le centième anniversaire de sa fondation par l'Impératrice Marie-Thérèse [2].

(1) Voyez *Bulletin*, 2e série, t. XXI, p. 455.

(2) Voyez le *Centième anniversaire de fondation* de l'Académie, 1772-1872. Bruxelles, Hayez, 1872; 2 vol. gr. in-8°.

ANCIENNE ACADÉMIE DE BRUXELLES.

(1769-1816 [1].)

Présidents.

COBENZL (Le comte DE)	1769
CRUMPIPEN (Le chancelier DE)	1772

Secrétaires perpétuels.

GERARD	1769	à	1776
DES ROCHES	1776	à	1787
MANN (L'abbé)	1787	à	1794

Directeurs.

NEEDHAM (L'abbé)	1769	à	1780
FRAULA (Le comte DE)	1780	à	1781
DU CHASTELER (Le marquis)	1781	à	1784
GERARD	1784	à	1786
DU CHASTELER (Le marquis)	1786	à	1789
CHEVALIER (L'abbé)	1791 (2)	à	1793
GERARD	1793	à	1794
CHEVALIER (L'abbé)	1794 (3)		

(1) L'Académie, dispersée en 1794 par suite des évènements politiques, ne tint pas de séances pendant l'intervalle de temps compris entre le 21 mai 1794, date de sa dernière réunion, et le 18 novembre 1816, jour où elle s'assembla, pour la première fois, après son rétablissement par Guillaume Ier, Roi des Pays-Bas.

(2) Il n'y eut pas de directeur pendant l'intervalle compris entre la mort du marquis du Chasteler (11 octobre 1789) et la nomination de l'abbé Chevalier (18 mai 1791).

(3) L'abbé Chevalier fut élu directeur dans la séance du 21 mai 1794.

Membres régnicoles et étrangers.

COBENZL (Le comte Jean-Charles-Philippe DE); nommé le 1er février 1769; né à Laybach le 21 juillet 1712; mort à Bruxelles le 27 janvier 1770.

NENY (Le comte Patrice-François DE); nommé le 1er février 1769; né à Bruxelles le 24 décembre 1716; mort dans la même ville le 1er janvier 1784.

NEEDHAM (Jean-Turberville); nommé le 1er février 1769; né à Londres le 10 septemb. 1713; mort à Bruxelles le 30 décemb. 1781.

VANDER VYNCKT (Luc-Joseph); nommé le 1er février 1769; né à Gand le 8 mars 1691; mort dans la même ville le 28 janvier 1779.

ROSSUM (Adrien-Charles-Joseph VAN); nommé le 1er février 1769; né à Louvain en 1705; mort dans la même ville le 8 mai 1789.

NELIS (Corneille-François DE); nommé le 1er fév. 1769; né à Malines le 5 juill. 1736; mort en Italie (près de Florence) le 21 août 1798.

GERARD (Georges-Joseph); nommé le 1er fév. 1769; né à Bruxelles le 2 juin 1734; mort dans la même ville le 4 avril 1814.

VOUNCK (Josse-Jean-Hubert); nommé le 1er février 1769; né à Louvain le 17 avril 1733; mort dans la même ville le 20 mars 1799.

PAQUOT (Jean-Noël); nommé le 1er février 1769; né à Florennes (Namur) le 22 juillet 1722; mort à Liége le 8 juin 1803.

VERDUSSEN (Jean-Baptiste); nommé le 1er février 1769; né à Anvers le 15 déc. 1698; mort dans la même ville le 13 octob. 1773.

SEUMOY (Henri-Joseph DE); nommé le 1er fév. 1769; mort en 1798 (?).

DU BOIS DE SCHOONDORP (André-Augustin); nommé le 5 mai 1769; né à Gand le 5 juin 1720; mort dans la même ville le 15 mars 1795.

Caussin (Nicolas); nommé en octobre 1769 (1); né à Saux (France) le 7 octobre 1719; mort à Gand le 8 janvier 1783.

Hesdin de Lieré (Martin de); nommé en octobre 1769 (1); mort à Bruxelles le 29 juin 1792.

Limbourg (Robert de); élu le 26 avril 1770; né à Theux le 1er décembre 1731; mort dans la même ville le 20 février 1792.

Chevalier (Jean-Baptiste); élu le 16 octobre 1770; né à Lisbonne; mort à Prague en 1801.

Crumpipen (Joseph-Ambroise-Henri-Jean de); nommé le 26 juin 1772; né à Bruxelles le 9 septembre 1737; mort dans la même ville le 11 février 1809.

Pigott (Nathaniel); élu le 25 mai 1773; né à Whitton (Middlesex, Angleterre); mort en 1804.

de Necker (Natalis-Martin-Joseph); élu le 25 mai 1773; né à Lille le 25 décembre 1730; mort à Manheim le 12 décembre 1793.

Messier (Charles); élu le 25 mai 1773; né à Badonviller le 26 juin 1730; mort à Paris le 11 avril 1817.

Morand (Jean-François-Clément); élu le 25 mai 1773; né à Paris le 29 avril 1726; mort dans la même ville le 13 août 1784.

Marci (Jean de); élu le 25 mai 1773; né à Chassepierre (Luxembourg) en 1709; mort à Bruxelles le 4 septembre 1791.

Des Roches (Jean); élu le 25 mai 1773; né à La Haye le 1er mars 1740; mort à Bruxelles le 20 mai 1787.

Du Rondeau (François); élu le 25 mai 1773; né à Bruxelles le 30 août 1732; mort dans la même ville le 3 avril 1803.

(1) Ni les *protocoles* ni les archives de l'ancienne Académie ne renferment aucune trace de la nomination de l'abbé Caussin et de Martin de Hesdin. D'après Gerard, elle avait eu lieu, sur leur demande, quelques jours après la séance du 16 octobre 1769.

WITRY (Louis-Hyacinthe D'EVERLANGE DE) ; élu le 25 mai 1773; né à Witry (Luxembourg) le 2 août 1719; mort à Bruxelles en 1801 (?).

BEUNIE (Jean-Baptiste DE) ; élu le 25 mai 1773 ; né à Roosendael en 1717; mort à Anvers le 25 février 1793.

GODART (Guillaume-Lambert); élu le 24 juin 1773; né à Verviers le 3 avril 1721; mort dans la même ville le 2 mars 1794.

MANN (Théodore-Auguste); élu le 7 février 1774; né dans le Yorkshire (Angleterre) le 22 juin 1735; mort à Prague le 23 février 1809.

VALMONT DE BOMARE (Jacques-Christophe); élu le 7 février 1774; né à Rouen le 17 septembre 1731; mort à Paris le 24 août 1807.

WYN (Henri VAN); élu le 14 octobre 1774; né à La Haye le 21 juin 1740; mort dans la même ville le 27 septembre 1831.

DE LA LANDE (Joseph-Jérôme LE FRANÇAIS); élu le 14 octobre 1776; né à Bourg en Bresse (France) le 11 juillet 1732; mort à Paris le 4 avril 1807.

MOREAU (Jacob-Nicolas); élu le 14 octobre 1776; né à St-Florentin (France) le 20 décembre 1717; mort à Chambourcy (près de St-Germain-en-Laye) le 29 juin 1804.

BERTHOD (Anselme); élu le 14 octobre 1776; né à Rupt (France) le 21 février 1733; mort à Bruxelles le 19 mars 1788.

FRAULA (Le comte Thomas-François-Joseph DE); élu le 14 octobre 1776; né à Bruxelles le 22 juin 1729; mort dans la même ville le 16 octobre 1787.

LAUNAY (Jean-Louis-Wenceslas DE); élu le 14 octobre 1776; né à Vienne en 1740; mort dans la même ville le 14 avril 1817.

BOURNONS (Rombaut); élu le 14 octobre 1776; né à Malines le 11 novembre 1731; mort à Bruxelles le 22 mars 1788.

NIEUPORT (Ch.-Fr. DE PREUD'HOMME D'HAILLY, vicomte DE); élu le 14 octobre 1777; né à Paris le 13 janvier 1746; mort à Bruxelles le 20 août 1827.

GALLITZIN (Le prince Dmitri-Alexiévitch DE); élu le 3 avril 1778; né en Russie le 26 mai 1734; mort à Brunswick en 1799.

HEYLEN (Pierre-Joseph); élu le 13 octobre 1778; né à Norderwijck (Anvers) le 24 décembre 1737; mort à Lierre le 5 déc. 1793.

DU CHASTELER (Le marquis François-Gabriel-Joseph); élu le 14 octobre 1779; né à Mons le 20 mars 1744; mort à Liège le 11 octobre 1789.

SWINDEN (Jean-Henri VAN); élu le 14 octobre 1779; né à La Haye le 8 juin 1746; mort à Amsterdam le 9 mars 1823.

GHESQUIERE (Joseph-Hippolyte); élu le 12 oct. 1780; né à Courtrai le 27 février 1731; mort à Essen (Gueldre) le 23 janvier 1802.

CAELS (Théodoric-Pierre); élu le 10 janvier 1782; né à Louvain le 19 septembre 1739; mort à Bruxelles le 12 décembre 1819.

BOCHAUTE (Charles VAN); élu le 17 octobre 1782; né à Malines le 26 avril 1732; mort à Bruxelles le 5 novembre 1793.

BURTIN (Le chevalier François-Xavier); élu le 26 octobre 1784; né à Maestricht le 15 décembre 1743; mort à Bruxelles le 6 août 1818.

DE BERG (Ferdinand-Pierre RAPÉDIUS); élu le 26 octobre 1784; né à Bruxelles le 5 mars 1740; mort à Vienne en 1800.

TE WATER (Jona-Guillaume); élu le 26 octobre 1784; né à Zaamslag (Zélande) le 28 oct. 1740; mort à Leyde le 19 oct. 1822.

BRÜHL (Le comte Jean-Maurice DE); élu le 21 novembre 1785; né à Wiederau (Allemagne) le 20 décembre 1736; mort à Londres le 22 janvier 1809.

BEVY (Charles-Joseph DE); élu le 21 novembre 1785; né à Saint-Hilaire (près d'Orléans) le 4 novembre 1738; mort à Paris le 28 juin 1830.

ZACH (Le baron François-Xavier DE); élu le 21 novembre 1785; né à Presbourg le 4 juin 1754; mort à Paris le 2 septembre 1832.

KOCH (Le chevalier Chrétien-Guillaume DE); élu le 21 novemb. 1785; né à Bouxwiller (Alsace) le 9 mai 1737; mort à Strasbourg le 25 octobre 1813.

MAGALHAENS (Jean-Hyacinthe DE); élu le 21 novembre 1785; né à Lisbonne le 4 novembre 1722; mort à Islington (près de Londres) le 7 février 1790.

LESBROUSSART (Jean-Baptiste); élu le 14 mai 1790; né à Ully-Saint-Georges (anc. Picardie) le 22 janvier 1747; mort à Bruxelles le 10 décembre 1818.

FELTZ (Le baron Guillaume-Antoine-François DE); élu le 18 mai 1791; né à Luxembourg le 5 février 1744; mort à Bruxelles le 3 juillet 1820.

HOPPÉ; élu le 6 décembre 1791.

CHABERT (Le marquis Joseph-Bernard DE); élu le 19 octobre 1792; né à Toulon le 28 février 1724; mort à Paris le 1er déc. 1805.

N. B. MM. van Rossum et Du Bois de Schoondorp furent rayés de la liste des membres de la Société littéraire, en séance du 16 octobre 1770. — M. de Seumoy se retira à l'époque de l'organisation définitive de l'Académie. — M. Valmont de Bomare fut rayé de la liste des académiciens, en séance du 14 octobre 1779.

ACADÉMIE DEPUIS SON RÉTABLISSEMENT.

(1816-1886.)

Le *Règlement* de 1816 stipulait, relativement à la composition de l'Académie :

ART. 3. — L'Académie sera composée de soixante académiciens, dont douze honoraires et quarante-huit ordinaires.

ART. 5. — Dix-huit places d'académiciens ordinaires devront être remplies par des gens de lettres domiciliés à Bruxelles, et le directeur ainsi que le secrétaire seront tirés de ce nombre. Dix-huit autres places pourront être données à des sujets demeurant dans toutes les provinces du royaume, et pour le surplus on pourra faire choix de savants étrangers.

En 1820, l'Académie créa une nouvelle catégorie de membres, appelés *Correspondants ;* ils pouvaient être régnicoles ou étrangers. Le Règlement qui les concerne (approuvé par arrêté royal du 5 décembre 1829) disait :

1° Le nombre des correspondants est fixé à soixante;

2° Il y en aura quarante pour les sciences et vingt pour l'histoire.

En 1845, lors de la constitution définitive de l'Académie en trois classes, la composition de chacune d'elles fut déterminée par le paragraphe suivant de l'article 4 des Statuts organiques :

ART. 4. — Chaque classe est composée de trente membres.

Elle compte, en outre, cinquante associés étrangers et dix correspondants régnicoles au plus.

Présidents [1].

MM.	le baron DE FELTZ	1816 à 1820
	le prince DE GAVRE	1820 à 1832
	AD. QUETELET	1832 à 1835
	le baron DE STASSART	1835
	le baron DE GERLACHE	1836
	le baron DE STASSART	1837
	le baron DE GERLACHE	1838
	le baron DE STASSART	1839
	le baron DE GERLACHE	1840
	le baron DE STASSART	1841
	le baron DE GERLACHE	1842
	le baron DE STASSART	1843
	le baron DE GERLACHE	1844
	le baron DE STASSART	1845
	le baron DE GERLACHE	1846
	le baron DE STASSART	1847
	F.-P. VERHULST	1848
	F.-J. FÉTIS	1849
	J.-B.-J. D'OMALIUS D'HALLOY	1850
	M.-N.-J. LECLERCQ.	1851
	le baron DE GERLACHE	1852

(1) Jusqu'à la mort du prince de Gavre, survenue le 2 août 1832, la présidence fut séparée des fonctions de directeur. Pendant cet espace de temps, les directeurs furent successivement : MM. de Nieuport, de 1816 à 1827; Raoux, de 1827 à 1831; Quetelet, de 1831 à 1832. Après la mort du prince de Gavre, les fonctions de président furent remplies par le directeur. Par suite du nouveau règlement établi à la fin de 1845, chaque classe élit un directeur annuel, et c'est le Roi qui désigne, parmi ces trois directeurs, le président de l'Académie. Depuis 1872, celui-ci a été choisi à tour de rôle dans les trois classes.

MM. le baron DE STASSART 1853
F.-J. NAVEZ 1854
A.-G. NERENBURGER 1855
Le baron DE GERLACHE 1856
P.-F.-X. DE RAM 1857
J.-B -J. D'OMALIUS D'HALLOY 1858
F.-J. FÉTIS 1859
L. GACHARD 1860
J. LIAGRE 1861
A. VAN HASSELT 1862
M.-N.-J. LECLERCQ 1863
M. SCHAAR 1864
L. ALVIN 1865
CH FAIDER 1866
le vicomte DU BUS DE GISIGNIES . . . 1867
F.-J. FÉTIS 1868
AD. BORGNET. 1869
G. DEWALQUE 1870
L. GALLAIT 1871
J.-B.-J. D'OMALIUS D'HALLOY 1872
J. THONISSEN. 1873
N. DE KEYSER 1874
AL. BRIALMONT 1875
CH. FAIDER 1876
L. ALVIN 1877
J.-C. HOUZEAU 1878
M.-N.-J. LECLERCQ. 1879
L. GALLAIT 1880
P.-J. VAN BENEDEN 1881
ALPH. LE ROY 1882
ÉD. FÉTIS. 1883
ÉD. DUPONT 1884
CH. PIOT 1885
L. ALVIN 1886

Secrétaires perpétuels.

MM. Van Hulthem . . . . 1816 à 1821
Dewez . . . . 1821 à 1835
Ad. Quetelet . . . . 1835 à 1874
Liagre. . . . . Élu en 1874

Membres honoraires.

Ursel (Le duc Charles-Joseph d'); nommé le 3 juillet 1816; né à Bruxelles le 9 août 1777; mort à Engelen, près de Bornhem (Anvers) le 27 septembre 1860.

Van der Cappellen (Le baron Godert-Alexander-Gerrit-Philip); nommé le 3 juillet 1816; né le 15 décembre 1778; mort à Vollenhoven le 10 avril 1848.

Gavre (Le prince Charles-Alexandre-François-Rasse de); nommé le 3 juillet 1816; né à Bruxelles le 15 octobre 1759; mort à La Haye le 2 août 1832.

Coninck (Le chevalier Patrice-Charles-Ghislain de); nommé le 3 juillet 1816; né à Bruges le 19 novembre 1770; mort dans la même ville le 22 mai 1827.

Spaen la Leck (Le baron Guillaume-Anne van); nommé le 3 juillet 1816; né le 26 décembre 1750; mort à La Haye le 20 avril 1817.

Keverberg de Kessel (Le baron Charles-Louis-Guillaume-Joseph de); nommé le 3 juillet 1816; né à Halen (Limbourg hollandais) le 13 mars 1768; mort à La Haye le 30 novembre 1841.

Tuyll van Serooskerken van Zuylen (Le baron Willem-René van); nommé le 3 juillet 1816.

Lampsins (Le baron Apolonius-Jan-Cornelis); nommé le 3 juillet 1816.

Falck (Anton-Reinhard); élu le 7 mai 1818; né à Utrecht le 19 mars 1776; mort à Bruxelles le 16 mars 1843.

Repelaer van Driel (Ocker); élu le 7 mai 1818; né à Dordrecht en 1759; mort à La Haye le 26 octobre 1832.

Walter (Jean-Joseph); élu le 26 novembre 1825; né à Namur le 2 janvier 1773; mort à Bruxelles le 12 avril 1845.

CLASSE DES SCIENCES.

—

Directeurs.

MM. P.-C. Dandelin 1846
C. Wesmael 1847
F.-P. Verhulst 1848
le vicomte B.-A.-L. Du Bus de Gisignies 1849
J.-B.-J. d'Omalius d'Halloy 1850
A.-D. de Hemptinne 1851
J. Kickx 1852
J.-S. Stas 1853
le baron Edm. de Selys Longchamps . 1854
A.-G. Nerenburger 1855
A. Dumont 1856
G. Gluge 1857
J.-B.-J. d'Omalius d'Halloy 1858
L. Melsens 1859
P.-J. Van Beneden 1860
J. Liagre 1861
L. de Koninck 1862
C. Wesmael 1863
M. Schaar 1864
A.-G. Nerenburger 1865
J.-B.-J. d'Omalius d'Halloy 1866
le vicomte Du Bus de Gisignies . . . 1867
A. Spring 1868
P.-H. Nyst 1869
G. Dewalque 1870
J.-S. Stas 1871
J.-B.-J d'Omalius d'Halloy 1872

MM. G. GLUGE 1873
E. CANDÈZE 1874
AL. BRIALMONT 1875
M. GLOESENER. 1876
H. MAUS. 1877
J.-C. HOUZEAU 1878
le baron EDM. DE SELYS LONGCHAMPS. 1879
J.-S. STAS 1880
P.-J. VAN BENEDEN. 1881
CH. MONTIGNY. 1882
ÉD. VAN BENEDEN 1883
ÉD. DUPONT 1884
ÉD. MORREN 1885
ÉD. MAILLY 1886

Membres et Correspondants (1).

NIEUPORT (Ch.-Fr. de PREUD'HOMME d'HAILLY, vicomte DE); élu le 14 octobre 1777; confirmé le 3 juillet 1816; né à Paris le 13 janvier 1746; mort à Bruxelles le 20 août 1827.

SWINDEN (Jean-Henri VAN); élu le 14 octobre 1779; confirmé le 3 juillet 1816; né à La Haye le 8 juin 1746; mort à Amsterdam le 9 mars 1823.

CAELS (Théodoric-Pierre); élu le 10 janvier 1782; confirmé le 3 juillet 1816; né à Louvain le 19 septembre 1739; mort à Bruxelles le 12 décembre 1819.

BURTIN (Le chevalier François-Xavier); élu le 26 octobre 1784; confirmé le 3 juillet 1816; né à Maestricht le 15 décemb. 1743; mort à Bruxelles le 6 août 1818.

(1) Il ne s'agit, ici, que des correspondants *régnicoles*.

FELTZ (Le baron Guillaume-Antoine-François DE); élu le 18 mai 1791; confirmé le 3 juillet 1816; né à Luxembourg le 5 février 1744; mort à Bruxelles le 3 juillet 1820.

BRUGMANS (Sebald-Justinus); nommé membre le 3 juillet 1816; né à Franeker (Frise) le 24 mars 1768; mort à Leyde le 22 juillet 1819.

SENTELET (Joseph-Ferdinand), nommé membre le 3 juillet 1816; né à Overwinden (province de Liège) le 17 juillet 1754; mort à Louvain le 27 novembre 1829.

MARUM (Martin VAN); nommé membre le 3 juillet 1816; né à Groningue le 20 mars 1750; mort à Harlem le 26 décembre 1837.

MINCKELERS (Jean-Pierre); nommé membre le 3 juillet 1816; né à Maestricht en 1748; mort dans la même ville le 4 juillet 1824.

MONS (Jean-Baptiste VAN); nommé membre le 3 juillet 1816; né à Bruxelles le 11 novembre 1765; mort à Louvain le 6 sept. 1842.

KESTELOOT (Jacques-Louis); nommé membre le 3 juillet 1816; né à Nieuport le 9 octobre 1778; mort à Gand le 5 juillet 1852.

WAUTERS (Pierre-Engelbert); nommé membre le 3 juillet 1816; né à Moerzeke (près de Termonde) le 5 décembre 1745; mort à Gand le 8 octobre 1840.

THIRY (Charles-Eugène-Joseph); nommé membre le 3 juillet 1816; né à Mons le 8 janv. 1783; mort à Bruxelles le 24 janv. 1851.

OMALIUS D'HALLOY (Jean-Baptiste-Julien D'); nommé membre le 3 juillet 1816; né à Liège le 16 février 1783; mort à Bruxelles le 15 janvier 1875.

HARBAUR (François-Joseph); nommé membre le 3 juillet 1816; né à Neustadt (Alsace) le 24 mars 1776; mort à Cambrai le 26 mars 1824.

LAUNAY (Jean-Louis-Wenceslas DE); élu membre le 14 octobre 1776; confirmé le 29 mars 1817; né à Vienne en 1740; mort dans la même ville le 14 avril 1817.

Messier (Charles); élu membre le 25 mai 1773; confirmé le 29 mars 1817; né à Badonviller (France) le 26 juin 1730; mort à Paris le 11 avril 1817.

Kickx (Jean); élu membre le 26 avril 1817; né à Bruxelles le 9 mars 1775; mort dans la même ville le 27 mars 1831.

Garnier (Jean-Guillaume); élu membre le 7 mai 1818; né à Wasigny, près de Guise (Picardie), le 13 septembre 1766; mort à Ixelles le 20 décembre 1840.

Utenhove Van Heemstede (Le baron Jacques-Maurice-Charles van); élu membre le 30 novemb. 1818; né à Utrecht le 26 juill. 1773; mort à Lienden (Gueldre) le 1er septembre 1836.

Cassel (François-Pierre); élu membre le 18 janvier 1819; né à Cologne le 3 novembre 1784; mort à Gand le 9 juin 1821.

Quetelet (Lambert-Adolphe-Jacques); élu membre le 1er février 1820; né à Gand le 22 février 1796; mort à Bruxelles le 17 février 1874.

Dandelin (Germinal-Pierre); élu membre le 1er avril 1822; né au Bourget (près de Paris) le 12 avril 1794; mort à Ixelles le 15 février 1847.

Pagani (Gaspard-Michel); élu membre le 28 mars 1825; né à San-Giorgio (Piémont) le 12 février 1796; mort à Woubrechtegem (près d'Alost) le 10 mai 1855.

Cauchy (François-Philippe); élu membre le 4 juin 1825; né à Abbeville le 18 janvier 1795; mort à Namur le 6 juin 1842.

Fourier (Le baron Jean-Baptiste-Joseph); élu membre le 9 mai 1826; né à Auxerre le 21 mars 1768; mort à Paris le 16 mai 1830.

Vanderlinden (Pierre-Léonard); élu membre le 28 octobre 1826; né à Bruxelles le 12 décembre 1797; mort dans la même ville le 5 avril 1831.

Huguenin (Ulric); élu membre le 10 novembre 1827; né à Maestricht le 2 février 1755; mort à Nimègue le 7 novembre 1833.

Moll (Gérard); élu membre le 7 mai 1828; né à Amsterdam le 18 janvier 1785; mort dans la même ville le 17 janvier 1838.

Van der Maelen (Philippe-Marie-Guillaume); élu membre le 10 janvier 1829; né à Bruxelles le 23 décembre 1795; mort dans la même ville le 29 mai 1869.

Du Mortier (Barthélemy-Charles); élu membre le 2 mai 1829; né à Tournai le 3 avril 1797; mort dans la même ville le 9 juillet 1878.

Sauveur (Dieudonné-Jean-Joseph); élu membre le 7 novembre 1829; né à Liège le 6 octobre 1797; mort à Bruxelles le 1er novembre 1862.

Levy (Aaron); élu membre le 3 avril 1830; né à Paris en 1794; mort dans la même ville le 26 juin 1841.

Timmermans (Jean-Alexis); élu membre le 12 octobre 1833; né à Bruxelles le 22 août 1801; mort à Gand le 31 août 1864.

Dumont (André-Hubert); élu correspondant le 5 avril 1834; membre, le 15 décembre 1836; né à Liège le 15 février 1809; mort dans la même ville le 28 février 1857.

Schmerling (Philippe-Charles); élu correspondant le 5 avril 1834; né à Delft le 24 février 1791; mort à Liège le 7 novembre 1836.

Plateau (Joseph-Antoine-Ferdinand); élu correspondant le 5 avril 1834; membre, le 15 décembre 1836; né à Bruxelles le 14 octobre 1801; mort à Gand le 15 septembre 1883.

Wesmael (Constantin); élu correspondant le 5 avril 1834; membre, le 15 décembre 1835; né à Bruxelles le 4 octobre 1798; mort à Saint-Josse-ten-Noode le 26 octobre 1872.

Fohmann (Vincent); élu membre le 7 mai 1834; né à Assamstadt (Bade) le 5 avril 1794; mort à Liège le 25 septembre 1837.

HEMPTINNE (Aug.-Donat DE); élu membre le 7 mai 1834; né à Jauche (Brabant) le 15 août 1781; mort à Bruxelles le 5 janvier 1854.

LEJEUNE (Alexandre-Louis-Simon); élu membre le 7 mai 1834; né à Verviers le 23 décembre 1779; mort dans la même ville le 28 décembre 1858.

MARTENS (Martin); élu correspondant le 8 novembre 1834; membre, le 15 décembre 1835; né à Maestricht le 8 décembre 1797; mort à Louvain le 6 février 1863.

COURTOIS (Richard-Joseph); élu correspondant le 17 janvier 1835; né à Verviers le 17 janvier 1806; mort à Liège le 14 avril 1835.

MORREN (Charles-François-Antoine); élu correspondant le 17 janvier 1835; membre, le 8 mai 1838; né à Gand le 3 mars 1807; mort à Liège le 17 décembre 1858.

CRAHAY (Jacques-Guillaume); élu membre le 8 mai 1835; né à Maestricht le 3 avril 1789; mort à Louvain le 21 octobre 1855.

CANTRAINE (François-Joseph); élu correspondant le 15 décembre 1835; membre, le 15 décembre 1836; né à Ellezelles (Hainaut) le 1er décembre 1801; mort à Gand le 22 décembre 1868.

DE KONINCK (Laurent-Guillaume); élu correspondant le 15 décembre 1836; membre, le 15 décembre 1842; né à Louvain le 3 mai 1809; domicilié à Liège.

VAUX (Jean-Adolphe-Joseph DE); élu correspondant le 15 décembre 1836; membre, le 16 décembre 1846; né à Neuss le 15 septembre 1794; mort à Bruxelles le 21 avril 1866.

BENEDEN (Pierre-Joseph VAN); élu correspondant le 15 décembre 1836; membre, le 15 décembre 1842; né à Malines le 19 décembre 1809; domicilié à Louvain.

KICKX (Jean); élu correspondant le 15 décembre 1836; membre, le 15 décembre 1837; né à Bruxelles le 17 janvier 1803; mort dans la même ville le 1er septembre 1864.

SIMONS (Pierre); élu correspondant le 8 mai 1838; né à Bruxelles le 20 janvier 1797; mort en mer le 15 mai 1843.

VERHULST (Pierre-François); élu correspondant le 7 mai 1841; membre, le 14 décembre 1841; né à Bruxelles le 28 octobre 1804; mort dans la même ville le 15 février 1849.

STAS (Jean-Servais); élu correspondant le 7 mai 1841; membre, le 14 décembre 1841; né à Louvain le 21 août 1813; domicilié à Bruxelles.

SELYS LONGCHAMPS (Le baron Michel-Edmond DE); élu correspondant le 7 mai 1841; membre, le 16 décembre 1846; né à Paris le 25 mai 1813; domicilié à Waremme (province de Liège).

DU BUS DE GISIGNIES (Le vicomte Bernard-Amé-Léonard); élu correspondant le 7 mai 1841; membre, le 16 décembre 1846; né à Tournai le 21 juin 1808; mort à Ems le 6 juillet 1874.

GALEOTTI (Henri-Guillaume); élu correspondant le 7 mai 1841; né à Paris le 10 septembre 1814; mort à Bruxelles le 14 mars 1858.

DELVAUX DE FENFFE (Jean-Charles-Philippe-Joseph); élu membre le 14 décembre 1841; né à Rochefort (Namur) le 25 juillet 1782; mort à Liège le 14 novembre 1863.

SPRING (Frédéric-Antoine); élu correspondant le 14 décembre 1841 (1); membre, le 15 décembre 1864; né à Geroldsbach (Bavière) le 8 avril 1814; mort à Liège le 17 janvier 1872.

NYST (Pierre-Henri); élu correspondant le 15 décembre 1842; membre, le 17 décembre 1847; né à Arnheim le 8 mai 1813; mort à Molenbeek-Saint-Jean le 6 avril 1880.

GLUGE (Gottlieb); élu correspondant le 16 décembre 1843; membre, le 15 décembre 1849; né à Brakel (Westphalie) le 18 juin 1812; domicilié à Bruxelles.

(1) M. Spring a été associé de l'Académie de 1846 à 1864; il fut nommé membre effectif quelque temps après sa naturalisation.

DUPREZ (François-Joseph-Ferdinand); élu correspondant le 16 décembre 1846; membre, le 16 décembre 1854; né à Gand le 21 octobre 1807; mort dans la même ville le 14 mai 1884.

LOUYET (Paulin-Laurent-Charles-Évalery); élu correspondant le 16 décembre 1846; né à Mons le 28 janvier 1818; mort à Bruxelles le 3 mai 1850.

MAUS (Michel-Henri-Joseph); élu correspondant le 16 décembre 1846; membre, le 15 décembre 1864; né à Namur le 22 octobre 1808; domicilié à Ixelles.

MELSENS (Louis-Henri-Frédéric); élu correspondant le 16 décembre 1846; membre, le 15 décembre 1850; né à Louvain le 11 juillet 1814; domicilié à Bruxelles.

MEYER (Antoine); élu correspondant le 16 décembre 1846; né à Luxembourg le 31 mai 1803; mort à Liège le 29 avril 1857.

BRASSEUR (Jean-Baptiste); élu correspondant le 17 décembre 1847; membre, le 14 décembre 1855; né à Esch-sur-l'Alzette (Luxembourg) le 24 juin 1802; mort à Liège le 13 mai 1868.

NERENBURGER (Guillaume-Adolphe); élu correspondant le 17 décembre 1847; membre, le 15 décembre 1849; né à Amsterdam le 23 avril 1804; mort à Bruxelles le 19 mars 1869.

SCHAAR (Mathias); élu correspondant le 15 décembre 1849; membre, le 15 décembre 1851; né à Luxembourg le 28 décembre 1817, mort à Nice le 26 avril 1867.

DONNY (François-Marie-Louis); élu correspondant le 15 décembre 1850; membre, le 15 décembre 1866; né à Ostende le 31 janvier 1822; domicilié à Gand.

LIAGRE (Jean-Baptiste-Joseph); élu correspondant le 15 décembre 1850; membre, le 15 décembre 1853; né à Tournai le 17 février 1815; domicilié à Ixelles.

MARESKA (Daniel-Joseph-Benoît); élu correspondant le 15 décembre 1851; né à Gand le 9 septembre 1803; mort dans la même ville le 31 mars 1858.

POELMAN (Charles-Amand-Constantin); élu correspondant le 15 décembre 1851; membre, le 16 décembre 1857; né à Gand le 20 mars 1815; mort à Uccle le 17 juillet 1874.

HOUZEAU (Jean-Charles); élu correspondant le 16 décembre 1854; membre, le 15 décembre 1856; né à Mons le 7 octobre 1820; domicilié dans la même ville.

DEWALQUE (Gilles-Joseph-Gustave); élu correspondant le 16 décembre 1854; membre, le 16 décembre 1859; né à Stavelot le 2 décembre 1826; domicilié à Liège.

QUETELET (Ernest); élu correspondant le 14 décembre 1855; membre, le 15 décembre 1863; né à Bruxelles le 7 août 1825; mort à Ixelles le 6 septembre 1878.

UDEKEM (Gérard-Jules-Marie-Ghislain D'); élu correspondant le 14 décembre 1855; membre, le 16 décembre 1859; né à Louvain le 8 juin 1824; mort à St-Josse-ten-Noode le 10 décembre 1864.

GLOESENER (Michel); élu correspondant le 15 décembre 1856; membre, le 15 décembre 1864; né à Haut-Charage (Grand-Duché de Luxembourg) le 4 mars 1794; mort à Liège le 11 juillet 1876.

MONTIGNY (Charles-Marie-Valentin); élu correspondant le 16 décembre 1857; membre, le 16 décembre 1867; né à Namur le 8 janvier 1819; domicilié à Schaerbeek.

CANDÈZE (Ernest); élu correspondant le 15 décembre 1858; membre, le 15 décembre 1864; né à Liège le 22 février 1827; domicilié à Glain, près de Liège.

Chapuis (Félicien); élu correspondant le 15 décembre 1858; membre, le 15 décembre 1865; né à Verviers le 29 avril 1824; mort à Heusy (Verviers) le 30 septembre 1879.

Steichen (Michel); élu correspondant le 15 décembre 1861; membre, le 15 décembre 1868; né à Burange (Luxembourg) le 29 septembre 1804; domicilié à Ixelles.

Morren (Charles Jacques-Édouard); élu correspondant le 15 décembre 1861; membre, le 15 décembre 1871; né à Gand le 2 décembre 1833; mort à Liège le 28 février 1886.

Coemans (H.-Eugène-L.-G.); élu correspondant le 15 décembre 1862; membre, le 15 décembre 1864; né à Bruxelles le 30 octobre 1825; mort à Gand le 8 janvier 1871.

Brialmont (Henri-Alexis); élu correspondant le 15 décembre 1865; membre, le 15 décembre 1869; né à Venloo le 25 mai 1821; domicilié à Saint-Josse-ten-Noode.

Henry (Louis); élu correspondant le 15 décembre 1865; né à Marche le 26 décembre 1834; domicilié à Louvain.

Malaise (Constantin-Henri-Gérard-Louis); élu correspondant le 15 décembre 1865; membre, le 15 décembre 1873; né à Liège le 11 novembre 1834; domicilié à Gembloux.

Bellynck (Auguste); élu correspondant le 15 décembre 1865; associé, le 15 décembre 1870; né à Bergues (France) le 16 avril 1814; mort à Namur le 14 janvier 1877.

Dupont (Édouard-François), élu correspondant le 15 décembre 1866; membre, le 15 décembre 1869; né à Dinant le 31 janvier 1841; domicilié à Boitsfort.

Mailly (Nicolas-Édouard); élu correspondant le 16 décembre 1867; membre, le 15 décembre 1876; né à Bruxelles le 17 juin 1810; domicilié à Saint-Josse-ten-Noode.

Briart (Alphonse); élu correspondant le 16 décembre 1867; membre, le 15 décembre 1874; né à Chapelle-lez-Herlaimont (Charleroi) le 25 février 1825; domicilié à Mariemont.

Folie (François-Jacques-Philippe); élu correspondant le 15 décembre 1869; membre, le 15 décembre 1874; né à Venloo le 11 décembre 1833; domicilié à Liège.

Valérius (Hubert); élu correspondant le 15 décembre 1869; né à Diekirch le 29 août 1820; domicilié à Gand.

Tilly (Joseph-Marie De); élu correspondant le 15 décembre 1870; membre, le 16 décembre 1878; né à Ypres le 16 août 1837; domicilié à Anvers.

Beneden (Édouard Van); élu correspondant le 15 décembre 1870; membre, le 16 décembre 1872; né à Louvain le 5 mars 1846; domicilié à Liège.

Plateau (Félix-Auguste-Joseph); élu correspondant le 15 décembre 1871; membre, le 15 décembre 1874; né à Gand le 16 juin 1841; domicilié dans la même ville.

Crépin (François); élu correspondant le 16 décembre 1872; membre, le 15 décembre 1875; né à Rochefort le 30 octobre 1830; domicilié à Bruxelles.

Cornet (François-Léopold); élu correspondant le 15 décembre 1873; membre, le 16 décembre 1878; né à Givry (Hainaut) le 21 février 1834; domicilié à Mons.

Bambeke (Charles-Eugène-Marie Van); élu correspondant le 15 décembre 1874; membre, le 15 décembre 1879; né à Gand le 6 février 1829; domicilié dans la même ville.

Van der Mensbrugghe (Gustave-Léonard); élu correspondant le 15 décembre 1875; membre, le 14 décembre 1883; né à Gand le 13 février 1835; domicilié dans la même ville.

GILKINET (Charles-Alfred); élu correspondant le 15 décembre 1875; membre, le 15 décembre 1880; né à Ensival le 21 mai 1845; domicilié à Liège.

MOURLON (Michel-Félix); élu correspondant le 15 décembre 1876; né à Molenbeek-St-Jean le 11 mai 1845; domicilié à Bruxelles.

SPRING (Walthère-Victor); élu correspondant le 14 décembre 1877; membre, le 15 décembre 1884; né à Liège le 6 mars 1848; domicilié dans la même ville.

DELBOEUF (Joseph-Remi-Léopold); élu correspondant le 14 décembre 1877; né à Liège le 30 septembre 1831; domicilié dans la même ville.

ADAN (Émile-Henri-Joseph); élu correspondant le 15 décembre 1879; né à Bruxelles le 18 octobre 1830; mort à Ixelles le 13 janvier 1882.

FREDERICQ (Léon); élu correspondant le 15 décembre 1879; né à Gand le 24 août 1851; domicilié à Liège.

MASIUS (Jean-Baptiste-Nicolas-Voltaire); élu correspondant le 15 décembre 1880; né à Remich (Grand-Duché de Luxembourg) le 6 mars 1836; domicilié à Liège.

MANSION (Paul); élu correspondant le 15 décembre 1882; né à Marchin-lez-Huy le 3 juin 1844; domicilié à Gand.

RENARD (Alphonse-François); élu correspondant le 15 décembre 1882; né à Renaix le 28 septembre 1842; domicilié à Uccle.

DE HEEN (Pierre-Jacques-Frédéric); élu correspondant le 15 décembre 1884; né à Louvain le 6 novembre 1851; domicilié dans la même ville.

LE PAIGE (Constantin-Marie-Michel); élu correspondant le 15 décembre 1885; né à Liège le 9 mars 1852; domicilié dans la même ville.

Associés ([1]).

GEER VAN JUTPHAAS (Le baron Louis DE); nommé le 3 juillet 1816; né à Utrecht le 14 novembre 1784; mort dans la même ville le 3 novembre 1857.

VROLIK (Gérard); nommé le 3 juillet 1816; né à Leyde le 25 avril 1775; mort à Amsterdam le 10 novembre 1859.

VÈNE (A.); élu le 2 février 1824; mort dans l'intervalle compris entre 1865 et 1870.

RANZANI (Camille); élu le 8 mai 1824; né à Bologne le 22 juin 1775; mort dans la même ville le 23 avril 1841.

GERGONNE (Joseph-Diez); élu le 8 mai 1824; né à Nancy le 19 juin 1771; mort à Montpellier le 4 avril 1859.

MOREAU DE JONNÈS (Alexandre); élu le 21 mai 1825; né à Rennes le 19 mars 1778; mort à Paris en avril 1870.

AMPÈRE (André-Marie); élu le 8 octobre 1825; né à Lyon le 20 janvier 1775; mort à Marseille le 10 juin 1836.

BOUVARD (Alexis); élu le 8 octobre 1825; né aux environs de Chamonix (Savoie) le 27 juin 1767; mort à Paris le 7 juin 1843.

HACHETTE (Jean-Pierre-Nicolas); élu le 8 octobre 1825; né à Mézières le 6 mai 1769: mort à Paris le 16 janvier 1834.

([1]) Nous avons compris, parmi les associés, les *membres ordinaires* étrangers élus de 1816 à 1831 et décédés après 1845 (ils sont devenus associés le 1er décembre 1845), ainsi que les *correspondants étrangers* élus de 1820 à 1845. — Les *membres ordinaires* étrangers morts avant 1846 sont mentionnés parmi les membres et correspondants régnicoles. (*Voir* pages 16 et suivantes.)

DE HERDER (Le baron Sigismond-Auguste); élu le 8 octobre 1825; né à Bückeburg le 18 août 1776; mort à Freiberg le 29 janvier 1838.

OKEN (Laurent); élu le 8 octobre 1825; né à Bohlsbach (Allemagne) le 1er août 1779; mort à Zurich le 11 août 1851.

BABBAGE (Charles); élu le 7 octobre 1826; né à Teigemouth (Devonshire) le 26 décembre 1792; mort à Londres le 21 octobre 1871.

HERSCHEL (John-Frederic-William); élu le 7 octobre 1826; né à Slough (près de Windsor) le 7 mars 1792; mort à Collingwood (près de Hawkhurst) le 11 mai 1871.

GAMBART (Jean-Félix-Adolphe); élu le 23 décembre 1826; né à Cette en mai 1800; mort à Paris le 23 juillet 1836.

NICOLLET (Joseph-Nicolas); élu le 23 décembre 1826; né à Cluses (Savoie) le 24 juillet 1786; mort à Washington le 11 sept. 1843.

FRULLANI (Julien); élu le 13 janvier 1827; né à Livourne en 1795; mort à Florence le 5 mars 1834.

VILLERMÉ (Louis-René); élu le 31 mars 1827; né à Paris le 10 mai 1782; mort dans la même ville le 16 novembre 1863.

WURZER (Ferdinand); élu le 31 mars 1827; né à Brüel (près de Cologne) le 22 juin 1765; mort à Marbourg le 30 juillet 1844.

BERTOLONI (Antoine); élu le 6 octobre 1827; né à Sarzana (Italie) le 11 février 1775; mort à Bologne le 17 avril 1869.

GRANVILLE (Augustus-Bozzi); élu le 6 octobre 1827; né à Milan en 1783; mort à Londres le 3 mars 1872.

BARLOW (Pierre); élu le 10 novembre 1827; né à Norwich le 13 octobre 1776; mort à Woolwich le 1er mars 1862.

SOUTH (James); élu le 10 novembre 1827; né à Londres en octobre 1785; mort dans la même ville le 19 octobre 1867.

SABINE (Edward); élu le 2 février 1828; né à Dublin le 14 octobre 1788; *mort à Richmond (Angleterre)* le 26 juin 1883.

BARRAT (John); élu le 1er mars 1828; mort en Angleterre en 1865.

TAYLOR (John); élu le 1er mars 1828; né à Norwich le 22 août 1779; mort à Londres le 5 avril 1863.

BORY DE SAINT-VINCENT (Le baron Jean-Baptiste); élu le 4 février 1829; né à Agen en 1780; mort à Paris le 22 décembre 1846.

CHASLES (Michel); élu le 4 février 1829; né à Épernon le 15 novembre 1793; mort à Paris le 18 décembre 1880.

BLUME (Charles-Louis); élu le 2 mai 1829; né à Leyde en 1796; mort dans la même ville le 3 février 1862.

BROWN (Robert); élu le 7 novembre 1829; né à Mont-Rose (Écosse) le 21 décembre 1773; mort à Londres le 10 juin 1858.

ENCKE (Jean-François); élu le 7 novembre 1829; né à Hambourg le 23 septembre 1791; mort à Berlin le 26 août 1865.

SCHUMACHER (Henri-Christian); élu le 7 novembre 1829; né à Bramstedt (Holstein) le 3 septembre 1780; mort à Altona le 28 décembre 1850.

REES (Richard VAN); élu le 6 mars 1830; né à Nimègue le 24 mai 1797; mort à Utrecht le 23 août 1875.

HUMBOLDT (Le baron Frédéric-Henri-Alexandre DE); élu le 3 avril 1830; né à Berlin le 14 septembre 1769; mort dans la même ville le 6 mai 1859.

ARAGO (Dominique-François-Jean); élu le 5 avril 1834; né à Estagel (près de Perpignan) le 26 février 1786; mort à Paris le 2 octobre 1853.

BERZÉLIUS (Jean-Jacques); élu le 5 avril 1834; né à Väfversunda Sörgård (Suède) le 29 août 1779; mort à Stockholm le 7 août 1848.

Brewster (David); élu le 5 avril 1834; né à Sedburgh (Écosse) le 11 décembre 1781; mort à Édimbourg le 10 avril 1868.

Crelle (Auguste-Léopold); élu le 5 avril 1834; né à Eichwerder le 11 mars 1780; mort à Berlin le 6 octobre 1855.

Candolle (Auguste-Pyrame de); élu le 5 avril 1834; né à Genève le 4 février 1778; mort dans la même ville le 9 septembre 1841.

Geoffroy Saint-Hilaire (Le chevalier Étienne); élu le 5 avril 1834; né à Étampes le 15 avril 1772; mort à Paris le 19 juin 1844.

Plana (Le baron Jean-Antoine-Amédée); élu le 5 avril 1834; né à Voghera (Italie) le 8 novembre 1781; mort à Turin le 20 janvier 1864.

Matteucci (Charles); élu le 8 novembre 1834; né à Forli le 20 juin 1811; mort à l'Ardenzo (près de Livourne) le 25 juin 1868.

Decaisne (Joseph); élu le 15 décembre 1836; né à Bruxelles le 7 mars 1807; mort à Paris le 8 février 1882.

Macedo (Joaquim José da Costa de); élu le 15 décembre 1836; né à Lisbonne en 1777; mort à Gollegâ (district de Santarem) le 15 mars 1867.

Tiedemann (Frédéric); élu le 15 décembre 1837; né à Cassel le 23 août 1781; mort à Munich le 22 janvier 1861.

Blainville (Henri-Marie Ducrotay de); élu le 8 mai 1838; né à Arques (près de Dieppe) le 12 septembre 1778; mort entre Paris et Rouen (en wagon de chemin de fer) le 1er mai 1850.

Gauss (Jean-Frédéric-Charles); élu le 14 décembre 1841; né à Brunswick le 30 avril 1777; mort à Göttingen le 23 février 1855.

Schwann (Théodore); élu le 14 décembre 1841; né à Neuss (Prusse rhénane) le 7 déc. 1810; mort à Cologne le 11 janvier 1882.

Bache (Alexandre-Dallas); élu le 9 mai 1842; né à Philadelphie le 19 juill. 1806; mort à Newport (Rhode-Island) le 17 févr. 1867.

BONAPARTE, prince de CANINO (Charles-Lucien-Jules-Laurent); élu le 9 mai 1842; né à Paris le 24 mai 1803; mort dans la même ville le 29 juillet 1857.

FUSS (Paul-Henri DE); élu le 9 mai 1842; né à St-Pétersbourg le 2 juin 1797; mort dans la même ville le 22 janvier 1855.

MARTIUS (Charles-Frédéric-Philippe DE); élu le 9 mai 1842; né à Erlangen le 17 avril 1794; mort à Munich le 13 décemb. 1868.

OERSTED (Jean-Chrétien); élu le 9 mai 1842; né à Rudkjöbing le 14 août 1777; mort à Copenhague le 9 mars 1851.

DE LA RIVE (Auguste-Arthur); élu le 9 mai 1842; né à Genève le 9 octobre 1801; mort à Marseille le 27 novembre 1873.

LACORDAIRE (Jean-Théodore); élu le 15 déc. 1842; né à Recey-sur-Ource (France) le 1er fév. 1801; mort à Liège le 18 juillet 1870.

SOMMÉ (Claude-Louis); élu le 9 mai 1843; né à Paris le 8 avril 1772; mort à Anvers le 17 octobre 1855.

BUCH (Chrétien-Léopold DE); élu le 16 décembre 1843; né à Stolpe le 26 avril 1774; mort à Berlin le 4 mars 1853.

DUMAS (Jean-Baptiste); élu le 16 décembre 1843; né à Alais (France) le 14 juillet 1800; mort à Cannes le 11 avril 1884.

ÉLIE DE BEAUMONT (Jean-Baptiste-Armand-Louis-Léonce); élu le 17 décembre 1847; né à Canon (Calvados) le 25 septemb. 1798; mort dans la même localité le 21 septembre 1874.

FARADAY (Michel); élu le 17 déc. 1847; né à Newington (près de Londres) le 22 sept. 1791; mort à Woolwich le 25 août 1867.

LAMARLE (Anatole-Henri-Ernest); élu le 17 décembre 1847; né à Calais le 16 septembre 1806; mort à Douai le 14 mars 1875.

OWEN (Richard); élu le 17 décembre 1847; né à Lancaster le 20 juillet 1804; domicilié à Londres.

WHEATSTONE (Charles); élu le 15 décembre 1849; né à Glocester en 1802; mort à Paris le 19 octobre 1875.

EDWARDS (Henri-Milne); élu le 15 décembre 1850; né à Bruges le 23 octobre 1800; mort à Paris le 29 juillet 1885.

LIEBIG (Le baron Justus DE); élu le 15 décembre 1851; né à Darmstadt le 13 mai 1803; mort à Munich le 18 avril 1873.

MELLONI (Macédoine); élu le 15 décembre 1851; né à Parme le 11 avril 1798; mort à Portici le 11 août 1854.

MÜLLER (Jean); élu le 15 décembre 1851; né à Coblenz le 14 juillet 1801; mort à Berlin le 28 avril 1858.

AIRY (Georges-Biddell); élu le 15 décembre 1853; né à Alnwick (Northumberland) le 27 juillet 1801; domicilié à Greenwich.

FLOURENS (Marie-Jean-Pierre); élu le 15 décembre 1853; né à Maureilhan (France) le 15 avril 1794; mort à Paris le 5 déc. 1867.

MAURY (Mathieu-Fontaine); élu le 16 décembre 1854; né dans le comté de Spottsylvanie, en Virginie, le 14 janvier 1806; mort à Lexington (Virginie) le 1er février 1873.

HANSTEEN (Christophe); élu le 14 décembre 1855; né à Christiania le 26 sept. 1784; mort dans la même ville le 15 avril 1873.

LEJEUNE-DIRICHLET (Pierre-Gustave); élu le 14 décembre 1855; né à Düren le 13 février 1805; mort à Göttingen le 5 mai 1859.

MURCHISON (Roderick-Impey); élu le 14 décembre 1855; né à Jaradale (Écosse) le 19 fév. 1792; mort à Londres le 22 oct. 1871.

ARGELANDER (Frédéric-Guillaume-Auguste); élu le 15 déc. 1856; né à Memel le 22 mars 1799; mort à Bonn le 17 février 1875.

SCHLEGEL (Hermann); élu le 16 décembre 1857; mort à Leyde le 17 janvier 1884.

Agassiz (Jean-Louis-Rodolphe); élu le 15 décembre 1858; né à Motier (canton de Fribourg) le 28 mai 1807; mort à Cambridge (Massachussets, États-Unis) le 12 décembre 1873.

Haidinger (Le chevalier Guillaume de); élu le 15 décembre 1858; né à Vienne le 5 février 1795; mort dans la même ville le 19 mars 1871.

Lamont (Jean); élu le 16 décembre 1859; né à Bracmar (Écosse) le 13 déc. 1805; mort à Bogenhausen (Munich) le 6 août 1879.

Struve (Frédéric-Georges-Guillaume); élu le 16 décembre 1859; né à Altona le 15 avril 1793; mort à Poulkova (près de Saint-Pétersbourg) le 11 novembre 1864.

Baer (Charles-Ernest von); élu le 16 décembre 1859; né à Landgut (Russie) le 29 février 1792; mort à Dorpat le 28 nov. 1876.

Lyell (Charles); élu le 16 décembre 1859; né à Kinnordy (Écosse) le 14 novembre 1797; mort à Londres le 22 février 1875.

Vrolik (Guillaume); élu le 15 décembre 1860; né à Amsterdam le 29 avril 1801; mort dans la même ville le 22 décembre 1863.

Valentin (Gabriel-Gustave); élu le 15 décembre 1861; né à Breslau le 8 juillet 1810; mort à Berne le 23 mai 1883.

Gervais (Paul); élu le 15 décembre 1862; né à Paris le 26 septembre 1816; mort dans la même ville le 10 février 1879.

Hansen (Pierre-André); élu le 15 décembre 1864; né à Tondern (Schleswig) le 8 décembre 1795; mort à Gotha le 28 mars 1874.

Kekulé (Frédéric-Auguste); élu le 15 décembre 1864; né à Darmstadt le 7 septembre 1829; domicilié à Bonn.

Dana (James-Dwight); élu le 15 décembre 1864; né à Utica le 2 février 1813; domicilié à New-Haven (États-Unis).

Brongniart (Adolphe-Théodore); élu le 15 déc. 1864; né à Paris le 14 janvier 1801; mort dans la même ville le 18 février 1876.

Bunsen (Robert-Guillaume); élu le 15 décembre 1865; né à Göttingen le 31 mars 1811; domicilié à Heidelberg.

Catalan (Eugène-Charles); élu le 15 décembre 1865; né à Bruges le 30 mai 1814; domicilié à Liège.

Davidson (Thomas); élu le 15 décembre 1865; né à Édimbourg le 17 mai 1817; mort à Brighton le 14 octobre 1885.

Gilbert (Louis-Philippe); élu le 16 décembre 1867; démissionnaire le 6 décembre 1873; né à Beauraing (province de Namur) le 7 février 1832.

Jacobi (Maurice-Hermann de); élu le 16 décembre 1867; né à Potsdam le 21 septembre 1801; mort à Saint-Pétersbourg le 27 mars 1874.

Regnault (Henri-Victor); élu le 15 décembre 1868; né à Aix-la-Chapelle le 21 juillet 1810; mort à Paris le 19 janvier 1878.

Baeyer (Jean-Jacques); élu le 15 décembre 1868; né à Müggelheim (près de Köpenik) le 5 novembre 1794; mort à Berlin le 10 octobre 1885.

Kirchhoff (Gustave-Robert); élu le 15 décembre 1868; né à Königsberg le 12 mars 1824; domicilié à Heidelberg.

Savi (Paul-Gaëtan-F.); élu le 15 décembre 1868; né à Pise le 11 juillet 1798; mort dans la même ville le 5 avril 1871.

Candolle (Alphonse-Louis-Pierre-Pyrame de); élu le 15 décembre 1869; né à Paris le 28 octobre 1806; domicilié à Genève.

Heer (Oswald); élu le 15 déc. 1869; né à Nieder-Utzwyl (Suisse) le 31 août 1809; mort à Zurich le 27 septembre 1883.

Donders (Frans-Cornelius); élu le 15 décembre 1869; né à Tilbourg le 27 mai 1818; domicilié à Utrecht.

Darwin (Charles-Robert); élu le 15 déc. 1870; né à Schrewsbury le 12 février 1809; mort à Down (Beckenham, Angleterre) le 21 avril 1882.

Bellynck (Auguste); élu le 15 décembre 1870 [1]; né à Bergues (France) le 16 avril 1814; mort à Namur le 14 janvier 1877.

Fries (Elias); élu le 15 décembre 1871; né à Femsjo (Wescio) le 15 août 1794; mort à Upsal le 8 février 1878.

Parlatore (Philippe); élu le 15 décembre 1871; né à Palerme le 8 août 1816; mort à Florence le 9 septembre 1877.

Dove (Henri-Guillaume); élu le 16 décembre 1872; né à Liegnitz le 6 octobre 1803; mort à Berlin le 5 avril 1879.

Hirn (Gustave-Adolphe); élu le 16 décembre 1872; né au Logelbach (Alsace) en juillet 1815; domicilié à Colmar.

Hooker (Joseph-Dalton); élu le 16 décembre 1872; né à Halesworth (Suffolk) en 1817; domicilié à Kew (Angleterre).

Ramsay (André-Crombie); élu le 16 décembre 1872; né à Glasgow le 1er février 1814; domicilié à Londres.

Steenstrup (Jean-Japhet-Smith); élu le 16 décembre 1872; né à Vang (Danemark) le 8 mars 1813; domicilié à Copenhague.

Colnet d'Huart (Alexandre de); élu le 15 déc. 1873; né à Bertrange (près de Luxembourg) le 6 juin 1821; domicilié à Luxembourg.

Helmholtz (Armand-Louis-Ferdinand); élu le 15 décembre 1873; né à Potsdam le 31 août 1821; domicilié à Berlin.

Sainte-Claire-Deville (Henri-Étienne); élu le 15 décembre 1873; né à Saint-Thomas (Antilles) le 11 mars 1818; mort à Paris le 1er juillet 1881.

Menabrea, marquis de Valdora (Le comte Louis-Frédéric); élu le 15 décembre 1874; né à Chambéry le 4 septembre 1809; domicilié à Rome.

[1] M. Bellynck a été correspondant de la section des sciences naturelles depuis le 15 décembre 1865 jusqu'au 15 décembre 1870.

MAYER (Jules-Robert); élu le 15 décembre 1874; né à Heilbronn le 25 nov. 1814; mort dans la même ville le 20 mars 1878.

LE VERRIER (Urbain-Jean-Joseph); élu le 15 déc. 1874; né à Saint-Lô (Manche) le 11 mars 1811; mort à Paris le 23 septembre 1877.

STRUVE (Otto); élu le 15 décembre 1874; né à Dorpat le 7 mai 1819; domicilié à Poulkova.

SECCHI (Angelo); élu le 15 décembre 1874; né à Reggio le 29 juin 1818; mort à Rome le 26 février 1878.

HUXLEY (Thomas-Henri); élu le 15 décembre 1874; né à Ealing (Middlesex) le 4 mai 1825; domicilié à Londres.

PRINGSHEIM (Nathaniel); élu le 15 décembre 1874; né à Wziesko (Silésie) le 30 novembre 1823; domicilié à Berlin.

NILSSON (Sven); élu le 15 décembre 1874; né à Asmundtorp, près de Landscrona (Suède) le 8 mars 1787; mort à Lund le 30 novembre 1883.

CLAUSIUS (Rudolphe-J.-Em.); élu le 15 décembre 1875; né à Koeslin (Poméranie) le 2 janvier 1822; domicilié à Bonn.

CHEVREUL (Michel-Eugène); élu le 15 décembre 1875; né à Angers le 31 août 1786; domicilié à Paris.

BUYS-BALLOT (Christophorus-Henricus-Didericus); élu le 15 décembre 1875; né à Kloetingen (Beveland méridional) le 10 octobre 1817; domicilié à Utrecht.

DECHEN (Henri VON); élu le 15 décembre 1875; né à Berlin le 25 mars 1800; domicilié à Bonn.

DOM PEDRO II, D'ALCANTARA, empereur du Brésil (Sa Majesté); élu le 15 décembre 1876; né à Rio de Janeiro le 2 décembre 1825; domicilié dans la même ville.

GOSSELET (Jules); élu le 15 décembre 1876; né à Cambrai le 19 avril 1832; domicilié à Lille.

Weber (Guillaume); élu le 14 décembre 1877; né à Wittemberg (Saxe) le 24 octobre 1804; domicilié à Göttingen.

Daubrée (Gabriel-Auguste); élu le 14 décembre 1877; né à Metz le 25 juin 1814; domicilié à Paris.

Kölliker (Rodolphe-Albert von); élu le 14 décembre 1877; né à Zurich le 6 juillet 1817; domicilié à Wurzbourg.

Saporta (Le marquis Louis-Charles-Joseph-Gaston de); élu le 14 décembre 1877; né à Saint-Zachaire (Var) le 27 juillet 1823; domicilié à Aix (France).

Boussingault (Jean-Baptiste-Joseph-Dieudonné); élu le 16 décembre 1878; né à Paris le 2 février 1802; domicilié à Paris.

Faye (Hervé); élu le 16 décembre 1878; né à Saint-Benoît-du-Sault (Indre) le 5 octobre 1814; domicilié à Paris.

Thomson (William); élu le 16 décembre 1878; né à Belfast en juin 1824; domicilié à Glasgow.

Siebold (Charles-Théodore-Ernest von); élu le 16 déc. 1878; né à Wurzbourg le 16 février 1804; mort à Munich le 7 avril 1885.

Pasteur (Louis); élu le 15 décembre 1879; né à Dôle (Jura) le 27 décembre 1822; domicilié à Paris.

Schiaparelli (Jean-Virginius); élu le 15 décembre 1879; né à Savignano (Piémont) le 5 mars 1835; domicilié à Milan.

Bischoff (Théodore-Louis-Guillaume von); élu le 15 déc. 1879; né à Hanovre le 28 oct. 1807; mort à Munich le 2 déc. 1882.

Genocchi (Angelo); élu le 15 décembre 1881; né à Plaisance le 5 mars 1817; domicilié à Turin.

Wurtz (Charles-Adolphe); élu le 15 décembre 1881; né à Strasbourg le 26 novembre 1817; mort à Paris le 12 mai 1884.

Bary (Henri Antoine de); élu le 15 décembre 1882; né à Francfort-sur-le Mein le 26 janvier 1831; domicilié à Strasbourg.

GEGENBAUR (Charles); élu le 15 décembre 1882; né à Wurzbourg le 21 août 1826; domicilié à Heidelberg.

KOWALEWSKY (Alexandre); élu le 15 déc. 1882; né à Dunabourg, gouvernement de Vitebsk (Russie), le 19 novembre 1840; domicilié à Odessa.

TYNDALL (John); élu le 14 décembre 1883; né à Leighlin-Bridge (Irlande) le 21 août 1820; domicilié à Londres.

QUATREFAGES DE BRÉAU (Jean-Louis-Armand DE); élu le 14 décembre 1883; né à Berthezunée (Gard) le 10 février 1810; domicilié à Paris.

STUR (Dionys-Rudolphe-Joseph); élu le 14 décembre 1883; né à Beczko (Hongrie) le 5 avril 1827; domicilié à Vienne.

HOFMANN (Auguste-Wilhem); élu le 15 décembre 1884; né à Giessen le 8 avril 1818; domicilié à Berlin.

JOULE (James-Prescott); élu le 15 décembre 1884; né à Salford le 24 décembre 1818; domicilié à Manchester.

NORDENSKJOLD (Le baron Adolphe-Éric); élu le 15 décembre 1884; né à Helsingfors le 18 novembre 1832; domicilié à Stockholm.

VIRCHOW (Rudolphe); élu le 15 décembre 1884; né à Schivelbein (Poméranie) le 13 octobre 1821; domicilié à Berlin.

MOLESCHOTT (Jacques); élu le 15 décembre 1884; né à Bois-le-Duc le 9 août 1822; domicilié à Rome.

IBAÑEZ ET IBAÑEZ D'IBERO (Le général Charles); élu le 15 décembre 1885; né à Barcelone le 14 avril 1825; domicilié à Madrid.

LEUCKART (Charles-Georges-Frédéric-Rudolphe); élu le 15 déc. 1885; né à Helmstedt le 7 octobre 1823; domicilié à Leipzig.

DE LA VALLÉE POUSSIN (Charles-Louis-Joseph-Xavier); élu le 15 décembre 1885; né à Namur le 6 avril 1827; domicilié à Louvain.

CLASSE DES LETTRES.

Directeurs.

MM. le baron DE GERLACHE 1846
le baron DE STASSART 1847
le baron DE GERLACHE 1848
le baron DE STASSART 1849
P.-F.-X. DE RAM 1850
M.-N.-J. LECLERCQ 1851
le baron DE GERLACHE 1852
le baron DE STASSART 1853
P.-F.-X. DE RAM 1854
M.-N.-J. LECLERCQ. 1855
le baron DE GERLACHE 1856
P.-F.-X. DE RAM 1857
M.-N.-J. LECLERCQ. 1858
le baron DE GERLACHE 1859
L.-P. GACHARD 1860
P.-F.-X. DE RAM 1861
P. DE DECKER 1862
M.-N.-J. LECLERCQ. 1863
L.-P. GACHARD 1864
F.-C.-J. GRANDGAGNAGE 1865
CH. FAIDER 1866
J. ROULEZ 1867
le baron KERVYN DE LETTENHOVE. . . 1868

MM. Ad. Borgnet. 1869
H.-E.-M. Defacqz. 1870
J.-J. Haus. 1871
P. De Decker 1872
J. Thonissen. 1873
R. Chalon 1874
le baron Guillaume 1875
Ch. Faider 1876
Alphonse Wauters 1877
Ém. de Laveleye 1878
M.-N.-J. Leclercq. 1879
J.-S.-G. Nypels. 1880
H. Conscience 1881
Alph. Le Roy 1882
G. Rolin-Jaequemyns 1883
A. Wagener. 1884
Ch. Piot 1885
P. Willems 1886

Membres et Correspondants (1).

Wyn (Henri Van); élu le 14 octobre 1774; confirmé le 3 juillet 1816; né à La Haye le 21 juin 1740; mort dans la même ville le 27 septembre 1831.

Te Water (Jona-Guillaume); élu le 26 octobre 1784; confirmé le 3 juillet 1816; né à Zaamslag (Zélande) le 28 octobre 1740; mort à Leyde le 19 octobre 1822.

(1) Voir la note de la page 16.

Bévy (Charles-Joseph de); élu membre le 21 novembre 1785; confirmé le 29 mars 1817; né à Saint-Hilaire (près d'Orléans) le 4 novembre 1738; mort à Paris le 28 juin 1830.

Lesbroussart (Jean-Baptiste); élu le 14 mai 1790; confirmé le 3 juillet 1816; né à Ully-Saint-Georges (Picardie) le 22 janvier 1747; mort à Bruxelles le 10 décembre 1818.

Raepsaet (Jean-Joseph); nommé membre le 3 juillet 1816; né à Audenarde le 29 décembre 1750; mort dans la même ville le 19 février 1832.

Wyttenbach (Daniel); nommé membre le 3 juillet 1816; né à Berne le 7 août 1746; mort à Oegeest le 17 janvier 1820.

Villenfagne d'Ingihoul (Le baron Hilarion-Noël de); nommé membre le 3 juillet 1816; né à Liége en juin 1753; mort dans la même ville le 23 janvier 1826.

Lambrechtsen van Ritthem (N.-Corn.); nommé membre le 3 juillet 1816; né à Flessingue le 29 février 1752; mort à Middelbourg le 21 mai 1823.

Hulthem (Charles Joseph-Emmanuel Van); nommé membre le 3 juillet 1816; né à Gand le 4 avril 1764; mort dans la même ville le 16 décembre 1832.

Tydeman (Meinard); nommé membre le 3 juillet 1816; né à Zwolle le 20 mars 1741; mort le 1er février 1825.

De Bast (Martin-Jean); nommé membre le 3 juillet 1816; né à Gand le 26 octobre 1753; mort dans la même ville le 11 avril 1825.

Thys (Jean-François); nommé membre le 3 juillet 1816; né à Brecht (prov. d'Anvers) le 11 janv. 1749; mort à Anvers le 3 janv. 1824.

Cornelissen (Égide-Norbert); nommé membre le 3 juillet 1816; né à Anvers le 12 juillet 1769; mort à Gand le 31 juillet 1849.

Heusde (Philippe-Guillaume Van); nommé membre le 3 juillet 1816; né à Rotterdam le 17 juin 1778; mort à Genève le 28 juillet 1839.

DEWEZ (Louis-Dieudonné-Joseph); nommé membre le 3 juillet 1816; né à Namur le 4 janvier 1760; mort à Bruxelles le 26 oct. 1834.

KEMPER (Jean-Melchior); nommé membre le 3 juillet 1816; né à Amsterdam le 26 avril 1776; mort à Leyde le 20 juillet 1824.

ERNST (Simon-Pierre); nommé membre le 3 juillet 1816; né à Aubel le 2 août 1744; mort à Afden le 11 décembre 1817.

MEYER (Jean-Daniel); élu membre le 7 mai 1818; né à Arnheim le 15 septembre 1780; mort à Amsterdam le 6 décembre 1834.

REIFFENBERG (Le baron Frédéric-Auguste-Ferdinand-Thomas DE); élu membre le 8 juillet 1823; né à Mons le 14 novembre 1795; mort à Saint-Josse-ten-Noode le 18 avril 1850.

RAOUX (Adrien-Philippe); élu membre le 21 août 1824; né à Ath le 30 novembre 1758; mort à Rèves (Hainaut) le 29 août 1839.

MARCHAL (Le chevalier François-Joseph-Ferdinand); élu membre le 4 février 1829; né à Bruxelles le 9 décembre 1780; mort à Schaerbeek le 22 avril 1858.

PYCKE (Léonard); élu membre le 4 février 1829; né à Meulebeke le 17 mai 1781; mort à Courtrai le 8 février 1842.

STEUR (Charles-Joseph); élu membre le 5 décembre 1829; né à Courtrai le 4 décembre 1794; mort à Gand le 25 janvier 1881.

GERLACHE (Le baron Étienne-Constantin DE); élu membre le 12 octobre 1833; né à Biourge (Luxembourg) le 26 décembre 1785; mort à Ixelles le 10 février 1871.

STASSART (Le baron Goswin-Joseph-Augustin DE); élu membre le 12 octobre 1833; né à Malines le 2 septembre 1780; mort à Bruxelles le 10 octobre 1854.

GOETHALS-VERCRUYSSE (Jacques-Joseph-Ignace-Hyacinthe); élu correspondant le 5 avril 1834; né à Courtrai le 12 août 1759; mort dans la même ville le 6 septembre 1838.

Praet (Jules **Van**) ; élu correspondant le 5 avril 1834 ; membre, le 10 janvier 1846 ; né à Bruges le 2 juillet 1806 ; domicilié à Bruxelles.

Bekker (Georges-Joseph) ; élu membre le 7 mai 1834 ; né à Waldurn (Grand-Duché de Bade) le 22 décembre 1792 ; mort à Liège le 27 mai 1837.

Grandgagnage (François-Charles-Joseph) ; élu membre le 7 mars 1835 ; né à Namur le 21 juin 1797 ; mort à Embourg (province de Liège) le 19 février 1877.

Belpaire (Antoine) ; élu membre le 7 mars 1835 ; né à Ostende le 3 février 1789 ; mort à Anvers le 14 décembre 1839.

Delmotte (Henri-Florent) ; élu correspondant le 8 mai 1835 ; né à Mons le 20 juin 1798 ; mort dans la même ville le 7 mars 1836.

De Smet (Joseph-Jean) ; élu membre le 6 juin 1835 ; né à Gand le 11 décembre 1794 ; mort dans la même ville le 11 février 1877.

Willems (Jean-François) ; élu membre le 6 juin 1835 ; né à Bouchout le 11 mars 1793 ; mort à Gand le 24 juin 1846.

Roulez (Joseph-Emmanuel-Ghislain) ; élu correspondant le 8 août 1835 ; membre, le 15 décembre 1837 ; né à Nivelles le 6 février 1806 ; mort à Gand le 16 mars 1878.

Van de Weyer (Jean-Sylvain) ; élu correspondant le 10 octobre 1835 ; membre, le 7 mai 1840 ; né à Louvain le 19 janvier 1802 ; mort à Londres le 23 mai 1874.

Borgnet (Charles-Joseph-Adolphe) ; élu correspondant le 15 décembre 1836 ; membre, le 10 janvier 1846 ; né à Namur le 28 mars 1804 ; mort à Liège le 15 février 1875.

de Ram (Pierre-François-Xavier) ; élu membre le 15 décembre 1837 ; né à Louvain le 2 septembre 1804 ; mort dans la même ville le 14 mai 1865.

GACHARD (Louis-Prosper); élu correspondant le 15 décembre 1837; membre, le 9 mai 1842; né à Paris le 12 mars 1800; mort à Bruxelles le 24 décembre 1885.

MOKE (Henri-Guillaume-Philippe); élu correspondant le 15 décembre 1837; membre, le 7 mai 1840; né au Havre le 11 janvier 1803; mort à Gand le 29 décembre 1862.

VOISIN (Auguste); élu correspondant le 15 décembre 1837; né à Permes (près de Boulogne-sur-Mer) le 9 mars 1800; mort à Gand le 4 février 1843.

LESBROUSSART (Philippe); élu membre le 8 mai 1838; né à Gand le 24 mars 1781; mort à Ixelles le 4 mars 1855.

SAINT-GENOIS (Le baron Jules-Ludger-Dominique-Ghislain DE); élu correspondant le 8 mai 1838; membre, le 10 janvier 1846; né à Lennick-St-Quentin le 22 mars 1813; mort à Gand le 10 septembre 1867.

SCHAYES (Antoine-Guillaume-Bernard); élu correspondant le 8 mai 1838; membre, le 11 janvier 1847; né à Louvain le 11 janvier 1808; mort à Bruxelles le 8 janvier 1859.

NOTHOMB (Le baron Jean-Baptiste); élu membre le 7 mai 1840; né à Messancy (Luxembourg) le 3 juillet 1805; mort à Berlin le 15 septembre 1881.

DE WITTE (Le baron Jean-Joseph-Ant.-Marie); élu correspondant le 7 mai 1840; membre, le 6 mai 1851; né à Anvers le 24 février 1808; domicilié à Wommelghem (province d'Anvers).

DEHAUT (Louis-Joseph); élu correspondant le 7 mai 1840; né à Chièvres le 30 décembre 1805; mort à Liège le 1er juillet 1841.

BAGUET (François-Nicolas-Joseph-Ghislain); élu correspondant le 14 décembre 1841; membre, le 6 mai 1850; né à Nivelles le 14 mai 1801; mort à Louvain le 1er décembre 1867.

BERNARD (Philippe); élu correspondant le 9 mai 1842; né à Arlon le 28 avril 1797; mort à Saint-Gilles le 6 décembre 1853.

QUETELET (Lambert-Adolphe-Jacques); élu membre le 1er décembre 1845; né à Gand le 22 février 1796; mort à Bruxelles le 17 février 1874.

DAVID (Jean-Baptiste); *élu membre le 10 janvier 1846; né à Lierre* le 25 janvier 1801; mort à Louvain le 24 mars 1866.

DE DECKER (Pierre-Jacques-François); élu membre le 10 janvier 1846; né à Zele le 25 janvier 1812; domicilié à Bruxelles.

DEVAUX (Paul-Louis-Isidore); élu membre le 10 janvier 1846; né à Bruges le 20 avril 1801; mort à Bruxelles le 30 janvier 1880.

MEENEN (Pierre-François VAN); élu membre le 10 janvier 1846; né à Espierres (Flandre occidentale) le 5 mai 1772; mort à Bruxelles le 2 mars 1858.

CARTON (Charles-Louis); *élu correspondant le 10 janvier 1846*; membre, le 11 janvier 1847; né à Pitthem (Flandre occidentale) le 3 juin 1802; mort à Bruges le 19 septembre 1863.

FAIDER (Charles-Jean-Baptiste-Florian); élu correspondant le 10 janvier 1846; membre, le 7 mai 1855; né à Trieste le 6 septembre 1811; domicilié à Bruxelles.

GRUYER (Louis); élu correspondant le 10 janvier 1846; né à Bruxelles le 15 novembre 1778; mort dans la même ville le 15 octobre 1866.

POLAIN (Mathieu-Lambert); élu correspondant le 10 janvier 1846; membre, le 7 mai 1849; né à Liège le 25 juin 1808; mort dans la même ville le 4 avril 1872.

SNELLAERT (Ferdinand-Augustin); élu correspondant le 10 janvier 1846; membre, le 11 janvier 1847; né à Courtrai le 21 juillet 1809; mort à Gand le 3 juillet 1872.

Bormans (Jean-Henri) ; élu membre le 11 janvier 1847; né à Saint-Trond le 17 novembre 1801 ; mort à Liège le 4 juin 1878.

Haus (Jacques-Joseph) ; élu membre le 11 janvier 1847; né à Würzbourg le 9 janvier 1796 ; mort à Gand le 23 février 1881.

Raoul (Louis-Vincent) ; élu membre le 11 janvier 1847; né à Poincy (près de Meaux) le 2 fév. 1770; mort à Bruxelles le 25 mars 1848.

Arendt (Guillaume-Amédée-Auguste) ; élu correspondant le 11 janvier 1847; membre, le 7 mai 1855 ; né à Berlin le 25 mai 1808 ; mort à Spire le 22 août 1865.

Ducpetiaux (Édouard-Antoine) ; élu correspondant le 11 janvier 1847 ; membre, le 4 mai 1859 ; né à Bruxelles le 29 juin 1804 ; mort dans la même ville le 21 juillet 1868.

Serrure (Constant-Philippe) ; élu correspondant le 11 janvier 1847 ; né à Anvers le 22 septembre 1805 ; mort à Moortzeele (près de Gand) le 6 avril 1872.

Weustenraad (Jean-Théodore-Hubert) ; élu correspondant le 11 janvier 1847; né à Maestricht le 15 novembre 1805 ; mort à Jambes (Namur) le 25 juin 1849.

Leclercq (Mathieu-Nicolas-Joseph) ; élu membre le 17 mai 1847; né à Herve le 30 janvier 1796; domicilié à St-Josse-ten-Noode.

Kervyn de Lettenhove (Le baron Joseph-Bruno-Marie-Constantin); élu correspondant le 6 mai 1850; membre, le 4 mai 1859 ; né à Saint-Michel (près de Bruges) le 17 août 1817; domicilié dans la même localité.

Mathieu (Adolphe-Charles-Ghislain) ; élu correspondant le 6 mai 1850 ; membre, le 19 mai 1863 ; né à Mons le 22 juin 1804 ; mort à Ixelles le 13 juin 1876.

Chalon (Renier-Hubert-Ghislain) ; élu correspondant le 6 mai 1851; membre, le 4 mai 1859; né à Mons le 4 décembre 1802 ; domicilié à Ixelles.

Thonissen (Jean-Joseph); élu correspondant le 7 mai 1855; membre, le 9 mai 1864; né à Hasselt le 21 janvier 1817; domicilié à Louvain.

Duyse (Prudent Van); élu correspondant le 7 mai 1855; né à Termonde le 17 sept. 1804; mort à Gand le 13 novembre 1859.

Defacqz (Henri-Eugène-Marie); élu correspondant le 26 mai 1856; membre, le 5 mai 1866; né à Ath le 17 septembre 1797; mort à Bruxelles le 31 décembre 1871.

Juste (Théodore); élu correspondant le 26 mai 1856; membre, le 5 mai 1866; né à Bruxelles le 11 janvier 1818; domicilié à Ixelles.

Blommaert (Philippe-Marie); élu correspondant le 9 mai 1860; né à Gand le 27 août 1808; mort dans la même ville le 14 août 1871.

Guillaume (Le baron Gustave-Henri-Louis); élu correspondant le 9 mai 1860; membre, le 6 mai 1867; né à Amiens le 5 mars 1812; mort à Ixelles le 7 novembre 1877.

Nève (Félix-Jean-Baptiste-Joseph); élu correspondant le 9 mai 1860; membre, le 11 mai 1868; né à Ath le 13 juin 1816; domicilié à Louvain.

Wauters (Alphonse); élu correspondant le 9 mai 1860; membre, le 11 mai 1868; né à Bruxelles le 13 avril 1817; domicilié dans la même ville.

Conscience (Henri); élu correspondant le 6 mai 1867; membre, le 10 mai 1869; né à Anvers le 3 décembre 1812; mort à Ixelles le 10 septembre 1883.

Laveleye (Émile-Louis-Victor de); élu correspondant le 6 mai 1867; membre, le 6 mai 1872; né à Bruges le 5 avril 1822; domicilié à Liège.

Laforet (Nicolas-Joseph); élu correspondant le 10 mai 1869; membre, le 8 mai 1871; né à Graide (province de Namur) le 23 février 1823; mort à Louvain le 26 janvier 1872.

Nypels (Jean-Servais-Guillaume); élu correspondant le 10 mai 1869; membre, le 6 mai 1872; né à Maestricht le 3 juillet 1803; mort à Liège le 3 mars 1886.

Le Roy (Alphonse); élu correspondant le 9 mai 1870; membre, le 12 mai 1873; né à Liège le 28 juillet 1822; domicilié dans la même ville.

Borchgrave (Émile de); élu correspondant le 9 mai 1870; membre, le 12 mai 1873; né à Gand le 27 décembre 1837; domicilié à Constantinople.

Wagener (Auguste); élu correspondant le 8 mai 1871; membre, le 10 mai 1875; né à Ruremonde le 2 juin 1829; domicilié à Gand.

Heremans (Jacques-François-Jean); élu correspondant le 8 mai 1871; membre, le 8 mai 1876; né à Anvers le 28 janvier 1825; mort à Gand le 13 mars 1884.

Willems (Pierre-Gaspard-Hubert); élu correspondant le 6 mai 1872; membre, le 14 mai 1877; né à Maestricht le 6 janvier 1840; domicilié à Louvain.

Poullet (Edmond-Yves-Joseph-Marie); élu correspondant le 6 mai 1872; membre le 6 mai 1878; né à Malines le 31 décembre 1839; mort à Louvain le 12 décembre 1882.

Loise (Ferdinand); élu correspondant le 12 mai 1873; né à Samson (province de Namur) le 28 juillet 1825; domicilié à Uccle.

Tielemans (Jean-François); élu correspondant le 12 mai 1873; membre le 6 mai 1878; né à Bruxelles le 15 novembre 1799; domicilié dans la même ville.

Rolin-Jaequemyns (Gustave); élu correspondant le 4 mai 1874; membre le 6 mai 1878; né à Gand le 31 janvier 1835; domicilié à Bruxelles.

Bormans (Stanislas); élu correspondant le 4 mai 1874; membre, le 5 mai 1879; né à Hasselt le 2 février 1835; domicilié à Liège.

Liagre (Jean-Baptiste-Joseph); élu membre le 5 mai 1874; né à Tournai le 17 février 1815; domicilié à Ixelles.

Piot (Guillaume-Joseph-Charles); élu correspondant le 10 mai 1875; membre, le 5 mai 1879; né à Louvain le 17 octobre 1812; domicilié à Saint-Gilles.

Potvin (Charles); élu correspondant le 10 mai 1875; membre, le 9 mai 1881; né à Mons le 2 décembre 1818; domicilié à Ixelles.

Stecher (Auguste-Jean); élu correspondant le 8 mai 1876; membre, le 9 mai 1881; né à Gand le 11 octobre 1820; domicilié à Liège.

Bemmel (Le baron Eugène **van**); élu correspondant le 14 mai 1877; né à Gand le 16 avril 1824; mort à Saint-Josse-ten-Noode le 19 août 1880.

Laurent (François); élu correspondant le 6 mai 1878; membre, le 9 mai 1881; né à Luxembourg le 8 juillet 1810; domicilié à Gand.

Lamy (Thomas-Joseph); élu correspondant le 5 mai 1879; membre, le 8 mai 1882; né à Ohey (Namur) le 27 janvier 1827; domicilié à Louvain.

Henrard (Paul); élu correspondant le 5 mai 1879; membre, le 5 mai 1884; né à Liège le 27 sept. 1830; domicilié à Anvers.

Vandenpeereboom (Alphonse); élu correspondant le 5 mai 1879; membre, le 7 mai 1883; né à Ypres le 7 juin 1812; mort à St-Gilles le 10 octobre 1884.

Hymans (Louis); élu correspondant le 10 mai 1880; né à Rotterdam le 3 mai 1829; mort à Ixelles le 22 mai 1884.

Gantrelle (Joseph); élu correspondant le 9 mai 1881; membre, le 4 mai 1885; né à Echternach (Grand-Duché de Luxembourg) le 18 janvier 1809; domicilié à Gand.

Loomans (Charles); élu correspondant le 9 mai 1881; membre, le 10 mai 1886; né à Lanaeken (Limbourg belge) le 12 nov. 1816; domicilié à Liège.

Tiberghien (Guillaume); élu correspondant le 8 mai 1882; né à Bruxelles le 9 août 1819; domicilié à Saint-Josse-ten-Noode.

Rœrsch (Louis); élu correspondant le 8 mai 1882; né à Maestricht le 30 mai 1831; domicilié à Liège.

Harlez (Charles de); élu correspondant le 7 mai 1883; né à Liège le 21 avril 1832; domicilié à Louvain.

Vanderkindere (Léon); élu correspondant le 7 mai 1883; né à Molenbeek-St-Jean le 22 février 1842; domicilié à Ixelles.

Scheler (Auguste); élu associé le 11 mai 1868; membre, le 5 mai 1884 (1); né à Ebnat (Suisse) le 6 avril 1819; domicilié à Ixelles.

Henne (Alexandre); élu correspondant le 5 mai 1884; né à Hesse-Cassel le 8 janvier 1812; domicilié à Ixelles.

Beers (Jean van); élu correspondant le 4 mai 1885; né à Anvers le 22 février 1821; domicilié à Anvers.

Frédérix (Gustave-Adolphe-Henri); élu correspondant le 4 mai 1885; né à Liège le 19 mai 1834; domicilié à Bruxelles.

Weddingen (Aloÿs Van); élu correspondant le 10 mai 1886; né à Louvain le 16 août 1841; domicilié à Laeken.

Associés (2).

Lennep (Daniel-Jacques Van); nommé le 3 juillet 1816; né à Amsterdam le 15 juill. 1774; mort dans la même ville le 11 févr. 1853.

Ursel (Le duc Charles-Joseph d'); nommé le 3 juillet 1816; né à Bruxelles le 9 août 1777; mort à Engelen, près de Bornhem (Anvers) le 27 septembre 1860.

(1) A la suite de sa naturalisation comme Belge.

(2) Voir la note de la page 27.

Van der Capellen van Berkenwoude (Le baron Godert-Alexander-Gerrit-Philip); nommé le 3 juillet 1816; né le 15 décembre 1778; mort à Vollenhoven (près d'Utrecht) le 10 avril 1848.

Lenormand (Louis-Sébastien); élu le 14 octobre 1820; né à Montpellier le 25 mai 1757; mort en avril 1837.

Moléon (Jean-Gabriel-Victor de); élu le 14 octobre 1820; né à Agde en 1784; mort à Paris le 13 décembre 1856.

Müller (F.-J.); élu le 23 décembre 1822; mort le 26 octobre 1848.

Wyttenbach (Jean-Hugues); élu le 23 décembre 1822; mort le 22 juin 1848.

de la Fontaine (Gaspard-Théodore-Ignace); élu le 23 décembre 1822; né à Luxembourg le 6 janvier 1787; mort dans la même ville le 11 février 1871.

Devilly (Louis-Jean-Baptiste); élu le 28 juillet 1823; né à Metz le 5 août 1792; mort dans la même ville le 30 mars 1825.

Jullien (Marc-Antoine); élu le 8 mai 1824; né à Paris le 10 mars 1775; mort dans la même ville le 4 novembre 1848.

Praet (Joseph-Basile-Bernard Van); élu le 8 mai 1824; né à Bruges le 29 juillet 1754; mort à Paris le 5 février 1837.

Gobbelschroy (Le baron Pierre-Louis-Joseph Servais Van); élu le 20 août 1825; né à Louvain le 10 mai 1784; mort à Woluwe-St-Lambert (près de Bruxelles) le 3 octobre 1850.

Ewyck (Daniel-Jacques Van); élu le 4 février 1826; né à Utrecht le 13 novembre 1786; mort dans la même ville le 15 déc. 1858.

De Jonge (Jean-Corneille); élu le 1er avril 1826; né à Zierikzee le 9 mai 1793; mort au château de Zuidhoorn (près de Rijswijck) le 12 juin 1853.

Cousin (Victor); élu le 6 octobre 1827; né à Paris le 28 novembre 1792; mort à Cannes le 14 janvier 1867.

Fortia d'Urban (Le marquis de); élu le 2 février 1828; né à Avignon le 18 février 1756; mort à Paris le 3 août 1843.

Cooper (Charles-Purton); élu le 5 avril 1834; né en 1793; mort à Londres le 26 mars 1873.

Le Glay (André-Joseph-Ghislain); élu le 5 avril 1834; né à Arleux (Nord) le 29 octobre 1785; mort à Lille le 14 mars 1863.

Raynouard (François-Juste-Marie); élu le 5 avril 1834; né à Brignolle (Provence) le 18 septembre 1761; mort à Paris le 28 octobre 1836.

Wilken (Frédéric); élu le 5 avril 1834; né à Ratzeburg le 23 mai 1777; mort à Berlin le 24 décembre 1840.

Sacy (Le baron Antoine-Isaac-Sylvestre de); élu le 8 novembre 1834; né à Paris le 21 septembre 1758; mort dans la même ville le 21 février 1838.

Ladoucette (Le baron Jean-Charles-Franç. de); élu le 7 mai 1835; né à Nancy le 4 octobre 1772; mort à Paris le 19 mars 1848.

Blondeau (J.-B.-A.-H.); élu le 15 décembre 1836; né à Namur le 20 août 1784; mort à Ermenonville le 12 novembre 1854.

Daunou (Pierre-Claude-François); élu le 8 mai 1838; né à Boulogne-sur-Mer le 18 août 1761; mort à Paris le 20 juin 1840.

Mone (François-Joseph); élu le 7 mai 1840; né à Mingolsheim (près de Heidelberg) le 12 mai 1796; mort à Carlsruhe le 12 mars 1871.

Groen van Prinsterer (Guillaume); élu le 15 décembre 1840; né à Voorburg (près de La Haye) le 21 août 1801; mort à La Haye le 19 mai 1876.

Lenormant (Charles); élu le 14 décembre 1841; né à Paris le 1er juin 1802; mort à Athènes le 22 novembre 1859.

Gazzera (Constance); élu le 15 décembre 1842; né à Bene (Piémont) en 1778; mort à Turin le 5 mai 1859.

Grimm (Louis-Jacques); élu le 15 décembre 1842; né à Hanau le 4 janvier 1785; mort à Berlin le 20 septembre 1863.

May (Angelo) ; élu le 15 décembre 1842 ; né à Schilpario (province de Bergame) le 7 mars 1782; mort à Castel-Gandolfo le 9 septembre 1854.

Navarrete (Martin-Fernandez de); élu le 15 décembre 1842; né à Abalos (province de Rioja) le 9 novembre 1765; mort à Madrid le 8 octobre 1844.

Phillips (Georges); élu le 15 décembre 1842; né à Königsberg le 6 janvier 1804; mort à Vienne le 6 septembre 1872.

Santarem (Le vicomte Manoel-Francisco de); élu le 15 décembre 1842; né à Lisbonne le 18 novembre 1790; mort à Paris le 17 janvier 1856.

Raoul-Rochette (Désiré); élu le 17 décembre 1843; né à Saint-Amand (Cher) le 9 mars 1790; mort à Paris le 3 juillet 1854.

Dinaux (Arthur-Martin); élu le 9 février 1846; né à Valenciennes le 8 septembre 1795; mort à Montataire le 15 mai 1864.

Ellis (Henry); élu le 9 février 1846; né à Londres le 29 novembre 1777; mort dans la même ville le 15 janvier 1869.

Gioberti (Vincent); élu le 9 février 1846; né à Turin le 5 avril 1801; mort à Paris le 25 octobre 1852.

Guizot (François-Pierre-Guillaume); élu le 9 février 1846; né à Nîmes le 4 octobre 1787; mort au Val Richer le 12 sept. 1874.

Hallam (Henri); élu le 9 février 1846; né à Windsor en 1777; mort à Londres le 22 janvier 1859.

Limburg Brouwer (Pierre van); élu le 9 février 1846; né à Dordrecht le 20 février 1795; mort à Groningue le 21 juin 1847.

Mignet (François-Auguste-Marie); élu le 9 février 1846; né à Aix le 8 mai 1796; mort à Paris le 23 mars 1884.

Rafn (Charles-Chrétien); élu le 9 février 1846; né à Brahesborg (île de Fionie) le 16 janvier 1795; mort à Copenhague le 20 octobre 1864.

RANKE (Léopold); élu le 9 février 1846; né à Wiehe (Thuringe) le 21 décembre 1795; mort à Berlin le 23 mai 1886.

DE LA SAGRA (Ramon); élu le 9 février 1846; né à La Corogne (Espagne) en 1798; *mort à Cortaillad (Suisse) en juin 1871.*

SALVA (Miguel); élu le 9 février 1846; mort à Palma (île Majorque) le 5 novembre 1873.

WARNKÖNIG (Léopold-Auguste); élu le 9 février 1846; né à Bruchsals (Grand-Duché de Bade) le 1er août 1794; mort à Stuttgart le 19 août 1866.

DROZ (François-Xavier-Joseph); élu le 11 janvier 1847; né à Besançon le 31 octobre 1773; mort à Paris le 9 novembre 1850.

DUPIN (Le baron Charles); élu le 11 janvier 1847; né à Varzy (Nivernais) le 16 octobre 1784; mort à Paris le 19 janvier 1873

DE HAMMER-PURGSTALL (Le baron Joseph); élu le 11 janvier 1847; né à Gratz le 9 juin 1774; mort à Vienne le 23 novembre 1856.

HERMANN (Charles-Frédéric); élu le 11 janvier 1847; né à Francfort s/O. le 4 août 1804; mort à Göttingen le 31 décembre 1855.

HURTER (Frédéric-Emmanuel DE); élu le 11 janvier 1847; né à Schaffhouse le 15 mars 1787; *mort à Vienne le 27 août 1865.*

LEEMANS (Conrad); élu le 11 janvier 1847; né à Zalt-Bœmel (Gueldre) le 28 avril 1809; *domicilié à Leyde.*

LETRONNE (Jean-Antoine); élu le 11 janvier 1847; né à Paris le 2 janvier 1787; mort dans la même ville le 14 décembre 1848.

MITTERMAIER (Charles-Joseph-Antoine); élu le 11 janvier 1847; né à Munich le 5 août 1787; mort à Heidelberg le 30 août 1867.

PERTZ (Georges-Henri); élu le 11 janvier 1847; né à Hanovre le 28 mars 1795; mort à Munich le 7 octobre 1876.

RITTER (Charles); élu le 11 janvier 1847; né à Quedlinbourg (Saxe) le 7 août 1779; mort à Berlin le 28 septembre 1859.

MANZONI (Le comte Alexandre); élu le 17 mai 1847; né à Milan le 8 mars 1784; mort dans la même ville le 22 mai 1873.

BONNECHOSE (François-Paul-Émile BOISNORMAND DE); élu le 7 mai 1849; né à Leyerdorp (Hollande) le 18 août 1801; mort à Paris en 1875.

CARAMAN (Victor-Antoine-Charles DE RIQUET, duc DE); élu le 7 mai 1849; né en février 1811; mort à Paris le 4 avril 1868.

NOLET DE BRAUWERE VAN STEELAND (Jean-Charles-Henri); élu le 7 mai 1849; né à Rotterdam le 23 janvier 1815; domicilié à Vilvorde.

PANOFKA (Théodore); élu le 7 mai 1849; né à Breslau le 25 février 1801; mort à Berlin le 20 juin 1858.

SENIOR (Guillaume-Nassau); élu le 7 mai 1849; né à Uffington (Berkshire) le 26 septembre 1790; mort en juin 1864.

WHEWELL (William); élu le 7 mai 1849; né à Lancastre le 24 mai 1794; mort à Londres le 6 mars 1866.

DUREAU DE LA MALLE (Adolphe-Auguste-Jules-César); élu le 6 mai 1851; né à Paris le 2 mars 1777; mort dans la même ville le 17 mai 1857.

LABORDE (Le comte Léon-Emmanuel-Simon-Joseph DE); élu le 6 mai 1851; né à Paris le 12 juin 1807; mort dans la même ville à la fin de mars 1869.

LE CLERC (Joseph-Victor); élu le 7 mai 1855; né à Paris le 2 décembre 1789; mort dans la même ville le 12 novembre 1865.

MACAULAY (Thomas-Babington); élu le 7 mai 1855; né à Rothley-Temple (Leicestershire) le 25 octobre 1800; mort à Campden Hill (près de Londres) le 28 décembre 1859.

MONTALEMBERT (Charles-Forbes DE TRYON, comte DE); élu le 7 mai 1855; né à Londres le 29 mai 1810; mort à Paris le 13 mars 1870.

RAU (Charles-Henri); élu le 7 mai 1855; né à Erlangen le 27 novembre 1792; mort à Heidelberg le 18 mars 1870.

ROSSI (Le chevalier Jean-Baptiste DE); élu le 7 mai 1855; né à Naples le 9 août 1819; domicilié dans la même ville.

SAY (Horace-Émile); élu le 7 mai 1855; né à Noisy (près de Paris) le 11 mars 1794; mort à Paris en juillet 1860.

PARIS (Alexis-Paulin); élu le 26 mai 1856; né à Avenay (Marne) le 25 mars 1800; mort à Paris le 13 février 1881.

LONGPÉRIER (Henri-Adrien PRÉVOST DE); élu le 26 mai 1856; né à Paris le 21 septembre 1816; mort dans la même ville le 14 janvier 1882.

DIETERICI (Charles-Frédéric-Guillaume); élu le 26 mai 1856; né à Berlin le 23 août 1790; mort dans la même ville le 29 juillet 1859.

REUMONT (Alfred VON); élu le 26 mai 1856; né à Aix-la-Chapelle le 15 août 1808; domicilié à Borcette.

BARANTE (Le baron A.-G.-P. BRUGIÈRE DE); élu le 4 mai 1859; né à Riom le 10 juin 1782; mort à Barante (près de Thiers, Puy-de-Dôme) à la fin de novembre 1866.

BOGAERS (Adrien); élu le 4 mai 1859; né à La Haye le 6 janvier 1795; mort à Spa le 11 août 1870.

CZOERNIG (Le baron Charles de CZERNHAUSEN); élu le 4 mai 1859; né à Czernhausen (Bohème) le 5 mai 1804; domicilié à Görz.

MINERVINI (Jules); élu le 4 mai 1859; né à Naples le 9 août 1819; domicilié dans la même ville.

LAFUENTE (Modeste); élu le 4 mai 1859; né à Rabanal de los Caballeros (Espagne) en 1806; mort à Madrid en 1867.

GROTE (Georges); élu le 9 mai 1860; né à Clay-Hill (près de Beckenham, Kent) le 17 nov. 1794; mort à Londres le 17 juin 1871.

LE BAS (Philippe); élu le 9 mai 1860; né à Paris le 18 juin 1794; mort le 19 mai 1860.

LELEWEL (Joachim); élu le 9 mai 1860; né à Varsovie le 21 mars 1786; mort à Paris le 29 mai 1861.

THEINER (Augustin); élu le 9 mai 1860; né à Breslau le 11 avril 1804; mort à Rome en 1874.

KŒHNE (Le baron Bernard DE); élu le 13 mai 1861; né à Berlin le 4 juillet 1817; mort à Wurzbourg le 5 février 1886.

CANTÙ (César); élu le 13 mai 1861; né à Brisio le 5 septembre 1805; domicilié à Milan.

WINDISCHMANN (Frédéric); élu le 13 mai 1861; né à Aschaffenbourg le 13 octobre 1811; mort à Munich le 23 août 1861.

LÖHER (François VON); élu le 13 mai 1862; né à Paderborn le 15 octobre 1818; domicilié à Munich.

DE VRIES (Mathias); élu le 19 mai 1863; né à Harlem le 9 novembre 1820; domicilié à Leyde.

ARNETH (Le chevalier Alfred VON); élu le 9 mai 1864; né à Vienne le 10 juillet 1819; domicilié dans la même ville.

BAKHUIZEN VAN DEN BRINK (Renier-Corneille); élu le 9 mai 1864; né en 1811; mort à La Haye le 15 juillet 1865.

DISRAELI (Benjamin Lord BEACONSFIELD); élu le 9 mai 1864; né le 21 décembre 1805; mort à Londres le 18 avril 1881.

WOLOWSKI (Louis-François-Michel-Raymond); élu le 10 mai 1865; né à Varsovie le 31 août 1810; mort à Paris le 15 août 1876.

RENIER (Charles-Alphonse-Léon); élu le 10 mai 1865; né à Charleville le 2 mai 1809; mort à Paris le 11 juin 1885.

THIERS (Louis-Adolphe); élu le 10 mai 1865; né à Marseille le 16 avril 1797; mort à Paris le 3 septembre 1877.

ARRIVABENE (Le comte Jean); élu le 5 mai 1866; né à Mantoue le 24 juin 1787; mort dans la même ville le 11 janvier 1881.

MOMMSEN (Théodore); élu le 5 mai 1866; né à Garding (Schleswig) le 30 novembre 1817; domicilié à Berlin.

Döllinger (Jean-Joseph-Ignace von); élu le 5 mai 1866; né à Bamberg le 28 février 1799; domicilié à Munich.

Farr (William); élu le 6 mai 1867; né à Kenley (comté de Salop, Angleterre) le 30 nov. 1807; mort à Londres le 14 avril 1883.

Stephani (Ludolphe); élu le 6 mai 1867; né à Beucha (près de Leipzig) le 29 mars 1816; domicilié à Saint-Pétersbourg.

Laboulaye (Édouard-René Lefebvre); élu le 6 mai 1867; né à Paris le 18 janv. 1811; mort dans la même ville le 25 mai 1883.

Thierry (Amédée-Simon-Dominique); élu le 6 mai 1867; né à Blois le 2 août 1797; mort à Paris le 27 mars 1873.

Scheler (Jean-Auguste-Huldreich); élu le 11 mai 1868; né à Ebnat (Suisse) le 6 avril 1819; domicilié à Ixelles [1].

Egger (Émile); élu le 10 mai 1869; né à Paris le 18 juillet 1813; mort à Royat (Puy-de-Dôme) le 30 août 1885.

Vreede (Georges Guillaume); élu le 10 mai 1869; né à Tilbourg (Brabant septentrional) le 14 avril 1809; mort à Utrecht le 30 juin 1880.

Sybel (Henri-Charles-Louis von); élu le 10 mai 1869; né à Dusseldorf le 2 décembre 1817; domicilié à Berlin.

Carrara (François-Gaëtan); élu le 9 mai 1870; né à Lucques (Toscane) le 18 septembre 1805; domicilié à Pise.

Mill (John-Stuart); élu le 9 mai 1870; né à Londres le 20 mai 1806; mort à Avignon le 8 mai 1873.

Holtzendorff (Le baron Joaquim-Guillaume-François-Philippe von); élu le 8 mai 1871; né à Vietmansdorf (province de Brandebourg, Prusse) le 14 octobre 1829; domicilié à Munich.

Brunn (Henri); élu le 8 mai 1871; né à Wörlitz (duché d'Anhalt) le 23 janvier 1822; domicilié à Munich.

[1] Élu membre le 5 mai 1884 à la suite de sa naturalisation comme Belge. Voir page 50.

LENORMANT (François); élu le 8 mai 1871; né à Paris en 1835; mort dans la même ville le 2 décembre 1883.

EICHHOFF (Frédéric-Gustave); élu le 8 mai 1871; né au Havre le 17 août 1799; mort à Paris le 10 mai 1875.

ANTAS (Le chevalier M. D'); élu le 6 mai 1872; résidant à Londres.

ALBERDINGK THIJM (Joseph-Albert); élu le 6 mai 1872; né à Amsterdam le 13 août 1820; domicilié dans la même ville.

CURTIUS (Ernest); élu le 6 mai 1872; né à Lübeck le 2 septembre 1814; domicilié à Berlin.

RIVIER (Alphonse-Pierre-Octave); élu le 12 mai 1873; né à Lausanne le 9 novembre 1835; domicilié à St-Gilles (Bruxelles).

FRANCK (Adolphe); élu le 12 mai 1873; né à Liocourt (Meurthe) le 9 octobre 1809; domicilié à Paris.

DESMAZES (Charles-Adrien); élu le 4 mai 1874; né à St-Quentin (Aisne) le 13 mars 1820; domicilié à Paris.

OPPERT (Jules); élu le 4 mai 1874; né à Hambourg le 9 juillet 1825; domicilié à Paris.

JONCKBLOET (Guillaume-Joseph-André); élu le 4 mai 1874; né à La Haye le 6 juillet 1817; mort à Wiesbaden le 19 octobre 1885.

TENNYSON (Alfred); élu le 10 mai 1875; né à Somersby (Lincolnshire, Angleterre) en août 1809; domicilié à Londres.

LEPSIUS (Richard); élu le 10 mai 1875; né à Naumbourg le 23 décembre 1813; mort à Berlin le 10 juillet 1883.

DELISLE (Léopold); élu le 10 mai 1875; né à Valognes (Manche) le 24 octobre 1826; domicilié à Paris.

ARNTZ (Égide); élu le 8 mai 1876; né à Clèves le 1er septembre 1812; mort à Ixelles le 23 août 1884.

GODEFROY-MÉNILGLAISE [1] (Le marquis Denys-Charles); élu le 8 mai 1876; né à Francfort sur-le-Mein le 22 août 1795; mort à Paris le 20 juillet 1877.

CAMPBELL (Marinus-Frédéric-André-Gérard); élu le 14 mai 1877; né à Kampen (Overijssel) le 15 oct. 1819; domicilié à La Haye.

BLUNTSCHLI (Jean-Gaspard); élu le 14 mai 1877; né à Zurich le 7 mars 1808; mort à Heidelberg le 21 octobre 1881.

BANCROFT (George); élu le 14 mai 1877; né à Worcester (Massachusetts) le 3 octobre 1800; domicilié à Washington.

SARIPOLOS (Nicolas); élu le 6 mai 1878; né à Citium (Chypre) le 13/25 mars 1817; domicilié à Athènes.

GIOVANNI (Vincenzo DI); élu le 6 mai 1878; né à Salaparuta (Sicile) le 18 octobre 1832; domicilié à Palerme.

COLMEIRO (Manuel); élu le 10 mai 1880; né à Santiago de Galice le 1er janvier 1818; domicilié à Madrid.

OLIVECRONA (Canut D'); élu le 10 mai 1880; né à Maessvik (Suède) le 7 octobre 1817; domicilié à Stockholm.

BOHL (Joan); élu le 9 mai 1881; né à Zierikzee (Zélande) le 8 octobre 1836; domicilié à Amsterdam.

CANOVAS DEL CASTILLO (Antonio); élu le 9 mai 1881; né à Malaga le 28 février 1828; domicilié à Madrid.

CASTAN (Auguste); élu le 9 mai 1881; né à Besançon le 20 novembre 1833; domicilié dans la même ville.

GLADSTONE (William-Ewart); élu le 8 mai 1882; né à Liverpool le 29 décembre 1809; domicilié à Londres.

AMORIM (Francisco-Gomes DE); élu le 8 mai 1882; né à Avelomar (près de Porto, Portugal) le 13 août 1827; domicilié à Lisbonne.

[1] Ménilglaise est le nom de sa femme, que le Gouvernement de la Restauration lui a permis d'ajouter au sien.

Miller (Bénigne-Emmanuel-Clément); élu le 8 mai 1882; né à Paris en 1812; mort à Cannes le 9 janvier 1886.

Waitz (George); élu le 5 mai 1884; né à Flensborg (Schleswig) le 9 octobre 1813; domicilié à Berlin.

Dareste (Rodolphe); élu le 5 mai 1884; né à Paris le 26 décembre 1824; domicilié dans la même ville.

Bréal (Michel); élu le 5 mai 1884; né à Landau (Bavière) le 26 mars 1832; domicilié à Paris.

Beets (Nicolas); élu le 4 mai 1885; né à Harlem le 13 septembre 1814; domicilié à Utrecht.

Hoefler (Le chevalier von); élu le 4 mai 1885; né à Memmingen (Bavière) le 26 mars 1811; domicilié à Prague.

Sully Prudhomme (René-François-Armand); élu le 4 mai 1885; né à Paris le 16 mars 1839; domicilié dans la même ville.

Minghetti (Marco); élu le 4 mai 1885; né à Bologne le 8 septembre 1818; domicilié à Rome.

Perrot (Georges); élu le 10 mai 1886; né à Villeneuve-St-Georges (Seine-et-Oise) le 12 novembre 1832; domicilié à Paris.

Philippson (Martin); élu le 10 mai 1886; né à Magdebourg (Prusse) le 27 juin 1846; domicilié à Ixelles.

Carreras y Gonzales (Mariano); élu le 10 mai 1886; domicilié à Almeria (Espagne).

Sniedèrs (Auguste); élu le 10 mai 1886; né à Bladel; domicilié à Anvers.

CLASSE DES BEAUX-ARTS.

Directeurs.

MM. F.-J. Fétis 1846
F.-J. Navez 1847
L. Alvin 1848
F.-J. Fétis 1849
Baron 1850
F.-J. Navez 1851
F.-J. Fétis 1852
L. Roelandt. 1853
F.-J. Navez 1854
F.-J. Fétis 1855
N. De Keyser 1856
L. Alvin 1857
G. Geefs 1858
F.-J. Fétis 1859
A. Baron 1860
T.-F. Suys. 1861
A. Van Hasselt 1862
Éd. Fétis. 1863
De Keyser 1864
L. Alvin 1865
Edm. De Busscher. 1866

MM. Alph. BALAT 1867
F.-J. FÉTIS 1868
N DE KEYSER 1869
C.-A. FRAIKIN. 1870
L. GALLAIT 1871
ÉD. FÉTIS (1) 1872
L. ALVIN 1873
N. DE KEYSER 1874
Alph. BALAT 1875
F.-A. GEVAERT 1876
L. ALVIN 1877
J. PORTAELS 1878
LE CHEVALIER L. DE BURBURE 1879
L. GALLAIT 1880
Alph. BALAT 1881
Ad. SIRET (2) 1882
ÉD. FÉTIS 1883
E. SLINGENEYER 1884
Ad. PAULI 1885
L. ALVIN 1886

(1) M. F.-J. Fétis avait été élu, en 1871, directeur pour 1872; sa mort, survenue le 26 mars 1871, laissant la place de directeur vacante, la Classe nomma son fils, M. Éd. Fétis, pour l'occuper.

(2) M. Édm. De Busscher avait été élu, en 1881, directeur pour 1882; mais sa mort, survenue le 17 janvier 1882, obligea la Classe à pourvoir à son remplacement : M. Ad. Siret a été élu directeur dans la séance du 2 février 1882.

Membres et Correspondants (1).

ALVIN (Louis-Joseph); nommé membre le 1er décembre 1845; né à Cambrai le 18 mars 1806; domicilié à Ixelles.

BÉRIOT (Charles-Auguste DE); nommé membre le 1er décembre 1845; né à Louvain le 20 février 1802; mort à Bruxelles le 8 avril 1870.

BRAEMT (Joseph-Pierre); nommé membre le 1er décembre 1845; né à Gand le 15 juin 1796; mort à St-Josse-ten-Noode le 2 décembre 1864.

DE KEYSER (Nicaise); nommé membre le 1er décembre 1845; né à Santvliet le 26 août 1813; domicilié à Anvers.

FÉTIS (Francois-Joseph); nommé membre le 1er décembre 1845; né à Mons le 25 mars 1784; mort à Bruxelles le 26 mars 1871.

GALLAIT (Louis); nommé membre le 1er décembre 1845; né à Tournai le 9 mai 1810; domicilié à Schaerbeek.

GEEFS (Guillaume); nommé membre le 1er décembre 1845; né à Anvers le 10 sept. 1805; mort à Schaerbeek le 19 janvier 1883.

HANSSENS (Charles-Louis); nommé membre le 1er décembre 1845; né à Gand le 13 juillet 1802; mort à Molenbeek-St-Jean le 8 avril 1871.

LEYS (Le baron Henri-Jean-Augustin); nommé membre le 1er décembre 1845; né à Anvers le 22 février 1815; mort dans la même ville le 26 août 1869.

MADOU (Jean-Baptiste); nommé membre le 1er décembre 1845; né à Bruxelles le 24 janvier 1796; mort à St-Josse-ten-Noode le 3 avril 1877.

(1) Voir la note de la page 16.

Navez (François-Joseph); nommé membre le 1er décembre 1845; né à Charleroi le 16 novembre 1787; mort à Bruxelles le 11 octobre 1869.

Quetelet (Lambert-Adolphe-Jacques) ; nommé membre le 1er décembre 1845; né à Gand le 22 février 1796; mort à Bruxelles le 17 février 1874.

Roelandt (Louis-Joseph-Adrien); nommé membre le 1er décembre 1845; né à Nieuport le 31 janv. 1786; mort à Gand le 5 avril 1864.

Simonis (Louis-Eugène); nommé membre le 1er décembre 1845; né à Liège le 11 juillet 1810; mort à Koekelberg (Bruxelles) le 11 juillet 1882.

Suys (Tilman-François); nommé membre le 1er décembre 1845; né à Ostende le 1er juillet 1783; mort au château de Munken, près de Bruges, le 11 juillet 1861.

Vander Haert (Henri-Anne-Victoire); nommé membre le 1er décembre 1845; né à Louvain le 26 juillet 1790; mort à Gand le 5 octobre 1846.

Hasselt (André-Henri-Constant Van); nommé membre le 1er décembre 1845 [1]; né à Maestricht le 5 janvier 1806; mort à St-Josse-ten-Noode le 1er décembre 1874.

Verboeckhoven (Eugène-Joseph); nommé membre le 1er décembre 1845; né à Warneton le 8 juin 1799; mort à Schaerbeek le 19 janvier 1881.

Vieuxtemps (Henri); nommé membre le 1er décembre 1845; né à Verviers le 17 février 1820; mort à Alger, le 6 juin 1881.

Wappers (Le baron Égide-Charles-Gustave); nommé membre le 1er décembre 1845; né à Anvers le 23 août 1803; mort à Paris le 6 décembre 1874.

[1] M. Van Hasselt a été correspondant de la Classe des lettres depuis le 15 décembre 1837 jusqu'au 1er décembre 1845.

BOURLA (Pierre-Bruno) ; élu membre le 9 janvier 1846; démissionnaire le 3 juin 1852; né à Paris en 1783 ; mort à Anvers le 31 décembre 1866.

CORR (Mathieu-Érin); élu membre le 9 janvier 1846; né à Bruxelles le 1er mars 1803; mort à Paris le 10 août 1862.

GEEFS (Germain-Joseph) ; élu membre le 9 janvier 1846; né à Anvers le 23 décembre 1808; mort dans la même ville le 9 oct. 1885.

SNEL (Joseph-François); élu membre le 9 janvier 1846; né à Bruxelles le 30 juillet 1793; mort à Koekelberg le 10 mars 1861.

BUSSCHMANN (Joseph-Ernest); élu membre le 9 janvier 1846; né à Sept-Fontaines (Grand-Duché de Luxembourg) le 13 septembre 1814; mort à Gand le 19 février 1853.

BIEFVE (Édouard DE); élu correspondant le 9 janvier 1846; né à Bruxelles le 4 décembre 1809; mort dans la même ville le 7 février 1882.

JEHOTTE (Léonard); élu correspondant le 9 janvier 1846; né à Herstal le 1er août 1772; mort à Maestricht le 1er août 1851.

JEHOTTE (Louis); élu correspondant le 9 janvier 1846; né à Liège le 7 novembre 1804; mort à Bruxelles le 3 février 1884.

MENGAL (Martin-Joseph); élu correspondant le 9 janvier 1846; né à Gand le 27 janv. 1784; mort dans la même ville le 4 juill. 1851.

PARTOES (Henri-Louis-François); élu correspondant le 9 janvier 1846; membre, le 8 janvier 1847; né à Bruxelles le 24 août 1790 ; mort dans la même ville le 29 décembre 1873.

BARON (Auguste-Alexis-Floréal); élu membre le 8 janvier 1847 (1); né à Paris le 1er mai 1794; mort à Liège le 24 mars 1862.

(1) M. Baron a été correspondant de la Classe des lettres depuis le 8 mai 1843 jusqu'au 8 janvier 1847.

De Braekeleer (Ferdinand); élu membre le 8 janvier 1847; né à Anvers le 12 févr. 1792; mort dans la même ville le 16 mai 1883.

Fétis (Édouard-François-Louis); élu membre le 8 janvier 1847; né à Bouvignes le 12 mai 1816; domicilié à Bruxelles.

Fraikin (Charles-Auguste); élu membre le 8 janvier 1847; né à Hérenthals le 14 juin 1817; domicilié à Schaerbeek.

Bogaerts (Félix-Guill.-Marie); élu correspondant le 8 janvier 1847; né à Bruxelles le 2 juillet 1805; mort à Anvers le 16 mars 1851.

Dyckmans (Joseph-Laurent); élu correspondant le 8 janvier 1847; né à Lierre le 9 août 1811; domicilié à Anvers.

Geerts (Charles); élu correspondant le 8 janvier 1847; né à Anvers le 10 août 1807; mort à Louvain le 16 juin 1855.

Jouvenel (Adolphe); élu correspondant le 8 janvier 1847; né en 1798; mort à Bruxelles le 9 septembre 1867.

Renard (Bruno); élu correspondant le 8 janvier 1847; membre, le 22 septembre 1852; né à Tournai le 29 décembre 1781; mort à St-Josse-ten-Noode le 17 juin 1861.

Eycken (Jean-Baptiste Van); élu membre le 22 sept. 1848; né à Bruxelles le 16 sept. 1809; mort à Schaerbeek le 19 déc. 1853.

Bosselet (Charles-François-Marie); élu correspondant le 22 septembre 1852; membre, le 4 janvier 1872; né à Lyon le 27 juillet 1812; mort à St-Josse-ten-Noode le 2 avril 1873.

De Busscher (Edmond); élu correspondant le 22 septembre 1852; membre, le 5 janvier 1854; né à Bruges le 18 janvier 1805; mort à Gand le 17 janvier 1882.

Verswyvel (Michel-Charles-Antoine); élu correspondant le 22 septembre 1852; né à Anvers le 7 septembre 1819; mort dans la même ville le 29 mai 1868.

BALAT (Alphonse-François-Hubert); élu correspondant le 13 janvier 1853; membre, le 9 janvier 1862; né à Gochenée (province de Namur) le 15 mai 1818; domicilié à Ixelles.

PORTAELS (Jean-François); élu membre le 4 janvier 1855; né à Vilvorde le 1er mai 1818; domicilié à Bruxelles.

DEMANET (Charles-Armand-J.); élu correspondant le 4 janvier 1855; membre, le 8 janvier 1863; né à Namur le 5 juillet 1808; mort à Marches-en-Prés, dépendance de Sclayn (Andenne) le 28 mai 1865.

SIRET (Adolphe); élu correspondant le 4 janvier 1855; membre, le 12 janvier 1866; né à Beaumont (Hainaut) le 15 juillet 1818; domicilié à Anvers.

PAYEN (Auguste-Jean-Joseph); élu membre le 9 janvier 1862; né à Bruxelles le 7 juin 1801; mort à St-Josse-ten-Noode le 16 avril 1877.

BURBURE (Le chevalier Léon-Philippe-Marie DE); élu membre le 9 janv. 1862; né à Termonde le 16 août 1812; domicilié à Anvers.

FRANCK (Joseph); élu membre le 7 janvier 1864; né à Bruxelles le 25 juin 1825; mort à St-Josse-ten-Noode le 13 janvier 1883.

DE MAN (Gustave); élu membre le 12 janvier 1865; né à Bruxelles le 20 mai 1805; domicilié à Ixelles.

LECLERCQ (Julien); élu membre le 12 janvier 1866; né à Gand le 22 février 1805; mort à Bruxelles le 23 février 1882.

STAPPAERTS (Marie-Julien-Michel-Félix); élu correspondant le 9 janvier 1868; membre, le 6 janvier 1876; né à Louvain le 24 avril 1812; mort à Bruxelles le 3 mars 1885.

SLINGENEYER (Ernest); élu membre le 7 avril 1870; né à Loochristi le 29 mai 1823; domicilié à Bruxelles.

ROBERT (Nestor-Alexandre-Nicolas); élu membre le 7 avril 1870; né à Trazegnies (Hainaut) le 26 février 1817; domicilié à St-Josse-ten-Noode.

Soubre (Étienne-Joseph); élu membre le 12 janvier 1871; né à Liège le 30 déc. 1813; mort dans la même ville le 8 sept. 1871.

Gevaert (François-Auguste); élu membre le 4 janvier 1872; né à Huysse (Flandre or.) le 31 juillet 1828; domicilié à Bruxelles.

Limnander de Nieuwenhove (Le baron Armand-Marie-Guislain); élu membre le 4 janvier 1872; élu associé le 9 janvier 1879 [1]; né à Gand le 23 mai 1814; domicilié à Paris.

Samuel (Adolphe); élu membre le 8 janvier 1874; né à Liège le 11 juillet 1824; domicilié à Gand.

Terry (Jean-Léonard); élu correspondant le 8 janvier 1874; né à Liège le 13 fév. 1816; mort dans la même ville le 25 juill. 1882.

Radoux (Jean-Théodore); élu correspondant le 8 janvier 1874; membre, le 3 avril 1879; né à Liège le 9 novembre 1835; domicilié dans la même ville.

Liagre (Jean-Baptiste-Joseph); élu membre le 5 mai 1874; né à Tournai le 17 février 1815; domicilié à Ixelles.

Pauli (Adolphe-Édouard-Théodore); élu membre le 7 janvier 1875; né à Gand le 29 février 1820; domicilié dans la même ville.

Guffens (Égide-Godefroid); élu membre le 6 janvier 1876; né à Hasselt le 22 juillet 1823; domicilié à Schaerbeek.

Pinchart (Alexandre-Joseph); élu correspondant le 4 janvier 1877; membre, le 11 janvier 1883; né à Wavre le 23 juillet 1823; mort à St-Josse-ten-Noode le 23 juillet 1884.

[1] M. Limnander ayant donné sa démission de membre titulaire, par suite du transfert de son domicile légal à Paris, l'Académie l'a rangé parmi les associés, conformément à l'article 9 de ses statuts organiques.

Willems (Florent) [1]; élu membre le 10 janvier 1878; associé, le 7 décembre 1882; né à Liège le 8 janvier 1823; domicilié à Paris.

Schadde (H.-M.-Joseph); élu membre le 10 janvier 1878; né à Anvers le 3 août 1818; domicilié à Anvers.

Demannez (Joseph-Arnould); élu correspondant le 10 janvier 1878; membre, le 11 janvier 1883; né à Anvers le 19 août 1826; domicilié à Saint-Josse-ten-Noode.

Benoit (Peter-Léonard-Léopold); élu correspondant le 8 janvier 1880; membre, le 5 janvier 1882; né à Harlebeke le 17 août 1834; domicilié à Anvers.

Wauters (Émile-Charles); élu membre le 5 janvier 1882; né à Bruxelles le 29 novembre 1846; domicilié dans la même ville.

Jaquet (Jean-Joseph); élu membre le 11 janvier 1883; né à Anvers le 30 janvier 1822; domicilié à Schaerbeek.

Busschop (Jules-Auguste-Guillaume); élu correspondant le 11 janvier 1883; né à Paris le 10 sept. 1810; domicilié à Bruges.

Elewyck (Le chevalier Xavier-Victor-Fidèle van); élu correspondant le 11 janvier 1883; né à Ixelles le 24 avril 1825; domicilié à Louvain.

Clays (Paul-Jean); élu membre le 1er mars 1883; né à Bruges le 27 novembre 1819; domicilié à Schaerbeek.

Markelbach (Alexandre-Pierre-Jacques); élu correspondant le 1er mars 1883; né à Anvers le 7 août 1824; domicilié à Schaerbeek.

Stallaert (Joseph-Jean-François); élu correspondant le 1er mars 1883; né à Merchtem le 19 mars 1825; domicilié à Ixelles.

Beyaert (Henri-Joseph-François); élu correspondant le 1er mars 1883; né à Courtrai le 29 juillet 1823; domicilié à Bruxelles.

[1] M. Willems, ayant transféré son domicile légal à Paris, a été, sur sa demande, compris dans la catégorie des associés, par application de l'article 9 des statuts organiques de l'Académie.

Marchal (Le chevalier Edmond-Léopold-Joseph-Gustave); élu correspondant le 1er mars 1883; membre, le 7 janvier 1886; né à St-Josse-ten-Noode le 15 juillet 1833; domicilié dans la même commune.

Hymans (Henri); élu correspondant le 1er mars 1883; membre, le 8 janvier 1885; né à Anvers le 8 août 1836; domicilié à Ixelles.

Verlat (Charles); élu membre le 10 janvier 1884; né à Anvers le 25 novembre 1824; domicilié à Anvers.

De Groot (Guillaume); élu membre le 10 janvier 1884; né à Bruxelles le 23 août 1839; domicilié dans la même ville.

Biot (Gustave-Joseph); élu membre le 10 janvier 1884; né à Bruxelles le 1er janvier 1833; domicilié à Ixelles.

Meunier (Jean-Baptiste); élu correspondant le 10 janvier 1884; né à Molenbeek-St-Jean le 28 juillet 1821; domicilié à Ixelles.

Du Caju (Joseph-Jacques); élu correspondant le 8 janvier 1885; né à Anvers le 31 août 1823; domicilié dans la même ville.

Rooses (Maximilien); élu correspondant le 7 janvier 1886; né à Anvers le 10 février 1839; domicilié dans la même ville.

Vinçotte (Thomas-Jules); élu membre le 12 mai 1886; né à Anvers le 8 janvier 1850; domicilié à Schaerbeek.

Associés.

Auber (Daniel-François-Esprit); élu le 6 février 1846; né à Caen le 29 janvier 1784; mort à Paris le 11 mai 1871.

Barre (Jean-Jacques); élu le 6 février 1846; né à Paris le 3 août 1793; mort dans la même ville le 10 juin 1855.

Bock (Corneille-Pierre) ; élu le 6 février 1846; né à Aix-la-Chapelle le 8 juin 1804; mort à Fribourg le 18 octobre 1870.

Desnoyers (Le baron Auguste-Gaspard-Louis **Boucher**); élu le 6 février 1846; né à Paris le 19 décembre 1779; mort dans la même ville le 15 février 1857.

Cornelius (Pierre von); élu le 6 février 1846; né à Dusseldorf le 23 septembre 1783; mort à Berlin le 6 mars 1867.

Daussoigne-Méhul (Joseph); élu le 6 février 1846; né à Givet le 10 juin 1790; mort à Liège le 10 mars 1875.

Delaroche (Hippolyte, dit *Paul*); élu le 6 février 1846; né à Paris le 17 juill. 1797; mort dans la même ville le 4 novembre 1856.

Donaldson (Thomas-Leverton); élu le 6 février 1846; né à Londres le 17 octobre 1795; mort dans la même ville le 1er août 1885.

Fontaine (Pierre-François-Léonard); élu le 6 février 1846; né à Pontoise le 20 septembre 1762; mort à Paris le 10 oct. 1853.

Forster (François); élu le 6 février 1846; né au Locle (Neuchatel) le 22 août 1790 ; mort à Paris le 24 juin 1872.

Kaulbach (Guillaume von) ; élu le 6 février 1846 ; né à Arolsen le 15 octobre 1805; mort à Munich le 7 avril 1874.

Klenze (Léon von); élu le 6 février 1846; né à Hildesheim le 29 février 1784; mort à Munich le 26 ou le 27 janvier 1864.

Landseer (Edwin); élu le 6 février 1846; né à Londres en 1802 ; mort dans la même ville le 1er octobre 1873.

Meyerbeer (Giacomo) ; élu le 6 février 1846; né à Berlin le 5 septembre 1794; mort à Paris le 2 mai 1864.

Passavant (Jean-David); élu le 6 février 1846; né à Francfort s/M. en 1787; mort dans la même ville le 12 août 1861.

PRADIER (James); élu le 6 février 1846; né à Genève le 23 mai 1792; mort à Bougival (près de Paris) le 5 juin 1852.

RAMEY (Jules-Étienne); élu le 6 février 1846; né à Paris en 1796; mort dans la même ville le 29 octobre 1852.

RAUCH (Chrétien-Daniel); élu le 6 février 1846; né à Arolsen le 2 janvier 1777; mort à Berlin le 3 décembre 1857.

ROSSINI (Gioacchino-Antonio); élu le 6 février 1846; né à Pesaro le 29 février 1792; mort à Passy-Paris le 13 novembre 1868.

RUDE (François); élu le 6 février 1846; né à Dijon le 4 janvier 1784; mort à Paris le 3 novembre 1855.

SCHADOW (Jean-Godefroid); élu le 6 février 1846; né à Berlin le 20 mai 1764; mort dans la même ville le 28 janvier 1850.

SCHEFFER (Ary); élu le 6 février 1846; né à Dordrecht le 10 février 1795; mort à Paris le 15 juin 1858.

SPONTINI (Louis-Gaspard-Pacifique); élu le 6 février 1846; né à Majolati (près de Jesi, Italie), le 14 novembre 1774; mort dans la même localité le 24 janvier 1851.

VERNET (Émile-Jean-Horace); élu le 6 février 1846; né à Paris le 30 juin 1789; mort dans la même ville le 17 janvier 1863.

WYON (William); élu le 6 février 1846; né à Birmingham en 1795; mort à Brighton le 29 octobre 1851.

AVELLINO (François-Marie); élu le 8 janvier 1847; né à Naples le 14 août 1788; mort dans la même ville le 9 janvier 1850.

BARRY (Charles); élu le 8 janvier 1847; né à Londres le 23 mai 1795; mort dans la même ville le 14 mai 1860.

BARTOLINI (Lorenzo); élu le 8 janvier 1847; né à Saviniana (près de Prato, Toscane) en 1777; mort à Florence le 20 janvier 1850.

Becker (Jacques); élu le 8 janvier 1847; né à Dittelsheim (près de Worms) le 15 mars 1810; mort à Francfort-sur-le-Mein le 22 décembre 1873.

Bianchi (Pietro); élu le 8 janvier 1847; mort en janvier 1850.

Bovy (Jean-François-Antoine); élu le 8 janvier 1847; né à Genève en 1803; mort à Paris en septembre 1877.

Calamatta (Louis); élu le 8 janvier 1847; né à Civita-Vecchia en 1802; mort à Milan le 8 mars 1869.

Calame (Alexandre); élu le 8 janvier 1847; né à Vevey (Suisse) le 28 mai 1810; mort à Menton en mars 1864.

Caristie (Auguste-Nicolas); élu le 8 janvier 1847; né à Avallon le 6 décembre 1783; mort à Paris le 5 novembre 1862.

Clarac (Le comte Ch.-O.-F.-J.-B. de); élu le 8 janvier 1847; né à Paris le 16 juin 1777; mort le 20 janvier 1847.

de Coussemaker (Charles-Edmond-Henri); élu le 8 janvier 1847; né à Bailleul le 19 avril 1805; mort à Lille le 10 janvier 1876.

David d'Angers (Pierre-Jean); élu le 8 janvier 1847; né à Angers le 12 mars 1789; mort à Paris le 6 janvier 1856.

Gerhard (Frédéric-Guillaume-Édouard); élu le 8 janvier 1847; né à Posen le 29 novembre 1795; mort à Berlin le 12 mai 1867.

Granet (François-Marius); élu le 8 janv. 1847; né à Aix le 17 septembre 1775; mort à Malvallat (près d'Aix) le 21 nov. 1849.

Haghe (Louis); élu le 8 janvier 1847; né à Tournai le 17 mars 1806; mort à Londres le 9 mars 1885.

Halévy (Jacques-François-Élie-Fromental); élu le 8 janvier 1847; né à Paris le 27 mai 1799; mort à Nice le 17 mars 1862.

HENRIQUEL-DUPONT (Louis-Pierre); élu le 8 janvier 1847; né à Paris le 13 juin 1797; *domicilié dans la même ville.*

INGRES (Jean-Dominique-Auguste); élu le 8 janvier 1847; né à Montauban le 15 septembre 1781; mort à Paris le 14 janvier 1867.

LACHNER (François); élu le 8 janv. 1847; né à Rain le 2 avril 1804; domicilié à Munich.

QUATREMÈTRE DE QUINCY (Antoine-Chrysostôme); élu le 8 janvier 1847; né à Paris le 21 octobre 1755; mort dans la même ville le 28 décembre 1849.

SPOHR (Louis); élu le 8 janvier 1847; né à Brunswick le 5 avril 1784; mort à Cassel le 22 novembre 1859.

STÜLER (Auguste); élu le 8 janvier 1847; né à Berlin en 1800; mort dans la même ville le 18 mars 1865.

TENERANI (Pierre); élu le 8 janvier 1847; né à Torrano (près de Carrare) le 11 novembre 1789; mort à Rome le 14 déc. 1869.

TOSCHI (Paul); élu le 8 janvier 1847; né à Parme en 1788; mort en août 1854.

WAAGEN (Gustave-Frédéric); élu le 8 janvier 1847; né à Hambourg le 11 février 1794; mort à Copenhague le 15 juillet 1868.

CAUMONT (Le comte Arcisse DE); élu le 22 septembre 1848; né à Bayeux le 28 août 1802; mort à Caen le 16 avril 1873.

COCKERELL (Charles-Robert); élu le 22 septembre 1852; né à Londres le 27 avril 1788; mort dans la même ville le 17 septembre 1863.

DUCHESNE, dit DUCHESNE aîné (Jean); élu le 22 sept. 1852; né à Versailles le 28 décembre 1779; mort à Paris le 4 mars 1855.

DUMONT (Augustin-Alexandre); élu le 22 septembre 1852; né à Paris le 14 août 1801; mort dans la même ville le 28 janvier 1884.

MERCADANTE (Saverio); élu le 22 septembre 1852; né à Altamura (Pouille) en 1798; mort à Naples le 17 décembre 1870.

NIEUWERKERKE (Le comte Alfred-Émilien DE); élu le 22 septembre 1852; né à Paris le 16 avril 1811; domicilié dans la même ville.

PISTRUCCI (Benedetto); élu le 22 septembre 1852; né près de Bologne en 1782; mort près de Londres en 1859.

ROYER (Louis); élu le 22 septembre 1852; né à Malines le 19 juin 1793; mort à Amsterdam le 5 juin 1868.

SCHNETZ (Jean-Victor); élu le 22 septembre 1852; né à Versailles le 15 mai 1787; mort à Paris le 15 mars 1870.

FINELLI (Charles); élu le 13 janvier 1853; né à Carrare vers la fin de 1780; mort à Florence le 6 septembre 1853.

FORSTER (Louis); élu le 5 janvier 1854; mort à Vienne.

QUARANTA (Bernard); élu le 5 janvier 1854; né à Naples le 24 fév. 1796; mort dans la même ville le 21 septembre 1867.

LABOUREUR (Alexandre-Maximilien); élu le 10 janvier 1856; né à Rome en 1796; mort dans la même ville en novembre 1861.

RAVAISSON (Jean-Gaspard-Félix); élu le 10 janvier 1856; né à Namur le 23 octobre 1813; domicilié à Paris.

BAY père (Jean-Baptiste-Joseph DE); élu le 8 janvier 1857; né à Malines le 16 octobre 1779; mort à Paris le 14 juin 1863.

MERCURI (Paul); élu le 8 janvier 1857; né à Parme en 1808; mort à Bucharest en mai 1884.

OUDINÉ (Eugène-André); élu le 8 janvier 1857; né à Paris le 1er janvier 1810; domicilié dans la même ville.

DURET (Francisque-Joseph); élu le 7 janvier 1858; né à Paris le 19 octobre 1804; mort le 25 mai 1865.

MARTINET (Louis-Achille); élu le 7 janvier 1858; né à Paris le 21 janvier 1806; mort dans la même ville en décembre 1877.

PICOT (François-Édouard); élu le 7 janvier 1858; né à Paris en 1786; mort dans la même ville le 15 mars 1868.

RIETSCHEL (Ernest); élu le 7 janvier 1858; né à Pulsnitz le 15 décembre 1804; mort à Dresde le 21 février 1861.

DELACROIX (Ferdinand-Victor-Eugène); élu le 13 janvier 1859; né à Charenton-Saint-Maurice le 26 avril 1798; mort à Paris le 13 août 1863.

DAVID (Félicien); élu le 8 janvier 1863; né à Cadenet le 8 mars 1810; mort à Paris le 26 août 1876.

FOLEY (Jean-Henri); élu le 8 janvier 1863; né à Dublin en 1818; mort à Londres le 28 août 1874.

KISS (Auguste G.); élu le 8 janvier 1863; né à Pless (Haute-Silésie) le 11 octobre 1802; mort à Berlin le 24 mars 1865.

THOMAS (Charles-Louis-Ambroise); élu le 8 janvier 1863; né à Metz le 5 août 1811; domicilié à Paris.

VIOLLET-LE-DUC (Eugène-Emmanuel); élu le 8 janvier 1863; né à Paris le 27 janvier 1814; mort à Lausanne le 17 septembre 1879.

CAVELIER (Pierre-Jules); élu le 7 janvier 1864; né à Paris le 30 août 1814; domicilié dans la même ville.

FLANDRIN (Jean-Hippolyte); élu le 7 janvier 1864; né à Lyon le 23 mai 1809; mort à Rome le 17 mars 1864.

HITTORFF (Jacques-Ignace); élu le 7 janvier 1864; né à Cologne le 20 août 1792; mort à Paris le 25 mars 1867.

LEINS (C.); élu le 7 janvier 1864; domicilié à Stuttgart.

ROBERT-FLEURY (Joseph-Nicolas); élu le 7 janvier 1864; né à Cologne le 8 août 1797; domicilié à Paris.

DALY (César-Denis); élu le 12 janvier 1865; né à Verdun (Meuse) le 19 juillet 1811; domicilié à Paris.

GERÔME (Jean-Léon); élu le 12 janvier 1865; né à Vesoul le 11 mai 1824; domicilié à Paris.

MADRAZO (Frédéric); élu le 12 janvier 1865; né à Rome le 12 février 1815; domicilié à Madrid.

MANDEL (Édouard); élu le 12 janvier 1865; né à Berlin le 15 février 1810; mort en octobre 1882.

VERDI (Joseph); élu le 12 janvier 1865; né à Roncolo le 9 octobre 1814; domicilié à Busseto.

DRAKE (Frédéric); élu le 12 janvier 1866; né à Pyrmont le 23 juin 1805; mort le 7 avril 1882.

JOUFFROY (François); élu le 12 janvier 1866; né à Dijon le 1er février 1806; mort en 1882.

SCHNAASE (Charles); élu le 12 janvier 1866; né à Danzig le 7 septembre 1798; mort à Wiesbade le 20 mai 1875.

BENDEMANN (Édouard-J.-J.); élu le 9 janvier 1868; né à Berlin le 3 décembre 1811; domicilié à Dusseldorf.

COGNIET (Léon); élu le 9 janvier 1868; né à Paris le 29 août 1794; mort dans la même ville le 20 novembre 1880.

GAILHABAUD (Jules); élu le 9 janvier 1868; né à Lille le 20 août 1810; domicilié à Paris.

LABROUSTE (François-Marie-Théodore); élu le 9 janvier 1868; né à Paris le 21 mars 1799; mort dans la même ville le 28 nov. 1885.

BARYE (Antoine-Louis); élu le 7 janvier 1869; né à Paris le 24 septembre 1795; mort dans la même ville le 25 juin 1875.

MEISSONIER (Jean-Louis-Ernest); élu le 7 janvier 1869; né à Lyon le 21 février 1815; domicilié à Paris.

WESTRHEENE (Tobie VAN); élu le 7 janvier 1869; né à Delft le 26 septembre 1825; mort à La Haye le 4 octobre 1871.

DE KELLER (Joseph); élu le 6 janvier 1870; né à Linz-sur-le-Rhin en *mars* 1815; mort à Dusseldorf le 30 mai 1873.

MARIETTE (Auguste-Édouard); élu le 6 janvier 1870; né à Boulogne-s/Mer le 11 février 1821; mort au Caire en janvier 1881.

RICCI (Frédéric); élu le 6 janvier 1870; né à Naples vers 1809; mort à Conegliano le 10 décembre 1877.

BENZONI (Jean-Marie); élu le 12 janvier 1871; né à San-Gavazzo (prov. de Bergame); mort à Rome en juin 1873.

HÉBERT (Auguste-Antoine-Ernest); élu le 12 janvier 1871; né à Grenoble le 3 novembre 1817; domicilié à Paris.

VESPIGNANI (Le comte Virginio); élu le 12 janvier 1871; domicilié à Rome.

BASEVI (Abramo); élu le 4 janvier 1872; né à Livourne (Toscane) le 29 décembre 1818; mort à Florence le 25 novembre 1885.

GOUNOD (Charles-François); élu le 4 janvier 1872; né à Paris le 17 juin 1818; domicilié à Paris.

LÜBKE (Guillaume-Jean-Christophe); élu le 9 janvier 1873; né à Dortmund (Westphalie) le 17 janv. 1826; domicilié à Stuttgart.

VOSMAER (Charles); élu le 9 janvier 1873; né à La Haye le 20 mars 1826; domicilié dans la même ville.

BECKER (Charles-Louis-Frédéric); élu le 8 janvier 1874; né à Berlin le 18 décembre 1820; domicilié dans la même ville.

FRITH (William-Powell); élu le 8 janvier 1874; né à Harrogate (comté d'York) le 9 janvier 1819; domicilié à Londres.

MONTEVERDE (Jules); élu le 8 janvier 1874; né à Bistagno (province d'Acqui) le 8 octobre 1837; domicilié à Rome.

FRANÇOIS (Louis-Alphonse); élu le 8 janvier 1874; né à Paris le 22 août 1814; domicilié dans la même ville.

STANG (Rudolphe); élu le 8 janvier 1874; né à Dusseldorf le 26 novembre 1831; domicilié à Amsterdam.

DELABORDE (Le vicomte Henri); élu le 8 janvier 1874; né à Rennes le 21 mai 1811; domicilié à Paris.

FERSTEL (Le chevalier Henri VON); élu le 9 avril 1874; né à Vienne le 7 juillet 1828; mort dans la même ville en 1883.

PILOTY (Charles VON); élu le 7 janvier 1875; né à Munich le 1er octobre 1826; domicilié dans la même ville.

BONNASSIEUX (Jean-Marie); élu le 7 janvier 1875; né à Pannissière (Loire) le 19 septembre 1810; domicilié à Paris.

GUILLAUME (Claude-Jean-Baptiste-Eugène); élu le 6 janvier 1876; né à Montbard (Côte-d'or) le 4 juillet 1822; domicilié à Paris.

HILLER (Ferdinand); élu le 6 janvier 1876; né à Francfort sur-le-Mein le 24 octobre 1811; mort à Cologne le 12 mai 1885.

MASSÉ (Victor); élu le 4 janvier 1877; né à Lorient le 7 mars 1822; mort à Paris le 5 juillet 1884.

SOURINDRO MOHUN TAGORE (Le Radja); élu le 4 janvier 1877 ; né à Calcutta en septembre 1840; domicilié dans la même ville.

BAUDRY (Paul); élu le 10 janvier 1878; né à Roche-sur-Yon le 7 novembre 1828; mort à Paris le 17 janvier 1886.

LIMNANDER DE NIEUWENHOVE (Le baron Armand-Marie-Guislain); élu le 9 janvier 1879; né à Gand le 23 mai 1814; domicilié à Paris (1).

(1) Voir la note de la page 69.

HITZIG (Ferdinand); élu le 8 janvier 1880; né à Hauingen (Bade) le 23 juin 1807; mort à Berlin le 12 octobre 1881.

CONTRERAS (Raphaël); élu le 8 janvier 1880; né à Grenade le 23 septembre 1824; domicilié dans la même ville.

BLANC, dit CHARLES BLANC (Alexandre-Auguste-Philippe-Charles); élu le 6 janvier 1881; né à Paris le 26 août 1817; mort dans la même ville le 17 janvier 1882.

MAKART (Jean); élu le 5 janvier 1882; né à Salzbourg le 28 mai 1840; mort à Vienne le 3 octobre 1884.

RASCHDORFF (Jules-Charles); élu le 5 janvier 1882; né à Pless (Silésie) le 2 juillet 1823; domicilié à Berlin.

SCHLIEMANN (Henry); élu le 5 janvier 1882; né à Neu-Buckow (Allemagne) le 6 janvier 1822; résidant à Athènes.

WILLEMS (Florent); élu le 7 décembre 1882; né à Liège le 8 janvier 1823; domicilié à Paris [1].

THOMAS (Gabriel-Jules); élu le 11 janvier 1883; né à Paris le 10 septembre 1824; domicilié dans la même ville.

KUNDMANN (Charles); élu le 11 janvier 1883; né à Vienne le 15 juin 1838; domicilié dans la même ville.

THAUSING (Konrad-Charles); élu le 11 janvier 1883; né à Tschischkorvitz (près de Leitmeritz) le 3 juin 1838; mort à Leitmeritz (Bohême) le 14 août 1884.

BEGAS (Charles-Théodore-August-Reinhold); élu le 8 janvier 1885; né à Berlin le 15 juillet 1831; domicilié dans la même ville.

NEUREUTHER (Gottfried VON); élu le 8 janvier 1885; né à Mannheim le 22 janvier 1811; domicilié à Munich.

[1] Voir la note de la page 70.

Saint-Saëns (Camille); élu le 8 janvier 1885; né à Paris le 9 octobre 1835; domicilié dans la même ville.

Liszt (Franz); élu le 8 janvier 1885; né à Roeding le 22 octobre 1809 (?); domicilié à Weimar.

Linas (Charles-André-Louis-Pantaléon de); élu le 8 janvier 1885; né à Arras (Pas-de-Calais), le 27 juillet 1812; domicilié dans la même ville.

Milanesi (Gaetano-Camille-Maria); élu le 8 janvier 1885; né à Sienne le 7 septembre 1813; domicilié à Florence.

Leighton (Frederick); élu le 7 janvier 1886; né à Scarborough le 3 décembre 1830; domicilié à Londres.

Waterhouse (Alfred); élu le 7 janvier 1886; né à Liverpool le 19 juillet 1830; domicilié à Londres.

Brahms (Johannes); élu le 7 janvier 1886; né à Hambourg le 7 mars 1833; domicilié à Vienne.

LISTE DES NOTICES BIOGRAPHIQUES

CONSACRÉES

AUX MEMBRES DE L'ACADÉMIE ET INSÉRÉES DANS SES DIFFÉRENTES PUBLICATIONS.

A.

ADAN (Émile-Henri-Joseph), discours prononcé à ses funérailles par J.-B. Liagre, *Bulletin*, 3e série, t. III, p. 303; notice par le même, *Annuaire* de 1883, p. 307 (avec portrait).

AMPÈRE (André-Marie), extrait du *Mémorial encyclopédique*, avec supplément par Ad. Quetelet, *Annuaire* de 1837, p. 134.

ARAGO (Dominique-François-Jean), par Ad. Quetelet, *Annuaire de* 1855, p. 157.

ARENDT (Guill.-Amédée-Auguste), par F. Nève, *Annuaire* de 1866, p. 195 (avec portrait).

B.

BABBAGE (Charles), par Ad. Quetelet, *Annuaire* de 1873, p. 148.

BAGUET (François), discours prononcé à ses funérailles par J.-J. Thonissen, *Annuaire* de 1868, p. 183; notice par J. Roulez, *Annuaire* de 1870, p. 103 (avec portrait).

BEKKER (Georges-Joseph), discours prononcé à ses funérailles par le baron de Reiffenberg, *Bulletin*, 1re série, t. IV, p. 344; et notice par le même, *Annuaire* de 1838, p. 68; notice par J. Roulez, *Biographie nationale*, t. II, p. 111.

Bellynck (Auguste-Alexis-Adolphe-Alexandre), par F. Crépin, *Annuaire* de 1878, p. 247.

Belpaire (Antoine), par Ad. Quetelet, *Annuaire* de 1840, p. 150, et *Biographie nationale*, t. II, p. 145.

Bemmel (Le baron Eugène Van), par Ch. Potvin, *Annuaire* de 1882, p. 239 (avec portrait).

Bériot (Charles-Auguste de), discours prononcé à ses funérailles par F.-J. Fétis, *Bulletin*, 2e série, t. XXIX, p. 642; notice par le même, *Annuaire* de 1871, p. 351 (avec portrait).

Bernard (Philippe), par Ad. Quetelet, *Annuaire* de 1854, p. 125; par A. Le Roy, *Biographie nationale*, t. II, p. 276.

Berthod (Anselme), par Gérard, *Mém. de l'Acad. imp. de Bruxelles*, t. V, p. lxxij.

Berzélius (Jean-Jacob), par P. Louyet, *Annuaire* de 1849, p. 134.

Beunie (Jean-Baptiste de), par Éd. Mailly, *Mémoires couronnés* in-8o, t. XXXI.

Biefve (Jean-François-Édouard de), discours prononcé à ses funérailles par J.-B. Liagre, *Bulletin*, 3e série, t. III, p. 303.

Bochaute (Charles Van), par C. Broeckx, *Biographie nationale*, t II, p. 545.

Bock (Corneille-Pierre), par A. de Reumont, *Annuaire* de 1872, p. 257.

Bogaerts (Félix-Guill.-Marie), par Edm. De Busscher, *Annuaire* de 1862, p. 121 (avec portrait), et *Biographie nat.*, t. II, p. 611.

Borgnet (Charles-Joseph-Adolphe), par Alph. Le Roy, *Annuaire* de 1876, p. 123 (avec portrait).

Bormans (Jean-Henri), par P. Willems, *Annuaire* de 1881, p. 181 (avec portrait).

BORY DE SAINT-VINCENT (Le baron Jean-Baptiste-Marcelin), par le vicomte Héricart de Thury, *Annuaire* de 1848, p. 161.

BOSSELET (Charles-François-Marie), par Léon de Burbure, *Annuaire* de 1876, p. 173 (avec portrait).

BOURNONS (Rombaut), par l'abbé Mann, *Mém. de l'Acad. imp. de Bruxelles,* t. V, p. lxxvi, et *Annuaire* de 1836, p. 81 ; par Éd. Mailly, *Mémoires couronnés* in-8°, t. XXVII.

BOUVARD (Alexis), par Alf. Gautier, avec additions de Ad. Quetelet, *Annuaire* de 1844, p. 108.

BRAEMT (Joseph-Pierre), discours prononcé à ses funérailles par L. Alvin, *Bulletins,* 2e série, t. XIX, p. 140, et *Annuaire* de 1865, p. 158; notice par Ad. Quetelet, *Annuaire* de 1867, p. 108 (avec portrait).

BRASSEUR (Jean-Baptiste), discours prononcé à ses funérailles par A. Spring, *Bulletin,* 2e s., t. XXV, p. 606; notice par J.-B. Liagre, *Annuaire* de 1869, p. 121 (avec portrait).

BURTIN (Le chevalier François-Xavier), par P.-J. Van Beneden, *Biographie nationale,* t. III, p. 169, et *Annuaire* de 1877, p. 247.

BUSSCHMANN (Joseph-Ernest), par Ad. Siret, *Annuaire* de 1870, p 165 (avec portrait), et *Biographie nationale,* t. III, p. 193.

C.

CAELS (Théodoric-Pierre), par Éd. Mailly, *Mémoires couronnés* in-8° t. XXXI.

CALAMATTA (Louis), par L. Alvin, *Annuaire* de 1882, p. 218 (avec portrait).

CANDOLLE (Auguste-Pyrame DE), par Ch. Morren, *Annuaire* de 1843, p. 124.

CANTRAINE (François-Joseph), paroles prononcées sur sa tombe par J. Kickx, *Annuaire* de 1864, p. 154; notice par L.-G. de Koninck, *Annuaire* de 1869, p. 101 (avec portrait).

CARTON (Charles-Louis), discours prononcé à ses funérailles par le baron Kervyn de Lettenhove, *Bulletin*, 2e série, t. XVI, p. 355; notice par le même, *Annuaire* de 1865, p. 131 (avec portrait).

CAUCHY (François-Philippe), par Ad. Quetelet, *Annuaire* de 1843, p. 77, et *Biographie nationale*, t. III, p. 380.

CAUSSIN (Nicolas), par E. Reusens, *Biogr. nationale*, t. III, p. 391.

CHAPUIS (Félicien), par E. Candèze, *Annuaire* de 1880, p. 357 (avec portrait).

CLARAC (Le comte Charles-Othon-Frédéric-Jean-Baptiste DE), par le vicomte Héricart de Thury, *Annuaire* de 1848, p. 167.

COBENZL (Le comte Jean-Charles-Philippe DE), par de Reiffenberg, *Annuaire* de 1835, p. 85; et par A. Wauters, *Biographie nationale*, t. IV, p. 203.

COEMANS (H.-Eugène-L.-G.), par C. Malaise, *Annuaire* de 1872, p. 109 (avec portrait).

CONSCIENCE (H.), discours prononcé à ses funérailles par P. Willems, *Bulletin*, 3me série, t. VI, pp. 290 et 295; notice par P. De Decker, *Annuaire* de 1885, p. 294 (avec portrait).

CORNELISSEN (Égide-Norbert), par Ad. Quetelet, *Annuaire* de 1851, p. 77 (avec portrait); et *Biographie nationale*, t. IV, p. 400.

CORR (Mathieu-Érin), par Ad. Siret, *Annuaire* de 1865, p. 141 (avec portrait); discours prononcé à ses funérailles par N. De Keyser, *Annuaire* de 1865, p. 155.

COURTOIS (Richard-Joseph), par Ch. Morren, *Annuaire* de 1838, p. 105, et *Annuaire* de 1839, p. 92; par G. Dewalque, *Biographie nationale*, t IV, p. 431.

Crahay (Jacques-Guillaume), par Ad. Quetelet, *Annuaire* de 1856, p. 117 (avec portrait); par J.-J. Thonissen, *Biographie nationale*, t. IV, p. 479.

Crumpipen (Joseph-Ambroise-Henri-Jean de), par Ch. Piot, *Biographie nationale*, t. IV, p. 571.

D.

Dandelin (Germinal-Pierre), par Ad. Quetelet, *Annuaire* de 1848, p 125 (avec portrait); et *Biographie nationale*, t. IV, p. 663.

Daunou (Pierre-Claude-François), par le baron de Reiffenberg, *Annuaire* de 1841, p. 140.

Daussoigne-Méhul (Joseph), par Th. Radoux, *Annuaire* de 1883, p. 271 (avec portrait).

David (J.-B.), discours prononcé à ses funérailles par Ch. Faider, *Bulletin*, 2e série, t. XXI, p. 291; notice par F.-A. Snellaert, *Annuaire* de 1867, p. 99 (avec portrait); liste de ses ouvrages, *Annuaire* de 1868, p. 189.

De Bast (Martin-Jean), par J. Roulez, *Biographie nationale*, t. IV, p. 756.

De Braekeleer (Ferdinand), par H. Hymans, *Annuaire* de 1885, p. 237 (avec portrait).

De Busscher (Edm.), discours prononcé à ses funérailles par Ad. Siret, *Bulletin*, 3e série, t. III, p. 226; notice par le même, *Annuaire* de 1883, p. 389 (avec portrait).

Decaisne (Joseph), par Fr. Crépin, *Annuaire* de 1884, p. 369 (avec portrait).

De Coninck (Le chevalier Patrice), par Aug. Vander Meersch, *Biographie nationale*, t. IV, p. 893.

De Coussemaker (Charles-Edmond-Henri), par le chevalier X. van Elewyck, *Annuaire* de 1884, p. 283 (avec portrait).

Defacqz (Henri-Eugène), par Ch. Faider, *Annuaire* de 1873, p. 227 (avec portrait).

Dehaut (Louis-Joseph), par Lesbroussart, *Annuaire* de 1843, p. 116; par J. Roulez, *Biographie nationale*, t. V, p. 144.

Delmotte (Henri-Florent), par le baron de Reiffenberg, *Annuaire* de 1837, p. 74; supplément, *Annuaire* de 1838, p. 129; par Ém. Varenbergh, *Biographie nationale*, t. V, p. 443.

Demanet (Charles-Armand-J.), discours prononcé sur sa tombe par L. Alvin, *Bulletin*, 2e série, t. XX, p. 181; notice par Ad. Siret, *Annuaire* de 1868, p. 143 (avec portrait); par le même, *Biographie nationale*, t. V, p. 508.

De Ram (Pierre-François-Xavier), discours prononcé à ses funérailles par P. Gachard, *Bulletin*, 2e série, t. XX, p. 152; notice par J.-J. Thonissen, *Annuaire* de 1866, p. 105 (avec portrait); et notice par le même, *Biographie nationale*, t. V, p. 650.

De Smet (Joseph-Jean), discours prononcé à ses funérailles par le baron Kervyn de Lettenhove, *Bulletin*, 2e série, t. XLIII, p. 301; notice par P. De Decker, *Annuaire* de 1878, p. 141 (avec portrait).

Des Roches (Jean), par l'abbé Mann, *Mém. de l'Acad. imp. de Bruxelles*, t. V, p. lxj; par le baron de Reiffenberg, *Annuaire* de 1843, p. 98; par J. Stecher, *Biographie nationale*, t. V, p. 789.

Devaux (Paul), par Th. Juste, *Annuaire* de 1882, p. 181 (avec port.).

Dewez (L.-D.-J.), discours prononcé sur sa tombe par Ad. Quetelet, *Nouveaux mémoires*, t. IX, et *Bulletin*, 1re série, t. I, p. 166; notice par le même, *Annuaire* de 1835, p. 108; par L. Alvin, *Biographie nationale*, t. V, p. 912.

DROZ (François-Xavier-Joseph), par Barthélemy-Saint-Hilaire, avec des notes par Ad. Quetelet, *Annuaire* de 1851, p. 163.

DU BUS DE GISIGNIES (Le vicomte Bernard-Amé-Léonard), par P.-J. Van Beneden, *Annuaire* de 1883, p. 243 (avec portrait).

DU CHASTELER (Le marquis François-Gabriel-Joseph), par le baron de Reiffenberg, *Annuaire* de 1835, p. 90, et *Annuaire* de 1837, p. 82; par A. Wauters, *Biographie nationale*, t. IV, p 25.

DUCPETIAUX (Édouard), par Th. Juste, *Annuaire* de 1871, p. 197 (avec portrait).

DUMONT (André), discours prononcé sur sa tombe par le baron Edm. de Selys Longchamps, *Bulletin*, 2e série, t. I, p. 370; notice par J.-J. d'Omalius d'Halloy, *Annuaire* de 1858, p. 91 (avec portrait); par G. Dewalque, *Biogr. nationale*, t VI. p. 283.

DU MORTIER (Barthélemy), discours prononcé à ses funérailles par Fr. Crépin, *Bulletin*, 2e série, t. XLVI, p. 178; notice par le même, *Annuaire* de 1879, p. 303 (avec portrait).

DUPREZ (François), discours prononcé à ses funérailles par Van der Mensbrugghe, *Bulletin*, 3e série, t. VII, p. 708.

DU RONDEAU (François), par Aug. Vander Meersch. *Biographie nationale*, t. VI, p. 367.

DUYSE (Prudent VAN), par F.-A. Snellaert, *Annuaire* de 1871, p. 337 (avec portrait); et par J. Stecher, *Biographie nationale*, t. VI, p. 404.

E.

ERNST (Simon-Pierre), par Alph. Le Roy, *Biographie nationale*, t. VI, p. 667.

EVERLANGE DE WITRY (Louis-Hyacinthe D'). *Voir* WITRY.

EWYCK (Daniel-Jacob VAN), par Ad. Quetelet, *Annuaire* de 1860, p. 157.

EYCKEN (Jean-Baptiste VAN), par Ad. Quetelet, *Annuaire* de 1854, p. 139 (avec portrait).

F.

FALCK (Anton-Reinhard), par Ad. Quetelet, *Annuaire* de 1844, p. 79; par Th. Juste, *Biographie nationale*, t. VI, p. 858.

FELTZ (Le baron Guillaume-Antoine-François DE), par le baron de Reiffenberg, *Annuaire* de 1835, p. 93; par le général Guillaume, *Biographie nationale*, t. VII, p. 9.

FÉTIS (François-Joseph), discours prononcé à ses funérailles par L. Gallait, *Bulletin*, 2e série, t. XXXI, p. 185; notice par L. Alvin, *Annuaire* de 1874, p. 377 (avec portrait).

FOHMANN (Vincent), par Ch. Morren, *Annuaire* de 1838, p. 79.

FORTIA D'URBAN (Le marquis Agricol-Joseph-François-Xavier-Pierre-Esprit-Simon-Paul-Antoine DE), par le baron de Reiffenberg, *Annuaire* de 1844, p. 144.

FRANCK (Joseph), discours prononcé à ses funérailles par Ed. Fétis, *Bulletin*, 3e série, t. V, p. 450.

FRAULA (Le comte Thomas-François-Joseph DE), par Gérard, *Mém. de l'Acad. imp. de Bruxelles*, t. V, p. lxvij, et *Annuaire* de 1836, p. 78; notice de ses écrits académiques, par l'abbé Mann, *Mém. de l'Acad. imp. de Bruxelles*, t. V, p. lxvij; par A. Wauters, *Biographie nationale*, t. VII, p. 283.

FRULLANI (Julien), extrait du *Mémorial encyclopédique*, t. IV, avec supplément par Ad. Quetelet, *Annuaire* de 1836, p. 77.

G.

GACHARD (Louis-Prosper), discours prononcé à ses funérailles par Ch. Piot, *Bulletin*, 3e série, t. XI, p. 47.

GALEOTTI (Henri-Guillaume), par Ad. Quetelet, *Annuaire* de 1859, p. 139; par Fr. Crépin, *Biographie nationale*, t. VII, p. 433.

GAMBART (Jean-Félix-Adolphe), par Arago, avec supplément par Ad. Quetelet, *Annuaire* de 1837, p. 137.

GARNIER (Jean-Guillaume), par lui-même, avec supplément par Ad. Quetelet, *Annuaire* de 1841, p. 161; par Aug. Vander Meersch, *Biographie nationale*, t. VII, p. 493.

GAVRE (Le prince DE), par Ém. de Borchgrave, *Biographie nationale*, t. VII, p. 535.

GEEFS (Guill.), discours prononcé à ses funérailles par Ed. Fétis, *Bulletin*, 3e série, t. V, p 446; notice par le chev. Edm. Marchal, *Annuaire* de 1886, p. 185 (avec portrait).

GEEFS (Joseph), discours prononcé à ses funérailles par H. Hymans, *Bulletin*, 3e série, t. X, p. 471.

GEERTS (Charles), par Éd. Fétis, *Annuaire* de 1856, p. 137 (avec portrait); par F. Stappaerts, *Biographie nationale*, t. VII, p. 553.

GÉRARD (Georges-Joseph), par A. Voisin, *Annuaire* de 1837, p. 85; par Ém. Varenbergh, *Biographie nationale*, t. VII, p. 647.

GERHARD (Édouard), par J. de Witte, *Annuaire* de 1871, p. 296.

GERLACHE (Le baron Étienne-Constantin DE), par J.-J. Thonissen, *Annuaire* de 1874, p. 107 (avec portrait).

GHESQUIERE (Joseph-Hippolyte), par J.-J. De Smet, *Annuaire* de 1857, p. 137; par Ch Piot, *Biographie nationale*, t. VII, p. 719.

GIOBERTI (Vincent), par Giuseppe Massari, *Annuaire* de 1853, p. 127.

Gloesener (Michel), par F. Folie, *Annuaire* de 1878, p. 277 (avec portrait).

Godart (Guillaume-Lambert), par P.-J. Van Beneden, *Biographie nationale,* t. VII, p. 831.

Goethals-Vercruysse (Jacques-Joseph-Ignace-Hyacinthe), par A. Voisin, *Annuaire* de 1839, p. 105; par Émile Varenbergh, *Biographie nationale,* t. VIII, p. 74.

Grandgagnage (François-Charles-Joseph), par J. Stecher, *Annuaire* de 1878, p. 163 (avec portrait).

Gruyer (Louis), par Alph. Le Roy, *Biographie nationale,* t. VIII, p. 358.

Guillaume (Le baron Gustave), discours prononcé à ses funérailles par Alph. Wauters, *Bulletin,* 2e série, t. XLIV, p. 827; notice par le même, *Annuaire* de 1881, p. 239 (avec portrait).

H.

Hachette (Jean-Pierre-Nicolas), par le baron Ch. Dupin, avec additions par Ad. Quetelet, *Annuaire* de 1836, p. 71.

Hanssens (Charles-Louis), discours prononcé à ses funérailles par le chevalier L. de Burbure, *Bulletin,* 2e série, t. XXXI, p. 456; notice par le même, *Annuaire* de 1872, p. 239 (avec portrait).

Hasselt (André Van), par L. Alvin, *Biogr. nat.,* t. VIII, p. 753; et *Annuaire* de 1877, p. 159 (avec portrait).

Haus (Jacques-Joseph), par J.-J. Thonissen, *Annuaire* de 1884, p. 185 (avec portrait).

Hemptinne (Auguste-Donat de), discours prononcé à ses funérailles par Sauveur, *Annuaire* de 1854, p. 156; notice par J.-S. Stas, *Annuaire* de 1857, p. 91 (avec portrait).

Heremans (J.-F.-J.), notice en langue flamande par L. Roersch, *Annuaire* de 1886, p. 229 (avec portrait).

Herschel (John-Fréd.-Will.), par Ad. Quetelet, *Bulletin*, 2e série, t. XXXI, p. 478, et *Annuaire* de 1872, p. 161.

Heusde (Philippe-Guillaume Van), par J. Roulez, *Annuaire* de 1841, p. 115.

Huguenin (Ulric), par Ad. Quetelet, *Annuaire* de 1836, p. 65.

Hulthem (Charles-Joseph-Emmanuel Van), par N. Cornelissen, avec additions par le baron de Reiffenberg, *Annuaire* de 1835, p. 101.

Humboldt (Le baron Frédéric-Alexandre-Henri de), par Ad. Quetelet, *Annuaire* de 1860, p. 97.

Hymans (L.), discours prononcé à ses funérailles par A. Wagener, *Bulletin*, 3e série, t. VII, p. 749; notice par J. Stecher, *Annuaire* de 1886, p. 257 (avec portrait).

J.

Jehotte (Léonard), par L. Alvin, *Annuaire* de 1862, p. 153 (avec portrait).

K.

Kesteloot (Jacques-Louis), par F.-A. Snellaert, *Annuaire* de 1853, p. 108 (avec portrait).

Keverberg de Kessel (Le baron Charles-Louis-Guillaume-Joseph de), par Ad. Quetelet, *Annuaire* de 1842, p. 101.

Kickx père (Jean), par le chevalier J. Marchal, *Nouveaux Mémoires*, t. VII.

Kickx fils (Jean), discours prononcé à ses funérailles par Ad. Quetelet, *Bulletin*, 2e série, t. XVIII, p. 217, et *Annuaire* de 1865, p. 125; notice par Ch. Poelman, *Annuaire* de 1865, p. 101 (avec portrait).

L.

Laboureur (Alexandre-Maximilien), par le baron de Hody, *Annuaire* de 1862, p. 185.

Lacordaire (Jean-Théodore), par E. Candèze, *Annuaire* de 1872, p. 139 (avec portrait).

Ladoucette (Le baron Jean-Charles-François de), par le baron de Stassart, *Annuaire* de 1849, p. 121.

Laforet (Nicolas-Joseph), discours prononcé à ses funérailles par J.-J. Thonissen, *Bulletin*, 2e série, t. XXXIII, p. 229; notice par F. Nève, *Annuaire* de 1874, p. 343 (avec portrait).

Lamarle (Anatole-Henri-Ernest), paroles prononcées à ses funérailles par J.-B. Liagre, *Bulletin*, 2e série, t. XXXIX, p. 360; notice par De Tilly, *Annuaire* de 1879, p. 205 (avec portrait).

Leclercq (Julien), discours prononcé à ses funérailles par Éd. Fétis, *Bulletin*, 3e série, t. III, p. 306.

Lejeune (Alexandre-Louis-Simon), discours par le baron Edm. de Selys Longchamps, *Annuaire* de 1859, p. 214; notice par J. Kickx, *Annuaire* de 1860, p. 113 (avec portrait).

Lenormant (Charles), par J. de Witte, *Annuaire* de 1861, p. 129.

Lesbroussart (Jean-Baptiste), par Ad. Quetelet, *Annuaire* de 1855, p. 198 (avec portrait).

Levy (Aaron), par Ad. Quetelet, *Annuaire* de 1844, p. 138.

Leys (Le baron Henri-Jean-Aug.), discours prononcé à ses funérailles par N. De Keyser, *Bulletin,* 2e série, t. XXVIII, p. 288 ; notice par Éd. Fétis, *Annuaire* de 1872, p. 201 (avec portrait).

Limburg-Brouwer (Pierre van), par Ad. Quetelet, *Annuaire* de 1848, p. 173.

Longpérier (Adrien de), par le baron J. de Witte, *Annuaire* de 1884, p. 307.

Louyet (Paulin-Laurent-Charles-Évalery), par L.-G. de Koninck, *Annuaire* de 1851, p. 120 (avec portrait).

M.

Mac-Neny (Patrice-François), *Voir* Neny.

Madou (J.-B.), discours prononcé à ses funérailles par L. Alvin, *Bulletin,* 2e série, t. XLIII, p. 435; notice par F. Stappaerts, *Annuaire* de 1879, p. 255 (avec portrait).

Mann (Théodore-Auguste), par le baron de Reiffenberg, *Nouveaux Mémoires,* t. VI.

Marchal (Le chevalier François-Joseph-Ferdinand), par L. Alvin, *Annuaire* de 1859, p. 149 (avec portrait).

Marci (Jean de), par de Ram, *Annuaire* de 1845, p. 79.

Mareska (Daniel-Joseph-Benoît), par Ad. Quetelet, *Annuaire* de 1860, p. 129 (avec portrait).

Martens (Martin), discours prononcé sur sa tombe par P.-J. Van Beneden, *Bulletin,* 2e série, t. XV, p. 396, et *Annuaire* de 1864, p. 115 (avec portrait).

Martius (Ch.-Fréd.-Phil. de) par A. Spring, *Annuaire* de 1871, p. 257.

MARUM (Martin VAN), par Ad. Quetelet, *Annuaire* de 1840, p. 140.

MATHIEU (Ad.), discours prononcé à ses funérailles par Alph. Wauters, *Bulletin*, 2e série, t. XLII, p. 186; notice par le même, *Annuaire* de 1880, p. 217 (avec portrait).

MAURY (Mathieu-Fontaine), par Ad. Quetelet, *Annuaire* de 1874, p. 291.

MEENEN (Pierre-François VAN), par Éd. Mailly, *Annuaire* de 1877, p. 259 (avec portrait).

MELSENS (Louis), discours prononcé à ses funérailles par Éd. Mailly, *Bulletin*, 3e série, t. XI, p. 333.

MENGAL (Martin-Joseph), par Éd. Fétis, *Annuaire* de 1859, p. 167 (avec portrait).

MEYER (Jean-Daniel), par le baron de Reiffenberg, *Bulletin*, 1re série, t II, p. 10.

MINCKELERS (Jean-Pierre), par Ch. Morren, *Annuaire* de 1839, p. 79.

MOKE (Henri), paroles prononcées sur sa tombe par le baron J. de Saint-Genois, *Annuaire* de 1863, p. 108; notice par Ém. de Laveleye, *Annuaire* de 1870, p. 125 (avec portrait).

MOLL (Gérard), par Ad. Quetelet, *Annuaire* de 1839, p. 63.

MONS (Jean-Bapt. VAN), par Ad. Quetelet, *Annuaire* de 1843, p. 177.

MORREN (Charles), discours prononcés à ses funérailles par Th. Lacordaire et A. Spring, *Annuaire* de 1859, pp. 207 et 213; notice par Éd. Morren, *Annuaire* de 1860, p. 167 (avec portrait).

MORREN (Édouard), discours prononcé à ses funérailles par Fr. Crépin, *Bulletin*, 3e série, t. XI, p. 129*.

N.

NAVEZ (François-Joseph), discours prononcé à ses funérailles par N. De Keyser, *Bulletin*, 2e série, t. XXVIII, p. 514; notice par L. Alvin, *Annuaire* de 1871, p. 103 (avec portrait).

NEEDHAM (Jean-Turberville), par l'abbé Mann, *Mém. de l'Acad. imp. de Bruxelles*, t. IV, p. xxxiij.

NELIS (Corneille-François DE), par le baron de Stassart, *Annuaire* de 1853, p. 91.

NENY (Patrice-François DE), par le baron de Reiffenberg, *Annuaire* de 1835, p. 87.

NERENBURGER (Guillaume-Adolphe), par J. Liagre, *Annuaire* de 1871, p. 369 (avec portrait).

NICOLLET (Joseph-Nicolas), par Ad. Quetelet, *Annuaire* de 1844, p. 133.

NIEUPORT (Charles-François DE PREUD'HOMME D'HAILLY, vicomte DE), par le prince de Gavre, *Nouveaux Mémoires*, t. IV; par Ad. Quetelet, *Annuaire* de 1835, p. 95.

NOTHOMB (Le baron Jean-B.), par Th. Juste, *Annuaire* de 1883, p. 179 (avec portrait).

NYPELS (J.-S.-G.), discours prononcé à ses funérailles par Ch. Loomans, *Bulletin*, 3e série, t. XI, p. 314.

NYST (Pierre-Henri), par Éd. Dupont, *Annuaire* de 1882, p. 307 (avec portrait).

O.

OMALIUS D'HALLOY (J.-B.-J. D'), discours prononcé à ses funérailles par Al. Brialmont, *Bulletin*, 2e série, t. XXXIX, p. 56; notice par Éd. Dupont, *Annuaire* de 1876, p. 181 (avec portrait).

P.

PAGANI (Gaspard-Michel), par Ad. Quetelet, *Annuaire* de 1856, p. 91 (avec portrait).

PANOFKA (Théodore), par le bon J. de Witte, *Annuaire* de 1859, p. 177.

PARTOES (Henri-Louis-François), discours prononcé à ses funérailles par L. Alvin, *Bulletin*, 2e série, t. XXXVII, p. 149; notice par le même, *Annuaire* de 1875, p. 319 (avec portrait).

PAYEN (Aug.), discours prononcé à ses funérailles par L. Alvin, *Bulletin*, 2e série, t. XLIII, p. 704; notice par G. De Man, *Annuaire* de 1878, p. 241.

PERTZ (George-Henri), par Ém. de Borchgrave, *Annuaire* de 1878, p. 255.

PINCHART (Alexandre), discours prononcé à ses funérailles par Ern. Slingeneyer, *Bulletin*, 3e série, t. VIII, p. 295.

PLATEAU (J.), discours prononcés à ses funérailles par Duprez, Valerius et Liagre, *Bulletin*, 3e série, t. VI, pp. 211, 213 et 218; notice par Van der Mensbrugghe, *Annuaire* de 1885, p. 389 (avec portrait) et *Bulletin*, 3e série, t. VIII, p. 758.

POELMAN (Charles), par F. Plateau, *Annuaire* de 1875, p. 299 (avec portrait).

POLAIN (Mathieu-Lambert), par P. De Decker, *Annuaire* de 1873, p. 189, (avec portrait).

POULLET (Edm.), discours prononcé à ses funérailles par J. Thonissen, *Bulletin*, 3e série, t. V, p. 131; notice par Stanislas Bormans, *Annuaire* de 1884, p. 217 (avec portrait).

PRAET (Joseph-Bas.-Bern. VAN), par le baron de Reiffenberg, *Annuaire* de 1840, p. 161.

PYCKE (Léonard), par Ad. Quetelet, *Annuaire* de 1843, p. 93.

Q.

QUETELET (Ernest), discours prononcé à ses funérailles par Éd. Mailly, *Bulletin*, 2e série, t. XLVI, p. 320; notice par le même, *Annuaire* de 1880, p. 169 (avec portrait).

QUETELET (Lambert-Adolphe-Jacques), discours prononcés à ses funérailles, par MM. De Keyser, Éd. Mailly, Putzeys, le baron Kervyn de Lettenhove, le Dr Tallois et Liagre, *Bulletin*, 2e série, t. XXXVII, pp. 248, 251, 258, 261, 262 et 264; notice par Éd. Mailly, *Annuaire* de 1875, p. 109 (avec portrait).

R.

RAEPSAET (Jean-Joseph), par Cornelissen, *Annuaire* de 1837, p. 104.

RAOUL (Louis-Vincent), par Ad. Quetelet, *Annuaire* de 1849, p. 99 (avec portrait).

RAOUX (Adrien-Philippe), par le baron de Reiffenberg, *Annuaire* de 1842, p. 83.

RAYNOUARD (François-Juste-Marie), par le baron de Reiffenberg, *Annuaire* de 1839, p. 93.

REES (Richard VAN), par Éd. Mailly, *Annuaire* de 1877, p. 227 (avec portrait).

REIFFENBERG (Le baron Frédéric-Auguste-Ferdinand-Thomas DE), par Ad. Quetelet, *Annuaire* de 1852, p. 93 (avec portrait).

RENARD (Bruno), discours prononcé sur sa tombe par Van Hasselt, *Bulletin*, 2e série, t. XII, p. 64, et *Annuaire* de 1862, p. 189; notice par le même, *Annuaire* de 1864, p. 109 (avec portrait).

ROELANDT (L.-J.-A.), discours prononcé à ses funérailles par L. Alvin, *Bulletin*, 2e série, t. XVII, p. 564; notice par G. De Man, *Annuaire* de 1868, p. 131 (avec portrait).

ROSSUM (Adrien-Charles-Joseph VAN), par de Ram, *Annuaire* de 1845, p. 82.

ROULEZ (Joseph), discours prononcé à ses funérailles par A. Wagener, *Bulletin*, 2e série, t. XLV, p. 534; notice par J. de Witte, *Annuaire* de 1879, p. 167 (avec portrait).

S.

SACY (Antoine Isaac-Sylvestre DE), quelques mots, dits en séance de la Classe des lettres, par de Reiffenberg et F.-J.-F. Marchal, *Bulletin*, 1re série, t. V, p. 137.

SAINT-GENOIS (Le baron Jules DE), par P. De Decker, *Annuaire* de 1869, p. 147 (avec portrait).

SAUVEUR (Dieudonné-Jean-Joseph), discours prononcé à ses funérailles par L.-G. de Koninck, *Bulletin*, 2e série, t. XIV, p. 339.

SCHAAR (Mathias), par Ad. Quetelet, *Annuaire* de 1868, p. 115 (avec portrait).

SCHAYES (Antoine-Guillaume-Bernard), discours prononcé à ses funérailles par le baron Kervyn de Lettenhove, *Annuaire* de 1859, p. 216; notice par R. Chalon, *Annuaire* de 1860, p. 139 (avec portrait).

SCHMERLING (Phil.-Ch.), par Ch. Morren, *Annuaire* de 1838, p. 130.

SCHUMACHER (Henri-Chrétien), par Ad. Quetelet, *Annuaire* de 1851, p. 146.

SCHWANN (Th.), discours prononcé à ses funérailles par Éd. Van Beneden, *Bulletin*, 3e série, t. III, p. 133; notice par Léon Fredericq, *Annuaire* de 1885, p. 185 (avec portrait).

SIMONIS (Eugène), discours prononcé à ses funérailles par Ed. Fétis, *Bulletin,* 3e série, t. IV, p. 274.

SIMONS (Pierre), par Ad. Quetelet, *Annuaire* de 1844, p. 175.

SNEL (Joseph-Franç.), discours prononcé sur sa tombe par F. Fétis, *Annuaire* de 1862, p. 187; notice par le même, *Annuaire* de 1863, p. 101 (avec portrait).

SNELLAERT (Ferdinand-Augustin), discours prononcé à ses funérailles par H. Conscience, *Bulletin,* 2e série, t. XXXIV, p. 57; notice par le même, *Annuaire* de 1873, p. 165 (avec portrait).

SOMMÉ (Claude-Louis), par Sauveur, *Annuaire* de 1856, p. 145 (avec portrait).

SOUBRE (Étienne-Joseph), par H. Vieuxtemps, *Annuaire* de 1872, p. 249 (avec portrait).

SPOHR (Louis), par Fr. Fétis, *Annuaire* de 1864, p. 142.

SPRING (Frédéric-Antoine), discours prononcé à ses funérailles par G. Dewalque, *Bulletin,* 2e série, t. XXXIII, p. 93; notice par Th. Schwann, *Annuaire* de 1874, p. 251 (avec portrait).

STAPPAERTS (F.), discours prononcé à ses funérailles par Ad. Pauli, *Bulletin,* 3e série, t. IX, p. 309.

STASSART (Le baron Goswin-Joseph-Augustin DE), par Ad. Quetelet, *Annuaire* de 1855, p. 91 (avec portrait); par E. Van Bemmel, *Mémoires couronnés,* in-4o, t. XXVIII.

STEUR (Charles-Joseph), par J. Stecher, *Annuaire* de 1882, p. 193.

SUYS (Tilman-François), discours prononcé sur sa tombe par Van Hasselt, *Bulletin,* 2e série, t. XII, p. 144, et *Annuaire* de 1862, p. 194; notice par le même, *Annuaire* de 1864, p. 101 (avec portrait).

T.

TERRY (Jean-Léonard), discours prononcé à ses funérailles par Alph. Le Roy, *Bulletin*, 3e série, t. IV, p. 279.

THIRY (Charles-Eugène-Joseph), par Ad. Quetelet, *Annuaire* de 1851, p. 176.

TIMMERMANS (Jean-Alexis), par Ad. Quetelet, *Annuaire* de 1868, p. 99 (avec portrait).

U.

UDEKEM (Gérard-Jules D'), discours prononcé à ses funérailles par Ad. Quetelet, *Annuaire* de 1865, p. 127.

UTENHOVE (Le baron Jacques-Maurice-Charles VAN), par Ad. Quetelet, *Annuaire* de 1838, p. 59.

V.

VANDER HAERT (Henri-Anne-Victoire), par L. Alvin, *Annuaire* de 1854, p. 91 (avec portrait).

VANDERLINDEN (Pierre-Léonard), par le chevalier F.-J.-F. Marchal, *Nouveaux Mémoires*, t. VI.

VAN DER MAELEN (Philippe-M.-G.), par J.-C. Houzeau, *Annuaire* de 1873, p. 109 (avec portrait).

VANDER VYNCKT (Luc Joseph), par Gérard, *Mém. de l'Acad. imp. de Bruxelles*, t. III, p. XXXIX; par le baron J. de Saint-Genois, *Annuaire* de 1859, p. 97 (avec portrait).

VAN DE WEYER (Jean-Sylvain), par Th. Juste, *Annuaire* de 1877, p. 123 (avec portrait).

VAUX (Jean-Adolphe DE), discours prononcé à ses funérailles par H. Maus, *Bulletin*, 2e série, t. XXI, p. 306.

Verboeckhoven (Eug.), discours prononcé à ses funérailles par L. Alvin, *Bulletins*, 3e série, t. I, p. 187; notice par le même, *Annuaire* de 1883, p. 341 (avec portrait).

Verhulst (Pierre-François), par Ad. Quetelet, *Annuaire* de 1850, p. 97 (avec portrait).

Verswyvel (Michel), par le chevalier Léon de Burbure, *Annuaire* de 1869, p. 207.

Villenfagne d'Ingihoul (Le baron Hilarion-Noël de), par Ch. de Chênedollé, *Annuaire* de 1837, p. 94.

Vounck (Josse-Jean-Hubert), par de Ram, *Annuaire* de 1845, p. 83.

W.

Warnkönig (Léopold-Auguste), par le baron J. de Saint-Genois, *Annuaire* de 1868, p. 157 (avec portrait).

Wauters (Pierre-Engelbert), par J.-L. Kesteloot, *Annuaire* de 1841, p. 150.

Wesmael (Constantin), discours prononcé à ses funérailles par G. Gluge, *Bulletin*, 2e série, t. XXXIV, p. 398; notice par de Selys Longchamps, *Annuaire* de 1874, p. 229 (avec portrait).

Weustenraad (Jean-Théodore-Hubert), par Ad. Quetelet, *Annuaire* de 1850, p. 127 (avec portrait).

Willems (Jean-François), par le baron de Reiffenberg, *Bulletin*, 1re série, t. XII, 2e partie, p. 417; par P. De Decker, *Annuaire* de 1847, p. 117.

Witry (Louis-Hyacinthe d'Everlange de), par Ch. Piot, *Biographie nationale*, t. VI, p. 167.

BIBLIOGRAPHIE ACADÉMIQUE

ET

INDICATIONS BIOGRAPHIQUES

CONCERNANT

LES MEMBRES ET LES CORRESPONDANTS, AINSI QUE LES ASSOCIÉS HABITANT LE PAYS.

(Juillet 1886.)

CLASSE DES SCIENCES.

ADAN (ÉMILE-HENRI-JOSEPH) [1], O. ✠, né à Bruxelles le 18 octobre 1830; colonel d'état-major; commandant en second de l'École de guerre; directeur de l'Institut cartographique militaire; élu correspondant le 15 décembre 1879; mort à Ixelles le 13 janvier 1882.

PUBLICATIONS ACADÉMIQUES.

Mémoires.

Attractions locales. Correction des éléments de l'ellipsoïde osculateur. 1878. (*Mém.* in-8°, t. XXIX.)

Comparaison entre les coordonnées réelles et les coordonnées théoriques d'un lieu de la terre. Déviation ellipsoïdale. 1878. (*Ibid.*)

Mémoire de l'ellipsoïde unique. 1878. (*Ibid.*)

(1) Quoique Émile Adan ne soit plus de ce monde, il nous a paru utile de lui consacrer une notice bibliographique, attendu que, ayant été élu en 1879, son nom ne figure pas dans l'édition de 1874 du présent ouvrage.

Cette remarque s'applique à tous les académiciens élus postérieurement à ladite année et qui sont déjà décédés.

Bulletins.

Essai sur les limites à poser à la mesure de précision des observations immédiates. 1866. (2e sér., t. XXII.)
Loi générale de la probabilité des erreurs étendue à tous les genres d'observations immédiates. Construction et usage des tables de probabilité. 1867. (2e sér., t. XXIII.)
Sur le premier volume des observations et calculs de la triangulation du royaume. 1880. (T. L.)
Sur le deuxième cahier du nivellement général du royaume. (*Ibid.*)
Sur les quatre premières feuilles de la carte de la Belgique au $^1/_{20\cdot000}$. (*Ibid.*)
Sur la compensation d'une chaîne de triangles géodésiques. (*Ibid.*)
Jonction géodésique exécutée entre l'Espagne et l'Algérie, en 1879. (3e sér., t. I, planche.)
Sur la détermination de la longitude de Karéma. (*Ibid.*)
Sur la triangulation du royaume. (*Ibid.*)
Note sur un spécimen de la carte géologique exécutée à l'Institut cartographique militaire. (T. II.)
Latitude en voyage. Procédé graphique. (*Ibid.*)
Quelques mots sur une nouvelle méthode de la détermination de la latitude. (T. III.).

OUVRAGES NON PUBLIÉS PAR L'ACADÉMIE.

Cours de probabilités. Bruxelles, 1864; in-4o, 72 p. (Autographié.)
Cours de géodésie. Bruxelles, 1864; in-4o, 131 p., fig. (Autographié.)
Cours spécial à la section d'état-major de l'École militaire. Bruxelles, 1864; in-4o, 91 p., fig. (Autographié.)
Cours de construction des cartes et gnomonique. Bruxelles, 1865; in-4o, 80 p., fig. (Autographié.)
Idem, 1869; in-4o, 59 p.
Probabilités du tir et appréciation des distances à la guerre. Bruxelles, 1866; in-8o, 134 p., fig.

Observations astronomiques. — (Voir Houzeau.)

Cours d'astronomie. Bruxelles, 1868; in-4°, 230 p., fig. (Autographié.)

Notice sur les travaux géodésiques du Dépôt de la guerre. Gand, 1876; in-12, 66 p., cartes.

(Extrait de la *Revue belge des sciences militaires*, t. Ier.)

Grandeur et forme de la terre déterminées par les mesures d'arcs. Ixelles, 1876; in-18, 62 p., 1 pl.

Grandeur et forme de la terre. Oscillations du pendule. Ixelles, 1876; in-18, 47 p., 1 pl.

Déviation de la verticale. Attractions locales. Comparaison du niveau moyen des différentes mers. Ixelles, 1876 ; in-4°, 12 p., fig.

Notice sur l'Association internationale de géodésie. Ixelles, 1876; in-18, 51 p.

Cours d'astronomie à l'usage des explorateurs de l'Afrique centrale. Bruxelles, 1877; in-4°, 99 p., carte (Autographié.)

Historique des explorations africaines. Bruxelles, 1877; in-8°, 86 p., 3 cartes.

(Extrait du *Bull. de la Société belge de géographie.*)

Causeries scientifiques. Bruxelles, 1877-1879; in-8°, 88 p., pl.

(Extrait du même recueil.)

Association géodésique. Conférences de Bruxelles, Stuttgart, Hambourg et Genève. Bruxelles, 1877-1879; in-8°, 28 p.

(Extrait du même recueil.)

La géographie à l'Exposition de Paris. Bruxelles, 1878-1879; in-8°, 115 p.

(Extrait du même recueil.)

Rapport sur la cartographie et la topographie. Bruxelles, 1878; in-8°, 32 p.

(Extrait de *La Belgique à l'Exposition universelle de 1878.*)

Triangulation du royaume. Observations astronomiques. Partie théorique. Ixelles, 1878; in-4°, 193 p., pl.

Nivellement général du royaume. Ixelles, 1879; in-4°, 198 p., pl.

Le calendrier. Bruxelles, 1879; in-8°, 36 p., tabl.

Rapports sur les travaux géodésiques et de nivellement exécutés en Belgique pendant les années 1875 à 1879. Berlin, 1876-1880; in-4°.

(Extrait des *Comptes rendus de l'Ass. géodés. intern.*)

Conférence sur le passage interocéanique. Ixelles, 1879; gr. in-8°, 28 p., carte.

Conférence sur l'Afrique équatoriale et les découvertes géographiques modernes. Ixelles, 1879; gr. in-8°, 24 p., carte.

Conférence sur l'Afrique septentrionale. Ixelles, 1879; in-8° 32 p., 1 pl.

Communication de l'Institut cartographique, n° 8.

COLLABORATION : Journal de l'armée belge; Annuaire de l'observatoire; Revue belge des sciences militaires; Séances du comité africain; Revue géographique internationale à Paris; Bulletin de la Société de géographie d'Anvers; Comptes rendus du Congrès des américanistes; Comptes rendus des sciences de l'Association géodésique internationale; *Registrande der geographisch-statistischen Abtheilung des grossen Generalstabes* (1875-1880).

BAMBEKE (CHARLES-EUGÈNE-MARIE VAN), ✠, domicilié à Gand, rue Haute, 5; né à Gand le 6 février 1829; docteur en médecine, en chirurgie et en l'art des accouchements; professeur d'anatomie de texture et d'embryologie à l'Université de Gand; membre titulaire de l'Académie royale de médecine de Belgique; ancien médecin du bureau de bienfaisance de la ville de Gand; ex-chirurgien adjoint à l'hôpital civil de la même ville; ancien préparateur d'anatomie comparée et de physiologie, et ancien conservateur des collections d'anatomie comparée à l'Université de Gand; élu correspondant de l'Académie le 15 décembre 1874, membre, le 15 décembre 1879.

PUBLICATIONS ACADÉMIQUES.

Mémoires.

Sur le squelette de l'extrémité antérieure des Cétacés. 1865. (*Mém.* in-8°, t. XVIII.)

Recherches sur le développement du Pélobate brun (*Pelobates fuscus,* Wagler). 1868. (*Mém. des sav. étr.,* in-4°, t. XXXIV.)

Recherches sur l'embryologie des poissons osseux. I. Modifications de l'œuf non fécondé, après la ponte; II. Premières phases du développement. 1875. (*Ibid.*, t. XL.)

Bulletins (*2e série.*)

Recherches sur la structure de la bouche chez les têtards des batraciens anoures. 1863. (T. XVI.)

Quelques remarques sur les squelettes de cétacés conservés à la collection d'anatomie comparée de l'Université de Gand. 1868. (T. XXVI.)

Sur les trous vitellins que présentent les œufs fécondés des amphibiens. 1870. (T. XXX.)

Sur un Dauphin échoué à la Panne, le 20 décembre 1874. 1875. (T. XXXIX.)

Recherches sur l'embryologie des batraciens. I. OEuf mûr non fécondé. II. OEuf fécondé. 1876. (T. XLI.)

Formation des feuillets embryonnaires et de la notocorde chez les urodèles. 1880. (T. L.)

(*3e série.*)

Contributions à l'histoire de la constitution de l'œuf. Rapport médiat de la vésicule germinative avec la périphérie du vitellus. 1883. (T. II.)

Nota. A été réimprimé dans les *Archives de biologie* publiées sous la direction de Éd. Van Beneden et Ch. Van Bambeke, t. IV.

Pourquoi nous ressemblons à nos parents. Discours prononcé à la séance publique de la classe des sciences de l'Académie royale de Belgique, le 16 décembre 1885 (T. X.)

Contribution pour servir à l'histoire de la vésicule germinative. — Communication préliminaire 1886. (T. XI.)

OUVRAGES NON PUBLIÉS PAR L'ACADÉMIE.

Note sur certaines habitudes vicieuses chez les très jeunes enfants. (*Bull. de la Soc. de médecine de Gand,* 1859.)

Cas d'anomalie des doigts, suite d'amputation spontanée. (*Ann. de la Soc. de médecine de Gand,* 1861.)

Deux nouveaux cas d'amputation spontanée. (*Ibid.* 1862.)

De l'extension de la tête par les doigts introduits dans le rectum. (*Bull. de la Soc. de médecine de Gand,* 1863.)

Occlusion intestinale; entérotomie; mort. (*Ann. de la Soc. de médecine de Gand,* 1865.)

Note sur une monstruosité iléadelphe observée chez l'homme. Note sur une poule pygomèle. (*Bull. de la Soc. de médecine de Gand,* 1866.)

Description anatomique d'un amorphe globuleux (*Amorphus globosus,* Gurlt) appartenant à l'espèce bovine, suivie de quelques considérations sur ce genre de monstruosité. (*Ann. de la Soc. de médecine de Gand*, et *Ann. de médecine vétérinaire,* 1866.)

Généralités sur la cellule. Traduit de l'allemand d'après Stricker. (*Bull. de la Soc. de médecine de Gand,* 1869.)

Premiers effets de la fécondation sur les œufs de poissons: sur l'origine et la signification du feuillet muqueux ou glandulaire chez les poissons osseux. (*Comptes rendus de l'Académie des sciences de Paris*, t. LXXIV, nº 16, 1872, et *Bull. de la Soc. de médecine*, 1872.)

De la présence du noyau de Balbiani dans l'œuf des poissons osseux. (*Bull. de la Soc. de médecine de Gand*, 1873.)

Contribution à l'histoire du développement de l'œil humain. (*Ann. de la Soc. de médecine de Gand*, 1879.)

Analyse du 2e volume du grand ouvrage de Axel Key et Gustav Retzius : « Studien in der Anatomie des Nervensystems und des Bindegewebes » (*Bull. de la Soc. de médecine de G nd*, 1880.)

Nouvelles recherches sur l'embryologie des batraciens. I. Enveloppes ovulaires et transformations embryonnaires externes des urodèles (Tritons et Axolotl.) II. Fractionnement de l'œuf des batraciens. (*Archives de biologie*, t. I, 1880.)

Sur les caractères fournis par la bouche des têtards des batracien s anoures. En collaboration avec M. Héron-Royer. (*Bull. de la Soc. zoologique de France*, 1881.)

De la nécessité des études pratiques. Discours prononcé à l'occasion de la distribution des prix aux lauréats du concours de l'enseignement supérieur et du concours général institué entre les établissements d'instruction moyenne du 1er et du 2e ordre, le dimanche 24 septembre 1882. (Voir *Moniteur belge* du 26 septembre 1882.)

Note sur une inclusion rencontrée dans un œuf de poule. (Livre jubilaire publié par la Société de médecine de Gand, à l'occasion du cinquantième anniversaire de sa fondation, 1884.)

État actuel de nos connaissances sur la structure du noyau cellulaire à l'état de repos (*Ann. de la Soc. de médecine de Gand*, 1885.)

Rapport sur un travail de M. le Dr Labousse, intitulé : Recherches historiques sur la genèse des ganglions et des nerfs spinaux. (*Bull. de l'Acad. roy. de médecine de Belgique*, 3e sér., t. XIX, nº 5, 1885.)

BENEDEN (ÉDOUARD VAN), ✠, domicilié à Liège, rue des Augustins, 43; né à Louvain le 5 mars 1846; docteur en sciences naturelles; docteur en philosophie (hon. causâ) de l'Université d'Iéna; professeur à l'Université de Liège depuis 1870; élu correspondant de l'Académie le 15 décembre 1870; membre, le 16 décembre 1872; directeur de la Classe des sciences en 1883.

PUBLICATIONS ACADÉMIQUES.

Mémoires.

Mémoire sur la formation du blastoderme chez les Crustacés. En collaboration avec Ém. Bessels. 5 pl. 1869. (*Mém. des sav. étr.*, in-4°. T. XXXIV.)

Recherches sur la composition et la signification de l'œuf. Mémoire couronné, 1869; 12 pl. (*Ibid.*)

Mémoire sur une nouvelle espèce de Dauphin de la Baie de Rio-de-Janeiro. 2 pl. 1873. (*Mém. des memb.*, t. XLI.)

Bulletins (2e série).

Le genre Dactycotyle, son organisation et quelques remarques sur l'œuf des Trématodes; 1 pl. 1868. (T. XXVIII.)

Recherches sur l'embryogénie des Crustacés :

I. — Développement de l'*Asellus aquaticus;* 2 pl. 1868. (T. XXVIII.)

II. — Développement des *Mysis;* 1 pl. 1869. (T. XXVIII.)

III. — Développement de l'œuf et de l'embryon des Sacculines; 1 pl. 1870. (T. XXIX.)

IV. — Développement des genres *Anchorella, Lerneopoda, Brachiella* et *Hessia;* 1 pl. 1870. (T. XXIX.)

Une nouvelle espèce de Grégarine désignée sous le nom de *Gregarina gigantea.* 1869. (T. XXVIII.)

Étude zoologique et anatomique du genre *Macrostomum* et description de deux espèces nouvelles. 1870. (T. XXX.)

Recherches sur l'évolution des Grégarines; 1 pl. 1871. (T. XXXI.)

Recherches sur la structure des Grégarines. 1872. (T. XXXIII.)

Rapport sommaire sur les résultats d'un voyage au Brésil et à la Plata. 1873. (T. XXXV.)

De l'origine distincte du testicule et de l'ovaire. Caractère sexuel des deux feuillets primordiaux de l'embryon; Hermaphrodisme morphologique de toute individualité animale; Essai d'une théorie de la fécondation; avec 2 pl. in-4°. 1874. (T. XXXVII.)

La maturation de l'œuf, la fécondation et les premières phases du développement embryonnaire des mammifères, d'après des recherches faites chez le Lapin. 1875. (T. XL.)

Contributions à l'histoire de la vésicule germinative et du premier noyau embryonnaire. 1 pl. double. 1876. (T. XLI.)

Recherches sur les *Dicyémides,* survivants actuels d'un embranchement des Mésozoaires. 3 pl. doubles. 1876. (T. XLI et XLII.)

Contribution à l'histoire du développement embryonnaire des Téléostéens. 1 pl. double. 1877. (T. XLIV.)

Sur l'existence d'un double appareil et de deux liquides sanguins chez des Arthropodes inférieurs. 1880. (T. XLIX.)

Recherches sur la structure de l'ovaire, l'ovulation et les premières phases du développement chez les Chéiroptères, en collaboration avec Ch. Julin. 1880. (T. XLIX.)

Relation d'un cas de tuberculose cestodique aiguë et sur les œufs du *Tænia mediocanellata.* 1880. (T. XLIX.)

Sur un Cténide originaire du Brésil trouvé à Liège. 1880. (T. XLIX.)

(3e série.)

Additions à la faune ichthyologique des côtes de Belgique. 1883. (T. V.)

Compte rendu sommaire des recherches entreprises à la station biologique d'Ostende, pendant les mois d'été 1883. 1883. (T. VI.)

La Biologie et l'Histoire naturelle (Discours.) 1883. (T. VI.)

La spermatogenèse chez l'Ascaride mégalocéphale, en collaboration avec Ch. Julin. 1884. (T. VII.)

La segmentation chez les Ascidiens, dans ses rapports avec l'organisation de la larve, en collaboration avec Ch. Julin. 1884. (T. VII.)

Le système nerveux central des Ascidies adultes et ses rapports avec celui des larves urodèles, en collaboration avec Ch. Julin. 1884. (T. VIII.)

Les orifices branchiaux externes des Ascidiens et la formation du cloaque chez la *Phallusia scabroïdes*, n. sp., en collaboration avec Ch. Julin. 1884. (T. VIII.)

Sur quelques animaux nouveaux pour la faune littorale belge formant une faune locale toute particulière au voisinage du banc de Thornton. 1884. (T. VIII.)

Sur la présence à Liège du *Niphargus puteanus*. Sch. 1884. (T. VIII.)

OUVRAGES NON PUBLIÉS PAR L'ACADÉMIE.

On a new species of Gregarina to be called *Gregarina gigantea*. (*Quart. Journ. of micros. Sc.*, vol. X.)

On the Embryonic form of *Nematobothrium filarina*. (*Quart. Journ. of micros. Sc.*, vol. X ; 1 pl.)

Diverses communications sur le développement de l'œuf des Sacculines. (Dans les comptes rendus de l'Acad. des sciences de Paris.)

Researches on the developpment of the Gregarinae. (*Quart. Journ. of micros. Sc.* New ser., vol. XI.)

Recherches sur le développement des Limulides. (*Bull. Soc. Ent. de Belgique* et *Tageblatt der 46. Versammlung deutscher Naturforscher in Wiesbaden* ; 1873.)

Remarks on the Structure of the Gregarinae. (*Quart. Journ. of micros. Sc.* New ser., vol. XII.)

Contributions to the History of the germinal vesicle and of the first embryonic nucleus. (*Quart. Journ. of micros. Sc.* In-8°.)

Recherches faites au laboratoire d'embryologie et d'anatomie comparée de l'Université de Liège pendant les années 1875 et 1876, 1 vol. in-8°.

Contribution to the embryonic History of the Teleosteans. (*Quart. Journ. of micros. Sc.* In-8°.)

De l'existence d'un appareil vasculaire à sang rouge chez quelques Crustacés. (*Zoologischer Anzeiger;* III^ter Bd., n°s 47 und 48.)

Recherches sur l'organisation et le développement des Ascidies simples et sociales. (*Comptes rendus de l'Académie des sciences de Paris;* mai 1881.)

Existe-t-il un cœlome chez les Ascidiens? (*Zoologischer Anzeiger;* IV^ter Bd., 1881.)

Sur l'appareil urinaire et les espaces sanguinolymphatiques des Platodes. (*Zoologischer Anzeiger;* IV^ter Bd., 1881.)

Archives de biologie.

Fondées en 1880 avec Ch. Van Bambeke. Six volumes de ce recueil ont paru. Édouard Van Beneden y a publié les mémoires suivants :

Recherches sur l'embryologie des mammifères. La formation des feuillets chez le lapin. 3 pl. doubles. (T. I, p. 136.)

Contribution à la connaissance de l'ovaire des mammifères. 2 pl. doubles. (T. I, p. 475.)

Observations sur la maturation, la fécondation et la segmentation de l'œuf chez les Chéiroptères (en collaboration avec Ch. Julin). 2 pl. doubles. (T. I.)

Recherches sur le développement embryonnaire de quelques Ténias. 2 pl. doubles. (T. II, p. 183.)

Contribution à l'histoire des Dicyémides. 2 pl. (T. III, p. 195.)

Recherches sur l'oreille moyenne des Crocodiliens et ses communications multiples avec le pharynx. 3 pl. (T. III, p. 497.)

L'appareil sexuel de l'Ascaride megalocéphale. 1 pl. (T. IV, p. 95.)

Recherches sur la maturation de l'œuf, la fécondation et la division cellulaire. 1 vol, 12 pl. (T. IV.)

La segmentation chez les Ascidiens et ses rapports avec l'organisation de la larve (en collaboration avec Ch. Julin). 2 pl. (T. V, p. 3.)

Le système nerveux central des Ascidies adultes et ses rapports avec celui des larves urodèles (en collaboration avec Ch. Julin). 4 pl. doubles. (T. V, p. 317.)

Recherches sur la formation des annexes fœtales chez les mammifères (Lapin et Chéiroptères) (en collaboration avec Ch. Julin). 5 pl. doubles. (T. V, p. 369.)

Recherches sur le développement postembryonnaire d'une Phallusie (*Phallusia scabroides*) (en collaboration avec Ch. Julin). 1 pl. (T. V, p. 611.)

Recherches sur la morphologie des Tuniciens (en collaboration avec Ch. Julin). 10 pl. doubles. (T. VI.)

MÉMOIRES PUBLIÉS EN TOUT OU EN PARTIE AU MOYEN DES MATÉRIAUX RECUEILLIS PAR M. ÉDOUARD VAN BENEDEN, PENDANT SON VOYAGE AU BRÉSIL ET A LA PLATA.

Édouard Van Beneden. — Mémoire sur une nouvelle espèce de Dauphin de la baie de Rio de Janeiro (*Sotalia Brasiliensis*). 1873. (*Mém. des membres de l'Acad.*, t. XLI.)

C. Moreau. — Recherches sur la corde dorsale de l'Amphioxus (*Brachiostoma Karybdœum*). *Bull. de l'Acad.* 1875. (2e série, t. XXIX.)

Bertkau. — Verzeichniss der von Prof. Édouard Van Beneden auf seiner im Auftrage des belgischen Regierung unternommenen wissenschaflichen Reise nach Brasilien und La Plata gesammelten Arachniden. (*Mém. des sav. étr.*, in-4o, t. XLIII.)

A. Hansen. — Mémoire sur les Annélides du Brésil et de la Plata recueillis par M. Édouard Van Beneden. (*Mém. des sav. étr.*, in-4o, t. XLIV.)

H. Ludwig. — Verzeichniss der von Prof. Éd. Van Beneden an den Küste von Brasilien gesammelten Echinodermen. (*Mém. des sav. étr.*, in-4o, t. XLIV.)

H. Ludwig. — Ueber eine lebendiggebärende Synaptide und zwei andere Holothurien-Arten der Brasilianschen Küste. (*Archives de Biologie*, t. II.)

Kossmann. — Description des Bopyrides recueillis par M. Éd. Van Beneden pendant son voyage au Brésil et à la Plata.

P. Mayer. — Monographie des Caprellides dans Faune et Flore du golfe de Naples. (Comprend la description des espèces recueillies par Édouard Van Beneden sur les côtes du Brésil.)

Spengel. — Monographie du genre Balanoglossus. (Comprend la description d'une espèce nouvelle recueillie dans la baie de Rio de Janeiro, par Édouard Van Beneden.)

BENEDEN (Pierre-Joseph **van**), G.-O ✠, domicilié à Louvain, rue de Namur, 93; né à Malines le 19 décembre 1809; docteur en médecine, docteur en sciences et docteur en droit de l'Université d'Édimbourg; conservateur du cabinet d'histoire naturelle de Louvain en 1831; professeur agrégé à l'Université de Gand en 1835; professeur à l'Université catholique depuis 1835-1836 (année académique); élu correspondant de l'Académie le 15 décembre 1836; membre, le 15 décembre 1842; directeur de la Classe des sciences en 1860 et en 1881; président de l'Académie en 1881.

PUBLICATIONS ACADÉMIQUES.

Mémoires.

Mémoire sur l'Argonaute. 1838. (*Nouv. Mém.*, t. XI.)

Anatomie du *Pneumodermon violaceum* d'Orbigny. 1838. (*Ibid.*, t. XI.)

Mémoire sur le *Limneus glutinosus*. 1838. (*Nouv. Mém.*, t. XI.)

Exercices zootomiques. 1839. (*Ibid.*, t. XII.)

Mémoire sur la *Limacina artica*. 1841. (*Ibid.*, t. XIV.)

Recherches sur l'embryogénie des Sépioles. 1841. (*Ibid.*, t. XIV.)

Histoire naturelle des Polypes composés d'eau douce (en collaboration avec Du Mortier). (Mémoire servant de complément au t. XVI.)

Mémoires sur les Campanulaires de la côte d'Ostende. 1839. (*Ibid.*, t. XVII.)

Recherches sur l'organisation des *Laguncula* et l'histoire naturelle des différents Polypes Bryozoaires qui habitent la côte d'Ostende. 1844. (*Ibid.*, t. XVIII.)

Recherches sur l'embryogénie des Tubulaires et l'histoire naturelle des différents genres de cette famille qui habitent la côte d'Ostende. 1845. (*Ibid.*, t. XVIII.)

Recherches sur l'anatomie, la physiologie et le développement des Bryozoaires qui habitent la côte d'Ostende. 1845. (*Ibid.*, t. XVIII et XIX.)

Recherches sur l'embryogénie, l'anatomie et la physiologie des Ascidies simples. 1847. (*Mém. des membres*, t. XX.)

Recherches sur les Bryozoaires fluviatiles de la Belgique. 1848. (*Ibid.*, t. XXI.)

Recherches sur l'organisation et le développement des Linguatules. 1849. (*Ibid.*, t XXIII.)

Recherches sur l'histoire naturelle et le développement de l'*Atax ypsilophora*. 1850. (*Ibid.*, t. XXIV.)

Mémoire sur le développement et l'organisation des Nicothoés. 1850. (*Ibid.*, t. XXV.)

Recherches sur la Faune littorale de Belgique. Les Vers Cestoïdes. 1850. (*Ibid.*, t. XXV.) — (Mémoire qui a obtenu une part du prix quinquennal en 1852.)

Recherches sur la Faune littorale de Belgique. Cétacés. 1860. (*Ibid.*, t. XXXII.)

Recherches sur la Faune littorale de Belgique. Turbellariés. 1860. (*Ibid*, t. XXXII.)

Recherches sur la Faune littorale de Belgique. Crustacés. Mém. qui a obtenu le prix quinquennal en 1862. (*Mém. des memb.*, t. XXXIII.)

Van Beneden et Hesse, Recherches sur les Bdellodes ou Hirudinées et les Trématodes marins. 1863. (*Ibid.*, t. XXXIV.)

Recherches sur les Squalodons. 1865. (*Ibid.*, t. XXXV.)

Recherches sur les Squalodons, *Supplém.* 1868. (*Ibid.*, t. XXXVII.)

Recherches sur la Faune littorale de Belgique... Polypes. Mémoire qui a obtenu le prix quinquennal de 1866. (*Ibid.*, t. XXXVI.)

Sur un nouveau genre de Ziphioïde fossile (*Placoziphius*) trouvé à Edeghem, près d'Anvers. 1868. (*Ibid.*, t. XXXVII.)

Mémoire sur une Balénoptère capturée dans l'Escaut en 1869-1870. (*Ibid.*, t. XXXVIII.)

Les poissons des côtes de Belgique et leurs parasites.... 1870. (*Ibid.*, t. XXXVIII.)

Les parasites des Chauves-Souris de Belgique. 1873. (*Ibid.*, t. XL.)

Mémoire sur les Orques observés dans les mers d'Europe. (*Ibid.*, t. XLIII.)

Deux Plésiosaures du lias inférieur du Luxembourg. 1881. (*Ibid.*)

Une Baleine fossile de Croatie, appartenant au genre Mésocète. 1882. (*Ibid.*, t. XLV.)

Mémoire sur une nouvelle espèce de *Ziphius* de la mer des Indes. (*Mémoires* in-8°, t. XVI.)

Sur un Dauphin nouveau et un Ziphioïde rare. (*Ibid.*)

Histoire naturelle de la Baleine des Basques (*Balæna biscayensis*). 1886. (*Ibid.*, t. XXXVIII.)

Bulletins (*1re série*).

Observations sur des fossiles des environs d'Anvers. 1835. (T. II.)

Histoire natur. et anatom. du *Dreissena polymorpha*. 1836. (T. II.)

Remarques sur le siège du goût dans la carpe. (*Ibid.*)

Notice sur une nouvelle espèce du *Dreissena*. (*Ibid.*)

Notice sur l'*Helix algira*. (*Ibid.*)

Notice sur un organe corné particulier, trouvé dans la bourse du pourpre d'une nouvelle espèce de *Parmacella*. 1837. (T. III.)

Sur une particularité dans l'appareil de la génération de l'*Helix aspersa.* (T. III.)

Description du double système nerveux du *Limneus glutinosus.* 1838. (T. IV.)

Description d'une nouvelle espèce de *Dreissena.* (*Ibid.*)

Observations sur une notice de M. Cantraine concernant le *Mytilus polymorphus.* (*Ibid.*)

Notice sur une nouvelle espèce de singe d'Afrique. 1838. (T. V.)

Note sur le développement de la Limace grise (en collaboration avec M. Windischmann). 1838. (*Ibid.*)

Sur les Malacozoaires du genre Sépiole (en collaboration avec M. Gervais). 1839. (*Ibid.*)

Quelques observations sur les Polypes d'eau douce. 1839. (T. VI.)

Recherches sur le développement des Alplysies. 1840. (T. VII.)

Recherches sur la structure de l'œuf dans un nouveau genre de Polype, le genre Hydractinie. 1841. (T. VIII)

Communication relative au Branchiostoma lubricum. 1843. (T. X.)

Mémoire sur les Campanulaires de la côte d'Ostende. 1843. (T. X.)

Recherches sur l'embryogénie des Tubulaires et l'histoire naturelle des différents genres de cette famille qui habitent la côte d'Ostende. (*Ibid.*)

Sur les genres *Éleuthérie* et *Synhydre.* 1844. (T. XI.)

Sur le sexe des Anodontes et la signification des Spermatozoïdes. 1844. (T. XI.)

Notice sur l'Histoire naturelle du Crinomorpha... 1844. (T. XI.)

Observations au sujet d'une lettre de M. de Quatrefages, sur les genres Eleutherie et Synhydre. 1845. (T. XII.)

Sur la circulation dans les animaux inférieurs. (T. XII.)

Note sur deux Cétacés fossiles provenant du bassin d'Anvers. (T. XIII.)

Un mot sur la reproduction des animaux inférieurs. 1847. (T. XIV.)

Recherches sur les Bryozoaires de la mer du Nord. 1848 et 1849. (T. XV et XVI.)

Recherches sur l'organisation et le développement des Linguatules. 1848. (T. XV.)

Notice sur un nouveau genre d'Helminthe cestoïde. 1849. (T. XVI.)
Note sur le développement des Tétrarhynques. (*Ibid.*)
Les Helminthes cestoïdes. (*Ibid.*)
Recherches sur la Faune littorale de Belgique. 1850. (T. XVII.)
Sur deux larves d'Échinodermes. (*Ibid.*)
Notice sur un nouveau Némertien de la côte d'Ostende. 1851. (T. XVIII.)
Notice sur un Crustacé parasite nouveau. (*Ibid.*)
Note sur l'appareil circulatoire des Trématodes. 1852. (T. XIX.)
Note sur quelques parasites d'un poisson rare sur nos côtes. (*Ibid.*)
Note sur un nouveau genre de Crustacé parasite (Scienophile). (*Ibid.*)
La génération alternante et la digenèse. 1853. (T. XX.)
Notice sur un nouveau genre de la tribu des Caligiens (*Kroyeria*). (*Ibid.*)
Note sur un nouveau genre de crustacé parasite (*Eudactilina.*) (*Ibid.*)
Note sur un nouveau genre de Crustacé parasite (*Pagodina*). 1853. (*Ibid.*)
Sur un poisson rare de nos côtes (*Scimnus glacialis*). (*Ibid.*)
Note sur une dent de Phoque fossile du crag d'Anvers. (*Ibid.*)
Note sur une apparition de Vers après une pluie d'orage. (*Ibid.*)
Note sur une larve d'annélide d'une forme toute particulière, rapportée avec doute au genre *Serpule*. (*Ibid.*)
Espèce nouvelle du genre Onchocotyle. (*Ibid.*)
Note sur la symétrie des poissons Pleuronectes. (*Ibid.*)
Notice sur l'éclosion du *Tenia dispar*. (*Ibid.*)
Développement du Cœnure cérébral du mouton. 1854. (T. XXI.)
Notice sur un nouveau genre de Siphonosthome (congéricole). (*Ibid.*)
Sur les organes sexuels des Huîtres. 1855. (T. XXII.)
Sur les vers parasites du Poisson-lune. (*Ibid.*)
Note sur l'*Octobothrium* du Merlan. 1856. (T. XXIII.)
Note sur une seconde espèce de Tenia de l'homme (*Ibid.*)

Sur des Vers recueillis à la suite d'une pluie. (T. XXIII.)
Note sur un Trématode nouveau du Maigre d'Europe. (*Ibid.*)

(2ᵉ *série*).

Notice sur un Lernanthrope nouveau du *Serranus Goliath*. 1857. (T. I.)
Notice sur un nouveau Dinemoure de *Scimnus glacialis*. (*Ibid.*)
Notice sur une Baleine prise près de l'île Vlieland. (*Ibid.*)
Sur l'oreille interne des mammifères. — Note sur la reproduction des Échinocoques (*Ibid.*)
Note sur quelques Pentastomes. 1857. (T. II.)
Notice sur un nouveau poisson du littoral de Belgique (*Petromyzon Omalii*). (*Ibid.*)
Note sur le sexe et l'embryogénie des Lombriconaïs. (*Ibid.*)
Note sur la transformation des Échinocoques Tenias. (*Ibid.*)
Histoire naturelle du genre *Capitella*. 1857. (T. III.)
Un mot sur la pénétration des spermatozoïdes dans l'œuf. 1858. (T. IV.)
Note sur une nouvelle espèce de Distome, le géant de la famille. 1858. (T. V.)
Histoire naturelle d'un animal nouveau, *Histriobdella*. (*Ibid.*)
Notice sur un Annélide céphalobranche, *Crepina*. (*Ibid.*)
De l'Homme et de la perpétuation des espèces (Discours). (*Ibid.*)
Notice sur la Tortue franche (Chelonia mydas) dans la mer du Nord, ses commensaux et ses parasites. 1859. (T. VI.)
La strobilation des Scyphistomes. 1859. (T. VII.)
Ossements fossiles découverts à Saint-Nicolas. (T. VIII et X.)
Note sur un cétacé trouvé mort en mer. 1859. (T. VIII.)
Notice sur un nouveau genre de crustacé lernéen. 1860. (T. IX.)
Les grands et les petits. (Discours). 1860. (T. X.)
Sur le développement de la queue des poissons Plagiostomes. 1861. (T. XI.)
Un mammifère nouveau du crag d'Anvers. 1861. (T. XII.)
Relation d'un voyage scientifique que l'auteur vient de faire en Allemagne. (T. XII.)

La côte d'Ostende et les fouilles d'Anvers. (Discours.) 1861. (T. XII.)
Discours prononcé sur la tombe de M. Martens. 1863. (T. XV.)
Note sur une Otarie vivante. 1863. (T. XVI.)
Notice sur une pince de Homard monstrueuse. 1864. (T. XVII.)
Notice sur le *Palædaphus insignis.* (*Ibid.*)
Notice sur un cétacé échoué devant la ville d'Anvers. (*Ibid.*)
Note sur la grotte de Montfat. (*Ibid.*)
Sur les fouilles faites dans le trou des Nutons. 1864. (T. XVIII.)
Le Rorqual du cap de Bonne-Espérance. (*Ibid.*)
Sur les ossements humains du trou du Frontal. En collaboration avec M. Éd. Dupont. 1865. (T. XIX.)
Les fouilles de Chaleux En collaboration avec MM. Éd. Dupont et Hauzeur. 1865. (T. XX.)
Sur quelques poissons rares des côtes de Belgique. (*Ibid.*)
Note sur les Cétacés. (*Ibid.*)
Sur les Vers Nématodes. 1866. (T. XXI.)
Note sur une Balénoptère trouvée morte dans la mer au Texel. (*Ibid.*)
Notice sur un *Mesoplodon Sowerbiensis* de la côte de Norwège. 1866. (T. XXII.)
Notice sur la découverte d'un os de Baleine, à Furnes. 1867. (T. XXIII.)
Un Insecte et un Gastéropode Pulmoné du terrain houiller. (*Ibid.*)
Le *Cordylophora lacustris* dans les environs d'Ostende. (*Ibid.*)
La Cigogne blanche et ses parasites. 1868. (T. XXV.)
Les Baleines et leur distribution géographique. (T. XXV.)
Les squelettes de Cétacés et les musées qui les renferment. (*Ibid.*)
De la composition du bassin des Cétacés. (*Ibid.*)
La première côte des Cétacés, à propos de la notice du Dr Gray. 1868. (T. XXVI.)
Sur le bonnet et quelques organes d'un fœtus de Baleine du Groenland. (*Ibid.*)
Observations sur le développement des Acarides. 1869. (T. XXVII.)
Sur une Balénoptère échouée dans l'Escaut au mois de mai 1869. (*Ibid.*)

Les Balénoptères du nord de l'Atlantique. (T. XXVII.)

Un *Palœdaphus* nouveau du terrain devonien. (*Ibid.*)

Le commensalisme dans le règne animal. (Discours.) 1869. (T. XXVIII.) Note supplémentaire sur ce sujet. 1870. (T. XXIX.)

Les Cétacés, leurs commensaux et leurs parasites. 1870. (T. XXIX.)

Une *Balænoptera musculus* capturée dans l'Escaut. 1870. (T. XXX.)

Communication relative aux divers travaux de l'auteur concernant les Cétacés. (*Ibid.*)

Les Écheneis et les Naucrates dans leurs rapports avec les poissons qu'ils hantent. (*Ibid.*)

Observations sur l'ostéographie des Cétacés. (T. XXX.)

Les Reptiles fossiles de Belgique. 1871. (T. XXXI.)

Sur les dents de lait de l'*Otaria pusilla.* (*Ibid.*)

Recherches sur quelques poissons fossiles de Belgique. (*Ibid.*)

Les Phoques de la mer Scaldisienne. 1871 (T. XXXII.)

Un Sérénien nouveau du terrain rupelien. (*Ibid.*)

Les oiseaux de l'argile rupelienne et du crag. (*Ibid.*)

Sur l'existence du Gypaëte dans nos contrées. 1872. (T. XXXIII.)

Sur la découverte d'un Homard fossile dans l'argile de Rupelmonde. (*Ibid.*)

Les Baleines fossiles d'Anvers. 1872. (T. XXXIV.)

Notice sur un nouveau poisson du terrain laekenien. (*Ibid.*)

Notice sur un nouveau poisson du terrain bruxellien. 1873. (T. XXXV.)

Note sur un oiseau de l'argile rupelienne. (*Ibid.*)

Sur deux dessins de Cétacés du cap de Bonne-Espérance. 1873. (T. XXXVI.)

Un mot sur la vie sociale des animaux inférieurs. (Discours.) (*Ibid.*)

Les Baleines de la Nouvelle-Zélande. 1874. (T. XXXVII.)

Notice sur la grande Balénoptère du Nord (*Balænoptera Sibbaldii*). 1875. (T. XXXIX.)

Les *Pachyacanthus* du Musée de Vienne. 1875. (T. XL.)

Les ossements fossiles du genre Aulocète au Musée de Linz. 1875. (T. XL.)

La Baleine fossile du Musée de Milan. 1875. (T. XL.)

Un mot sur la Baleine du Japon. 1876. (T. XLI.)

Les Thalassothériens de Baltringen (Wurtemberg). 1876. (T. XLI.)

Les Phoques fossiles du bassin d'Anvers. 1876. (T. XLI.)

Note sur le *Grampus griseus*. 1876. (T. XLI.)

Un mot sur le *Selache* (*hannovera*) *aurata*, du crag d'Anvers. 1876. (T. XLII.)

Le *Rhachianectes glaucus* des côtes de Californie. 1877. (T. XLIII.)

Description des ossements fossiles des environs d'Anvers. 1877. (T. XLIII.)

Un mot sur une Baleine capturée dans la Méditerranée. 1877. (T. XLIII.)

Note sur un Cachalot nain (*Physeterula Dubusii*). 1877. (T. XLIV.)

La distribution géographique de quelques Cétodontes. 1878. (T. XLV.)

La distribution géographique des Balénoptères. 1878. (T. XLV.)

Sur la découverte de Reptiles fossiles gigantesques dans le charbonnage de Bernissart, près de Péruwelz. 1878. (T. XLV.)

Note sur un travail de M. Gasco relatif à la Baleine du golfe de Tarente. 1878. (T. XLVI.)

Un mot sur la pêche de la Baleine. 1878. (T. XLVI.)

Baleine échouée le 7 janvier 1880 sur les côtes de Charleston (Caroline du Sud). (*Ibid.*)

Note sur un envoi d'ossements de Cétacés fossiles de Croatie. 1879. (T. XLVII.)

Un mot sur quelques Cétacés échoués sur les côtes de la Méditerranée... 1880. (T. XLIX.)

Un Hyperonodon capturé sur la grève d'Hillion en décembre 1879. 1880. (T. L.)

Les Mysticètes à courts fanons. 1880. (T. L.)

(*3e série*).

Un poisson fossile nouveau des environs de Bruxelles. 1881. (T. I.)

Notice sur un nouveau Dauphin de la Nouvelle-Zélande. 1881. (T. I.)

Sur l'arc pelvien chez les Dinosauriens de Bernissart. 1881. (T. I.)

Une page de l'histoire d'une Baleine. 1881. (Discours.) (T. II.)

Note sur des ossements de la Baleine de Biscaye au Musée de la Rochelle. 1882. (T. IV.)

Sur quelques ossements de Cétacés fossiles recueillis dans des couches phosphatées entre l'Elbe et le Weser. 1883. (T. VI.)

Sur ce qu'il faut entendre par le mot : *découverte*, à propos des Iguanodons de Bernissart. 1883. (T. VI.)

Sur quelques formes nouvelles des terrains tertiaires du pays. 1883. (T. VI.)

Seconde communication sur la découverte de l'Iguanodon de Bernissart. 1883. (T. VI.)

Note sur les ossements de *Sphargis*, trouvés dans la terre à brique du pays de Waes. 1883. (T. VI.)

Sur l'existence de la quatrième espèce du genre *Balœnoptera* des mers septentrionales de l'Europe. 1884. (Rapport. T. VII.)

Sur la présence aux temps anciens et modernes de la Baleine de Biscaye (ou *Nordcaper)* aux côtes de Norwège. 1884. (Rapport. T. VII.)

La station maritime d'Édimbourg, par P.-J. Van Beneden et Renard. 1884. (T. VII.)

Une nouvelle *Balenoptera rostrata*, dans la Méditerranée. 1884. (T. VIII.)

Un mot sur les deux Balénoptères d'Ostende de 1827 et de 1885. 1885. (T. IX.)

Sur l'apparition d'une petite gamme de vraies Baleines sur les côtes Est des États-Unis d'Amérique. 1885. (T. IX.)

Annuaire.

Notice nécrologique sur F.-X. de Burtin, membre de l'ancienne Académie. Année 1877.

Notice nécrologique sur le vicomte Bernard-Amé-Léonard du Bus de Gisignies. Année 1883.

Biographie nationale.

T. II. 1868. *Notice* sur F.-J. de Bavay.
T. III. 1872. Id. sur F.-X. de Burtin.
T. VI. 1878. Id. sur F.-A.-J. Drapiez.
T. VIII. 1884. Id. sur J.-B. Groenendaels.
T. VIII. 1885. Id. sur J.-J.-J. Haesendonck (van.)

Centième anniversaire de fondation.

Discours sur les travaux de la Classe des sciences, prononcé à la séance solennelle du 28 mai 1872. (T. Ier.)

Rapport sur les travaux de zoologie. (T. II.)

OUVRAGES NON PUBLIÉS PAR L'ACADÉMIE.

Mémoire sur l'anatomie de l'*Helix algira.* (*Annales des sciences naturelles.* Paris, 1836; in-8°.)

Mémoire sur le *Dreissena*, nouveau genre de la famille des *Mytilacées.* (*Ibid.* Paris, 1835; in-8°.)

Notice sur les Mollusques du genre *Parmacella.* En collaboration avec Webb. (*Magasin de zoologie* Paris, 1836; in-8°.)

Note sur deux nouvelles espèces d'*Aplysies.* En collaboration avec Robb. (*Ibid.* Paris, 1836; in-8°.)

Mémoire sur l'embryogénie des Limaces. En collaboration avec Windischmann. Bruxelles, 1841 ; in-4°.

Recherches sur quelques Crustacés inférieurs. (*Annales des sciences naturelles.* Paris, 1851 ; in-8°.)

Anatomie comparée (publiée dans la collection de l'*Encyclopédie populaire.* Bruxelles, 1852; in-12.)

Zoologie médicale. En collaboration avec Paul Gervais. Paris, 1859 ; 2 vol. in-8°.

Iconographie des Helminthes ou des Vers parasites de l'homme, Vers cestoïdes. Louvain, 1860; in-fol. avec 4 pl.

Ostéographie des Cétacés vivants et fossiles. En collaboration avec Paul Gervais. Texte in-4° avec atlas, in-fol. Paris, 1868-1880.

Poissons et pêche; Paléontologie des Vertébrés. (Dans *Patria Belgica,* VII et X.)

Mémoire sur les Verts intestinaux, mémoire qui a obtenu à l'Institut de France (Académie des sciences) le grand prix des sciences physiques. Paris, 1858; in-4°.

La vie animale et ses mystères. Bruxelles, 1863; in-8°. (*Revue belge et étrangère de Bruxelles.*)

Les fouilles au trou des Nutons de Furfooz. Bruxelles, 1865; in-8°. (*Revue générale de Bruxelles,* 1865.)

Rapport sur les collections paléontologiques de l'Université de Louvain. Louvain, 1867; in-12.

Discours prononcé à l'issue du service funèbre célébré pour le repos de l'âme de M. Jean-Henri Van Oyen. Louvain, 1858; in-8°.

Discours prononcé à l'issue du service funèbre célébré pour le repos de l'âme de M. Martin Martens. Louvain et Bruxelles, 1861.

Discours prononcé après les obsèques de M. H.-J. Kumps. Louvain, 1868; in-12.

Les Chauves-Souris de l'époque du Mammouth et de l'époque actuelle. Londres, 1871. (*Association britannique.*)

Les commensaux et les parasites dans le règne animal. Paris, 1875. (*Bibliothèque scientifique internationale.*) Traduit en allemand et en anglais, à Londres et à New-York.

Une tête de Baleine retirée du fond de la mer du Nord. (*Journal de zoologie,* par Paul Gervais. Paris, t. IV, 1875.)

Un oiseau fossile nouveau des cavernes de la Nouvelle-Zélande. (*Ann. Soc. géologique de Belgique,* t. II, p. 123.)

Discours prononcé le 18 juin 1877 à Louvain (manifestation en l'honneur de M. Van Beneden), Louvain 18 juin 1877. *Compte rendu* publié au nom de la Commission directrice. Gand, 1877.

Sur l'articulation temporo-maxillaire chez les Cétacés. (*Archives de biologie,* fasc. IV, vol. 3. 1882.)

Les Basques et la Baleine franche. (*Le Museon,* t. II. 1883.)

Dictionnaire encyclopédique des sciences médicales, 4e série, t. II, art. *Filaire.*

La Baleine de l'Atlantique. (*Atheneum*, 25 septembre 1883.)

Description des ossements fossiles des environs d'Anvers (dans les *Annales du Musée royal d'histoire naturelle de Bruxelles*) :

1re partie, *Pinnipèdes*, avec un atlas de 18 pl. in-plano. 1877.
2e partie, *Balénides*, avec un atlas de 39 planches in-plano. 1878.
3e partie, *Megaptera*... avec un atlas de 70 planches in-plano. 1882.
4e partie, *Plesiocetus*... avec un atlas de 30 planches in-plano. 1885.

(Dans les *Documents parlementaires de Belgique.*)

Rapport sur la réglementation de la pêche maritime en Belgique. (*Chambre des Représentants*, sess. législ. de 1865-1866.)

Rapport scientifique sur l'exposition des produits et des engins de pêche de Bergen (Norwège). (*Ibid.*)

Rapport sur la pêche aux crevettes par chevaux, sur le littoral belge. (*Ibid.*)

Rapport sur la pêche aux crevettes, effectuée en canot. (*Ibid.*)

BRIALMONT (Henri-Alexis), G. O. ✠, domicilié à Saint-Josse-ten-Noode, rue de l'Équateur, 7; né à Venloo le 25 mai 1821; lieutenant-général; élu correspondant de l'Académie le 15 décembre 1865; membre, le 15 décembre 1869; directeur de la Classe des sciences et président de l'Académie en 1875.

PUBLICATIONS ACADÉMIQUES.

Bulletins.

Discours prononcé aux funérailles de M. d'Omalius d'Halloy. (2e sér., t. XXXIX.)

Sur les causes et les effets de l'accroissement successif des armées permanentes, discours. (2e sér., t. XL.)

OUVRAGES NON PUBLIÉS PAR L'ACADÉMIE.

De la guerre, de l'armée et de la garde civique. Bruxelles, 1850; 1 vol. in-12.

Faut-il fortifier Bruxelles? Bruxelles, 1850; 1 vol. in-12.

Précis d'art militaire (*Encyclopédie populaire*). Bruxelles, 1851; 4 vol. in-12.

Considérations politiques et militaires sur la Belgique. Bruxelles, 1851-1852; 3 vol. in-8°.

Histoire du duc de Wellington. Paris et Bruxelles, 1856; 3 vol. gr. in-8°.

Le système cellulaire et la colonisation pénale. Bruxelles, 1861; 1 vol. in-32.

Études sur la défense des États et sur la fortification. Bruxelles. 1863; 3 vol. gr. in-8°, avec atlas in-folio.

Études sur l'organisation des armées. Bruxelles, 1869; 1 vol. gr. in-8°.

Traité de fortification polygonale. Bruxelles, 1869; 2 vol. gr. in-8°, avec atlas in-folio.

La fortification improvisée. Bruxelles, 1870; 1 vol. in-12.

La fortification à fossés secs. Bruxelles, 1872; 2 vol. gr. in-8°, avec atlas in-folio.

Études sur la fortification des capitales et l'investissement des camps retranchés. Bruxelles, 1873; 1 vol. gr. in-8°.

L'Angleterre et les petits États à la Conférence de Bruxelles. Bruxelles, 1875; 1 vol. in-8°.

La défense des États et les camps retranchés. Paris, 1876; 1 vol. in-8° de la « Bibliothèque scientifique internationale. »

La fortification du champ de bataille. Bruxelles, 1879; 1 vol. in-8°, avec atlas.

Manuel de fortification de campagne. Bruxelles, 1879; 1 vol. in-8°.

Étude sur les formations de combat de l'infanterie, l'attaque et la défense des positions et des retranchements. Bruxelles, 1880; 1 vol. in-8°.

Tactique de combat des trois armes. Bruxelles, 1881; 2 vol. in-8°, avec atlas.

Situation militaire de la Belgique : travaux de défense de la Meuse. Bruxelles, 1882; 1 vol. gr. in-8°.

Le général Totleben, sa vie et ses travaux. Bruxelles, 1884; in-12.

Le général de Blois, sa vie et ses ouvrages. Paris, 1885; in-8°.

La fortification du temps présent. Bruxelles, 1885; 2 vol. gr. in-8°, avec atlas in-folio.

Quarante-neuf brochures sur des sujets politiques et militaires. Bruxelles, 1850-1885.

BRIART (Alphonse), ✠, domicilié à Morlanwelz-Mariemont; né à Chapelle-lez-Herlaimont (Charleroi) le 25 février 1825; ingénieur civil; élu correspondant de l'Académie le 16 décembre 1867; membre, le 15 décembre 1874.

PUBLICATIONS ACADÉMIQUES.

Mémoires.

Description minéralogique et stratigraphique de l'étage inférieur du terrain crétacé du Hainaut, publiée avec F. Cornet, suivie de la description des végétaux fossiles de cet étage, par Eug. Coemans. 1867. (*Mémoires des sav. étr.*, in-4°, t. XXXIII.)

Description minéralogique, géologique et paléontologique de la Meule de Bracquegnies, publiée avec F. Cornet. 1868. (*Ibid.*, t. XXXIV.)

Sur la division de l'étage de la craie blanche du Hainaut en quatre assises, publié avec le même. 1870. (*Ibid.*, t. XXXV.)

Description des fossiles du calcaire grossier de Mons, première partie, publiée avec F. Cornet. 1870. (*Mém. des sav. étr*, t. XXXVI.)
Idem., deuxième partie, publiée avec le même, 1873. (*Ibid.*, t. XXXVII.)
Idem., troisième partie, publiée avec le même, 1877. (*Ibid.*, t. XLIII.)

Bulletins (2e série).

Note sur la découverte dans le Hainaut, en dessous des sables rapportés par Dumont au système landenien, d'un calcaire grossier avec faune tertiaire, publiée avec F. Cornet. (T. XX.)
Notice sur l'extension du calcaire grossier de Mons dans la vallée de la Haine. Idem. 1866. (T. XXII.)
Note sur l'existence, dans l'Entre-Sambre-et-Meuse, d'un dépôt contemporain du système du tufeau de Maestricht et sur l'âge des autres couches crétacées de cette partie du pays. Idem. 1866, (T. XXII.)
Sur l'âge des silex ouvrés de Spiennes. Idem. 1868. (T. XXV.)
Notice sur les dépôts qui recouvrent le calcaire carbonifère à Soignies. Idem. 1869. (XXVII.)
Notice sur les puits naturels du terrain houiller. Id. 1870. (T. XXIX.)
Notice sur la position stratigraphique des lits coquilliers dans le terrain houiller. Idem. 1872. (T. XXXIII.)
Rapport sur le mémoire en réponse à la sixième question de concours de 1873 : *On demande la description du système houiller de la province de Liége.* 1873. (T. XXXVI.)
Notice sur les gisements de phosphate de chaux dans le terrain crétacé de la province du Hainaut (avec F. Cornet). 1874. (T. XXXVII.)
Rapport sur le travail anonyme : *Les dépôts littoraux de l'assise panisélienne des environs de Bruxelles.* 1875. (T. XL.)
Rapport sur le mémoire en réponse à la question du concours de 1873 : *On demande la description du système houiller du bassin de la province de Liége.* 1875. (T. XL.)

Sur quelques massifs tertiaires du Hainaut (avec F. Cornet). 1877. (T. XLIII.)

Sur l'existence d'un calcaire d'eau douce dans le terrain tertiaire du Hainaut (avec F. Cornet). 1877. (T. XLIII.)

Rapport sur le travail de M. Firket : *Étude sur les gites métallifères de la mine de Landenne-sur-Meuse et sur la faille silurienne du Champ d'oiseau.* 1878. (T. XLV.)

OUVRAGES NON PUBLIÉS PAR L'ACADÉMIE.

Description minéralogique, paléontologique et géologique du terrain crétacé du Hainaut, suivie de la description de trois Rhynchonelles particulières à la craie grise, ou *gris de mineurs*, publiée avec F. Cornet. Mémoire couronné par la Société des sciences, des arts et des lettres du Hainaut, concours de 1863-1864. Mons, 1866; in-8°, 5 pl.

Rapport sur les découvertes géologiques et archéologiques faites à Spiennes en 1867, publié avec le même et Houzeau de Lehaye. 1868; in-8°, 12 pl.

Seconde édition : Mons, 1872.

L'homme de l'âge du Mammouth; l'âge de la pierre polie et les exploitations préhistoriques de silex dans la province de Hainaut, publié avec F. Cornet. (Extrait du compte rendu du congrès international d'anthropologie et d'archéologie, 6e session, Bruxelles, 1872.) Bruxelles, 1873; in-8°, 18 pl.

Note sur la formation de la houille. 1867; in-8°.

Du transport mécanique de la houille. Rapport fait à l'Institut des ingénieurs des mines du nord de l'Angleterre. Traduit de l'anglais en collaboration avec J. Weiler. (Publications de la Société des anciens élèves de l'école spéciale d'industrie et des mines du Hainaut). 1871; in-8°, 52 pl.

Note sur un système de triage mécanique. 1873; in-8°, 1 pl.

Note sur un système de traînage automoteur. 1873; in-8°, 1 pl.

Note sur la découverte de l'étage du calcaire de Couvin ou des schistes et calcaires à *Calceola Sandalina* dans la vallée de l'Hogneau (avec F. Cornet). 1874. (*Ann. de la Soc. géol. de Belgigue,* t. I.)

Lecture d'ouverture faite à la réunion extraordinaire tenue à Mons par la Société géologique de France, du 30 août au 4 septembre 1874 (avec F. Cornet).

Sur le synchronisme du système hervien de la province de Liège et de la craie blanche moyenne du Hainaut (avec F. Cornet). 1875.

Note sur l'existence, dans le terrain houiller du Hainaut, de bancs de calcaire à crinoïdes (avec F. Cornet). (*Ann. de la Soc. géol. de Belgique.* 1874. T. II.)

Sur la présence du système tongrien de Dumont dans le pays de Herve, sur la rive droite de la Meuse (avec F. Cornet). 1875. (*Ann. de la Soc. géol. de Belgique.* 1875. T. II.)

Compte rendu de l'excursion du 10 septembre 1876 (avec F. Cornet). (*Ann. de la Soc. géol. de Belgique.* 1876. T. III.)

Sur le relief du sol en Belgique après les temps paléozoïques (avec F. Cornet). (*Ann. de la Soc. géol. de Belgique.* 1877. T. IV.)

Sur l'accident qui affecte l'allure du terrain houiller entre Boussu et Onaing (avec F. Cornet). (*Ann. de la Soc. géol. du Nord.* 1876. T. III.)

Description de quelques coquilles fossiles des argilites de Morlanwelz (avec F. Cornet). (*Ann. de la Soc. malacolog. de Belgique.* T. XIII). 1878.

Note sur la carte géologique de la partie centrale du Hainaut, exposée en 1880 à Bruxelles (avec F. Cornet). (*Ann. de la Soc. géol. de Belgique*), 1880.

Principes élémentaires de Paléontologie. — Hect. Manceaux, édit., Mons, 1880.

Note sur un système de guidage, complètement en fer, des puits d'extraction. 1875. (*Bull. de la Soc. des ingén. de l'École des mines de Mons.*)

CANDÈZE (Ernest-Charles-Auguste), ✠, domicilié à Glain, près de Liège; né à Liège le 22 février 1827; docteur en médecine; élu correspondant de l'Académie le 15 décembre 1858; membre, le 15 décembre 1864; directeur de la Classe des sciences en 1874.

PUBLICATIONS ACADÉMIQUES.

Mémoires.

Élatérides nouveaux. 1865. (*Mém.* in-8°. t. XVII.)

Annuaire.

Notice nécrologique sur Th. Lacordaire. Année 1871.
Notice nécrologique sur F. Chapuis. Année 1880.

Bulletins.

Les moyens d'attaque et de défense chez les insectes; discours prononcé à la séance publique de la Classe des sciences, le 16 décembre 1874. (2e sér., t. XXXVIII.)

OUVRAGES NON PUBLIÉS PAR L'ACADÉMIE.

Mémoires de la Société royale des sciences de Liège.

Catalogue des larves des Coléoptères, avec description d'espèces nouvelles (en collaboration avec F. Chapuis). 1853; in-8°, 9 pl. (T. VIII.)
Monographie des Élatérides. 1856-1863; 4 vol. in-8°, 25 pl. (T. XII, XIV, XV, XVII.)

Histoire des métamorphoses de quelques Coléoptères exotiques. 1861 ; in-8°, 6 pl. (T. XVI.)
Élatérides du Japon. 1873 ; in-8°. (T. V, 2e sér.)
Révision de la Monographie des Élatérides, T. Ier. 1874 ; in-8°. (T. IV, 2e sér.)
Élatérides nouveaux, 3e fascicule. 1881 ; (T. IX, 2e sér.)

Publications de la Société entomologique de Belgique.

Relevé des Élatérides des îles Philippines, avec les diagnoses de quelques espèces inédites. (*Ann.*, t. XVIII, 1875.)
Le *Doryphora decemlineata* ; lecture. (*Bull.*, février 1875.)
Élatérides nouveaux, 2e fascicule. (*Bull.*, 1878.)
Liste des Élatérides décrits postérieurement au Catalogue de Munich. (*Comptes rendus.* 1880.)
Note sur les Élatérides du genre *Chalcolepidius* Eschs. (*Comptes rendus.* 1886.)

Mémoires et Notices insérés dans d'autres recueils périodiques.

Diagnoses de quelques Rutélides ; *Coleopterologische.* Hefte V, 1869 ; Munich.
Relevé des Élatérides recueillis dans les îles Malaises, etc, par MM. Doria, Beccari et d'Albertis. (*Ann. del museo civ. de Sc. nat. de Genova.*, vol. XII, Marzo, 1878.)
Addition au mémoire précédent. (*Ibid.*, t. XV. 1880.)
Descriptions of the new Elateridæ collected during the recent scientific Sumatra Expedition. (*Notes from the Leyden Museum*, vol. II. 1879.)
A new genus and four new species of Elateridæ from the collections, of the Leyden Museum. (*Ibid.*, vol. II. 1879.)
A new african species of the Coleopterous family of Elateridæ. (*Ibid.*, vol. IV. 1882.)

Description de trois espèces nouvelles d'Élatérides de l'Archipel indo-néerlandais. (*Ibid.*, vol. V. 1883.)
Deux Élatérides nouveaux des îles de la Sonde. (*Ibid.*, vol. V. 1883.)
Élatérides récoltés à Serdang (Sumatra oriental) par le Dr Hagen. (*Ibid.*, vol. V. 1883.)
Deux espèces nouvelles d'Élatérides. (*Ibid.*, vol. VII. 1884.)
Note sur un Élatéride de Madagascar, du groupe des *Allotriites*, avec fig. (*Cistula entomologica*, Aug. 1879. London.)
Élatérides de l'Amur. (*Deutsch. entom. Zeitschr.*, 1879. Berlin.)

AUTRES PUBLICATIONS.

Des insectes nuisibles ou utiles (dans le *Livre de la ferme et des maisons de campagne*, t. II, chap. XXXVIII.) Paris, Masson, 1865; gr. in-8° avec nombreuses figures.
Aventures d'un Grillon. Gr. in-8° illustré. Paris, Hetzel; 1877.
La Gileppe. *Les infortunes d'une population d'insectes.* Gr. in-8° illustré. Paris, Hetzel; 1879.
Périnette. *Histoire surprenante de cinq moineaux.* Paris, Hetzel. Magasin d'éducation et de récréation; 1886.

CATALAN (Eugène-Charles), ✠, domicilié à Liège, rue des Éburons, 21; né à Bruges le 30 mai 1814; élève de l'École polytechnique de France (1833); sorti dans les Ponts et Chaussées (1835); professeur de mathématiques au Collège de Châlons-sur-Marne (1835); répétiteur à l'École polytechnique (1838); agrégé de l'Université de France (1846); professeur de mathématiques supérieures au Collège Charlemagne (1846), puis au Lycée Saint-Louis

(1849); professeur d'analyse à l'Université de Liège (1865); professeur émérite de cette Université (1884); associé de l'Académie depuis le 15 décembre 1865.

PUBLICATIONS ACADÉMIQUES.

Mémoires.

Mémoire sur la transformation des variables, dans les intégrales multiples. 1840. Mém. couronné. (*Mém. des sav. étr.*, in-4°, t. XIV.)
Recherche des lignes de courbure d'une surface. (*Ibid.*, t. XXXII.)
Sur la transformation des séries et sur quelques intégrales définies. 1865. (*Ibid.*, t. XXXIII.)
Sur les nombres de Bernoulli et d'Euler. 1867. (*Mém. des memb.*, t. XXXVII.)
Mémoire sur une transformation géométrique et sur la surface des ondes. 1868. (*Ibid.*, t. XXXVIII.)
Recherches sur quelques produits indéfinis. 1872. (*Ibid.*, t. XL.)
Notes d'algèbre et d'analyse. 1877. (*Ibid.*, t. XLII.)
Sur quelques formules relatives aux intégrales eulériennes. 1877. (*Ibid.*)
Remarques sur la théorie des moindres carrés. 1878. (*Ibid.*, t. XLIII, 1re partie.)
Note sur la quadrature des courbes paraboliques. 1880. (*Ibid.*, t. XLIII, 2de partie.)
Note sur les fonctions X_n, de Legendre. 1880. (*Ibid.*)
Mémoire sur une suite de polynômes entiers et sur quelques intégrales définies. 1880. (*Ibid.*)
Sur les fonctions X_n, de Legendre. (2e mém.) 1881. (*Ibid.*, t. XLIV.)
Sur l'addition des fonctions elliptiques de première espèce. 1882. (*Ibid.*, t. XLV.)
Notes sur la théorie des fractions continues et sur certaines séries. 1883. (*Ibid.*, t. XLV.)

Quelques théorèmes d'arithmétique. 1884. (*Mém. des memb.*, t. XLVI.)
Problèmes et théorèmes de probabilités. 1884. (*Ibid.*, t. XLVI.)
Sur un développement de l'intégrale elliptique... (*Ibid.*, t. XLVI.
Sur les fonctions X_n (troisième mémoire). 1885. (*Ibid.*)
Sur quelques intégrales définies. (*Ibid.*)
Recherches sur les surfaces gauches. 1866. (*Mém.* in-8°, t. XVIII.)
Remarques sur la théorie des courbes et des surfaces. 1874. (*Ibid.*, t. XXIV.)
Mémoire sur les fonctions X_n, de Legendre. 1879 (*Ibid.*, t. XXXI.)

Bulletins. (*2e série.*)

Recherches sur les déterminants. (T. XIII.)
Note sur l'intégration d'un système d'équations homogènes. (T. XXI.)
Application d'un problème de géométrie à une question d'analyse indéterminée. (T. XXII.)
De l'intégrale définie qui représente la somme des $p+1$ premiers termes du développement de $(\alpha+\beta)^m$. (T. XXIII.)
Note sur les surfaces orthogonales. (T. XXVI.)
Sur les roulettes et les podaires. (XXVII.)
Sur l'addition des fonctions elliptiques de première espèce. (*Ibid.*)
Rapport sur la quatrième période du Concours quinquennal. (1864-1868, t. XXVIII.)
Remarques sur l'équation $x^m - 1 = 0$. (T. XXIX.)
Sur la détermination de l'aire de l'ellipsoïde. (T. XXX.)
Note sur l'équation de Riccati. (T. XXXI.)
Théorème de géométrie. (T. XXXII.)
Note sur une formule de M. Botesu. (T. XXXIII.)
Rapport sur un mémoire de M. Gilbert. (*Ibid.*)
Rapport sur un mémoire de M. Gilbert. (T. XXXVI.)
Rapport sur un mémoire de concours. (T. XXXVIII.)
Rapport sur une note de M. Mansion. (*Ibid.*)
Note sur le problème de Malfatti. (*Ibid.*)

Rapport sur une note de M. Reinemund. (T. XXXIX.)
Rapport sur deux mémoires de M. Saltel. (*Ibid.*)
Rapport sur un travail de M. Houzeau. (T. XXXIX.)
Rapport sur un travail de M. Houzeau. (T. XL.)
Rapport sur un travail de M. Houzeau. (*Ibid.*)
Rapport sur une note de M. Havrez. (*Ibid.*)
Rapport sur un travail de M. Houzeau. (T. XLI.)
Rapport sur une note de M. Le Paige. (*Ibid.*)
Rapport sur les tables de logarithmes de MM. Namur et Mansion. (*Ibid.*)
Note sur les nombres de Bernoulli. (T. XLII.)
Rapport sur plusieurs notes de M. Saltel. (*Ibid.*)
Rapport sur un mémoire de concours. (*Ibid.*)
Rapport sur une note de M. Ghysens. (T. XLIII.)
Rapport sur une note de M. Reinemund. (*Ibid.*)
Rapport sur une note de M. Le Paige. (*Ibid.*)
Rapport sur une note de M. Boset. (*Ibid.*)
Rapport sur une note de M. Mansion. (*Ibid.*)
Remarques sur un rapport de M. Folie. (T. XLIV.)
Rapport sur un mémoire de M. Lagrange. (*Ibid.*)
Rapport sur une note de M. Mansion. (*Ibid.*)
Rapport sur une note de M. Le Paige. (*Ibid.*)
Rapport sur une note de M. Ghysens. (*Ibid.*)
Théorème d'algèbre. (*Ibid.*)
Nouveau principe de probabilités. (*Ibid.*)
Rapport sur les deux notes de M. Mansion. (T. XLV.)
Note sur les hexagones de Pascal et de Brianchon. (*Ibid.*)
Rapports sur deux notes de M. Mansion. (T. XLVI.)
Note sur les hexagones de Pascal et de Brianchon. (*Ibid.*)
Rapports sur deux notes de M. Mansion. (T. XLVIII.)
Rapport sur un mémoire de M. Souillart. (*Ibid.*)
Rapport sur une note de M. Le Paige. (T. XLIX.)
Rapport sur une note de M. Saltel. (*Ibid.*)
Rapport sur un mémoire de concours. (T. L.)

(*3e série.*)

Carré magique de la ville Albani. (T. II.)
Rapports sur des notes de MM. Folie, Le Paige, Texeira, Mansion. (T. III.)
Quelques théorèmes de géométrie élémentaire. (T. IV.)
Rapport sur une note de M. Boblin. (*Ibid.*)
Sommaire d'un mémoire sur la théorie des fractions continues et sur certaines séries. (T. V.)
Rapport sur un mémoire de M. Mansion. (*Ibid.*)
Note sur une série double. (T. VI.)
Rapport sur une note de M. Sautreaux. (*Ibid.*)
Rapport sur deux mémoires de concours. (*Ibid.*)
Quelques théorèmes d'arithmétique. (T. VII.)
Rapport sur un mémoire de M. Neuberg. (*Ibid.*)
Application d'un nouveau principe de probabilités. (T. VIII.)
Rapport sur un mémoire de concours. (*Ibid.*)
Note sur un travail de M. Boncompagni. (*Ibid.*)
Rapport sur un travail de M. Deruyts. (T. IX.)
Question d'analyse indéterminée. (T. IX.)
Une récréation mathématique. (*Ibid.*)
Rapport sur un mémoire de M. Ernest Cesàro. (T. XI.)
Rapport sur un mémoire de M. Mansion. (*Ibid.*)

OUVRAGES NON PUBLIÉS PAR L'ACADÉMIE.

Journal de Liouville.

Mémoire sur la réduction d'une classe d'intégrales multiples. (T. IV.)
Sur les surfaces réglées dont l'aire est un minimum. (T. VII.)
Note sur une formule d'Euler. (T. IX.)
Sur les trajectoires orthogonales des sections circulaires d'un ellipsoïde. (T. XII.)
Sur la projection stéréographique. (T. XIX.)

Comptes rendus de l'Académie des sciences de Paris.

Théorème sur les surfaces développables. (T. XVII.)
Note sur une surface minimum. (T. XLI.)
Note sur deux surfaces minimum. (*Ibid.*)
Sur une application de la formule du binôme aux intégrales eulériennes. (T. XLVII.)
Sur les nombres de Bernoulli et sur quelques formules qui en dépendent. (T. LIV.)
Sur le calcul des nombres de Bernoulli. (T. LVIII.)
Sur la constante d'Euler et la fonction de Binet. (T. LXXVII.)

Journal de l'École polytechnique.

Mémoire sur les surfaces gauches à plan directeur. (29e Cahier.)
Note sur la théorie des solutions singulières. (31e Cahier.)
Mémoire sur les surfaces dont les rayons de courbure, en chaque point, sont égaux et de signes contraires. (37e Cahier.)
Mémoire sur la théorie des polyèdres. (41e Cahier.)

Nouvelles Annales de mathématiques.

(*1re série.*)

Lettre sur la parabole. (T. I.)
Sur les fractions décimales périodiques. (*Ibid.*)
Analyse indéterminée du premier degré. (T. III.)
Sur la toroïde. (*Ibid.*)
Théorie des fractions continues périodiques. (T. IV.)
Intégration d'un système d'équations. (*Ibid.*)
Sur les sphères tangentes à quatre plans donnés. (T. VI.)
Sur un paradoxe algébrique. (*Ibid.*)
Sur le problème de la sphère tangente à quatre plans donnés. (T. IX.)
Lettre sur certaines séries. (*Ibid.*)

Sur quelques développements en séries. (*Ibid.*)
Formule de quadratures. (T. X.)
Théorèmes sur les coniques. (T. XI.)
Théorème de Legendre. (*Ibid.*)

(2e *série.*)

Extraits de plusieurs lettres (T. III.)
Note sur la partition des nombres. (T. VIII.)
Sur un paradoxe algébrique. (*Ibid.*)
Sur l'intégration des différentielles rationnelles. (*Ibid.*)
Démonstration de la formule du binôme. (T. XIII.)
Propositions relatives à la théorie des nombres. (*Ibid.*)
Note sur la théorie des roulettes. (T. XV.)
Sur deux notes du capitaine Moreau. (T. XVII.)
Sur la quadrature des paraboles. (T. XX.)

(3e *série.*)

Sur un problème d'algèbre légale et sur une transformation de séries. (T. II.)
Sur l'équation du quatrième degré. (*Ibid.*)
Sur la circonférence des neuf points. (*Ibid.*)
Sur quelques développements de sin nx et de cos nx. (*Ibid.*)
Remarques sur une note de M. Ibach. (T. III.)
Intégrale de l'équation $\frac{d^{m-1}y}{dx^{m-1}} - xy = 0$. (*Ibid.*)
Note sur le théorème de Lambert. (*Ibid.*)

Mémoires de la Société des sciences de Liège.

Mélanges mathématiques. (T. II.)
Théorie analytique des lignes à double courbure. (T. VI.)
Théorèmes d'arithmétique. (*Ibid.*)
Problèmes et théorèmes d'arithmétique. (T. X.)
Mélanges mathématiques. (2e édition, t. I.) 1885.

Annali di matematica, pura ed applicata.

Sur les différences successives de 1^y, et sur les nombres de Bernoulli. (T. II.)

Atti dell' Accademia de' Nuovi Lincei.

Sur quelques questions relatives aux fonctions elliptiques. (T. XX. 1867.)
Sur quelques questions relatives aux fonctions elliptiques. (2e note.) (1873.)
Sur quelques sommations et transformations de séries. (T. XXIII.)
Extraits de trois lettres adressées au prince Boncompagni. (1881.)
Sur quelques décompositions en carrés. (1882.)
Mémoire sur certaines décompositions en carrés. (1883.)

Mémoires de l'Académie de Saint-Pétersbourg.

Recherches sur la constante G et sur les intégrales eulériennes. (1883.)

Association française pour l'avancement des sciences.

1872. **Bordeaux.** — Nouvelle formule d'intérêt composé.
— — Théorie des polyèdres semi-réguliers.

1874. **Lille.** — Sur les surfaces orthogonales. — Sur la méthode des moindres carrés. — Lieu géométrique. — De l'hélice tracée sur un cylindre dont la base est une chaînette.

1876. **Clermont-Ferrand.** — Sur les fonctions X_n, de Legendre.

1877. **Le Havre.** — Sur la somme des diviseurs d'un nombre n. — Évaluation des nombres premiers compris entre des limites données. — Sur quelques développements de l'intégrale elliptique de première espèce.

1878. **Paris.** — Sur les lignes de courbure de la surface des ondes.

1880. **Rheims.** — Sur une décomposition en facteurs.

1883. **Rouen.** — Notes d'algèbre et d'arithmétique.

Journal de Resal.

Sur la constante d'Euler et la fonction de Binet. (T. I.)

Bullettino du prince Boncompagni.

Sur un article du *Journal des savants.* (T. IV. 1871.)
Lettre relative à la tombe de Van Cölen (contenant l'extrait d'une lettre de Lakanal.) (T. VII. 1874.)
Une polémique entre Goldbach et Daniel Bernoulli. (T. XVIII. 1885.)

Nouvelle correspondance mathématique. (Principaux articles.)

Remarques sur l'intégrale $\int_0^{\pi} \mathcal{L}.(1-2a\cos x+a^2)\,dx$. (T. I. 1875.)
Sur la formule du binôme. (*Ibid.*)
Sur des décompositions en carrés. (*Ibid.*)
Sur les asymptotes des courbes algébriques. (*Ibid.*)
Sur l'École de Cureghem. (*Ibid.*)
Sur un mémoire de Libri. (T. II.)
Sur un théorème d'arithmétique. (*Ibid.*)
Sur un produit de sinus. (*Ibid.*)
Théorème de Jerrard. (*Ibid.*)
Un lieu géométrique. (*Ibid.*)
Théorèmes sur la courbure des lignes. (*Ibid.*)
Sur l'équation $(x+1)^{2n}-x^{2n}-2x-1=0$. (T. III.)
Sur divers articles de M. Mansion. (*Ibid.*)
L'enseignement des mathématiques en Belgique. (*Ibid.*)
Démonstration des théorèmes de M. Tchébychef. (T. IV.)
Décomposition d'un cube en quatre cubes. (*Ibid.*)
Sur le problème des partis. (*Ibid.*)
Quelques quadratures. (*Ibid.*)

Quelques identités. (T. V.)
Théorème d'arithmétique. (*Ibid.*)
La loterie de l'Exposition. (*Ibid.*)
Théorème empirique. (T. VI.)
Sur quelques développements de cos mx et de sin mx. (*Ibid.*)
Résolution de deux équations trigonométriques. (*Ibid.*)
Sur la cyclide. (*Ibid.*)
Sur l'intégrale $\int \frac{dx \sqrt{1+x^4}}{1-x^4}$. (*Ibid.*)
Remarques sur une série. (*Ibid.*)
L'enseignement des mathématiques élémentaires en Belgique. (*Ibid.*)
Une nouvelle théorie des tangentes. (*Ibid.*)

Mathesis. (Principaux articles.)

Carré magique de la villa Albani. (T. I. 1881.)
Minimum et maximum de $\frac{ax^2+bx+c}{a'x^2+b'x+c'}$. (T. II. 1882.)
Problème sur les isopérimètres. (*Ibid.*)
Une démonstration du théorème de Pythagore. (*Ibid.*)
Sur un théorème d'Abel. (T. IV. 1884.)
Sur la courbe de Watt. (T. V. 1885.)

Bulletin de Darboux.

Théorème de Staudt et Clausen. (1880.)

OUVRAGES PARTICULIERS.

Éléments de géométrie. (Paris, 1843; 2e édit.; Liège, 1865.)
Théorèmes et problèmes de géométrie élémentaire. (Paris, 1852; Bruxelles, 1879.)
Manuel des candidats à l'École polytechnique. (Paris, 1857.)
Manuel du Baccalauréat ès-sciences. (Paris, 1852-1872.)

Traité élémentaire de géométrie descriptive. (Paris, 1852-1882.)
Traité élémentaire des séries. (Paris, 1860; in-8°.)
Cours d'analyse de l Université de Liège. (Bruxelles, 1870. 2e édition, 1879; in-8°.)
Application de l'algèbre au code civil : l'article 757. (Paris, 1862.)
Histoire d'un concours. Liège, 1865; broch. in-8°.
Manuel d'arithmétique et d'algèbre.
Manuel de géométrie. (9e édition.)
Manuel de trigonométrie et de géométrie descriptive. (13e édition.
Manuel de cosmographie. (13e édition.)
Manuel de mécanique. (13e édition.)
Réhabilitation d'un pléonasme. Bruxelles, 1876; in-8°.

CORNET (François-Léopold), ✠, domicilié à Mons; né à Givry (Hainaut) le 21 février 1834; ingénieur civil, élu correspondant de l'Académie le 15 décembre 1875; membre, le 16 décembre 1878.

PUBLICATIONS ACADÉMIQUES.

Mémoires.

Description minéralogique et stratigraphique de l'étage inférieur du terrain crétacé du Hainaut (système aachénien de Dumont). En collaboration avec Briart. (*Mém. des sav. étrang.*, in-4°. t. XXXIII.)
Description minéralogique, géologique et paléontologique de la meule de Bracquegnies. Idem. (*Ibid.*, t. XXXIV.)
Sur la division de la craie blanche du Hainaut en quatre assises. Idem. (*Ibid.*, t. XXXV.)
Description des fossiles du calcaire grossier de Mons, première partie. Idem. (*Ibid.*, t. XXXVI.)
Idem., deuxième partie. Idem. (*Ibid.*, t. XXXVII.)
Idem., troisième partie. Idem. (*Ibid.*, t. XLIII.)

Bulletins (*2e série*).

Notice sur la découverte, en dessous des sables rapportés par Dumont au système landenien, d'un calcaire grossier avec faune tertiaire. Publiée avec A. Briart. (T. XX.)

Notice sur l'extension du calcaire grossier de Mons dans la vallée de la Haine. Idem. (T. XXII.)

Note sur l'existence, dans l'Entre-Sambre-et-Meuse, d'un dépôt contemporain du système du tufeau de Maestricht et sur l'âge des autres couches crétacées de cette partie du pays. Idem. (*Ibid.*)

Sur l'âge des silex ouvrés de Spiennes. Idem. (T. XXV.)

Notice sur les dépôts qui recouvrent le calcaire carbonifère à Soignies. Idem. (T. XXVII.)

Note sur les puits naturels du terrain houiller. Idem. (T. XXIX.)

Notice sur la position stratigraphique des lits coquilliers dans le terrain houiller du Hainaut. Idem. (T. XXXIII.)

Notice sur les gisements de phosphate de chaux dans le terrain crétacé de la province du Hainaut. Idem. (T. XXXVII.)

Rapport : Sur les dépôts dévoniens rapportés par Dumont à l'étage quartzo-schisteux inférieur de son système eifelien, avec, etc., par M. Mourlon. (T. XLI.)

Note sur l'existence d'un calcaire d'eau douce dans le terrain tertiaire du Hainaut. Publiée avec A. Briart. (T. XLIII.)

Note sur quelques massifs tertiaires de la province du Hainaut. Idem. (*Ibid.*)

Rapport sur la Description des Échinides du calcaire grossier de Mons, par M. Cotteau. (T. XLV.)

Sur les irruptions subites du grisou dans les travaux d'exploitation de la houille. (T. XLVII.)

(*3e série.*)

Le grisou et les perturbations atmosphériques. (T. I.)

Note sur la découverte d'un silex taillé, dans les alluvions quaternaires. (T. VII.)

OUVRAGES NON PUBLIÉS PAR L'ACADÉMIE.

Enfoncement du puits d'exhaure de la Société du Bois, à Quaregnon. (*Bulletin de la Société des ingénieurs sortis de l'École des mines de Mons*, années 1856-1858.) 1 feuille et 1 pl.; in-8°.

Description et comparaison des quatre principales méthodes d'exploitation de la houille employées en Belgique. Première partie : Méthode du couchant de Mons. (*Ibid.*, 8e bulletin, année 1861.) 3 feuilles et 1 pl.; in-8°.

Communication relative à la grande faille qui limite au Sud le terrain houiller belge. En collaboration avec A. Briart. (*Ibid.*, 11e bulletin, séance du 3 mai 1863.)

Description des machines à air comprimé installées par la Société des charbonnages de Sars-Longchamps et Bouvy. (*Ibid.*, 12e bulletin 1re livraison; année 1865.) 2 feuilles avec 2 pl.; in-8°.

Note sur un système de transport par chaîne flottante employé dans les mines du Lancashire. (*Ibid.*, 12e bulletin, 2e livraison, année 1865.) 1 feuille; in-8°.

Sur les erreurs dans les plans miniers. (*Ibid.*, 2e série, t. V.) 1 feuille in-8°.

Considérations sur la production et l'emploi de l'air comprimé dans les travaux d'exploitation des mines. (*Ibid.*, 2e série, t. VI.) 2 feuilles et 1 pl.; in-8°.

Description minéralogique, paléontologique et géologique du terrain crétacé du Hainaut. En collaboration avec A. Briart. (Travail couronné par la Société des siences, des arts et des lettres du Hainaut et publié dans ses *Mém. et publications*, 3e série, t. I.) Mons, 1867; 1 volume de 193 pages avec 4 pl.; in-8°.

Description de trois Rhynchonelles de la craie grise ou gris des mineurs, de St-Vaast et de Maisières. Idem. (*Ibid.*, 3e série, t. I.) Mons, 1867; 1 feuille et 1 pl. in-8°.

Rapport sur les découvertes géologiques et archéologiques faites à Spiennes en 1867. En collaboration avec A. Briart et Houzeau. (*Mém. et public. de la Soc. des sc. de Mons*, 3e série, t. II.) Mons, 1868; 3 feuilles avec 12 pl.; in-8o.

(Ce travail a été réimprimé à Mons en 1872, à l'occasion de la réunion, à Bruxelles, du Congrès international d'anthropologie et d'archéologie préhistorique.)

L'homme de l'âge du mammouth dans la province du Hainaut. — En collaboration avec A. Briart. (Compte rendu de la 6e session du Congrès international d'anthropologie et d'archéologie préhistorique.) Bruxelles, 1873; 2 feuilles et 7 pl.; in-8o.

L'âge de la pierre polie et les exploitations préhistoriques de silex dans la province de Hainaut. Idem. (*Ibid.*) 2 f. et 11 pl.; in-8o.

Notice sur le terrain crétacé de la vallée de l'Hogneau et sur les souterrains connus sous le nom de *Trous des Sarrasins*, des environs de Bavay. Idem. (*Mém. de la Soc. des sc., de l'agric. et des arts de Lille*, t. XI, 3e série.) Lille, 1873; 1 f. et 1 pl.; in-8o.

Mines et carrières. (*Patria belgica*, t. I) Bruxelles, 1873; 3 feuilles; in-8o.

Note sur la découverte de l'étage du *calcaire de Couvin* ou des *schistes et calcaires à Calceola Sandalina* dans la vallée de l'Hogneau. En collaboration avec A. Briart. (*Annales de la Société géolog. de Belgique*, t. I.) Liège, 1874; 1 feuille et 1 pl.; in-8o.

Note sur l'existence, dans le terrain houiller du Hainaut, de bancs de calcaire à crinoïdes. Idem. (*Ibid.*, t. II.) Liège, 1875; 1 feuille; in-8o.

Sur le synchronisme du système *hervien* de la province de Liège et de la craie blanche moyenne du Hainaut. Idem. (*Ibid.*, t. II.) Liège, 1875; 1 feuille; in-8o.)

Sur un gisement de combustible dans les Alpes transylvaniennes. (*Ibid.*, t. IV.) Liège, 1877; 1 feuille; avec 2 pl.; in-8o.

Notice sur le bassin houiller limbourgeois. (*Ibid.*, t. IV.) Liège, 1877. 1 feuille; in-8o.

Sur le relief du sol en Belgique après les temps paléozoïques. En collaboration avec A. Briart. (*Ann. de la Soc. géol. de Belg.*, t. IV.) Liége, 1877 ; 3 feuilles et 7 pl. ; in-8°.

Sur la craie brune phosphatée de Ciply. Idem. (*Ibid.*, t. V.) Liége, 1878; 1 feuille.

Notice sur la carte géologique de la partie centrale de la province du Hainaut exposée à Bruxelles en 1880. Idem. (*Ibid.*, t. VII.) Liége, 1880; 1 feuille.

Quelques mots sur certaines assises crétacées des environs de Mons. (Compte rendu de l'excursion de la Société géol. de Belgique à Mons, les 3, 4 et 5 septembre 1882.) Liége, 1884; in-8°.

La Belgique minérale. (Introduction au *Catalogue de l'Exposition minérale belge à Paris.*) Liége, 1878; 4 feuilles; in-8°.

Notice sur l'accident qui affecte l'allure du terrain houiller entre Boussu et Onnaing. En collaboration avec A. Briart. (*Annales de la Société géologique du Nord*, t. III.) Lille, 1876; 1 feuille; in-8°.

Compte rendu de la réunion extraordinaire de la Société géologique de France à Mons du 30 août au 4 septembre 1874. Idem. Paris, 1875; in 8°.

Sur les dépôts dits *aachéniens* du Hainaut et le gisement des *Iguanodons* de Bernissart. (*Bull. de la Soc. géol. de France*, 3e série, t. VIII.) Paris, 1881 ; in-8°..

Compte rendu de l'excursion faite, par la Société malacologique de Belgique, aux environs de Ciply, le 20 avril 1873. En collaboration avec A. Briart. (*Ann. de la Soc. malac. de Belg.*, t. VIII.) Bruxelles, 1873; 1 feuille; in 8°.

Note sur deux gisements des sables et argiles d'Hautrages. (*Ibid.*, t. XX.) Bruxelles, 1885; 1 feuille; in-8°.

Sur une coupe observée à Mesvin, dans le terrain quaternaire. (*Ibid.* t. XX.) Bruxelles, 1885; 1 feuille et 1 planche; in-8°.

Le bassin houiller belge. (*Notices sur l'Exposition collective à Anvers des charbonnages patronnés par la Société générale pour favoriser l'industrie nationale*). Bruxelles. 1885; 2 feuilles ; in-4°.

CRÉPIN (François), ✠, domicilié à Bruxelles, rue de l'Esplanade, 8; né à Rochefort (province de Namur) le 30 octobre 1830; professeur de botanique à l'École d'horticulture de l'État, à Gand, de 1861 à 1870; conservateur au Musée royal d'histoire naturelle de Belgique de 1871 à 1875; directeur du Jardin botanique de l'État depuis 1876; élu correspondant de l'Académie le 16 décembre 1872; membre, le 15 décembre 1875.

PUBLICATIONS ACADÉMIQUES.

Bulletins et Mémoires.

Note sur le *Galeopsis Ladano-ochroleuca.* (1re série, t. XX.)
Notice sur deux nouvelles hybrides. (*Ibid.*)
Notes sur quelques plantes rares ou critiques de la Belgique, 1er fascicule. (2e série, t. VII.)
Ibid., 2e fasc. (T. XIV.)
Ibid., 3e fasc. (T. XV.)
Ibid., 4e fasc. (T. XVI.)
Ibid., 5e fasc. avec 6 pl. (*Mémoires* in-8o, t. XVIII.)
Note sur un *Caulinites* récemment découvert dans l'assise laekenienne. (*Bulletins*, 2e série, t. XXXVI.)
Description de quelques plantes fossiles de l'étage des psammites du Condroz (dévonien supérieur). (T. XXXVIII.)
Fragments paléontologiques pour servir à la flore du terrain houiller de Belgique. Fragment 1er. (*Ibid.*)
Note sur le *Pecopteris odontopteroides* Morris. (T. XXXIX.)

Annuaire.

Notice sur Auguste-Alexis-Alphonse-Alexandre Bellynck. Année 1878.
Notice sur Barthélemy-Charles-Joseph Du Mortier. Année 1879.
Notice sur Joseph Decaisne. Année 1884.

OUVRAGES NON PUBLIÉS PAR L'ACADÉMIE.

Manuel de la Flore de Belgique. Bruxelles, 1860; 1 vol. de 312 p. in-12; — Deuxième édition. Bruxelles, 1866; 427 p. in-12; — Troisième édition. Bruxelles, 1874; 624 p. in-18; — Quatrième édition. Bruxelles, 1882, 543 p. in-12; — Cinquième édition. Bruxelles, 1884; 564 p. in-12.
L'Ardenne au point de vue botanique. (*Bull. de la Fédération des Sociétés d'horticulture de Belgique.*) Gand, 1863; 60 p. gr. in-8°.
Les Characées de Belgique. (Monographie.) (*Bull. de la Soc. roy. de Bot. de Belgique.*) Bruxelles, 1863; 16 p. in-8°.
Primitiae monographiae Rosarum. Matériaux pour servir à l'histoire des roses, 1er fasc. (*Bull. de la Soc. roy. de Bot. de Belgique.*) Gand, 1869; 124 p. in-8°.
Ibid., 2e fasc. (*Ibid.*) Gand, 1872; 130 p. in-8°.
Ibid., 3e fasc. (*Ibid.*) Gand, 1874-1875; 124 p. in-8°.
Ibid., 4e fasc. (*Ibid.*) Gand, 1876; 87 p. in-8°.
Ibid., 5e fasc. (*Ibid.*) Gand, 1880; 200 p. in-8°.
Ibid., 6e fasc. (*Ibid.*) Gand, 1882; 194 p. in-8°.
Notions élémentaires de botanique, à l'usage des écoles (en collaboration avec J. Poncin). Bruxelles, 1876; 83 p. in-18; — Deuxième édition. Bruxelles, 1882; 83 p in-18.
Guide du botaniste en Belgique (plantes vivantes et fossiles). Bruxelles, 1878; 504 p. in-18.

(Auteur d'un grand nombre de notices publiées dans le *Bulletin* de la Société royale de botanique de Belgique et dans diverses revues périodiques belges et étrangères.)

DE HEEN (PIERRE-JACQUES-FRÉDÉRIC), domicilié à Louvain, rue des Joyeuses-Entrées, 28; né à Louvain le 6 novembre 1851; élu correspondant le 15 décembre 1884.

PUBLICATIONS ACADÉMIQUES.

Mémoires.

De la dilatabilité de quelques liquides organiques et des solutions salines. (*Mémoires* in-8°, t. XXXI.)

Essai de physique comparée. Couronné par la Classe des sciences dans la séance du 16 décembre 1883. (*Ibid.*, t XXXVI.)

Bulletins (2e série).

Au sujet d'une relation qui existerait entre la température de fusion des métaux et leur coefficient de dilatation. (T. XLI.)

De la fluidité des liquides. (T. XLV.)

(3e série.)

Détermination de la loi générale qui régirait la dilatabilité d'un liquide quelconque chimiquement défini. (T. IV.)

Détermination des variations que la tension superficielle éprouve avec la température, à l'aide de la méthode d'écoulement par gouttes. Détermination d'une relation théorique entre la dilatabilité et la tension superficielle. (T. V.)

Détermination de la chaleur spécifique de quelques solides organiques. (*Ibid.*)

Détermination d'une relation empirique entre le coefficient de frottement intérieur des liquides et les variations que celui-ci éprouve avec la température. (T. VII.)

Détermination, à l'aide d'un appareil nouveau, du coefficient de diffusion des sels en solution et des variations que cette quantité éprouve avec la température. (T. VIII.)

Relation théorique entre le coefficient de dilatation, la chaleur interne de vaporisation et les chaleurs spécifiques des corps pris à l'état liquide et à l'état de vapeur. (*Ibid.*)

Sur la tension des vapeurs saturées. Modification à apporter à la loi de Dalton. (T. IX.)

Détermination du coefficient de compressibilité de quelques liquides et des variations que cette quantité éprouve avec la température. Loi théorique qui régit les variations du coefficient de compressibilité avec la température. (*Ibid.*)

Détermination d'une relation empirique reliant la tension de vapeur au coefficient de frottement intérieur des liquides. (T. X.)

Détermination des variations que le coefficient de frottement intérieur des liquides éprouve avec la température.— Considérations théoriques qui découlent de l'observation de ces grandeurs. (T. XI.)

Détermination d'une formule théorique exprimant la force élastique des vapeurs en fonction de la température. (*Ibid.*)

Note touchant la loi générale qui régit la dilatabilité des liquides (*Ibid.*)

OUVRAGES NON PUBLIÉS PAR L'ACADÉMIE.

Détermination des dimensions probables des molécules. (*Ann. de la Soc. scient. de Bruxelles,* 4e année 1880 et 5e année 1881.)

Premier essai de théorie des liquides. (*Ann. de chimie et de physique,* 6e sér., t. V, mai 1885.)

DE KONINCK (Laurent-Guillaume), C. ✠, domicilié à Liége, rue Bassenge, 48; né à Louvain le 3 mai 1809; docteur en médecine, dans l'art des accouchements, en pharmacie et en sciences; professeur émérite de la faculté des sciences de l'Université de Liége; élu correspondant de l'Académie le 15 décembre 1836; membre, le 15 décembre 1842; directeur de la Classe des sciences en 1862.

PUBLICATIONS ACADÉMIQUES.

Mémoires.

Description des coquilles fossiles de l'argile de Basele, Boom, Schelle, etc., 1837; avec 4 pl. in-4°. (*Nouveaux Mémoires*, in-4°, t. XI.).

Mémoire sur les crustacés fossiles de la Belgique. 1841; avec 1 pl. in-4°. (*Ibid.*, t. XVI.)

Recherches sur les crinoïdes du terrain carbonifère de la Belgique, par L.-G. de Koninck et H. Lehon. 1853; avec 7 pl. in-4°. (*Mém. des membres*, t. XXVIII.)

Notice sur un nouveau genre de crinoïdes du terrain carbonifère de l'Angleterre. 1853; avec 1 pl. (*Ibid.*)

Nouvelles recherches sur les animaux fossiles du terrain carbonifère de la Belgique. 1872; 1re part., avec 15 pl. (*Ibid.*, t. XXXIX.)

Bulletins (1re série).

Mémoire sur une nouvelle méthode de préparer la salicine, par L. de Koninck et Hensmans. 1834. (T. Ier.)

Note additionnelle au précédent mémoire. 1835. (T. II.)

Sur l'analyse de deux calculs d'un volume considérable, l'un biliaire et l'autre rénal. 1836. (T. III.)

Note sur l'emploi de la phloridzine. 1838. (T. IV.)

Note sur la populine. 1840. (T. VII, 1°.)

Notice sur le sulfocarbamylate de potasse. 1842; 2 pl. (T. IX.)

Notice sur l'existence des chéloniens fossiles dans l'argile de Basele. 1843. (T. X, 1°.)

Sur une coquille fossile des terrains anciens de la Belgique. (*Ibid.*)

Notice sur quelques fossiles du Spitzberg. 1846. (T. XIII, 1°.)

Notice sur deux espèces de Brachiopodes du terrain paléozoïque de la Chine. 1846 ; avec 1 pl. (T. XIII, 2°.)

Notice sur la valeur du caractère paléontologique en géologie, en réponse à une notice publiée, sous le même titre, par André Dumont. 1847. (T. XIV, 2°.)

Nouvelle notice sur les fossiles du Spitzberg. 1849 ; avec 1 pl. (T. XVI, 2°.)

Discours sur les progrès de la paléontologie en Belgique. 1851. (T. XVIII, 2°.)

Notice sur la distribution de quelques fossiles carbonifères. 1856. (T. XXIII, 2°.)

(2e *série.*)

Sur deux nouvelles espèces appartenant au genre Chiton. 1857; avec pl. (T. III.)

Sur quelques Crinoïdes paléozoïques nouveaux de l'Angleterre et de l'Écosse. 1858 ; avec pl. (T. IV.)

Rapport sur une découverte d'ossements fossiles faite à St-Nicolas. 1859. (T. VIII.)

De l'influence de la chimie sur les progrès de l'industrie (discours). 1862. (T. XIV.)

Notice sur le *Palædaphus insignis,* par P.-J. Van Beneden et L.-G. de Koninck. 1864 ; avec 2 pl. (T. XVII.)

Rapport sur l'eau minérale d'un puits artésien d'Ostende, et analyse de cette eau. (T. XVII.)

Rapport au nom du jury pour le prix quinquennal des sciences physiques et mathématiques. 1859-1863. (T. XVIII.)

Notice sur quelques fossiles dévoniens des environs de Sandomierz. (T. XXVI.)

Notice sur quelques Échinodermes remarquables du terrain paléozoïque. (T. XXVIII.)

Rapport sur le mémoire reçu en réponse à la question de géologie. (*Ibid.*)

Notice sur un nouveau genre de poisson fossile de la craie supérieure. (T. XXIX.)

Observations sur les polypes carbonifères. (T. XXX.)

Rapport sur la réponse à la question suivante du concours : Faire connaître, notamment au point de vue de leur composition, les roches plutoniennes ou considérées comme telles, de la Belgique et de l'Ardenne française. 1872. (T. XXXIV.)

Rapport sur un mémoire de M. Renard, intitulé : Sur la structure et la composition minéralogique du coticule et sur ses rapports avec le phyllade oligistifère. 1876. (T. XLII.)

Rapport sur un mémoire de M. Mourlon, intitulé : Sur l'étage dévonien des psammites du Condroz, dans la vallée de la Meuse, entre Lustin et Hermeton-sur-Meuse. 1876. (*Ibid.*)

Rapport sur la réponse à la question suivante du concours : On demande de nouvelles expériences sur l'acide urique et ses dérivés, principalement au point de vue de leur structure chimique et de leur synthèse. 1876. (*Ibid.*)

Sur une nouvelle espèce de Crustacé du terrain houiller de la Belgique. Avec une planche. 1878. (T. XLV.)

Rapport sur un mémoire de M. E. Van den Broeck, intitulé : Sur les phénomènes d'altération des dépôts superficiels par l'infiltration des eaux météoriques, étudiés dans leurs rapports avec la géologie stratigraphique. 1880. (T. XLIX.)

(3e série.)

Notice sur le *Prestwichia rotundata,* J. Prestwich, découvert dans le schiste houiller de Hornu, près de Mons. Avec une planche. 1881. (T. I.)

Note sur le terrain carbonifère du Morvan, par A. Julien, suivie de quelques observations relativement aux espèces fossiles qui y ont été recueillies, par L.-G. de Koninck. 1885. (T. IX.)

Annuaire.

Notice sur la vie et les travaux de P.-L.-C.-E. Louyet. Année 1851.

Notice sur François-Joseph Cantraine. Année 1869.

Centième anniversaire de fondation.

Rapport sur les travaux de chimie présentés à l'Académie royale des sciences, des lettres et des beaux-arts de Belgique, pendant la période séculaire de 1772-1872.

OUVRAGES NON PUBLIÉS PAR L'ACADÉMIE.

Tableau synoptique des principales combinaisons chimiques. Louvain, 1833; in-folio.

Mémoire sur les propriétés de la phloridzine. Louvain, 1836; 1 vol. in-8°.

Éléments de chimie inorganique. Liège, 1839; 1 vol. in-8°.

Examen comparatif des garances de Belgique et des garances étrangères, par L.-G de Koninck et J.-T.-P. Chandelon (*Mém. de la Soc. roy. des sc. de Liège,* t. Ier). 1842; 1 vol. in-8°.

Description des animaux fossiles du terrain carbonifère de la Belgique, avec supplément et 70 pl. Liège, 1842-1851; 2 vol. in-4°.

Monographie du genre *Productus* (*Mém. de la Soc. roy. des sc. de Liège,* t. IV, 1847). 1 vol. in-8° et atlas de 19 pl.

Recherches sur les animaux fossiles. 1re partie, avec 21 pl. Liège, 1847; 1 vol. in-4o.

Idem, 2e partie, avec 4 pl. Bruxelles, 1873; 1 vol. in-4o.

Sur l'emploi des vases en zinc, dans l'économie domestique et agricole, par L. de Koninck et E. Gauthy. (*Ann. du conseil de salubrité publique de Liège*, t. III.) Liège, 1851; in-8o.

Notice sur le genre *Davidsonia*. (*Mém. de la Soc. roy. des sc. de Liège*, t. VIII, 1852.) In-8o avec pl.

Notice sur le genre *Hypodema*. (*Ibid.*)

On the genus *Woodocrinus*, by L. de Koninck and Edw. Wood. (*Rep. of the British Association*, etc., 1857; in-8o.)

On two new genera of *British palœzoïc Crinoids*. London, 1858; in-8o avec pl. (*The Geologist.*)

On a new genus of *Crinoidea*, discovered in the mountain Limestone of *Swaledale*, by Edw. Wood, with a description of the Genus by professor L. de Koninck, of Liege. (*Ibid.*)

Mémoire sur les genres et les sous-genres des *Brachiopodes* munis d'appareils spiraux destinés au soutien des bras buccaux, et sur leurs espèces découvertes dans les îles Britanniques, par T. Davidson; traduit et augmenté de quelques notes, par L.-G. de Koninck (*Mém. de la Soc. roy. des sc. de Liège*, t. XVI). 1861; 1 vol. in-8o, avec 2 pl.

Description of some fossils of India, discovered by Dr Fleming of Edinburgh. 1863; 1 vol. in-8o, avec 7 planches. (*Quart. journal of the geol. Soc. of London*)

Mémoire sur les fossiles paléozoïques recueillis dans l'Inde par le Dr Fleming et décrits par L.-G. de Koninck. (*Ibid.*, t. XVII.) 1863; 1 vol. in-8o, avec 11 planches.

Rapport sur l'Exposition universelle de Londres en 1862. (Documents et rapports, t. I.)

Résumé de la théorie chimique des types. Bruxelles, 1865; 1 vol. in 12.

Tableaux des principales séries de composés organiques, à l'usage des élèves. Liège, 1867; 1 vol. in-12.

Recherches sur les fossiles paléozoïques de la Nouvelle-Galles du Sud. Vol. in-8°, avec atlas de 24 planches in-4°. 1876-1877.

Faune du calcaire carbonifère de la Belgique. Parties I à V, formant 5 volumes in-folio accompagnés de 145 planches 1878-1885. (*Annales du Musée royal d'histoire naturelle de Belgique.*)

Notice sur la distribution géologique des fossiles carbonifères de la Belgique. (*Bulletin du Musée royal d'histoire naturelle de Belgique*, t. II, 1883, p. 253.)

Sur le *Spirifer mosquensis* et sur ses affinités avec quelques autres espèces du même genre. (*Bulletin du Musée royal d'histoire naturelle de Belgique*, t. II, 1883, p. 371.)

DE LA VALLÉE POUSSIN (Charles-Louis-Joseph-Xavier), domicilié à Louvain, rue de Namur, 190; né à Namur le 6 avril 1827; docteur en sciences à l'Université de Louvain; professeur ordinaire à l'Université de Louvain depuis 1863; élu associé de l'Académie le 15 décembre 1885.

PUBLICATIONS ACADÉMIQUES.

Mémoires.

Mémoire sur les caractères minéralogiques et stratigraphiques des roches dites plutoniennes de la Belgique et de l'Ardenne française, en collaboration avec l'abbé Renard. Mémoire couronné. 1876. (*Mém. cour. et des sav. étr.*, t. XL.)

Bulletins (2e *série*).

Note sur des fragments de roches tourmalinifère (luxulianite) rencontrés dans le poudingue de Bousalle, en collaboration avec l'abbé Renard. (T. XLIII.)

Notice sur la diorite quartzifère du champ St-Véron (Lembecq), en collaboration avec l'abbé Renard. (T. XLVIII.)

(3e *série*.)

Note sur des porphyroïdes fossilifères rencontrées dans le terrain silurien du Brabant. (T. Ier.)

Note sur les porphyres de Bierghes, en collaboration avec l'abbé Renard. (T. IX.)

Les anciennes rhyolites dites eurites de Grand-Manil. (T. X.)

OUVRAGES NON PUBLIÉS PAR L'ACADÉMIE.

Sur la microstructure et la nature géologique des masses porphyriques des environs de Pitet. (*Ann. de la Soc. géol. de Belgique*, t. II.)

Les conditions de l'excavation de la vallée de la Meuse. (*Ibid.*, t. III.)

Note sur les cristaux de quartz de la carrière de Nil-St-Vincent. (*Ibid.*)

Note sur l'ottrélite, en collaboration avec l'abbé Renard. (*Ibid.*, t. VI.)

Sur les preuves lithologiques et l'existence de roches scandinaves en Belgique. (*Ibid.*, t. XI.)

Note sur des plantes rencontrées dans les grès du terrain landenien d'Huppaye. (*Ibid.*)

Sur les progrès accomplis dans l'étude microscopique des roches éruptives et réclamation de priorité. (*Ibid.*)

Note sur le mode d'origine des roches cristallines de l'Ardenne française, en collaboration avec l'abbé Renard. (*Ann. de la Soc. géol. de Belgique*, t. XII.)

Sur un caillou de roche trouvé dans les sables pliocènes d'Anvers. (*Ibid.*)

Comment la Meuse a pu traverser le terrain ardoisier de Rocroy.

Note sur une section de terrain dévonien mise à jour à la nouvelle route d'Haillot. (*Ann. de la Soc. scient. de Bruxelles*, t. I.)

Note sur quelques roches à empreintes organiques rencontrées dans le terrain dévonien inférieur du Condroz. (*Ibid.*, t. II.)

Note sur les terrains des environs de Fauquemont. (*Ibid.*, t. VIII.)

Note sur les courbes à *Acervularia*. (*Ibid.*, t. IX.)

Paléontologie et Darwinisme. (*Revue des questions scient.*, t. I.)

De la certitude en géologie. (*Ibid.*, t. V.)

J. Barrande et sa carrière scientifique. (*Ibid.*, t. XVI.)

Les excavations naturelles de Colorado. (*Ibid.*, t. XIX.)

Ueber die Feldspath und Hornblendegesteine der franzosischen Ardennen. En collaboration avec l'abbé Renard. (*Zeitschrift der deutschen geologischen Gesellschaft*, t. XXVIII.)

Le viviparisme et la question des générations spontanées. (*Revue catholique de Louvain*, t. XX.)

Les recherches récentes sur l'homme fossile. (*Ibid.*, t. XXX et XXXI.)

Les explorations géologiques à l'ouest des États-Unis. (*Ibid.*, t. XXXIII et XXXIV.)

Les derniers inédits de Descartes et de Leibniz. (*Revue belge et étrangère*, t. I.) 1861.

L'auteur a écrit un grand nombre d'articles et de comptes rendus critiques, littéraires ou scientifiques dans la Revue : *Belgique*, 1858-1860; le *Journal de Bruxelles*, 1860-1861; la *Revue catholique*, 1859-1875; la *Revue des questions scientifiques*, 1877-1885.

DELBOEUF (Joseph-Remi-Léopold), ✠, domicilié à Liége, boulevard Frère-Orban, 32; né à Liége le 30 septembre 1831 ; docteur en philosophie et lettres ; docteur en sciences physiques et mathématiques; professeur à l'Université de Liége et à l'École normale des humanités; ancien professeur à l'Université de Gand et à l'École normale des sciences ; antérieurement chargé de cours à l'École normale des humanités à Liége; élu correspondant de l'Académie le 14 décembre 1877.

PUBLICATIONS ACADÉMIQUES.

Mémoires.

Étude psychophysique. — Recherches théoriques et expérimentales sur la mesure des sensations et spécialement des sensations de lumière et de fatigue. 1873. (*Mém.* in-8°, t. XXIII.)

Théorie générale de la sensibilité. — Mémoire contenant les éléments d'une solution scientifique des questions générales relatives à la nature et aux lois de la sensation, à la formation et au rôle des organes des sens, à l'action de la sensibilité sur le développement physique et intellectuel de l'individu et de l'espèce. 1875. (*Ibid.*, t. XXVI.)

Bulletins (2e *série*).

Note sur certaines illusions d'optique. — Essai d'une théorie psychophysique de la manière dont l'œil apprécie les distances et les angles. 1865. (T. XIX.)

Seconde note sur de nouvelles illusions d'optique. — Essai d'une théorie psychophysique de la manière dont l'œil apprécie les grandeurs. 1865. (T. XIX.)

Détermination rationnelle des nombres de la gamme chromatique. 1866. (T. XX.)

Moyen de produire et de corriger le daltonisme (en collaboration avec W. Spring). 1878. (T. XLV.)

Rapport sur les questions relatives au daltonisme intéressant les administrations de chemin de fer. 1878. (T. XLV.)

(*3e série.*)

La liberté et ses effets mécaniques. 1881. (T. I.)

Déterminisme et liberté; la liberté démontrée par la mécanique. 1882. (T. III.)

Nains et géants. 1882. (T. IV.)

OUVRAGES NON PUBLIÉS PAR L'ACADÉMIE.

Poésies dans la *Revue trimestrielle* (t. XIV, XVI et XIX). Nombreux articles et comptes rendus dans les *Annales de l'enseignement public* (1857, 1858); dans la *Belgique contemporaine* (1861, 1862), entre autres: De la moralité en littérature (quatre articles); dans l'*Athenæum belge* (1879-1883); dans les *Bulletins de la Société liégeoise de littérature wallonne;* dans le *Journal de Liège,* la *Gazette de Liège,* l'*Écho du Parlement,* la *Flandre libérale,* le *Journal Francklin* et l'*Almanach Francklin.*— Deux rapports (l'un autographié, l'autre imprimé) sur la situation de la Caisse des veuves et orphelins des professeurs de l'enseignement supérieur. 1875. — OEuvres posthumes d'Otto Duesberg, publiées en collaboration avec L. Hanssens. Liège, Lardinois, 1858. — Adolphe Picard, œuvres françaises et wallonnes, recueillies et éditées par J. Delbœuf. Liège, Gothier, 1882. — Li mâïe neur d'à Cola, par Ch. Hannay, éditée par J. Delbœuf : Étude sur la grammaire et l'orthographe du dialecte wallon liégeois, sous forme d'un commentaire perpétuel de la pièce, avec préface et dictionnaire. Liège, Vaillant-Carmanne, 1868.

Prolégomènes philosophiques de la géométrie et solution des postulats; suivis d'une dissertation sur les principes de la géométrie par Fréd. Ueberweg (traduction). Liège, Paris et Leipzig, 1860; in-8o, XXI-308 p

Essai de logique scientifique — *prolégomènes, suivis d'une étude* sur la question du mouvement considérée dans ses rapports avec le principe de contradiction. 1865; in-8°, XLIV-286 p.

La psychologie comme science naturelle; son présent et son avenir. Application de la méthode expérimentale aux phénomènes de l'âme. Bruxelles, Mucquardt; Paris, Germer-Baillière, 1876; in-8°, 111 p. (Reproduit de la *Revue de Belgique*, 1874-1875.)

Logique algorithmique. Essai sur un système de signes appliqué à la logique, avec une introduction où sont traitées les questions générales relatives à l'emploi des notations dans les sciences. Liège, Desoer, 1876; in-8°, 99 p. (Rep. de la *Revue philosoph.*)

Questions de philosophie et de science : I. *Éléments* de psychophysique générale et spéciale. (Mesure des sensations de lumière et de fatigue. Théorie générale de la sensibilité.) Paris, Germer-Baillière, 1883; in-12, 256 p. — II. Examen critique de la loi psychophysique, sa base et sa signification. (Hering contre Fechner; Fechner contre ses adversaires.) Ibid., 1883; in-12, 192 p. — III. Le sommeil et les rêves considérés principalement dans leurs rapports avec les théories de la certitude et de la mémoire. (Le principe de la fixation de la force.) Paris, Félix Alcan, 1885; in-12, 262 p.

Conférences faites à la Société Francklin. Liège, Vaillant-Carmanne, 1882; in-12, 187 p.

Chrestomathie latine à l'usage des commençants (en collaboration avec P. Iserentant). Mons, Manceaux, 1883; in-12, XII et 392 p.

Éléments de grammaire française à l'usage de l'enseignement moyen (en collaboration avec L. Roersch). Liège, Desoer, 1885; in-12, XIV, 146 et XI p.

Dans la *Revue scientifique* (Paris), de nombreux articles et analyses, notamment : 1° Les mathématiques et le transformisme. Une loi mathématique applicable à la théorie du transformisme (1877). — 2° Le Daltonisme. Recherches expérimentales et théoriques par J. Delbœuf et W. Spring (1878). — 3° Psychologie comparée. Le sens des couleurs chez les animaux d'après Grant-

Allen (1879). — 4° Un nouveau centre de vision dans l'œil humain (Recherches faites en collaboration avec L. Fredericq (1883). — 5° L'intelligence des animaux (1884, 1885, 1886).

Dans la *Revue philosophique* (Paris) : Analyse et comptes rendus critiques, et nombreux articles, dont les principaux sont : 1° Logique algorithmique (oct., nov., déc. 1876. Voir plus haut). — 2° Léon Dumont et son œuvre philosophique (juin 1877). — 3° Du rôle des sens dans la formation de l'idée d'espace. Pourquoi les sensations visuelles sont étendues (août 1877). — 4° La loi psychophysique (Hering et Fechner) (mars 1877, janv. et fév. 1878. Voir plus haut). — 5° Le Sommeil et les Rêves (1879 et 1880, cinq articles. Voir plus haut). — 6° Le dernier livre de G.-H. Lewes (mars et avril 1881). — 7° Le sentiment de l'effort, à propos d'un ouvrage de W. James (nov. 1881). — 8° Déterminisme et liberté, la liberté démontrée par la mécanique (mai, juin, août 1882). — 9° La matière brute et la matière vivante (oct. 1883). — 10° L'origine de la vie et de la mort (juill., sept., oct 1884).

Dans la *Revue de l'Instruction publique* : 1° De l'emploi des modes de l'aoriste (t. XVI). — 2° De la place respective de l'article et du qualificatif en grec (t. XVII). — 3° De l'emploi de la particule ἂν (t. XVII). — 4° De l'emploi du participe et de l'infinitif dans la langue grecque (t. XVIII). — 5° Théorie de la négation dans la langue grecque (t. XIX). (Ces cinq articles réunis en brochure sous le titre : Essais sur quelques questions de grammaire raisonnée. Liège, Desoer, 1877 ; 68 p., in-8°). — 6° De quelques définitions grammaticales : du substantif et de l'article (t. XX). — 7° La Fontaine et l'enseignement de la langue maternelle (t. XXI), tiré à part sous le même titre. Gand, Vanderhaeghen, in-8°, 55 p. — 8° A propos d'un subjonctif, Tacite et l'Agricola (t. XXII). — 9° Le Latin et l'esprit d'analyse (t. XXIV et XXV), tiré à part sous le même titre. Gand, Vanderhaeghen, 1882. — 10° L'hexamètre et l'alexandrin (t. XXVII), tiré à part. *Ibid.*, in-8°, 32 p. — 11° Le parfait grec, sa signification et son emploi (t. XXVIII, à continuer).

DEWALQUE (G.-J. GUSTAVE), O. ✠, domicilié à Liége, rue de la Paix, 17; né à Stavelot, le 2 décembre 1826; docteur en médecine, chirurgie et accouchements; docteur en sciences naturelles; professeur ordinaire (minéralogie, géologie et paléontologie) à l'Université de Liége; ancien membre du conseil de perfectionnement de l'enseignement supérieur; membre du conseil de perfectionnement de l'École des mines de Liége; secrétaire général de la Société géologique de Belgique depuis sa fondation; élu correspondant de l'Académie le 16 décembre 1854; membre, le 16 décembre 1859; directeur de la Classe des sciences et président de l'Académie en 1870.

PUBLICATIONS ACADÉMIQUES.

Mémoires.

Description des fossiles des terrains secondaires de la province de Luxembourg; en collaboration avec F. Chapuis. Mém. cour. par la Classe des sciences en 1851. (*Mém. cour.*, in-4°, t. XXX, 1853.)

Observations météorologiques et observations sur les phénomènes périodiques des plantes et des animaux, faites à Stavelot de 1849 à 1860. (*Mém. des membres*, in-4°, t. XXVI à XXXIII.)

Bulletins (1re série).

Note sur les divers étages de la partie inférieure du lias dans le Luxembourg et dans les contrées voisines. (Annexe, 1856.)

Note sur les divers étages qui constituent le lias moyen et le lias supérieur dans le Luxembourg, etc. (T. XXI, 2°.)

(2e série).

Observations critiques sur l'âge des grès liasiques du Luxembourg, avec une carte géologique des environs d'Arlon. (T. II) — (Ces trois notices ont été aussi publiées dans le *Bulletin de la Société géologique de France.* (T. XI et XIV.)

Sur la constitution du système eifelien dans le bassin anthraxifère du Condroz. (T. XI)

Sur la constitution du système eifelien dans le bassin de Namur. (T. XIII.)

Rapport sur un travail de MM. Gosselet et Malaise: *Observations sur le terrain silurien de l'Ardenne.* (T. XXV.)

Coup d'œil sur la marche des sciences minérales en Belgique. Discours prononcé comme directeur à la séance publique de la Classe des sciences en 1870. (T. XXX.)

Sur le parallélisme des terrains ardennais et cambrien. (T. XXXVII.)

Rapport sur le concours relatif aux roches plutoniennes de la Belgique et de l'Ardenne française (T. XXXVIII.)

Relation de coups de foudre. (T. XL.)

Rapport sur le projet d'une carte géologique détaillée de la Belgique. (T. XL.)

Rapport sur le concours relatif à la description du bassin houiller de Liége (T. XL)

Sur les manuscrits de A. Dumont et les commentaires de M. É. Dupont. (T. XLII.)

(3e série).

Sur l'origine des calcaires devoniens de la Belgique. — Sur l'origine corallienne des calcaires devoniens de la Belgique. Réplique à M. Dupont. (T III.) — Sur la nouvelle note de M. Dupont concernant sa revendication de priorité. (T. IV.)

Centième anniversaire de fondation.

Rapport séculaire sur les travaux de la Classe des sciences de l'Académie : sciences minérales. Bruxelles, 1872; in-8°.

Biographie nationale.

Diverses notices dans les tomes I à VIII.

OUVRAGES NON PUBLIÉS PAR L'ACADÉMIE.

Mémoire en réponse à la question : Exposer et discuter les théories émises sur les causes qui déterminent l'action chimique. (Cour. au concours universitaire; *Ann. des Univ. de Belgique,* t. VII.) Bruxelles, 1851 ; gr. in-8°.

Description du lias de la province de Luxembourg. Liége, 1857; in-8°.

Atlas de cristallographie. Liége, 1860; in-8°.

Abrégé de conchyliologie appliquée à la géologie. Liége, 1857; in-12.

Prodrome d'une description géologique de la Belgique. Liége, 1868; in-8° Seconde édition, conforme à la première. Bruxelles. 1880.

Nombre de notices publiées dans les *Annales de la Société géologique de Belgique,* notamment:

Sur l'allure des couches du terrain cambrien de l'Ardenne et, en particulier, sur la disposition du massif devillien de Grand-Halleux et sur celle de l'hyalophyre de Mairu, près de Deville, dép. des Ardennes. (T. I. 1874).

Compte rendu de la session extraordinaire de la Société géologique à Marche en 1874. (*Ib.*)

Idem à Arlon en 1877. (T. IV. 1878.)

Sur un forage qui a atteint le terrain devonien supérieur à Londres. (T. V. 1877.)

Revue des fossiles landeniens décrits par De Ryckholt. (T. VI. 1879.)

Sur l'uniformité de la langue géologique. (T. VII. 1880.)

Sur la faune des quartzites taunusiens. (T. VIII 1881.)

Compte rendu de la réunion extraordinaire de la Société géologique à Verviers en 1881. (*Ib.*)

Fragments paléontologiques. (*Ann. de la Soc. géol. de Belg.*, t. VIII. 1881.)

Compte rendu de la session extraordinaire de la Société géologique à Liége en 1883. (T. X. 1884.)

Sur la terminaison NE. du massif cambrien de Stavelot. (T. XII. 1885.)

Sur les filons granitiques et les poudingues de Lammersdorff. (*Ib.*)

Histoire des noms cambrien et silurien en géologie, par T. Sterry Hunt; traduit de l'anglais. Mons, 1875; in-8°.

Carte géologique de la Belgique et des provinces voisines, 1 f. au $^1/_{500,000}$, avec notice explicative. Liége, 1879. (Exposée manuscrite à Vienne, 1873.)

Cartes géologiques des environs de Couvin et de Verviers, 3 f. au $^1/_{20,000}$, exposées à Paris en 1878 et restées manuscrites.

Rapport présenté au Congrès géologique international de Bologne, en 1881, au nom de la Commission pour l'unification de la nomenclature. Liége, 1881 ; in-8°. Reproduit dans le rapport sur la deuxième session du Congrès. Bologne; 1882.

Rapport présenté au Congrès géologique international de Berlin, en 1885. Berlin, 1885; in-8°.

Transmissibilité du choléra au chien. (*Bull. de l'Acad. royale de médecine de Belgique.*) (T. XVIII. 1884.)

DONNY (François-Marie-Louis), O. ✠, domicilié à Gand, rue Neuve-St-Pierre, 95; né à Ostende le 31 janvier 1822; professeur de chimie à l'Université de Gand depuis le 8 octobre 1858; répétiteur des cours de chimie et de physique à l'École du génie civil de Gand depuis le 26 octobre 1848; agrégé à l'Université depuis le 25 octobre 1845; élu correspondant de l'Académie le 15 décembre 1850; membre, le 15 décembre 1866.

PUBLICATIONS ACADÉMIQUES.

Mémoires.

Mémoire sur la cohésion des liquides et sur leur adhérence aux corps solides. 1843. (*Mém. des sav. étr.*, t. XVII.)

Mémoire sur un appareil de Thilorier modifié, et sur les propriétés de l'acide carbonique liquide et solide, par Mareska et Donny. 1845. (*Ibid.*, t. XVIII.)

Mémoire sur les principales sophistications des farines et du pain. 1848. (*Ibid.*, t. XXII.)

Recherches sur l'extraction du potassium, par Mareska et Donny. 1851. (*Ibid.*, t. XXVI.)

Bulletins (*1re série.*)

Note sur la sophistication des farines par le sarrasin et la poudre de tourteaux de lin, par Mareska et Donny. 1847. (T. XIV.)

Notice sur une projection géographique nouvelle, par F.-C.-L. Donny et F. Donny. 1849. (T. XVI.)

Note sur la sophistication des farines. 1852. (T. XIX.)

(*2e série*)

Note sur l'essai des huiles. 1864. (T. XVII.)

Note sur une grille à combustion pour les analyses organiques. 1864. (T. XVIII.)

Note sur la recherche de l'arsenic, par F. Donny et Szuch. 1868. (T. XXV.)

Note sur la liquéfaction des gaz. (T. XLV.)

Note sur un moyen propre à distinguer le beurre artificiel du beurre naturel. (T. XLVIII.)

DUPONT (ÉDOUARD-FRANÇOIS), O. ✠, domicilié à Boitsfort; né à Dinant le 31 janvier 1841; docteur en sciences naturelles; directeur du Musée royal d'histoire naturelle de Belgique; élu correspondant de l'Académie le 15 décembre 1866; membre, le 15 décembre 1869; directeur de la Classe des sciences et président de l'Académie en 1884.

PUBLICATIONS ACADÉMIQUES.

Mémoires.

Étude sur l'ethnographie de l'homme de l'âge du Renne dans les cavernes de la vallée de la Lesse. 1867. (*Mémoires* in-8°, t. XIX.)

Bulletins (2e *série*).

Sur le calcaire carbonifère de la Belgique et du Hainaut français. 1863. (T. XV.)

Essai d'une carte géologique des environs de Dinant. 1865. (T. XX.)

Études sur les cavernes des bords de la Lesse et de la Meuse explorées jusqu'au mois d'octobre 1865. (T. XX.)

Études sur le terrain quaternaire de la Meuse et de la Lesse. 1866. (T. XXI.)

Études sur les fouilles scientifiques exécutées pendant l'hiver de 1865-1866 dans les cavernes des bords de la Lesse. 1866. (T. XXII.)

Études sur trois cavernes de la Lesse explorées pendant les mois de mars et d'avril 1866. (T. XXII.)

Études sur cinq cavernes explorées dans la vallée de la Lesse et le ravin de Falmignoul. 1867. (T. XXIII.)

Études sur une caverne de la commune de Bouvignes. 1867. (T. XXIII.)

Études sur les cavernes du bois de Foy, à Montaigle. 1868. (T. XXV.)

Observations sur le calcaire carbonifère de la Belgique. 1871. (T. XXXI.)

Sur une nouvelle exploration de la caverne d'Engis. 1872. (T. XXXIII.)

Sur le calcaire carbonifère entre Tournai et les environs de Namur. 1875. (T. XXXIX.)

Note sur les principaux manuscrits délaissés par feu André Dumont. 1876. (T. XLI.)

Sur la découverte d'ossements d'Iguanodon, de poissons et de végétaux dans la fosse Sainte-Barbe du charbonnage de Bernissart. 1878. (T. XLVI.)

Sur les alluvions torrentielles qui se déposent de nos jours sur les plateaux de l'Entre-Sambre-et-Meuse et du Condroz. 1878. (T. XLVI.)

(3e série.)

Sur l'origine des calcaires devoniens de la Belgique. 1881. (T. II.)

Sur une revendication de priorité, introduite devant l'Académie par M. G. Dewalque, à propos de ma note sur « l'Origine des calcaires devoniens de la Belgique ». 1882. (T. III.)

Sur la nouvelle note de M. G. Dewalque concernant sa revendication de priorité. 1882. (T. III.)

Sur les origines du calcaire carbonifère de la Belgique. 1883. (T. V.)

Observations sur une note récente de M. P.-J. Van Beneden concernant la découverte des ossements de Bernissart. 1883. (T. VI.)

Observations sur une nouvelle note de M. P.-J. Van Beneden concernant la découverte des ossements de Bernissart. 1883. (T. VI.)

La chronologie géologique. 1884. (T. VIII.)

Sur l'existence de roches maclifères dans le terrain devonien de l'Ardenne belge. 1885. (T. IX.)

Sur la découverte d'un Mosasaurien gigantesque dans le Hainaut. 1885. (T. IX.)

Sur les calcaires frasniens d'origine corallienne et sur leur distribution dans le massif paléozoïque de la Belgique. 1885. (T. X.)

Note sur le devonien inférieur de la Belgique. — Le poudingue de Wéris et sa transformation au sud-est de Marche-en-Famenne. 1885. (T. X.)

Sur de nouveaux groupes d'ossements fossiles provenant du terrain crétacé supérieur et du terrain éocène inférieur de la Belgique. 1885. (T. X.)

Annuaire de l'Académie.

Notice sur la vie et les travaux de Jean-Baptiste d'Omalius d'Halloy, membre de l'Académie. Année 1875.

Notice sur la vie et les travaux de Pierre-Henri Nyst, membre de l'Académie. Année 1882.

OUVRAGES NON PUBLIÉS PAR L'ACADÉMIE.

Session extraordinaire de la Société géologique de France en Belgique, compte rendu de l'excursion dans le calcaire carbonifère. 1863. (*Bull. de la Soc. géol. de France,* 2e sér., t. XX.)

Discours prononcé à la Société entomologique. 1870. (*Ann. de la Soc. entom. de Belgique,* t. XIII.)

L'homme pendant les âges de la pierre dans les environs de Dinant-sur-Meuse. Bruxelles, 1871; in-8o. — 2e éd. Bruxelles, 1872; in-8o.

Les populations préhistoriques de la Belgique (*Patria Belgica,* t. Ier. Bruxelles, 1873; in-8o.)

Orologie de la Belgique. (*Ibid.,* t. Ier. Bruxelles, 1873; in-8o.)

Sur l'antiquité de l'homme en Belgique. (*Compte rendu du Congrès international d'anthropologie et d'archéologie préhistoriques.* Session de Bruxelles. 1873; in-8o.)

Sur la signification des ossements qui se trouvent dans les cavernes. (*Ibid.*)

Classement des âges de la pierre en Belgique. (*Compte rendu du Congrès international d'anthropologie et d'archéologie préhistoriques.* Session de Bruxelles. 1873; in-8°.)

Sur les crânes de Furfooz. (*Ibid.*)

Théorie des âges de la pierre en Belgique. (*Bull. de la Soc. d'anthr. de Paris,* 2e sér., t. IX. 1874.)

Concours quinquennal des sciences naturelles. (Période de 1877-1881.) Rapport du jury. 1882. (*Moniteur belge.*)

Terrain devonien de l'Entre-Sambre-et-Meuse. Les îles coralliennes de Roly et de Philippeville. (*Bull. du Mus. roy. d'hist. nat. de Belgique,* t. Ier. 1883.)

Session extraordinaire de la Société géologique de France en Belgique, compte rendu de l'excursion dans les terrains devonien et carbonifère. 1883. (*Bull. de la Soc. géol. de France,* 3e sér., t. XI.)

Carte géologique détaillée de la Belgique :

Feuille de Ciney avec texte explicatif. — Calcaire carbonifère. 1882.

Feuille de Dinant avec texte explicatif. Ibid. 1883.

Feuille de Natoye avec texte explicatif. Ibid. 1883.

Feuille de Clavier avec texte explicatif. Ibid. 1883.

Feuille de Modave avec texte explicatif. Ibid. 1884.

Feuille de Sautour. — Devonien moyen. 1885.

Feuille de Marche. — Devonien inférieur et moyen. 1885.

Feuille de Durbuy. — Devonien inférieur et moyen. 1885.

Les populations quaternaires dans le Hainaut et dans la province de Namur. (*Bull. de la Soc. d'anthr. de Bruxelles,* t. IV. 1885-86.)

Études et rapports sur la carte géologique détaillée de la Belgique de 1877 à 1885. (*Documents parlementaires de la Chambre des Représentants.*)

Remarques sur plusieurs phénomènes observés dans les couches devoniennes et carbonifères de Belgique. (*Proceed. of the Geologist's Association,* t. IX, n° 5, 1885.)

FOLIE (François-Jacques-Philippe), O. ✠, domicilié à Bruxelles, à l'Observatoire royal; né à Venloo (Limbourg cédé) le 11 décembre 1833; docteur en sciences physiques et mathématiques; directeur de l'Observatoire royal de Bruxelles et de l'Institut astronomique annexé à l'Université de Liège; chargé des cours d'astronomie et de géodésie à cette Université; élu correspondant de l'Académie le 15 décembre 1869; membre, le 16 décembre 1874.

PUBLICATIONS ACADÉMIQUES.

Mémoires.

Fondements d'une géométrie supérieure cartésienne. 1872. (*Mém. des memb.*, in-4°, t. XXXIX.)

Sur les courbes du 3e ordre. 1882 et 1884. (*Ibid.*, t. XLIII et XLV.) — En collaboration avec C. Le Paige.

Théorie des mouvements diurne, annuel et séculaire de l'axe du monde. 1884. (*Ibid.*, t. XLV.)

Bulletins (*2e série*).

Théorie nouvelle du mouvement d'un corps solide. 1865 et 1867. (T. XX et XXIV.)

Sur la théorie de la roue Poncelet. 1868. (T. XXVI.)

Sur quelques théorèmes généraux de géométrie supérieure. 1869 et 1873. (T. XXVIII et XXXVI.)

Sur la densité moyenne de la terre. 1872. (T. XXXIII.)

Le commencement et la fin du monde d'après la théorie mécanique de la chaleur, lecture faite à la séance publique de la Classe des sciences, le 16 décembre 1873. (T. XXXVI.)

Extension des théorèmes analogues à celui de Pascal à des courbes tracées sur une surface quelconque. 1874. (T. XXXVI.)

Quelques nouveaux théorèmes sur les cubiques gauches. 1874. (T. XXXVII.)

Quelques nouveaux théorèmes sur les courbes gauches du 4e ordre. 1874. (T. XXXVIII.)

Sur la transformation des coordonnées et sur les lignes des angles et des distances en géométrie analytique. 1876. (T. XLI.)

Étoiles filantes du mois d'août 1876 à Liège. 1876. (T. XLII.)

Sur l'évolution ou nouvelle proposition fondamentale dans la théorie des coniques et des surfaces du second degré. 1877. (T. XLIII et XLIV.)

Extension de la notion du rapport anharmonique. Définition de ce rapport pour le ne ordre en général. Son utilité dans l'étude des courbes et surfaces supérieures. 1877 et 1878. (T. XLIV et XLV.)

Principe de la théorie des faisceaux. 1878 et 1879. (T. XLVI et XLVII.)

Théorèmes relatifs aux surfaces d'ordre supérieur. 1879. (T. XLVIII.) — En collaboration avec C. Le Paige.

Réponse aux rapports de MM. Catalan et de Tilly à propos d'une revendication de priorité. 1880. (T. XLIX.)

(*3e série*).

Sur les courbes du 3e ordre. 1881. (T. I.) — En collaboration avec C. Le Paige.

A propos de la détermination de la latitude. 1881. (T. II.)

Sur les causes probables des variations de latitude et du magnétisme terrestre. 1881. (T. II.)

Histoire de l'astronomie en Belgique, lecture faite en séance publique de la classe des sciences, le 16 décembre 1881. (T. II.)

Sur un critérium astronomique certain de l'existence d'une couche fluide à l'intérieur de l'écorce terrestre. 1882. (T. III.)

Existence et grandeur de la précession et de la nutation diurnes dans l'hypothèse d'une terre solide. 1882. (T. III.)

Un mot encore sur la détermination de la latitude. 1882. (T. III.)

Aux lecteurs des *Annali di Matematica*. 1883. (T. V.)

Note lue à l'Académie en présentant les deux premières parties de la théorie des mouvements diurne, annuel et séculaire de l'axe du monde. 1883. (T. VI.)

Sur la cause principale de la direction plongeante du vent et des calmes tropicaux, lecture faite en séance publique de la classe des sciences, le 16 décembre 1884. (T. VIII.)

Deux notes relatives à la théorie de l'aberration. 1885. (T. IX.)

Quelques remarques à propos de la communication faite par M le général Liagre de la note posthume de Baeyer. 1885. (T. X.)

La pluie d'étoiles filantes du 27 novembre 1886. (T. XI.)

De nombreux rapports. 1871 à 1886. (2e sér., t. XXIX, à 3e sér., t. XI.)

Annuaire.

Notice biographique sur Michel Gloesener. Année 1878.

OUVRAGES NON PUBLIÉS PAR L'ACADÉMIE.

Sur la manière de résoudre les problèmes de mécanique dans lesquels on tient compte du frottement. (*Annales du génie civil.*) Paris, E. Lacroix, 1867; in-8°.

Sur une disposition nouvelle de la roue Poncelet. (*Ibid.*) 1869; in-8°.

Nouvelles tables usuelles de logarithmes, précédées d'un précis de trigonométrie pure. (*Mém. de la Soc. roy. des sciences de Liège*, 2e sér., t. Ier, 1868.)

Note sur la divisibilité des nombres. (*Ibid.*, t. III.)

Sur l'extension des théorèmes de Pascal et de Brianchon aux surfaces du 3e ordre et de la 3e classe. (*Ibid.*)

Théorie mécanique de la chaleur de R. Clausius, traduite de l'allemand avec préface du traducteur; 1re partie. Paris, E. Lacroix, 1868; in-12. — 2e partie. 1869; in-12.

Précis du cours de mécanique appliquée de J.-B. Brasseur, terminé d'après les manuscrits de l'auteur par F. Folie. Liège, Carmanne, 1868; in-4°.

Exposition nouvelle des principes du calcul différentiel et du calcul intégral de J.-B. Brasseur, publiée et augmentée de notes et d'un avant-propos par F. Folie. (*Mém. de la Soc. roy. des sciences de Liège*, 2e sér., t. III, 1868.)

La fonction potentielle et le potentiel, traduit de l'allemand de R. Clausius Paris, Gauthier-Villars, 1870; in-8°.

Théorie analytique des probabilités de A. Meyer, publiée sur les manuscrits de l'auteur par F. Folie. Bruxelles, Hayez, 1874; in-8°.

Traité de géométrie élémentaire. Liège, Desoer, 1876; in-8°.

Sur un nouveau principe de mécanique relatif aux mouvements stationnaires. (*Journal de Liouville.*) Traduit de R. Clausius.

Éléments d'une théorie des faisceaux. (*Mém. de la Soc. roy. des sciences de Liège*, 2e sér., t. VII, 1878.)

Tables des lignes trigonométriques naturelles et des inverses des nombres. (*Ibid.*, t. IX, 1882.)

Douze tables pour le calcul des réductions stellaires. (*Ibid.*, t. X, 1883.)

Théorie du mouvement diurne de l'axe du monde. (*Comptes rendus de l'Acad des sciences de Paris*, n° du 24 juillet 1882.)

L'agrandissement des astres à l'horizon. (*Ciel et terre*, 6e année, n° 19, 1885.)

Quelques remarques sur les marées atmosphériques à l'occasion du flux solsticial signalé par Baeyer. (*Ibid.*, 6e année, nos 20 et 24, 1885 et 1886.)

Articles scientifiques et critiques dans différentes Revues. (*Ann. de l'enseignement public.* Liége, 1857-1858. *La Belgique contemporaine.* Liège, 1861-1862.)

Sous presse :

Leçons sur la théorie mécanique de la chaleur, de R. Clausius. Traduit de l'allemand en collaboration avec M. Ronkar. Mons, H. Manceaux; in 8°.

Petite climatologie à l'usage de l'amateur et de l'agriculteur belges. Bruxelles, F. Hayez; in-12.

FREDERICQ (Léon), né à Gand le 24 août 1851; domicilié à Liège, rue Nysten, 23; docteur en sciences naturelles; docteur en médecine; docteur spécial en sciences physiologiques; préparateur de physiologie et d'anatomie comparée à l'Université de Gand de 1871 à 1879; professeur de physiologie à l'Université de Liège depuis 1879; élu correspondant de l'Académie le 15 décembre 1879.

PUBLICATIONS ACADÉMIQUES.

Bulletins (2e série).

Note sur la contraction des muscles striés de l'Hydrophile. 2 pl., 1876. (T. XLI.)

Communication préliminaire sur quelques procédés nouveaux de préparation des pièces anatomiques sèches. 1876. (T. XLI.)

Recherches sur la coagulation du sang. 1877. (T. XLIV.)

Sur l'organisation et la physiologie du poulpe. 1878. (T. XLVI.)

Sur la digestion des albuminoïdes chez quelques invertébrés. 1878. (T. XLVI.)

Sur la théorie de l'innervation respiratoire. Fig. 1879. (T. XLVII.)

Note sur le sang du homard. 1879. (T. XLVII.)

Physiologie des muscles et des nerfs du homard (en collaboration avec G. Vandevelde). 8 fig., 1879. (T. XLVII.)

Sur le dosage des substances albuminoïdes du sérum sanguin par circumpolarisation. 1880. (T. L.)

(3e série).

Sur le sang des insectes. 1881. (T. I.)

Sur le pouvoir rotatoire de l'albumine du sang de chien. 1881. (T. II.)

Sur les oscillations respiratoires de la pression artérielle chez le chien. 1881. (T. II.)

Sur les oscillations de la pression sanguine dites périodes de Traube-Hering. 1881. (T. II.)

De l'influence de la respiration sur la circulation. L'ascension inspiratoire de la pression carotidienne chez le chien. 11 fig., 1882. (T. III.)

Sur le ralentissement du rythme cardiaque pendant l'expiration. 8 fig., 1882. (*Ibid.*)

Notes de physiologie comparée. I. Influence du milieu extérieur sur la composition saline du sang chez quelques animaux aquatiques; II. Absence d'absorption cutanée chez les coléoptères aquatiques; III. Sur la rupture de la queue chez l'orvet. 1882. (T. IV.)

Note sur les mouvements du cerveau chez le chien. 1885. (T. IX, pp. 362-375; 15 fig.)

Note sur les mouvements du cerveau de l'homme. 1885. (*Ibid.*, pp. 536-544; 2 fig.)

Procédé opératoire nouveau pour l'étude physiologique des organes thoraciques. 1885. (*Ibid.*, pp. 544-517.)

Annuaire.

Notice nécrologique sur Théodore Schwann. Année 1884. 52 p.

OUVRAGES NON PUBLIÉS PAR L'ACADÉMIE.

Génération et structure du tissu musculaire. (*Mémoire couronné au concours universitaire de 1873-74.*) Bruxelles, 1875; in-8°, 136 p. 2 fig. et 6 pl.

Recherches sur la constitution du plasma sanguin. Dissertation inaugurale. Gand et Leipzig, 1878; in-8°, 56 p.

Éléments de physiologie humaine à l'usage des étudiants en médecine (en collaboration avec J.-P. Nuel). 1re partie. Nutrition. Gand et Paris, 1883; in-8°, t. XVI, 268 p., 140 fig.

Théodore Schwann, sa vie et ses travaux. Liége, 1884; in-8°, 50 p. (avec portrait).

Le corps humain, anatomie et physiologie populaire. (Couronné par le jury De Keyn.) Bruxelles, 1884; in-12, 112 p., 42 fig.

Physiologie des muscles et des nerfs du homard. En collaboration avec G. Vandevelde. (*Archives de biologie*, 1880, t. I, pp. 1-24 ; 8 fig.)

Recherches sur les substances albuminoïdes du sérum sanguin, (*Ibid.*, 1880, t. I, p. 457.)

Le pouvoir rotatoire de l'albumine du sang de chien. (*Ibid.*, 1881, t. II, pp. 379-385.)

De l'influence de la respiration sur la circulation (1re partie) : Les oscillations respiratoires de la pression artérielle chez le chien. (*Ibid.*, 1882, t. III, pp. 55-100 ; 15 fig.)

Amputation des pattes par mouvement réflexe chez le crabe. (*Ibid.*, 1882, t. III, p. 236-240.)

Myographe pour l'étude de la période latente. (*Ibid.*, 1882, t. III, pp. 275-284 ; 4 fig.)

Sur la régulation de la température chez les animaux à sang chaud. Mémoire couronné par l'Académie royale de Belgique. (*Ibid.*, 1882, t. III, pp. 685-804 ; 9 fig.)

Excitation du pneumogastrique chez le lapin empoisonné par CO_2. (*Ibid.*, 1884, t. V, pp. 375-580.)

La courbe pléthysmographique du cerveau du chien. (*Ibid.*, 1885, t. VI, pp. 65-102 ; 27 fig.)

Note sur les mouvements du cerveau de l'homme. (*Ibid.*, 1885, t. VI, pp. 103-110 ; 2 fig.)

Procédé opératoire nouveau pour l'étude physiologique des organes thoraciques. (*Ibid.*, 1885, t. VI, pp. 111-113.)

Inscription du choc du cœur au moyen de la sonde œsophagienne. (*Ibid*, 1886, t. VII)

Contribution à l'étude de la fièvre traumatique chez le chien. (*Bull. de l'Acad. roy. de méd. de Belgique ;* 3e sér., t. XVI, n° 6. 1882.)

Note sur la fièvre chez le lapin. (*Ibid.*, t. XVIII, n° 1. 1884.)

L'enseignement de la physiologie à l'Université de Berlin. (*Revue de Belgique*. Mai 1881.)

De l'innocuité du contact prolongé de l'air atmosphérique avec le péritoine sain. (*Ann. de la Société de médec. de Gand.* 1876.)

Note sur une propriété optique nouvelle du sang des mammifères. (*Ann. de la Société de médec. de Gand.* 1877.)

De l'existence dans le plasma sanguin d'une substance albuminoïde se coagulant à + 56°. (*Ibid.* 1877.)

Sur l'emploi de la levure de bière pour la recherche clinique de la glycose dans les urines. (*Ibid.* 1879.)

Détermination de la vitesse de propagation de l'influx nerveux moteur chez un animal invertébré. En collaboration avec G. Vandevelde. (*Ibid.* 1879.)

Une nouvelle fonction de la salive. (*Livre jubilaire de la Société de médecine de Gand.* 1884.)

Composition saline du sang et des tissus des animaux marins. (*Ibid.*)

Influence des variations de la composition centésimale de l'air sur l'intensité des échanges respiratoires. (*Ibid.*)

La régulation de la température chez les animaux à sang chaud. (*Revue scientifique.* 15 mai 1880.)

La coagulation du sang. (*Ibid.* 4 décembre 1880.)

La respiration de l'oxygène dans la série animale. (*Ibid.*, 1881.)

Un procédé facile de zincographie. (*Ibid.* 27 janvier 1883.)

Théodore Schwann. (*Ibid.* 1884.)

Emploi de la paraffine dans la préparation des pièces anatomiques sèches. (*Compte rendu du Congrès des sciences médicales d'Amsterdam.* 1880.) *Ibid.* dans *Zoologischer Anzeiger.* 1882.

La fièvre chez le chien. (*Annales de la Société médico-chirurgicale de Liège.* 1882.)

Note sur une question de médecine légale. (*Ibid.* Mai 1885.)

Sur la nature de la systole ventriculaire. (*Ibid.*, juillet 1886.)

Contributions à l'anatomie et à l'histologie des Échinides. (*Comptes rendus de l'Académie des sciences de Paris*, 6 novembre 1876. T. LXXXIII, p. 860.)

Expériences physiologiques sur les fonctions du système nerveux des Échinides. (*Ibid.*, 13 novembre 1876. T. LXXXIII, p. 908.)

Sur la répartition de l'acide carbonique du sang entre les globules rouges et le sérum. (*Ibid.*, 2 avril 1877. T. LXXXIV, p. 661.)

Sur le dosage de l'acide carbonique dans le sérum sanguin. (*Comptes rendus de l'Académie des sciences de Paris*, 9 juillet 1877. T. LXXXV, p. 79.)

Sur l'hémocyanine, substance nouvelle du sang de poulpe. (*Ibid.*, 1878. T. LXXXVII, p. 906.)

Sur la fonction chromatique chez le poulpe. (*Ibid.*, 1878. T. LXXXVII, p. 1042.)

Sur l'innervation respiratoire chez le poulpe. (*Ibid.*, 1879. T. LXXXVIII, p. 346.)

Vitesse de transmission de l'excitation motrice dans les nerfs du homard. (*Ibid.*, 1880. T. XCI, p. 239.)

Sur le pouvoir rotatoire des substances albuminoïdes du sérum sanguin et leur dosage par circumpolarisation. (*Ibid.*, 1881. T. XCIII, p. 465.)

Sur l'existence d'un rythme automatique commun à plusieurs centres nerveux de la moelle allongée. (*Ibid.*, 9 janvier 1882. T. XCIV, p. 92.)

Sur la discordance entre les variations respiratoires des pressions intra-carotidienne et intra-thoracique. (*Ibid*, 1882. T. XCIV, p. 141.)

Influence des variations de la composition centésimale de l'air sur l'intensité des échanges respiratoires. (*Ibid.*, 1882. T. ICIX, p. 99.)

Contributions à l'étude des Échinides (*Archives de zoologie expérimentale*, 1876. T. V, pp. 429-431.)

Recherches sur la physiologie du poulpe commun. (*Ibid.*, 1878. T. VII, p. 530.)

De l'existence dans le plasma sanguin d'une substance albuminoïde se coagulant à + 56°. (*Ibid.* T. VI, p. XIV)

La digestion des albuminoïdes chez quelques invertébrés. (*Ibid.* T. VII, p. 391.)

Sur la vitesse de transmission de l'excitation motrice dans les nerfs du homard. (*Ibid.* T. VIII, p. 513.)

Sur l'autotomie ou mutilation par voie réflexe comme moyen de défense chez les animaux. (*Ibid.*, 1883. T. I, 2e sér., pp. 413-426; 3 fig.)

Ueber die elektromotorische Kraft des Warmblüternerven (*Archiv für Anatomie und Physiologie. Physiologische Abtheilung*, 1880. pp. 65-71.)

Expériences sur l'innervation respiratoire. (*Ibid*. Supplément. Festschrift, 1883, pp. 51-68; 5 fig.)

Paraffinpräparate. (*Verhandlungen der physiologischen Gesellschaft zu Berlin*, 28 novembre 1879.)

Diffusion of Copper in the animal Kingdom. (*Nature*, vol. 21. Feb. 19, 1880.)

Nervensystem und Wärmeproduction. (*Archiv für die gesammte Physiologie*, Bd. XXXVIII, p. 291.)

La salure de l'eau de la mer. (*Le guide scientifique*, n° 1, 1884.)

Analyses et rapports dans plusieurs recueils scientifiques.

GILKINET (Charles-Alfred), domicilié à Liège, rue Renkin, 13; né à Ensival le 21 mai 1845; docteur en sciences naturelles et pharmacien ; professeur de paléontologie végétale et de pharmacie à l'Université de Liège; élu correspondant de l'Académie le 15 décembre 1875; membre, le 15 décembre 1880.

PUBLICATIONS ACADÉMIQUES.

Mémoires.

Mémoire sur le polymorphisme des champignons. Mémoire couronné. 7 pl. (*Mém.* in-8°, t. XXVI.)

Bulletins (2e *série*).

Recherches morphologiques sur les Pyrénomycètes. I. Sordariées. 2 pl. 1874. (T. XXXVII, p. 426.)

Sur quelques plantes fossiles de l'étage des psammites du Condroz. 1875. (T. XXXIX, p. 384.)

Sur quelques plantes fossiles de l'étage du poudingue de Burnot. 3 pl. 1875 (T. XL, p. 139.)

Rapport sur un mémoire de concours intitulé : Prodrome d'une monographie des Laminariacées. 1877. (T. XLIV, p. 681.)

Rapport sur les mémoires de concours concernant la cryptogamie végétale. 1878. (T. XLVI, p. 865.)

Rapport sur un travail de M. E. Marchal concernant les Hédéracées américaines. 1879. (T. XLVII, p. 28.)

Du développement du règne végétal dans les temps géologiques, lecture faite à la séance publique de la classe des sciences, le 16 décembre 1879. (T. XLVIII, p. 814.)

(*3e série.*)

Rapport sur un mémoire de concours concernant la germination des graines. 1881. (T. II, p. 619.)

Rapport sur un travail de M. Errera : Sur le glycogène chez les Mucorinées. 1882. (T. IV, p. 404.)

Rapport sur un travail de M. Jorissen : *Du rôle de l'amygdaline pendant la germination des amandes amères*. 1883. (T. V, p. 704.)

Rapport sur un mémoire de M. Gravis, intitulé : Recherches anatomiques sur les organes végétatifs de l'*Urtica dioïca*. 1883. (T. VI, p. 118.)

Rapport sur un travail de M. Jorissen : Recherches sur la germination des graines de lin et des amandes douces. 1884. (T. VII, p. 721.)

Rapport sur un travail de M. Jorissen : Recherches sur la production de l'acide cyanhydrique dans le règne végétal. 1884. (T. VIII. p. 165.)

Rapport sur un travail de M. Jorissen : Les propriétés réductrices des graines et la formation de la diastase. 1884. (*Ibid.*, p. 523.)

Rapport sur un travail de M. Errera : Sur le glycogène chez les Basidiomycètes. 1884. (*Ibid.*. p. 608.)

Rapport sur un travail de M. Laurent : Sur la prétendue origine bactéridienne de la diastase. 1885. (T. X, p. 16.)

Rapport sur un travail de M. Laurent : Études sur la turgescence chez le Phycomyces. 1885. (*Ibid*, p. 19.)

OUVRAGES NON PUBLIÉS PAR L'ACADÉMIE.

Histoire des sciences en Belgique : les sciences naturelles (Dans l'ouvrage : *Cinquante ans de liberté.*) Bruxelles, 1881 ; Weissenbruch.

Traité de chimie pharmaceutique. 1 vol. de 1100 pages, in-8°. Liège, 1885 ; Vaillant-Carmanne.

GLUGE (GOTTLIEB), O. ✠, domicilié à Bruxelles, rue Joseph II, 7 ; né à Brakel (Westphalie), le 18 juin 1812 ; docteur en médecine de l'Université de Berlin, en 1835 ; professeur de physiologie et d'anatomie pathologique à l'Université libre de Bruxelles depuis 1838 ; professeur émérite de la même Université depuis 1873 ; élu correspondant de l'Académie le 17 décembre 1843 ; membre, le 15 décembre 1849 ; directeur de la Classe des sciences en 1857 et en 1873.

PUBLICATIONS ACADÉMIQUES.

Mémoires.

Observations sur l'homme. (*Nouv. Mém.*, tomes XX et XXI.)

Bulletins (*1re série*).

Note sur la structure microscopique des hydatides. 1838. (T. IV.)

Note sur la structure de la couche extérieure de la peau dans plusieurs animaux. (*Ibid.*)

Note sur la terminaison des nerfs. 1838. (T. V.)

Note sur les canaux nerveux dans les moignons des amputés. (*Ibid.*)

Recherches sur la structure normale des os. (*Ibid.*)

Sur la structure de quelques ossifications anormales. (*Ibid.*)

Quelques observations sur la cause inerte des vaisseaux capillaires. (*Ibid.*)

Notice sur quelques points d'anatomie pathologique comparée. (T. V.)

Note sur une nouvelle méthode de démontrer l'existence de l'urée dans le sang après l'extirpation des reins. 1839. (T. VI.)

Recherches *expérimentales sur l'inoculation du cancer.* 1840. (T. VII.)

Recherches physiologiques sur les cadavres de deux suppliciés. 1847. (T. XIV).

Sur les progrès que l'anatomie et la physiologie humaines ont faits dans les derniers temps en Belgique. 1849. (T. XVI.)

Ichthyose, mucédinée et tumeur épidermale chez les oiseaux 1851. (T. XVIII.)

Sur la coagulation du sang après la section du nerf grand sympathique. (Influence de ce nerf sur la *transpiration.* 1856. (T. XXIII, 2°.)

(2ᵉ *série.*)

Note sur le foie et le rein gras physiologique. (T. I.)

De l'influence des Académies sur le progrès des sciences. 1857. (T. III.)

De quelques parasites végétaux développés sur des animaux vivants. (T. III.)

Sur la coloration rouge du sang veineux. 1856. (T. V.)

Description d'une monstruosité humaine amorphe. (T. VI.)

Sur la réunion des fibres nerveuses sensibles avec les fibres motrices. (T. VII.)

Nouvelles expériences sur la réunion des fibres nerveuses sensibles avec les fibres motrices. (T. XVI.)

Une remarque sur l'admission d'une force vitale en physiologie. 1870. (T. XXX.)

L'enseignement biologique dans les écoles; discours prononcé à la séance publique de la classe des sciences, le 16 décembre 1873. (T. XXXVI.)

Note sur la transformation de la contraction musculaire tonique en contraction rythmique. 1874. (T. XXXVII.)

OUVRAGES NON PUBLIÉS PAR L'ACADÉMIE.

Observationes nonnullae microscopicae fila quae primitiva dicunt in inflammatione spectantes. Diss. inaug. Berlin, 1835; in-8°.

Die Influenza oder Grippe nach den Quellen historisch pathologisch dargestellt. (Ouvrage couronné par la Faculté de médecine de Berlin en 1834.) Minden, 1837; in-8°.

Anatomisch-Mikroscopischen Untersuchungen. (Vol. I.) Minden, 1839; in-8°.

Idem. (Vol. II.) Jena, 1842; in-8°.

Atlas der pathologischen Anatomie. Jena, 1843-1850; in-fol. Les trois dernières livraisons ont paru séparément sous le titre:

Patologische Histologie. Jena, 1850; in-fol. — L'Académie des sciences de Paris a décerné un prix Montyon de deux mille francs à ce dernier ouvrage, le 22 mars 1852.

Atlas of pathological Histology, translated by Joseph Leidy. Philadelphia, 1853.

Recherches microscopiques sur une nouvelle altération du tissu des reins. (*Archives de médecine.*) Bruxelles, 1840; in-8°.

Recherches microscopiques et expérimentales sur le ramollissement du cerveau. (*Ibid.*) Idem.

Physiologie. (Dans l'*Encyclopédie populaire.*) Bruxelles, 1850; in-12. — 2e édition. Bruxelles, 1853; in-12.

Recherches expérimentales relatives à l'action des huiles grasses sur l'économie animale. (*Bulletin de l'Académie royale de médecine de Belgique*, 1re série, t. III, n° 9.)

L'épidémie de Bruxelles en janvier, février et mars 1866. (*Ibid.*, 2e sér., t. III, n° 5.)

Abcès de la rate. Guérison. (*Ibid.*, 3e sér., t. IV, n° 2.)

Note sur un kyste dermoïde et pileux évacué spontanément par l'urètre. (*Ibid.*, 3e sér., t. IV, n° 6.)

Une terminaison rare de la fièvre typhoïde. (*Ibid.*, 3e sér., t. V, n° 6.)

La liberté de l'enseignement et les universités, discours prononcé en séance publique de l'Université libre de Bruxelles, à la réouverture des cours, le 11 octobre 1869. Bruxelles, Mayolez.

La liberté d'enseigner et la liberté d'ignorer. 1870.

Quelques mots sur le cas de Louise Lateau, la stigmatisée de Bois-d'Haine. (*Bulletin de l'Académie royale de médecine*, 3e série, t. IX, nº 5, 1875.)

Discours sur le recrutement des professeurs dans les Universités. (*Ibid.*, 3e sér., t. X, nº 9.)

Quelques recherches sur la structure des membranes de l'œuf des mammifères. (*Annales des sciences naturelles.*) Paris, octobre 1837.

Pleuropneumonie interlobulaire exsudative de l'espèce bovine. (*Journal vétérinaire et agricole de Belgique*, 1843.)

La panique du choléra. Bruxelles, 1884.

Note sur l'extirpation de la vésicule biliaire. Bruxelles, 1885.

Note dans différents journaux de Belgique et de l'étranger.

Nombreux rapports dans les *Bulletins* de l'Académie des sciences et de l'Académie de médecine de Belgique.

HENRY (Louis), O. ✠, domicilié à Louvain, rue du Manège, 2; né à Marche (Luxembourg) le 26 décembre 1834; docteur en sciences naturelles; professeur de chimie générale à l'Université catholique de Louvain; élu correspondant de l'Académie le 15 décembre 1865.

PUBLICATIONS ACADÉMIQUES.

Mémoires.

Considérations sur quelques classes de composés organiques et sur les radicaux organiques en général. 1857. (*Mémoires* in-8°, t. VIII.)

Bulletins (2e série).

De la berbérine et de ses sels. 1859. (T. VII.)

Faits pour servir à l'histoire du chrôme. 1866. (T. XXI.)

Recherches sur les sulfocyanures des radicaux organiques. Action des hydracides halogénés sur les sulfocyanures alcooliques. 1868. (T. XXV.)

Sur les sulfocyanures des radicaux organiques. 1869. (T. XXVII.)

Recherches sur l'isomérie dans la série salicylique : *a*) Première partie. Dérivés chlorés de l'aldéhyde salicylique. (T. XXVII.) — *b*) Seconde partie. Action du pentabrômure de phosphore sur divers composés salicyliques. (T. XXVII.) — *c*) Troisième partie. Sur le nitrile salicylique et ses dérivés. (T. XXVIII.)

Recherches sur les nitriles. Action du pentasulfure de phosphore sur les amides. 1869. (T. XXVIII.)

Sur la cire de la paille. (*Ibid.*)

Recherches sur les dérivés éthérés des alcools et des acides polyatomiques : *a*) Première partie. Sur le chlorure d'éthyl-glycollyle. (T. XXVII.) — *b*) Deuxième partie. Sur diverses combinaisons d'éthérés phénoliques. Nitrile anisique, etc. (T. XXVIII.) — *c*) Troisième partie. Sur les dérivés éthérés phényliques. (T. XXVIII.) — *d*) Quatrième partie. Sur la monocyanhydrine méthylénique. (T. XXXV.) — *e*) Sur le chloro-acétate de méthylène. (T. XXXV.)

Remarques sur la volatilité des composés cyanogénés. 1873. (T. XXXV.)

Recherches sur les dérivés glycériques :

A. *Sur les dérivés allyliques.* — § I. Composés d'addition des dérivés allyliques avec l'acide hypochloreux. (T. XXXVII.) — § II. Composés d'addition des dérivés allyliques avec l'acide hypobrômeux. (*Ibid.*) — § III. Sur l'acide chloro-brômo propionique. (*Ibid.*)

B. *Sur les dérivés diallyliques.* — § I Sur le diallylényle ou dipropargyle. (T. XXXVI.) — § II. Sur l'octobrômure de dipropargyle et le tétrabrômure de diallyle bibromé. ((T. XXXVII.) — § III. Sur la dichlorhydrine diallylique. *Ibid.*)

C. *Sur les dérivés propargyliques.* — § I. Sur l'alcool propargylique et ses éthers. (T. XXXV.) — § II. Sur le radical propargyle. (T. XXXVII.)

Sur la lactide et la distillation sèche de l'acide lactique. (T. XXXVII.)

Sur la production des hydrocarbures acétyléniques. (*Ibid.*)

Sur le chloral et les éthers éthyliques chlorés en général. (*Ibid.*)

Sur l'anhydride hypoazotique. (T. XXXVIII.)

Sur la production des hydrocarbures acétyléniques et la classification des hydrocarbures tétra-atomiques en général. (*Ibid.*)

OUVRAGES NON PUBLIÉS PAR L'ACADÉMIE.

Leçons de chimie générale, inorganique et organique. (Cours autographié.)

Précis de chimie générale élémentaire. Leçons professées à l'Université de Louvain ; 3 vol. in-8°. Louvain, Peeters, imprimeur-libraire. 1re édition, 1867 ; 2e édition, 1872.

Tableau général des composés organiques. Louvain, Ch. Peeters, 1864.

(Dans les *Comptes rendus de l'Académie des sciences de Paris.*)

Nouvelle méthode générale de préparation des nitriles. (T. LXVIII.)

Sur la tribrômhydrine glycérique. (T. LXX.)

Sur la tribrômhydrine. Réponse à M. Berthelot. (*Ibid.*)

Sur les éthers chloro- et brômo-nitriques de la glycérine. — Sur la combinaison directe des dérivés allyliques avec le chlorure d'iode et l'acide hypochloreux. (*Ibid.*)

Nouvelle méthode générale de préparation des combinaisons organiques chloro-brômées. (*Ibid.*)

Action du pentachlorure et du pentabrômure de phosphore sur divers éthers (T. LXXI.)

Sur les monochlorures des acides bibasiques. (T LXXIII.)

Synthèse de l'acide oxalurique. (*Ibid.*)

Sur le produit d'addition du propylène à l'acide hypochloreux. (T. LXXIX.)

Une seconde notice sur le même sujet. (*Ibid.*)

Sur la constitution des monochlorhydrines propyléniques et la loi d'addition de l'acide hypochloreux. (T. LXXXII.)

Sur l'hydratation des composés propargyliques. (T. XCIII.)

Sur l'addition de l'acide hypochloreux aux composés propargyliques. (*Ibid.*)

Sur l'addition de l'acide hypochloreux au chlorure d'allyle monochloré *a*. (T. XCIV.)

Sur l'alcool allylique monochloré *α* et ses dérivés. (T. XCV.)

Sur la différence d'aptitude réactionnelle des corps halogènes dans les composés organiques : *a*) Sur le chloro-brômure d'éthylène. (T. XCVI.) — *b*) Sur le chloro-iodure et le brômo-iodure d'éthylène. (*Ibid.*) — *c*) Sur le bibrômure d'éthylène monochloré et divers dérivés de l'éthane. (T. XCVII.) — *d*) Sur l'acétate d'éthyle bichloré biprimaire. (*Ibid.*) — *e*) Sur le méthyl-chloroforme monobrômé. (T. XCVIII.)

Sur divers dérivés de l'hexylène mannitique. (T. XCVII.)

Sur divers dérivés éthérés phénoliques. (T. XCVI.)

Sur l'addition du chlorure d'iode IoCl : *a*) à l'éthylène monochloré. (*Ibid.*) — *b*) à l'éthylène monobrômé. (*Ibid.*)

Sur les éthylènes chloro-iodé et brômo-iodé dissymétriques. (*Ibid.*)

Sur la solubilité dans la série oxalique. (T. XCIX.)

Sur la fusibilité dans la série oxalique. (T. C.)

Sur divers dérivés haloïdes de substitution de l'acide propionique. (*Ibid.*)

Sur les nitriles pyrotartrique et succinique normaux. (*Ibid.*)

Sur les amides du groupe oxalo-adipique. (*Ibid.*)

Sur les dérivés haloïdes primaires de l'éther ordinaire. (*Ibid.*)

Sur la volatilité des nitriles oxygénés. (*Ibid.*)

Sur la volatilité des nitriles chlorés. (*Ibid.*)

Sur la variation des propriétés physiques dans les dérivés chloroacétiques (T. CI.)

Sur quelques dérivés méthyléniques. (T. CI.)
Sur la volatilité dans les composés organiques mixtes. (*Ibid.*)
Sur les composés butyriques monochlorés normaux et primaires. (*Ibid.*)
Sur les acides γ brômo- et iodo-butyriques. (T. CII.)
Sur la volatilité des nitriles oxygénés. (*Ibid.*)
Sur le dinitrile malonique. (*Ibid.*)
Sur les dinitriles normaux $CN - (CH_2)_n - CN$. (*Ibid.*)

(Dans les *Bulletins de la Société chimique de Paris.*)

Sur les nitriles mono-atomiques. (T. VII.)
Sur la constitution des acides du groupe citrique. (T. XXIII.)
Sur la chlorhydrine butylénique et la loi d'addition de l'acide hypochloreux. (T. XXVI.)
Sur la constitution du diallyle. (T. XXX.)
A propos du di-oxy-éthyl-méthylène $H_2C - (OC_2H_5)_2$. (T. XLV.)

(Dans les *Annales de chimie et de physique de France.*)

Sur la tribrômhydrine glycérique. (4e série, t. XX.
Sur les éthers nitriques des glycols. (T. XXVII.)
Sur les éthers nitriques des acides alcooliques. (T. XXVIII.)
Sur deux types distincts d'oxydes glycolliques. (5e sér., t. XXIX.)
Sur le bibrômure de méthylène. (T. XXX.)

(Dans les *Bulletins de la Société chimique de Berlin.*)

Sur la combinaison directe du trichlorure de phosphore avec le soufre. (T. II.)
Sur le diallyle. (*Ibid.*)
Sur quelques composés isopropyliques sulfurés. (*Ibid.*)
Méthode simple pour retirer l'iode des iodures de mercure. (*Ibid.*)
Sur le parachlorotoluidine. (*Ibid.*) En collaboration avec M. Br. Radziszewski.

Sur le chlorure d'iode. (T. III.)

Sur la transparence du sulfure de plomb en lames minces. (*Ibid.*)

Sur les combinaisons propyléniques. (T. IV.)

Sur l'action du pentachlorure de phosphore sur l'alcoolate de chloral. (*Ibid.*)

Notices diverses : Sur l'isomérie dans les composés glycériques en général. — Sur divers éthers glycériques. — Sur la préparation de la dichlorhydrine. — Sur le glycérate d'éthyle. — Sur l'éthyl-glycollate d'éthyle. (*Ibid.*)

Sur le chlorure d'éthyloxy-oxalyle. (T. V.)

Sur l'acétone monochlorée et ses dérivés. (*Ibid.*)

Sur le cyano-carbonate d'éthyle. (*Ibid.*)

Sur les dérivés du glycide. (*Ibid.*)

Sur les dérivés du glycide et les composés propargyliques. (*Ibid.*)

Sur la préparation de l'éther propargylique. (*Ibid.*)

Sur l'alcool propargylique. (T. V.)

Sur les chlorhydrines ou les éthers basiques des alcools polyatomiques en général. (T. VII.)

Sur le bibrômure d'acroléine. (T. VII.)

Sur les produits d'addition de l'allylamine. (*Ibid.*)

Sur un nouvel hydrocarbure C_7H_{12}, le tétra-méthyl-allène (T. VIII.)

Sur l'oxydation spontanée de l'acide nitro-lactique. (T. XII.)

Sur l'addition de l'oxygène aux composés non saturés. (*Ibid.*)

Sur la distillation sèche du trichloro-acétate de sodium. (*Ibid.*)

Sur le dipropargyle, son tétra-iodure et le diallylène monobrômé. — De l'action du phosphore et de l'iode sur la glycérine. — Sur la préparation de l'alcool allylique monobrômé. (T. XIV.)

Sur l'iodure de propargyle. (T. XVII.)

A l'occasion de l'iodure de triméthylène. (T. XVIII.)

(Dans le *Journal für praktische Chemie von H. Kolbe.*)

Sur l'acide sulfocyano-carbonique et ses dérivés. (T. IX.)

(Dans la *Revue belge et étrangère.*)

La chimie de nos jours. — I. De l'unité de la matière. (T. IX.) — II. Les phénomènes lumineux considérés comme moyen d'analyse en chimie. (T. XI.) — III. De la synthèse en chimie minérale. Reproduction artificielle des pierres précieuses. (T. XIV.)

(Dans la *Revue catholique*.)

Organisation générale des études et des examens en sciences à l'Université catholique de Louvain. Rapport présenté à la Faculté des sciences. 1869. (T. XXX.)

L'inhumation et la crémation. (T. XXXIX et XLI.)

Examen des principales classifications en zoologie, etc. (T. XIX.)

(Dans les *Comptes rendus de l'Assoc. franç. pour l'av. des sc.*)

Sur l'acéto-nitrate d'éthyle. (Session de Lille, 1844.)

Notices diverses se rapportant aux composés glycériques, propargyliques, etc., dans les volumes consacrés aux sessions de Lille, Paris, Montpellier, Reims, Blois, etc.

(Dans les *Annales de la Société scientifique de Bruxelles.*)

Sur l'éthérification des acides organiques en général et de l'acide azotique en particulier. (T. II.)

Sur le diallylène. (*Ibid.*)

Sur les composés propargyliques. (*Ibid.*)

Études de chimie moléculaire :

I. Les oxydes métalliques. (*Ibid.*) Traduit en anglais dans le *Philosophical magazine.* T. XX, 5e série.

De la science et des conditions du travail scientifique, au point de vue des Universités catholiques et de la Société scientifique de Bruxelles. (*Ibid.*)

Discours inaugural. (*Ibid.*)

Sur les dérivés allyliques; produits d'addition des dérivés allyliques avec le chlorure d'iode. (T. IV.)

Communications diverses concernant : *a)* la constitution des oxacides de l'azote et du phosphore. — *b)* le mécanisme de la formation des amides par l'action de l'ammoniaque sur les chlorures acides. (T. V.)

Sur l'emploi des pentachlorures de phosphore et d'antimoine en chimie organique. (T. VII.)

Communications diverses concernant : *a)* Les dérivés haloïdes de l'éthane. — *b)* L'addition du chlorure d'iode, etc. — *c)* La valeur relative des quatre unités d'action chimique du carbone.

(Dans le *Philosophical Magazine*.)

La polymérisation des oxydes métalliques. (T. XX, 5e série.)

HOUZEAU (JEAN-CHARLES), résidant à Mons, chemin de l'Ermitage, 5; né à Mons le 7 octobre 1820; aide à l'Observatoire royal de Bruxelles, 1846-1849; astronome temporaire au Dépôt de la Guerre, 1854-1857; directeur de l'Observatoire royal de Bruxelles, 1876-1883; élu correspondant de l'Académie le 16 décembre 1854; membre, le 15 décembre 1856; directeur de la Classe des sciences et président de l'Académie en 1878.

PUBLICATIONS ACADÉMIQUES.

Mémoires.

Sur les étoiles filantes périodiques du mois d'août et en particulier sur leur apparition de 1842. 1843 (*Mém. des sav. étrangers,* in-4°, t. XVIII.)

Méthode pour déterminer simultanément la latitude, la longitude, l'heure et l'azimuth par des passages observés dans deux verticaux. 1853. (*Mém. des sav. étrangers*, in-4°, t. XXV.)

Sur la direction et la grandeur des soulèvements qui ont affecté le sol de la Belgique. 1855. (*Mém. des membres*, t. XXIX.)

Considérations sur l'étude des petits mouvements des étoiles. 1871. (*Ibid*, t. XXXVIII.)

Résumé de quelques observations astronomiques et météorologiques faites dans la zone surtempérée et entre les tropiques. 1875. (*Mém.* in-8°, t. XXV.)

Bulletins (*1re série*).

Notice contenant les résultats de quelques expériences thermométriques et magnétiques faites dans la fosse n° 2 du charbonnage du couchant du Flénu. 1844. (T. XI, 2°, p. 283.)

Éléments et éphémérides de la comète découverte par M. D'Arrest. 1845. (T. XII, 1°, p. 107.)

Sur la dernière comète découverte à Rome (avril 1845). (T. XII, 1°, p. 309.)

Sur l'astronome Van Langren, extrait de notes bibliographiques. 1852. (T XIX, 3°, p. 497.)

Note sur les limites que, dans l'état actuel de nos connaissances, on peut assigner à la rotation d'Uranus. 1856. (T. XXIII, 1°, p. 351.)

(*2e série.*)

Note sur la détermination du rayon vecteur d'une planète nouvelle 1859. (T. VIII, p. 172.)

Méthode pour mesurer la parallaxe horizontale des astres. 1862. (T. XIII, p. 232.)

Lettre accompagnant la présentation de son mémoire intitulé : Considérations sur l'étude des petits mouvements des étoiles. 1865. (T. XX, p. 3.)

D'un moyen de mesurer directement la distance des centres du Soleil et de Vénus, pendant les passages de cette planète. 1871. (T. XXXII, p. 158.)

Du calcul rapide des phases lunaires, à l'usage des personnes qui s'occupent d'études historiques. 1872. (T. XXXIII, p. 197.)

Note additionnelle sur la mesure des distances de Vénus au Soleil, de centre en centre, pendant les passages de la planète. 1872. (T. XXXIII, p. 493.)

Note sur la tendance qu'affectent les grands axes des orbites cométaires à se diriger dans un sens donné. 1873. (T. XXXVI, p. 315.)

Fragments sur le calcul numérique : 1) de l'écriture des nombres et en particulier de l'erreur arithmétique ou d'abréviation; 2) opérations de l'arithmétique ; 3) résolution des équations numériques; 4) des approximations et des séries. 1875 et 1876. (T. XXXIX et t. XLI.)

Sur certains phénomènes énigmatiques de l'astronomie. 1878. (T. XLVI, p. 951.)

(3e série.)

Sur un moyen de mesurer la flexion des lunettes. 1881. (T. II, p. 284.)

Annuaire.

Notice sur Philippe-M.-G. Van der Maelen. Année 1873.

OUVRAGES NON PUBLIÉS PAR L'ACADÉMIE.

(Dans les *Mémoires et publications de la Société des sciences, des arts et des lettres du Hainaut, 2e série.*)

Note sur la géographie positive du Hainaut. 1854. (T. I.)

Sur l'origine et la signification du nom de Belges. 1855. (T. II.)

(Dans les *Annales de l'Observatoire de Bruxelles*, nouvelle série, *Annales astronomiques.*)

Uranométrie générale. — Répertoire des constantes de l'astronomie. 1878. (T. I.)

Passage de Vénus du 6 décembre 1882; exposé des résultats des observations faites aux stations belges à l'aide d'héliomètres à foyers inégaux. 1884. (T. V.)

(Dans les *Astronomische Nachrichten*, lors de leur publication à Altona.)

Sur la lumière zodiacale. 1844. (T. XXI, p. 183.)

D'un nouvel effet de l'aberration de la lumière particulier aux étoiles doubles qui possèdent un mouvement propre. 1844. (T. XXI p. 241.)

(Dans la *Patria Belgica*, dirigée par E. Van Bemmel.)

Climatologie et Météorologie. Part. I, chap. 1. 1873.

Ouvrages publiés séparément.

Des turbines, de leur construction, du calcul de leur puissance et de leur application à l'industrie. Bruxelles, 1839; in 8°.

Physique du globe et météorologie. Bruxelles, 1851; in-12. (Dans la collection: *Encyclopédie populaire*, éditée par A. Jamar.)

Règles de climatologie, ou exposé sommaire des notions que la science possède sur le cours des saisons et sur les variations du temps. Bruxelles, 1854; in-12. (*Ibid.*) — Traduit sous le titre Klima und Boden, Lehre von dem Wettergang, Veränderungen des Wetters und der Gestaltung der Erde. Leipzig, 1862; in-8°.

Essai d'une géographie physique de la Belgique, au point de vue de l'histoire et de la description du globe. Bruxelles, 1854; in-8°.

Histoire du sol de l'Europe. Bruxelles, 1857; in-8°.

La terreur blanche au Texas. Bruxelles, 1862; in-8°.

Études sur les facultés mentales des animaux comparées à celles de l'homme. Mons, 1872; 2 vol in-8°.

Mon passage à la Tribune de la Nouvelle-Orléans. In-8°.

Le ciel mis à la portée de tout le monde. Bruxelles, 1873; in-12. Nouveau tirage, 1882.

L'étude de la nature, ses charmes et ses dangers. Bruxelles, 1876; in-12. Réimprimé, 1883.

Atlas de toutes les étoiles visibles à l'œil nu. Mons, 1878; in-folio.

Catalogue des ouvrages d'astronomie et de météorologie qui se trouvent dans les principales bibliothèques de la Belgique. Bruxelles, 1878; in-8°. (Publié par l'Observatoire royal de Bruxelles.)

Vade-mecum de l'astronome; Bruxelles, 1882; in-8°. (Appendice à la nouvelle série des *Annales astronomiques* de l'Observatoire de Bruxelles.)

Annuaire populaire de Belgique. Mons, in-12; années 1885 et 1886.

Ouvrages publiés en commun avec M. A. Lancaster :

Traité élémentaire de météorologie. Mons, 1880, in-8°; 2e éd. 1883. (Dans la *Bibliothèque belge* de H. Manceaux.)

Bibliographie générale de l'astronomie, t. II, mémoires et notices insérés dans les collections académiques et les revues. Bruxelles, 1882, in-8°. T. I, ouvrages imprimés et manuscrits, sous presse.

Articles de revues :

De nombreuses contributions aux publications suivantes : *Revue trimestrielle*, 1853-1865; *Libre recherche*, 1855-1857; *Revue britannique* (édition belge), 1854-1859; *Revue de Belgique*, 1870-1872; *Annuaire de l'Observatoire royal de Bruxelles*, 1877-1883; *Ciel et Terre*, 1877-1886.

Articles dans la presse quotidienne :

Articles sur les applications scientifiques nouvelles et les découvertes, dans des journaux de Bruxelles, notamment dans l'*Émancipation,* 1839-1842, et dans le *National,* 1852-1857.

Les articles de fonds du journal *Tribune* de New-Orleans (États-Unis), pendant la lutte pour l'abolition de l'esclavage et l'extension des droits civils et politiques aux noirs et aux personnes de couleur, 1864-1868. — Ces articles, qui formeraient la matière d'une douzaine de volumes, moitié en anglais, moitié en français, discutent, sous leurs diverses faces, les questions variées que soulevaient l'émancipation et ses conséquences.

LE PAIGE (Constantin-Marie-Michel-Hubert-Jérôme), domicilié à Liége, rue des Anges, 21; né à Liége, le 9 mars 1852; docteur en sciences physiques et mathématiques; professeur ordinaire à l'Université de Liége; élu correspondant de l'Académie le 15 décembre 1885.

PUBLICATIONS ACADÉMIQUES.

Mémoires.

Mémoire sur les courbes du troisième ordre (en collaboration avec F. Folie). (*Mém. des membres*, T. XLIII et t. XLV.)

Mémoire sur quelques applications de la théorie des formes algébriques à la géométrie. (*Mém. des sav. ét.*, in-4°, t. XLII.)

Bulletins (*2e série*).

Note sur l'équation $xy'' + ky' - y = 0$. (T. XLI.)

Relation nouvelle entre les nombres de Bernoulli. (*Ibid.*)

Note sur la transformation des coordonnées dans la géométrie analytique de l'espace. (T. XLII.)

Sur quelques points de géométrie supérieure. (T. XLIV.)

Sur quelques propriétés de l'invariant quadratique simultané de deux formes binaires. (*Ibid.*)

Sur l'extension des théories de l'involution et de l'homographie. (*Ibid.*)

Sur quelques théorèmes de géométrie supérieure. (T. XLV.)

Sur les points multiples des involutions supérieures. (T. XLVI.)

Sur certains covariants d'un système cubo-biquadratique. (*Ibid.*)

Sur quelques théorèmes relatifs aux surfaces d'ordre supérieur. (T. XLVIII.)

Note sur certains combinants des formes algébriques binaires. (*Ibid.*)

Note sur certains covariants des formes algébriques binaires. (T. XLIX.)

Sur la représentation géométrique des covariants d'une forme biquadratique. (T. L.)

(*3e série.*)

Sur la théorie des polaires. (T. I.)

Note sur certains covariants. (*Ibid.*)

Notes sur les courbes du troisième ordre. (*Ibid.*)

Sur la théorie des formes binaires à plusieurs séries de variables. (T. II.)

Sur une représentation géométrique de deux transformations uniformes. (T. III.)

Sur les courbes du troisième ordre. (T. IV.)

Sur quelques transformations géométriques uniformes. (*Ibid.*)

Note sur l'homographie du troisième ordre. (T. V.)
Sur les surfaces du second ordre. (*Ibid.*)
Sur la génération de certaines surfaces par des faisceaux quadrilinéaires. (T. VIII.)
Sur la forme quadrilinéaire et les surfaces du troisième ordre. (*Ibid.*)

OUVRAGES NON PUBLIÉS PAR L'ACADÉMIE.

(*Comptes rendus de l'Académie des sciences de Paris.*)

Note sur les nombres de Bernoulli. (T. LXXXI.)
Sur le développement de cotg. x. (T. LXXXVIII.)
Sur l'élimination. (T. XC.)
Sur l'invariant du dix-huitième ordre des formes binaires du cinquième ordre. (T. XCII.)
Sur le déterminant fonctionnel d'un nombre quelconque de formes linéaires. (*Ibid.*)
Sur les formes trilinéaires. (Quatre notes, t. XCII et XCIII.)
Sur les formes algébriques à plusieurs séries de variables. (T. XCIV.)
Sur les formes quadratiques à deux séries de variables. (*Ibid.*)
Sur les surfaces du troisième ordre. (T. XCVII.)
Sur les involutions biquadratiques. (t. XCVIII.)
Sur les courbes du quatrième ordre. (*Ibid.*)
Sur les groupes de points en involution marqués sur une surface. (T. XCIX.)

(*Sitzungsber. der k. Akademie der Wissenschaften in Wien.*)

Ueber eine Relation zwischen den singulären Elementen cubischer Involutionen. (T. LXXXI.)
Bemerkungen ueber cubische Involutionen. (Deux notes, t. LXXXI et LXXXIII.)

Ueber conjugirte Involutionen. (Deux notes, t. LXXXIV et LXXXV.)
Notiz ueber die $2k$ — elementige neutrale Grupp einer Involution ($k+1$) ter Stufe und ($2k+1$) ten Grades. (LXXXVI.)
Ueber eine Eigenschaft der Flächen zweiten Grades. (LXXXVII.)
Ueber die Hesse'sche Fläche einer Fläche dritter Ordnung. (XCI.)

(*Atti dell' Accademia Pontificia de' Nuovi Lincei.*)

Sur les formes trilinéaires. (T. XXXV.)
Sur le système de deux formes trilinéaires. (*Ibid.*)
Sur quelques théorèmes de géométrie supérieure (T. XXXVI.)

(*Atti della R. Accademia di Torino.*)

Sur la forme quadrilinéaire.

(*Journal des sc. math. et natur. de l'Ac. roy. de Lisbonne.*)

Sur les formes binaires à plusieurs séries de variables.

(*Sitzungsber. der k. Böhmische Gesell. der Wiss.*)

Sur les déterminants hémisymétriques d'ordre pair. (Année 1880.)
Note sur l'involution biquadratique du troisième rang et sur son application aux courbes du quatrième ordre. (Année 1881.)
Sur une propriété des cubiques planes. (Année 1882.)
Sur une courbe de la quatrième classe à trois tangentes doubles. (Année 1884.)

Mémoires de la Société royale des sciences de Liége. (2e série.)

Notes d'analyses et de géométrie. (t. IX.)
Sur quelques points de la théorie des formes algébriques. (*Ibid.*)
Essais de géométrie supérieure du troisième ordre. (t. X.)
Sur l'involution cubique. (T. XI.)

(*Annales de la Société scientifique de Bruxelles.*)

Sur les nombres de Bernoulli et sur quelques fonctions qui s'y rattachent. (T. I.)
Notes sur certaines équations différentielles. (*Ibid.*)
Note sur l'involution des ordres supérieurs. (T. II.)
Sur quelques questions relatives aux quartiques planes. (T. VIII.)

(*Bulletin de la Société mathématiques de France.*)

Sur les déterminants bordés. (T. VIII.)
Sur la règle de multiplication des déterminants. (T. IX.)

(*Journaux de mathématiques.*)

Note sur l'Essai pour les coniques. (*Nouv. corresp. math.*, t. II.)
Remarque sur une note de M. Glaisher. (*Ibid.*)
Sur l'enveloppe d'un cylindre de révolution. (*Ibid.*)
Sur une équation aux différences finies. (*Ibid.*)
Sur l'équation $y'' + \frac{m}{z} y' + xy = 0$. (T. III.)
Note sur une équation aux différences finies. (*Ibid.*)
Sur la multiplication des déterminants. (T. III et t. V.)
Sur les nombres de Bernoulli et d'Euler. (T. III.)
Sur l'équation $\sum_0^2 (a_i + b_i x + c_i x^2) \frac{d^i y}{dx^i} = 0$. (*Ibid.*)
Sur une transformation de déterminants. (T. IV.)
Sur un théorème de M. Mansion. (T. IV.)
Sur un théorème de M. Catalan. (*Ibid.*)
Sur une propriété des déterminants hémisymétriques d'ordre pair. (T. VI.)
Sur quelques propriétés des déterminants. (*Ibid.*)
Sur une propriété des formes algébriques préparées (*Math. Annalen*, t. XV.)

Note sur la théorie des polaires dans les courbes géométriques. (*Journal de la Société math. de Prague*, t. X.)
Sur l'équation du quatrième degré. (*Ibid.*, t. XIV.)
Homographies et involutions des ordres supérieurs. (*Journal de mathématiques de Coïmbre*, t. V.)
Sur les surfaces du troisième ordre. (*Acta mathematica*, t. III.)
Nouvelles recherches sur les surfaces du troisième ordre. (*Ibid.*, t. V.)
Correspondance inédite de René-François de Sluse, publiée pour la première fois et précédée d'une introduction. (*Bulletino di Bibliografia e di Storia delle scienze matematiche e fisiche*, t. XVII.)

LIAGRE (Jean-Baptiste-Joseph), G. O. ✠; domicilié à Ixelles, rue Caroly, 23; né à Tournai le 18 février 1815; officier du Génie; professeur; examinateur permanent; directeur des études et commandant de l'École militaire. — Ancien Ministre de la guerre. — Lieutenant-général en retraite — Président de la Commission centrale de statistique. — Élu correspondant de l'Académie le 15 décembre 1850; membre, le 15 décembre 1853; directeur de la Classe des sciences et président de l'Académie en 1861; élu secrétaire perpétuel le 5 mai 1874.

PUBLICATIONS ACADÉMIQUES.

Mémoires.

Mémoire sur les corrections de la lunette méridienne. 1845. (*Mém. des sav. étrang.*, in-4°, t. XVIII.)
Mémoire sur la détermination de l'heure, de la latitude et de l'azimut. 1850. (*Ibid.*, t. XXIII.)

Méthode particulière pour déterminer la collimation. 1848-1850. (*Mém. des sav. étrang.*, in-4°, t. XVIII.)

Problème des crépuscules. 1857. (*Mém. des memb.*, t. XXX.)

De l'influence des phases lunaires sur la pression atmosphérique. 1857. (*Ibid.*)

Recherches sur les pensions militaires. 1859. (*Mém.* in-8°, t. IX.)

Des institutions de prévoyance en général et des assurances sur la vie en particulier. 1862. (*Ibid.*, t. XIII.)

Bulletins. (*1re série.*)

Note sur les oscillations du niveau à bulle d'air. 1844. (T. XI, 2°, p. 274.)

Note sur une méthode propre à faire trouver la collimation d'une lunette méridienne. 1848. (T. XV, 2°, p. 476.)

Note sur les foyers des sections coniques. 1850. (T. XVII, 1°, p. 134.)

Note sur la valeur probable d'un côté géodésique commun à deux triangulations. 1852. (T. XIX, 1°, p. 513.)

Sur la loi de répartition des hauteurs barométriques par rapport à la hauteur moyenne. 1852. (*Ibid.*, 2°, p 502.)

Sur la mesure des distances observées au moyen de la stadia. 1853. (T. XX, 1°, p. 324.)

Sur l'erreur probable d'un passage observé à la lunette méridienne de l'Observatoire royal de Bruxelles. 1853. (*Ibid.*, 2°, p. 303.)

Mémoire sur l'organisation des caisses de veuves. 1853. (*Ibid.*, 3°, p. 21 et *Annexe.*)

Études expérimentales sur la stadia nivelante. 1854. (T. XXI, 2°, p. 162.)

Méthode pour déterminer la latitude, etc. 1854. (*Ibid.*, 2°, p. 658.)

Mémoire sur la probabilité de l'existence d'une cause d'erreur régulière dans une série d'observations. 1855. (T. XXII, 2°, p. 15.)

Sur l'aberration diurne en azimut et en hauteur. 1855. (*Ibid.*, 2°, p. 87.)

(2e série.)

Sur la mesure de précision des observations méridiennes faites à l'Observatoire royal de Bruxelles. 1857. (T. III, p. 330.)

Sur les mouvements propres du soleil et des étoiles. 1859. (T. VIII, p. 158.)

Discours sur la pluralité des mondes, prononcé à la séance publique du 17 décembre 1859 de la Classe des sciences. (*Ibid.*, p. 383.)

Discours sur la structure de l'univers, prononcé à la séance publique du 16 décembre 1861, comme directeur de la Classe des sciences. (T. XII, p. 379.)

Sur la vitesse de la lumière, son aberration et son absorption. 1862. (T. XIII, p. 10.)

Annuaire.

Notice nécrologique sur M. Brasseur. Année 1869.

Notice nécrologique sur le général Nerenburger. Année 1871.

Notice nécrologique sur le colonel Adan. Année 1883.

OUVRAGES NON PUBLIÉS PAR L'ACADÉMIE.

Des comètes. 1843. (*Trésor historique.*)

Éléments de géométrie et de topographie. 1850. 3 vol. in-16.

Même ouvrage, 2e édition. 1852.

Calcul des probabilités et théorie des erreurs. 1852. 1 vol. in-8°.

Même ouvrage, 2e édition. 1879.

Encyclopédie du XIXe siècle. (Articles divers.)

Les sciences géographiques. (*Bull. de la Soc. belge de géographie.* 1877.)

Cosmographie stellaire. (*Bull. de la Soc. royale belge de géographie.* 1883.)

Même ouvrage, 2e édition, in-16. 1884.

Les marées. *Bull. de la Soc. royale belge de géographie.* (1884.)

MAILLY (Nicolas-Édouard), O. ✠, domicilié à St-Josse-ten-Noode, rue St-Alphonse, 31 ; né à Bruxelles le 17 juin 1810; reçu docteur en sciences physiques et mathématiques à l'Université de Liège le 3 août 1831 ; ancien aide à l'Observatoire royal de Bruxelles; professeur honoraire à l'École militaire ; élu correspondant de l'Académie le 16 décembre 1867; membre, le 15 décembre 1876; directeur de la Classe des sciences en 1886.

PUBLICATIONS ACADÉMIQUES

Mémoires.

Sur les marées en différents points des côtes de Belgique. 1838; 24 pp. et 2 pl. (*Nouveaux Mémoires* in-4°, t. XI.)

Tableau de l'astronomie dans l'hémisphère austral et dans l'Inde. 1872; 236 pp. (*Mém.* in-8°, t. XXIII.)

Études pour servir a l'histoire des sciences et des lettres en Belgique pendant la seconde moitié du XVIIIe siècle : Préliminaires. — Du projet qu'on avait formé en 1786 de créer une chaire à l'Université de Louvain pour l'astronome de Zach et d'y ériger un Observatoire. 1876; 16 pp. (*Mém.* in-8°, t. XXVII.) — Le discours préliminaire placé en tête des Mémoires de l'Académie impériale et royale de Bruxelles. Le premier secrétaire de l'Académie, Gerard. 1876; 18 pp. (*Ibid.*) Notice sur Rombaut Bournons, membre de l'Académie. 1876 ; 32 pp. (*Ibid.*) — Sur le dessein qu'on avait formé en 1760 de faire l'acquisition du naturaliste Michel Adanson et de son cabinet pour l'Université de Louvain. 1879; 20 pp. (*Ibid.*, t. XXIX.) — Notice sur Jean-Baptiste de Beunie, membre de l'Académie. 1880; 22 pp. (*Ibid.*, t. XXXI.) — Notice sur Théodoric-Pierre Caels, membre de l'Académie. 1880; 16 pp. (*Ibid.*)

Les origines du Conservatoire royal de musique de Bruxelles. 1878; II et 124 pp. (*Mém.* in-8°, t. XXX.)

Histoire de l'Académie impériale et royale des sciences et belles-lettres de Bruxelles. 1882, t. I, de II et 720 pp.; t. II, de 428 pp. (*Ibid.*, t. XXXIV et XXXV.)

Bulletins. (*1re série.*)

Sur l'éclipse annulaire de soleil du 9 octobre 1847. 1846; 16 pp. (T. XIII, 1re partie.)

Sur une méthode donnée dans les Mémoires de l'Académie royale de Belgique, pour déterminer la collimation d'une lunette méridienne. 1848; 13 pp. (T. XV, 2e partie.)

(*2e série.*)

Rapports sur les relevés de tremblements de terre de M. Alexis Perrey. 1871, 1873 et 1874. (T. XXXII, XXXV, XXXVI et XXXVIII.)

Discours prononcé aux funérailles de M. Adolphe Quetelet. 1874; 7 pp. (T. XXXVII.)

Rapport sur le mémoire de M. Terby concernant l'aspect physique de la planète Mars. 1874. (T. XXXVIII.)

ADOLPHE QUETELET. Biographie lue en séance publique de la Classe des sciences de l'Académie royale de Belgique, le 16 décembre 1874. 29 pp. (T. XXXVIII.)

Rapport sur une note de M. Van Rysselberghe sur les oscillations du littoral belge. 1878. (T. XLV.) — Supplément au rapport précédent. 1878. (*Ibid.*)

Discours prononcé aux funérailles de M. Ernest Quetelet. 1878; 4 pp. (T. XLVI.)

Sur une partition autographe de Berton. — Sur l'opportunité de mettre au concours l'histoire de la musique à Bruxelles de 1794 à 1814 et de 1814 à 1830. 1880; 3 pp. (T. XLIX.)

(3e série.)

Sur quelques mémoires concernant les comtes de Hainaut et le royaume de Lotharingie, présentés au concours de l'Académie impériale et royale des sciences et belles-lettres de Bruxelles. 1882; 6 pp. (T. III.)

Sur quelques DESIDERATA de l'histoire de l'art en Belgique. 1883; 3 pp. (T. VI.)

Rapport sur les observations des étoiles filantes périodiques faites à Louvain, en 1882 et 1883, par M. Terby. 1883. (T. VI.)

Annuaire.

Essai sur la vie et les ouvrages de L.-A.-J. Quetelet. Année 1875; 194 pp.

Notice nécrologique sur Richard Van Rees. Année 1877; 24 pp.

Notice nécrologique sur Ernest Quetelet. Année 1880; 50 pp.

Centième anniversaire de fondation.

De l'astronomie dans l'Académie royale de Belgique. Rapport séculaire (1772-1872). 1872; 208 pp. (T. II.)

OUVRAGES NON PUBLIÉS PAR L'ACADÉMIE.

Collaboration aux Annales, aux Annuaires et à l'Almanach séculaire de l'Observatoire royal de Bruxelles. (1833-1870.)

Collaboration à la Correspondance mathématique et physique, publiée par A. Quetelet. 1838 et 1839. (T. X et XI.)

Constantes pour Bruxelles (Observatoire royal). 9 pp. (*Annuaire de l'Observatoire* de 1840.)

Notice sur les accroissements que le système solaire a reçus depuis l'année 1843. 30 pp. (*Annuaire* de 1853.)

Notice historique sur les satellites des planètes. 23 pp. (*Annuaire de l'Observatoire* de 1854.)

Traduit en italien dans l'*Annuaire de l'Observatoire de Naples* pour 1857.

Sur la population de la Belgique, d'après le recensement de 1856; 12 pp. (*Annuaire* de 1858.)

Relation d'un voyage fait en Sicile et dans le midi de l'Italie, pendant les mois de mai et de juin 1858; 72 pp. (*Annuaire* de 1859.)

Traduit en allemand dans le *Wochenschrift für Astronomie, Meteorologie und Geographie,* année 1860.

Sur la population de la terre, d'après M. Dieterici; 12 pp. (*Annuaire* de 1859.)

Traduit en italien dans l'*Annuaire du Musée royal de physique et d'histoire naturelle de Florence* pour 1860.

Précis de l'histoire de l'astronomie aux États-Unis d'Amérique; 88 pp. (*Annuaire* de 1860.)

Reproduit dans le journal l'*Institut* et traduit en italien dans la *Correspondenza scientifica* de Rome.

Essai sur les institutions scientifiques de la Grande-Bretagne et de l'Irlande. 1867, in-12 de 632 pp.

Les différents chapitres de cet ouvrage avaient paru successivement dans l'*Annuaire de l'Observatoire,* de 1861 à 1867. Plusieurs avaient été reproduits en 1864 et 1865 dans la *Revue britannique* à Paris. Le chapitre relatif à l'*Institution royale de la Grande-Bretagne* a été traduit en anglais (dans l'*Annual Report of the Board of Regents* de la *Smithsonian Institution;* Washington, 1868.

L'Espagne scientifique; 110 pp. (*Annuaire* de 1868.)

Reproduit en grande partie dans les *Archiv der Mathematik und Physik* de Grunert. Greifswald, 1868.

Sur la population de la Belgique, d'après le recensement de 1866; 15 pp. (*Annuaire* de 1871.)

Sur la population de la terre; 26 pp. (*Annuaire de l'Observatoire* de 1873.)

Frédéric Argelander. Notice biographique, traduite de l'allemand, de Schönfeld. Avec une introduction du traducteur; 44 pp. (*Annuaire* de 1876.)

Théorie complète du calendrier, avec dix tables; 55 pp. (*Almanach séculaire*, publié en 1854.)

Catalogue des collections du Musée de l'Industrie. 1846; in-8° de 248 pp.

Principes de la science du calcul (arithmétique et algèbre). 1850; in-12 de 230 pp., avec deux portraits, publié dans l'*Encyclopédie populaire* de Jamar.

Sur la théorie des probabilités et ses applications aux sciences physiques et sociales, par sir John F.-W. Herschel.

Traduit de l'anglais et placé en tête de la *Physique sociale* de M. Ad. Quetelet. 1869; in-8° de 89 pp.

MALAISE (Constantin-Henri-Gérard-Louis), ✠, domicilié à Gembloux; né à Liége le 11 novembre 1834; docteur en sciences naturelles; répétiteur de minéralogie et de géologie à l'École des mines, des arts et manufactures annexée à l'Université de Liége, du 11 mai 1858 au 30 octobre 1860; professeur d'histoire naturelle [1] à l'Institut agricole de l'État à Gembloux, depuis le 30 octobre 1860; élu correspondant de l'Académie le 15 décembre 1865; membre, le 15 décembre 1873.

[1] Botanique, zoologie, minéralogie et géologie.

PUBLICATIONS ACADÉMIQUES.

Mémoires.

Description du terrain silurien du centre de la Belgique. 1873. Mémoire couronné. (*Mém. des sav. étr.*, in-4°, t. XXXVII.)

Bulletins. (*2e série.*)

Sur quelques ossements humains fossiles et sur quelques silex taillés. 1860. (T. X.)

De l'âge des phyllades fossilifères de Grand-Manil. 1862. (T. XIII.)

Sur l'existence en Belgique de nouveaux gîtes fossilifères à faune silurienne. 1864. (T. XVIII.)

Sur le terrain crétacé de Lonzée. 1864. (*Ibid.*)

Sur quelques fossiles du massif silurien du Brabant. 1865. (T. XX.)

Sur les silex ouvrés de Spiennes. 1866. (T. XXI.)

Sur des corps organisés trouvés dans le terrain ardennais de Dumont. 1866. (*Ibid.*)

Sur des silex taillés. (Extrait d'une communication de M. le Dr Cloquet.) 1866. (T. XXII.)

Sur les rhizomes verticaux du *Phragmites communis*, Trinius. 1867. (T. XXIV.)

Rapport : Sur l'âge des silex ouvrés de Spiennes, par MM. F. Cornet et A. Briart. (Tiré à part sous le titre : Notice additionnelle sur les silex ouvrés de Spiennes.) 1868. (T. XXV.)

Observations sur le terrain silurien de l'Ardenne (en collaboration avec M. J. Gosselet, professeur à la Faculté des sciences de Lille). 1868. (T. XXVI.)

Note sur des roches usées avec cannelures de la vallée de la Grande-Gette. 1869. (T. XXVII.)

Sur l'âge de quelques couches du terrain ardennais des environs de Spa. 1874. (T. XXXVI.)

Sur quelques roches porphyriques de Belgique. 1874. (T. XXXVII.)

Sur la découverte du *Dictyonema sociale*, Salt, de la faune primordiale dans le massif de Rocroy. 1874. (T. XXXVIII.)

Rapport sur un mémoire envoyé au concours de la Classe des sciences de 1874, en réponse à la question suivante : Faire connaître, notamment au point de vue de leur composition, les roches plutoniennes, ou considérées comme telles, de la Belgique et de l'Ardenne française. 1874. (*Ibid.*)

Rapport : Sur les tremblements de terre en 1872, par M. Perrey. 1875. (T. XL.)

Rapport : Sur les dépôts rapportés par Dumont à l'étage quartzo-schisteux inférieur du système eifelien, avec quelques observations sur les affleurements quartzo-schisteux de Wihéries et de Montignies-sur-Rocq, par M. Mourlon. 1876. (T. XLI.)

Rapport sur : Quelques réflexions sur le calcaire eifelien, par M. J. Gosselet. 1876. (*Ibid.*)

Rapport sur le Complément du Mémoire couronné de MM. de la Vallée-Poussin et Renard sur les roches plutoniennes de la Belgique. 1876. (*Ibid.*)

Rapport : Sur la structure et la composition du coticule et sur ses rapports avec le phyllade oligistifère, par M. A. Renard. 1876. (T. XLII.)

Rapport : Sur l'étage devonien des psammites du Condroz, dans la vallée de la Meuse, entre Lustin et Hermeton-sur-Meuse, par M. Mourlon. 1876. (*Ibid.*)

Rapport sur : Revision de la flore heersienne de Gelinden, mémoire accompagné de 16 planches, in-4°, par MM. le comte de Saporta et Marion. 1877. (T. XLIII.)

Rapport sur : Recherches sur les minéraux belges, quatrième notice : Sur la Kaolinite (Pholérite) de Quenast et du terrain houiller, par M. Lucien de Koninck. 1877. (T. XLIV.)

Sur la découverte de l'apatite cristallisée à Salm-Château ; extrait d'une lettre de M. F. Pisani. 1877. (*Ibid.*)

Découverte de Brachiopodes du genre *Lingula* dans le cambrien du massif de Stavelot. 1878. (T. XLVI.)

Rapport sur : La diabase de Challes, près de Stavelot, par M. Renard. 1878. (T. XLVI.)

Rapport sur : Sixième notice sur les minéraux belges, par M. Lucien de Koninck. 1878. (*Ibid.*)

Sur une espèce nouvelle pour la Belgique : l'Arsénopyrite ou Mispickel. 1878. (*Ibid.*)

Sur l'Arsénopyrite ou Mispickel et sur l'eau arsenicale de Court-Saint-Étienne. 1879. (T. XLVII.)

Rapport : Sur les minéraux belges (huitième et neuvième notices), par M. Lucien de Koninck. 1879. (*Ibid.*)

Rapport : Sur les caractères distinctifs de la dolomite et de la calcite dans les roches calcaires et dolomitiques du calcaire carbonifère de Belgique, par M. Renard. 1879. (*Ibid.*)

Rapport : Sur la diorite quartzifère du Champ-Saint-Veron (Lembecq), par MM. de la Vallée-Poussin et A. Renard. 1879. (T. XLVIII.)

(*3e série.*)

Rapport : Sur les porphyroïdes fossilifères rencontrées dans le Brabant, par M. Ch. de la Vallée Poussin. 1881. (T. I.)

Rapport : Sur la monazite des carrières de Nil-Saint-Vincent, par M. Renard. 1881. (T. II.)

Rapport : Sur la substance micacée de Nil-St-Vincent, par M. Renard. 1881. (*Ibid.*)

Documents paléontologiques relatifs au terrain cambrien de l'Ardenne. — I. Sur le *Dictyonema sociale*, Salt. et Pl. 1881. (*Ibid.*)

Rapport : Sur le zircone de Nil-Saint-Vincent, par M. A. Renard. 1882. (T. III.)

Sur la découverte de l'*Oldhamia radiata*, Forbes, dans les terrains anciens du Brabant. 1882. (T. IV.)

Sur un nouveau gisement de l'*Oldhamia radiata*, Forbes, dans le Brabant. 1883. (T. V.)

Étude sur les terrains silurien et cambrien de la Belgique. — Sur la constitution du massif silurien du Brabant. 1883. (*Ibid.*)

Annuaire.

Notice sur la vie et les travaux de E.-L.-G. Coemans, membre de l'Académie. Année 1872.

OUVRAGES NON PUBLIÉS PAR L'ACADÉMIE.

Mémoire sur les découvertes paléontologiques faites en Belgique. (Mémoire couronné par la Société libre d'Émulation de Liège au concours de 1858.) Liège, 1860; in-8°.

L'homme fossile. Aperçu des principales découvertes qui tendent à prouver son existence. (Extrait de la *Revue populaire des sciences.*) Bruxelles, 1863; in-8°.

Quelques observations à propos de la Passerine, *Stellera passerina*, L. (*Bull. de la Société royale de botanique de Belgique*, t. III.) Bruxelles, 1865; in-8°.

Utilité de l'étude de la botanique. (*Causeries populaires*, publiées par Mme la baronne de Crombrugghe.) 1865; in-8°.

Notice bibliographique sur la flore fossile du terrain crétacé du Hainaut, par E. Coemans. (*Bull. de la Soc. royale de botanique de Belgique*, t. VI.) Bruxelles, 1867; in-8°.

Catalogue des roches et des produits minéraux du sol de la Belgique (collection qui a figuré à l'Exposition universelle de Paris de 1867), en collaboration avec M. J. Van Scherpenzeel-Thim, ingénieur principal au corps des mines. (Extrait du *Catalogue* des produits industriels et des œuvres d'art de la Belgique, à l'Exposition universelle de Paris en 1867. Bruxelles, 1867; in-12.)

Programme des cours d'histoire naturelle de l'Institut agricole de l'État. (*Bulletin de l'Institut agricole de l'État à Gembloux.*) Bruxelles. 1868; in-8°.

Rapport adressé à M. le Ministre de l'Intérieur sur les domaines de Gospinal et de Coq-en-Fange, lez-Spa. (*Ibid.*)

Notice sur la carte géologique agricole ou agronomique de Belgique et sur les terrains agricoles. (*Ibid.*)

Excursion annuelle de la Société malacologique de Belgique. Rapport sur l'excursion dans les environs de Virton. (*Annales de la Société malacologique de Belgique*, t. VII.) Bruxelles, 1872; in-8°.

Note sur la description du terrain silurien du centre de la Belgique. (*Ibid.*, t. VIII.) Bruxelles, 1873; in-8°.

La Belgique agricole dans ses rapports avec la Belgique minérale, ornée d'une carte agricole de la Belgique chromolithographiée. (Extrait de la *Statistique de Belgique*. Agriculture. Recensement général du 31 décembre 1866.) Bruxelles, 1873; in-4°.

Manuel de minéralogie pratique. (Ouvrage couronné par la Société des sciences, des arts et des lettres du Hainaut.) Mons, 1873; in-12.

Géographie agricole. (*Patria Belgica*. Première partie. Belgique physique.) Bruxelles. 1873; in-8°.

Carte agricole de la Belgique, 2e édition. Cette carte a obtenu des médailles aux Expositions universelles de Paris en 1867 (manuscrite) et de Vienne en 1873. (*Annuaire statistique de la Belgique*, quatrième année.) Bruxelles, 1873.

Rapport sur une excursion scientifique en Allemagne et à l'Exposition universelle de Vienne en 1873. (Exposition universelle de Vienne. 1873. *Documents et rapports des jurés et délégués belges*. 1er groupe : *Géologie*.) Bruxelles, 1874; in-8°.

Excursion géologique et botanique de la Société royale Linnéenne, de Gembloux à Onoz et Bovesse, et de Namur à Dave. Bruxelles, 1875.

Observations à propos des fossiles cambriens de l'Ardenne (*Ann. de la Société géologique de la Belgique*, t. IV). Liège, 1877.

La Paléontologie végétale de la Belgique. Bruxelles, 1877.

Conférence sur la géographie agricole de la Belgique. (Ministère de la Guerre. Communication de l'Institut cartographique militaire.) Bruxelles, 1879.

Sur des *Lingula* trouvées à Lierneux dans le cambrien de l'Ardenne. (*Annales de la Société géologique de Belgique*, t. V.) Liège, 1878.

Description de gîtes fossilifères devoniens et d'affleurements du terrain crétacé. (Commission de la carte géologique de la Belgique.) In-4° et carte au $^1/_{160,000}$. Bruxelles, 1879.

Manuel de minéralogie pratique, 2e édition, revue et considérablement augmentée. Mons, H. Manceaux ; 1881.

Excursion annuelle de la Société malacologique de Belgique aux environs de Rochefort, Naninne et Dave, des 11 et 12 septembre 1881. (*Mémoires de la Société royale malacologique de Belgique*, t. XVI). Bruxelles, 1884.

Simples causeries sur la botanique. Bibliothèque Gilon. Verviers, 1882 ; in-12.

Sur la constitution de l'ancien massif ardoisier du Brabant. (*Ann. de la Société géologique de Belgique*, t. X.) Liège, 1882-1883.

MANSION (PAUL), ✠, domicilié à Gand, quai des Dominicains, 6 ; né à Marchin-lez-Huy le 3 juin 1844 ; répétiteur d'algèbre, de géométrie analytique et de géométrie descriptive à l'école du Génie civil de Gand (1865-1867) ; docteur en sciences physiques et mathématiques (1867) ; docteur spécial en sciences mathématiques (1870) ; professeur d'analyse infinitésimale, d'algèbre et d'histoire des mathématiques à l'Université de Gand (chargé de cours en 1867, professeur extraordinaire en 1870, ordinaire en 1874) ; correspondant de la Société royale des sciences de Liège (1875) ; membre honoraire étranger de la *Wiskundig Genootschaap* d'Amsterdam (1879) ; élu correspondant de l'Académie le 15 décembre 1882.

PUBLICATIONS ACADÉMIQUES.

Mémoires.

Sur le problème des partis. 1868; 13 pp. (*Mém.* in-8°, t. XXI.)

Note sur la première méthode de Brisson pour l'intégration des équations linéaires aux différences finies ou infiniment petites. 1870; 32 pp. (*Ibid.* t. XXII.)

Mémoire sur la théorie des équations aux dérivées partielles du premier ordre. 1875; XVI-289 pp. (*Ibid.* t. XXV.)

Sur un point de la théorie des séries de Fourier. 1883; 20 pp. (*Mém. des membres,* in-4°, t. XLV.)

Bulletins. (*2e série.*)

Note sur les solutions singulières des équations différentielles du premier ordre. 1872; pp. 149-169. (T. XXXIV.)

Note sur les transformations arguesiennes de M. Saltel. 1873; pp. 625-633. (T. XXXVI.)

Démonstration de la propriété fondamentale des équations différentielles linéaires. 1874; pp. 580-585. (T. XXXVIII.)

Note sur les équations différentielles homogènes et sur l'équation de Clairaut. 1877; pp. 169-186. (T. XLIII.)

Note sur une équation différentielle de Jacobi. 1877; pp. 195-220. (T. XLIV.)

Démonstration d'un théorème relatif à un déterminant remarquable. 1878; pp. 892-899. (T. XLVI.)

Sur l'élimination. 1878-79; t. XLVI, pp. 899-908; t. XLVII. pp. 532-541; t. XLVIII, pp. 463-490.

Théorie a posteriori de l'élimination entre deux équations quelconques. 1879; pp. 491-526. (T. XLVIII.)

(*3e série.*)

Principe fondamental relatif au contact de deux surfaces qui ont une génératrice commune. 1882; pp. 753-759. (T. III.)

Sur la théorie des fonctions elliptiques. 1884; pp. 180-182. (T. VIII.)

Sur le reste de la formule de Taylor et sur le binôme 1884; pp. 183-185. (T. VIII.)

Note sur la méthode des moindres carrés. 1885; pp. 9-14. (T. IX.)

Note sur une forme du reste dans la formule de Taylor et dans celle de M. Ch. Lagrange. 1885, pp. 846-000. (T. X.)

Détermination du reste dans la formule de quadrature de Gauss. 1886; p. 293-307. (T. XI.)

Rapports : t. VI, pp. 823-832; t. VIII, pp. 165-172, 176-177, 317-322, 712-713; t. IX, pp. 324-326, 525-528; t. X, pp. 550-558.

OUVRAGE SPÉCIAL PUBLIÉ PAR L'ACADÉMIE.

Tables de logarithmes à 12 décimales jusqu'à 434 milliards, avec preuves, par A. Namur, précédées d'une introduction théorique et d'une notice à l'usage des tables, par P. Mansion. Bruxelles, Hayez; Paris, Gauthier-Villars, 1877, brochure in-8° de 26-XIV pages, avec 10 pages de tables.

OUVRAGES NON PUBLIÉS PAR L'ACADÉMIE.

(*Revue de l'instruction publique en Belgique.*)

Sur le théorème d'addition des fonctions elliptiques. 1869, pp. 393-396. (T. XI.)

Sur le premier livre de la Géométrie de Legendre, à propos de quelques traités récents. 1871, pp. 317-557. (T. XIII.)

Sur la simplification de l'enseignement de la géométrie par l'emploi de la méthode des limites. 1872, pp. 57-68. (T. XV.)

Analyse critique des ouvrages de MM. Serret, Brasseur, Catalan, Gilbert sur l'analyse infinitésimale. 1869-73; t. XI, pp. 261-218; t. XII, pp. 57-58; t. XV, pp. 193-200.

Analyse critique des écrits sur la théorie des déterminants, de Reidt, Dölp, Hesse, Studnička, Hattendorff, Dickmann, Dostor et Günther. 1875, t. XVIII, pp. 441-443; 1876, t. XIX, pp. 326-332; 1878, t. XXI, pp. 123-129.

Compte rendu de la théorie mécanique de la chaleur de Hirn. 1877, pp. 62-72. (T. XX.)

Examen critique du livre de M. Pirmez sur l'unité des forces de gravitation et d'inertie. 1882, pp. 126-140. (T. XXV.)

Comptes rendus divers.

(*Nouvelle Correspondance mathématique.*)

Démonstration d'un théorème de Liouville. 1874, pp. 19-24. (T. I.)

Sur certaines courbes quarrables algébriquement. 1874, pp. 48-53. (T. I.)

Théorie analytique des transformations linéaires. 1874-76, t. I, pp. 54-61; t. II, pp. 15-22, 41-49; t. III, pp. 14-20; t. IV, pp. 257-261, 313-318.

Sur les carrés magiques. 1876, pp. 161-164, 193-201. (T. II.)

Sur les courbes unicursales considérées comme des cissoïdes. 1876, pp. 321-328, 404. (T. II.)

Résolution d'un système de n équations à n inconnues dont une est du second degré, tandis que les autres sont linéaires. 1877, pp. 376-381. (T. III.)

Démonstration élémentaire de la formule de Stirling, d'après J.-W.-L. Glaisher. 1879, pp. 44-51. (T. V.)

Remarques sur les théorèmes arithmétiques de Fermat. 1879, pp. 88-91, 122-125. (T. V.)

Dérivées des fonctions élémentaires d'une variable imaginaire. 1880, pp. 358-364, 385-393. (T. VI.)

Démonstration du théorème $D^2_{xy}\,u = D^2_{yx}\,u$. 1880, pp. 369-370. (T. VI.)

Intégrale générale de l'équation $D^2y + 3Dy - 2(y - y^3) = 0$. 1880, pp. 457-458. (T. VI.)

(*Mathesis.*)

Sur l'évaluation approchée des aires planes. 1881, pp. 17-22, 33-36. (T. I.)

Méthode des limites. 1881, t. I; pp. 193-198, 1885, t. V. pp. 49-53, 193-196, 265-272.

Méthode dite de Fermat pour la recherche des maxima et des minima. 1882, pp. 193-202. (T. II.)

Sur le périmètre de l'ellipse. 1882, pp. 211-216. (T. II.)

Précis de la théorie des fonctions hyperboliques. 1884, pp. 5-13, 28-37, 80-83, 101-105. (T. IV.)

Sur le second théorème de la moyenne. 1885, pp. 95-102. (T. V.)

(*Messenger of Mathematics; New series.*)

New Demonstration of the Fundamental Property of Linear Differential Equations. 1875, t. IV, pp. 177-178; 1878, t. VII, pp. 188-189.

On the Law of Reciprocity of Quadratic Residues. 1875-76, pp. 140-143. (T. V.)

Trilinear coordinates of the Circular Points at Infinity, etc. 1875-76, pp. 158-159. (T. V.)

On the Partial Differential Equation of Ruled surfaces. 1876-77, pp. 45-48. (T. VI.)

On an Arithmetical Theorem of Professor Smith's. 1877-78, pp. 81-82. (T. VII.)

Elementary Demonstration of Taylor's Theorem for Functions of an imaginary Variable. 1878, pp. 17-20. (T. VIII.)

On rational functional Determinants. 1879, pp. 30-32. (T. IX.)

On the Equality of Sylvester's and Cauchy's Eliminants. 1879, pp. 60-63. (T. IX.)

On the harmonic Series and Stirling's Formula. 1881, pp. 38-41 (T. XI.)

(*Report of the British Association for the Adv. of Science.*)

On the singular Solutions of Differential Equations of the First Order which represent Lines at Infinity. 1875, pp. 19-21.

Elementary Solution of Huyghen's Problem on the Impact of Elastic Balls. 1875, pp. 18-19.

Elementary Demonstration of a Fundamental Principle of the Theory of Functions. 1876, pp. 26-27.

(*Archives de Grunert.*)

Démonstration de la propriété fondamentale des équations différentielles linéaires. 1875, pp. 99-100. (T. LVIII.)

Démonstration élémentaire de deux formules logarithmiques. 1877, pp. 105-106. (T. LX.)

(*Bull. di Bibliografia e di Storia delle Scienze matem. e fisiche.*)

Notice biographique sur B. Riemann, par E. Schering; traduite de l'allemand et suivie d'un catalogue des travaux de B. Riemann, par le traducteur. 1870, pp. 409-428. (T. III.)

Cours d'analyse de M. Hermite. Compte rendu analytique. 1873, pp. 387-434. (T. VI.) Publié à part en une brochure de 80 p. in-8°.

Notice sur les travaux de Jules Plücker, par A. Clebsch, traduite de l'allemand. 1872, pp. 183-212. (T. V.)

Notice sur les travaux de R.-F.-A. Clebsch. 1875, pp. 121-184. (T. VIII.)

Notice sur la vie et les travaux de L.-O. Hesse, par F. Klein, traduite de l'allemand. 1876, pp. 309-314. (T. IX.)

Compte rendu analytique de l'histoire des mathématiques de Hankel. 1875, pp. 185-220. (T. VIII), ou brochure in-8° de 60 pages.

Les mathématiques en Belgique en 1872. 1873, pp. 277-312. (T. VI), ou brochure in-8° de 112 pages.

Les mathématiques en Belgique en 1871, 1873, 1874, 1875. 1878, pp. 471-542. (T. X), ou brochure in-8° de 112 pages.

(*Revue des questions scientifiques.*)

Compte rendu critique du cours de calcul infinitésimal (t. Ier), de M. Houël. 1880, pp. 594-604. (T. VIII.)

Analyse critique de l'algèbre de M. G. de Longchamps. 1884. pp. 559-573. (T. XVI.)

(*Comptes rendus de l'Académie des sciences de Paris.*)

Sur la méthode de Cauchy pour l'intégration des équations aux dérivées du premier ordre. 1875, pp. 790-793. (T. LXXXI.)

Sur l'élimination. 1878, pp. 975-978. (T. LXXXVII.)

Sur les quadratures et les cubatures approchées. 1882, pp. 384-385. (T. XCV.)

Détermination du reste dans la formule de quadrature de Gauss. 1886, pp. 412-415. (T. CII.)

(*Annales de la Société scientifique de Bruxelles.*)

Note sur quelques principes fondamentaux d'analyse. 1879, pp. 259-266, 2e partie. (T. III.)

Sur la méthode de M. Turquan pour intégrer des équations simultanées aux dérivées partielles entre plusieurs variables dépendantes et deux variables indépendantes. 1880-81. (T. IV, pp. 65-75, 1re partie; t. V, pp. 50-52, 1re partie.)

Toute équation algébrique a une racine. 1880, pp. 99-124, 2e partie. (T. IV.)

Notes sur les équations aux dérivées partielles. 1881, pp. 17-33. (T. V.)

Sur l'évaluation approchée des aires planes. 1881. pp. 231-290, 2e partie. (T. V.)

Sur les cubatures approchées. 1882, pp. 228-232, 2e partie. (T. VI.)

Sur l'approximation des intégrales définies et, en particulier, du périmètre de l'ellipse. 1883-84, pp. 11-24. (T. VIII.)

Principes d'une théorie nouvelle des fonctions élémentaires d'une variable imaginaire. 1884-85, pp. 1-40. (T. IX.)

(*Mémoires de la Société royale des sciences de Liège* (2e série).

Discours sur les travaux mathématiques de M. E. Ch. Catalan. 1885; 40 pp. in-8° (T. XII.)

OUVRAGES PUBLIÉS A PART.

Théorie de la multiplication et de la transformation des fonctions elliptiques. Paris, Gauthier-Villars, 1870; 1 vol. gr. in-8° de 120 pp.

Introduction à la théorie des déterminants. Gand, Hoste, 1876; 28 pp. in-8°.

Introduction à la théorie des déterminants. Gand, Hoste, 1882; brochure in-8° de 32 pp.

Éléments de la théorie des déterminants. Mons, Manceaux, 1875; 44 pp. in-8°.

Elemente der Theorie der Determinanten, mit vielen Uebungsaufgaben. Leipzig, Teubner, 1878; VI-50 pp. in-8°.

Éléments de la théorie des déterminants. Mons, Manceaux; Paris, Gauthier-Villars, 1880; 64 pp. in-8°.

Éléments de la théorie des déterminants, avec de nombreux exercices. Quatrième édition. Paris, Gauthier-Villars, 1883; 1 vol. in-8° de 80 pp.

Elemente der Theorie der Determinanten mit vielen Uebungsaufgaben. Zweite vermehrte Auflage. Leipzig, Teubner, 1886; 1 vol. in-8° de XXIV-56 pp.

Théorie de l'élimination entre deux équations algébriques, au moyen des déterminants. Paris, Gauthier-Villars, 1884; brochure in-8° de 86 pp.

Deux leçons d'analyse infinitésimale. Gand, Hoste, 1876; 32 pp. in-8°.

Résumé du Cours d'analyse infinitésimale de l'Université de Gand. Gand, Hoste, 1877; 32 pp in-8°.

Le principe de causalité, traduit du hollandais de F. Becker. Amiens, Douillet, 1877; brochure in-8° de 32 pp.

La question de l'enseignement des sciences naturelles. Bar-le-Duc, De Paeuw, 1877; brochure in-8° de 16 pp.

Notes critiques sur le programme de l'enseignement normal primaire. Gand, Hoste, 1878; brochure in-8° de 54 pp.

Notes scientifiques, extraites des *Comptes rendus de l'Académie des Sciences de Paris*. Janvier 1880 à juin 1883. Bruxelles, Vromant, 1883; brochure in-8° de 89 pp.

Mélanges mathématiques (1874-82). Gand, Hoste, 1882; 1 vol. in-8° de 172 pp.

Cours d'analyse infinitésimale de l'École du génie civil. Seconde année. 1882; 1 vol. in-4° de 170 pp., autographié.

Cours de calcul intégral (1re partie). 1883; 1 vol. de 60 pp. in-4°, autographié.

Précis de la théorie des fonctions hyperboliques. Paris, Gauthier-Villars, 1884; brochure in-8° de 32 pp.

Note sur la portée objective du calcul des probabilités. En appendice, dans *Paul Janet : Les causes finales*, pp. 722-725 (Paris, G. Baillière, 1882); sous le titre : *L'argument épicurien et le calcul des probabilités*.

MASIUS (JEAN-BAPTISTE-NICOLAS-VOLTAIRE), ✠, domicilié à Liège, rue Beeckman, 18; né à Remich (grand-duché de Luxembourg) le 6 mars 1836; professeur à l'Université de Liège depuis 1864; élu correspondant de l'Académie le 15 décembre 1880.

PUBLICATIONS ACADÉMIQUES.

Mémoires.

Recherches expérimentales sur la régénération anatomique et fonctionnelle de la moelle épinière. En collaboration avec le professeur Vanlair. 1870. (*Mémoires* in-8°, t. XXI.)

Bulletins (*2e série*).

Du Centre ano-spinal. (T. XXIV.)

Recherches expérimentales sur l'innervation du sphincter et de la vessie. (T. XXV.)

(*3e série.*)

Rapport sur le mémoire du concours de 1882 relatif à l'influence du système nerveux sur la régularisation de la température chez les animaux à sang chaud. (T. IV.)

OUVRAGES NON PUBLIÉS PAR L'ACADÉMIE.

Von der Lage und Ausdehnung der Reflexcentren des Ruckenmarkes beim Frosche. En collaboration avec le professeur Vanlair. (*Centralblatt für die medicinischen Wissenschaften.* 1869, no I.)

De l'étendue et de la situation des centres réflexes de la moelle épinière chez la grenouille. En collaboration avec le professeur Vanlair. Bruxelles, 1870.

Ueber einen neuen Abkömmling des Gallenfarbstoffs im Darminhalt. En collaboration avec le professeur Vanlair. (*Centralblat. f. d. med. Wissensch.* 1871, no 24.)

Des nerfs vaso-moteurs et de leur mode d'action. En collaboration avec le professeur Vanlair. (*Compte rendu du Congrès périodique international des sciences médicales*, 4e session. Bruxelles, 1875.)

De la microcythémie. En collaboration avec le professeur Vanlair. (*Bulletin de l'Académie royale de médecine de Belgique*, t. V 3e série, no 6.)

Symptomatologie ou traité des accidents morbides, par A. Spring. Tome second. Troisième fascicule. En collaboration avec le professeur Vanlair. Bruxelles, 1875.

Contribution à l'histoire des fonctions de la moelle lombaire chez le chien. En collaboration avec le professeur Vanlair. (*Bulletin de l'Académie royale de médecine de Belgique.* T. IX, 3e série, nº 3.)

De la régénération de la moelle épinière. (*Archives de biologie,* volume I, 1880.)

L'antipyrine dans le rhumatisme articulaire. (*Bulletin de l'Académie royale de médecine de Belgique,* 3e série, t. XIX, nº I.)

L'anchylostome duodénal dans le bassin de Liège. En collaboration avec le docteur X. Francotte. (*Ibid.*)

Nouveaux cas d'anchylostomasie, observés chez les houilleurs du bassin de Liége. En collaboration avec le docteur X. Francotte. (*Ibid.*, nº 4.)

Note sur cinq cas de névrite multiple. En collaboration avec le docteur X. Francotte. (*Ibid.*, t. XX, nº 6.)

MAUS (Michel-Henri-Joseph), G. O. ✠, domicilié à Ixelles, rue de Naples, 41 ; né à Namur le 22 octobre 1808 ; directeur général honoraire des ponts et chaussées ; nommé inspecteur honoraire du corps royal du génie civil de l'État-Sarde, par arrêté du roi de Sardaigne, du 21 avril 1846; élu correspondant de l'Académie, le 16 décembre 1846; membre, le 15 décembre 1864 ; directeur de la Classe des sciences en 1877.

PUBLICATIONS ACADÉMIQUES.

Bulletins (*1re série*).

Sur la représentation graphique des lois naturelles en général. 1850. (T. XVII, 2e part., p. 302.)

(2e *série.*)

Rapport sur le stadiomètre différentiel proposé par M. Bergeys. 1857. (T. I.)

Discours aux funérailles de M. Ad. de Vaux. 1866. (T. XXI.)

Discours sur les travaux des membres de la Classe des sciences pendant l'année 1876. (T. XLII.)

Discours sur l'utilité pratique des sciences mathématiques, physiques et naturelles. 1877. (T. XLIV.)

Rapport sur une notice de M. Delarge intitulée : Sur le téléphone appliqué dans le voisinage des lignes télégraphiques ordinaires. 1879. (T. XLVII.)

(3e *série.*)

Rapports sur les travaux suivants :

1° Une machine dynamo-électrique à solénoïde inducteur, par M. Plucker. 1882. (T. III.)

2° Diverses communications de M. Delaey. 1883. (T. V et VI).

3° Trois communications relatives à l'amélioration des aérostats, par MM. Gérard, Van Weddingen et Jacquet.

4° Emploi du téléphone dans la recherche des dérangements des lignes électriques, par Éric Gérard. 1886. (T. XI.)

5° Un projet de machine à vapeur, etc., par J. Martin. (*Idem.*)

OUVRAGES NON PUBLIÉS PAR L'ACADÉMIE.

Travail sur la conservation des bois. 1843.

Rapport sur l'appareil de M. Jacquemet (machines à vapeur, — explosion). (Commission : MM. de Vaux et Maus.) 1844.

Analyse des diverses espèces de houilles propres à la fabrication du coke. (Commission : MM. de Vaux, Maus et Chandelon.) 1844.

Rapport sur le chemin de fer atmosphérique de Kingstown à Dalkey. (Commission : MM. Maus et Alfred Belpaire.) 1845.

Rapport sur les études du chemin de fer de Chambéry à Turin, et de la machine proposée pour exécuter le tunnel des Alpes, entre Modane et Bardonnèche. 1849-1850. Turin; in-4°.

Projet des travaux d'assainissement de la Senne et de Bruxelles, du 30 mars 1865. (Commission : MM. Maus président-rapporteur, H. O' Sullivan, Cognioul, J.-G.-J. Houbotte, M. Carez, A. Dubois secrétaire.)

(M. Maus a produit plusieurs mémoires concernant : l'établissement des plans inclinés de Liége ; les caisses de veuves des Départements ministériels (1858, 1864, 1872) ; etc.

MONTIGNY (Charles-Marie-Valentin), O. ✠, domicilié à Schaerbeek, rue Royale Ste-Marie, 67 ; né à Namur le 8 janvier 1819 ; nommé, en 1841, professeur de physique et de mécanique à l'Athénée de Namur ; puis professeur de physique, de chimie et d'histoire naturelle, successivement à l'Athénée de Namur en 1851, à l'Athénée d'Anvers en 1856 et à l'Athénée de Bruxelles depuis 1868 jusqu'en 1882 ; élu correspondant de l'Académie, le 16 décembre 1857 ; membre, le 16 décembre 1867 ; directeur de la Classe des sciences en 1882.

PUBLICATIONS ACADÉMIQUES.

Mémoires.

Phénomènes de persistance des impressions de la lumière sur la rétine. 1851. (*Mém. des sav. étrang.*, in-4°, t. XXIV.)

Corrélation des hauteurs du baromètre et de la pression du vent. 1853. (*Ibid.*, t. XXVI.)

Essai sur des effets de réfraction et de dispersion produits par l'air atmosphérique. 1853. (*Mém. des sav. étrang.*, in-4°, t. XXVI.)

Théorie de la scintillation fondée sur des effets de réfraction et de dispersion par l'atmosphère. 1856. (*Ibid.*, t. XXVIII.)

Corrélation entre le pouvoir réfringent et le pouvoir calorifique de diverses substances. 1867. (*Mémoires* in-8°, t. XIX.)

Résumés des observations météorologiques faites à Namur, de 1849 à 1855. (*Mém. des memb.*, t. XXV à XXX.)

Bulletins (1re série).

Note sur un phénomène d'électricité atmosphérique. 1841. (T. VIII.)

Notice sur les variations d'acuité du son pour un observateur en mouvement. 1848. (T. XV.)

Procédé pour rendre perceptibles et pour compter les vibrations d'une tige élastique. 1852. (T. XIX.)

(2e série.)

Coup d'œil sur les appareils enregistreurs des phénomènes météorologiques et projet d'un nouveau système. 1857. (T. III.)

Influence du son des cloches sur la hauteur du baromètre. 1858. (T. VI.)

Disposition pour l'emploi du chalumeau à gaz hydrogène et oxygène. 1858. (*Ibid.*)

Observations sur l'accélération de la vitesse du bruit du tonnerre. 1860. (T. IX et X.)

Note sur l'orage du 19 février 1860. (T. X.)

Détermination et comparaison des hauteurs barométriques sous l'influence des différents vents, avec les intensités et les températures de ces vents, d'après les observations faites à Bruxelles. 1860. (*Ibid.*)

Recherches sur la cause de l'influence du vent sur la pression atmosphérique. 1861. (T. XI.)

Sur l'aurore boréale du 14 décembre 1862, observée à Anvers. 1863. (T. XV.)

Note sur la résistance comparative des conducteurs des paratonnerres de fer et de cuivre à la fusion par la foudre. 1863. (*Ibid.*)

Description d'un nouveau scintillomètre. 1864. (T. XVII.)

Recherches expérimentales sur cette question posée par Arago : *La scintillation d'une étoile est-elle la même pour les observateurs diversement placés?* 1864. (*Ibid.*)

Nouvelle méthode de mesure de l'indice de réfraction des liquides. 1864. (T. XVIII.)

Recherches sur l'indice de réfraction de la lumière blanche réfractée sans dispersion sensible. 1864. (T. XIX.)

Comparaison du pouvoir réfringent et du pouvoir calorifique de certains gaz. 1866. (T. XX.)

Première série de mesures d'altitudes barométriques prises à la tour de la cathédrale d'Anvers, sous l'influence de vents de vitesses et de directions différentes. 1867. (T. XXIII.)

Notice sur le pouvoir dispersif de l'air. 1867. (T. XXV.)

Notice sur la scintillation des étoiles. 1868. (T. XXV).

Phénomènes de coloration des bords du disque solaire près de l'horizon. 1869. (T. XXVIII.)

Notice sur la séparation des trajectoires décrites dans l'atmosphère par des rayons de même origine sidérale, mais de réfrangibilités différentes, et sur les effets de cette séparation à l'égard de la scintillation. 1870. (T. XXIX.)

Notice sur la scintillation et sur son intensité pendant l'aurore boréale observée à Bruxelles, le 5 avril 1870. (*Ibid.*)

Notice sur la production successive d'éclairs identiques aux mêmes lieux de l'atmosphère, pendant l'orage du 2 juillet 1871. (T. XXXII.)

Recherches sur la vitesse et l'inclinaison du vent aux divers étages de la tour de la cathédrale d'Anvers. 1872. (T. XXXIV.)

Mesures d'altitudes barométriques prises à la tour de la cathédrale d'Anvers sous l'influence de vents de vitesses et de directions différentes. 1873. (T. XXXV.)

La direction du vent est le plus souvent oblique à l'horizon. 1873. (T. XXXVI.)

La fréquence des variations de couleurs des étoiles dans la scintillation est généralement en rapport avec la constitution de leur lumière, d'après l'analyse spectrale. 1874. (T. XXXVII.)

Lettre au sujet de l'érection, à Bruxelles, d'un monument à Adolphe Quetelet. 1874. (T. XXXVII.)

Nouvelles recherches sur la fréquence de la scintillation des étoiles dans ses rapports avec la constitution de leur lumière d'après l'analyse spectrale. 1874. (T. XXXVIII.)

Sur la différence des pressions que l'air exerce sur le baromètre, selon qu'il est en repos ou en mouvement, et sur l'estimation des hauteurs dans les ascensions aérostatiques d'après les mesures barométriques. 1875. (XXXIX.)

Sur la loi de diminution des pressions des couches de l'air lorsque l'état d'équilibre de l'atmosphère est troublé, particulièrement sous l'influence des bourrasques. 1876. (T. XLI.)

Sur les variations d'intensité de la scintillation des étoiles selon l'état de l'atmosphère, particulièrement aux approches et sous l'influence de la pluie. (1re partie). 1876 (T. XLII.)

Sur les variations d'intensité de la scintillation et sur les changements qui caractérisent ce phénomène. 1877. (T. XLIV.)

Recherches sur les changements de couleurs qui caractérisent la scintillation des étoiles de teintes rouge et orangée, ou du troisième type. 1878. (T. XLV.)

De l'influence des aurores boréales sur la scintillation des étoiles, particulièrement pendant les soirées du 5 avril 1870 et du 1er juin 1878. 1878. (T. XLVI).

Projet d'une disposition expérimentale appliquée à l'étude des étoiles colorées. 1878. (T. XLVI.)

Recherches sur les variations de la scintillation des étoiles selon l'état de l'atmosphère. (2e partie). 1878. (T. XLVI.)

Sur la prédominance de la couleur bleue dans les observations de scintillation, aux approches et sous l'influence de la pluie. 1879. (T. XLVII.)

Scintillation de l'étoile principale de γ d'Andromède dans ses rapports avec la couleur de cette étoile. 1879. (T. XLVIII.)

Sur des arcs-en-ciel surnuméraires. 1879. (T. XLVIII.)

Sur l'éclairage des mines au moyen des sulfures phosphorescents. 1880. (T. XLVIII.) (T. XLIX.)

Sur la différence des appréciations de la grandeur apparente des images microscopiques par divers observateurs. 1880. (T. XLIX.)

De l'influence des liquides sur le son des timbres sonores qui les contiennent ou qui sont immergés dans ces liquides. 1880. (T. L.)

Sur l'application du diapason à l'étude de la propagation du son et des mouvements vibratoires dans les liquides. 1880. (T. L.)

(*3e série.*)

De l'intensité de la scintillation pendant les aurores boréales. 1881. (T. I.)

Des effets de la foudre sur des arbres placés près d'un fil télégraphique. 1881. (T. II.)

Nouvelles observations des effets de la foudre sur des arbres placés près d'un fil télégraphique. 1882. (T. III.)

Sur une particularité de l'aurore boréale du 2 octobre 1882 et sur l'accroissement d'intensité de la scintillation des étoiles pendant les aurores boréales. 1882. (T. IV.)

Les grandes découvertes faites en Physique depuis la fin du siècle dernier. Discours prononcé dans la séance publique du 16 décembre 1882, comme directeur de la Classe des sciences. (T. IV.)

Communication verbale au sujet de la diminution de fréquence de la couleur bleue dans la scintillation des étoiles. 1883. (T. V.)

Communication verbale au sujet de l'accroissement d'intensité que la scintillation subit pendant les perturbations magnétiques survenant à Bruxelles. 1883. (T. V)

Influence des perturbations magnétiques sur la scintillation des étoiles. 1883. (T. VI.)

De la scintillation des étoiles dans ses rapports avec la constitution de leur lumière, d'après l'analyse spectrale. 1883. (T. VI.)

De l'influence de l'état de l'atmosphère sur l'apparition de certaines couleurs dans la scintillation, au point de vue de la prévision du temps. 1884. (T. VII.)

Communication verbale au sujet de l'influence de la couleur bleue de l'eau contenue dans l'atmosphère sur la scintillation, aux approches de la pluie. 1884. (T. VIII.)

De l'accord entre les indications des couleurs dans la scintillation des étoiles et les variations atmosphériques. 1885. (T. IX.)

OUVRAGES NON PUBLIÉS PAR L'ACADÉMIE.

(Dans les *Annales de la Société archéologique de Namur.*)

Considérations sur l'étude de l'Archéologie. 1847; in-8°.

Recherches sur l'église cathédrale de Saint-Aubain, à Namur, et sur les objets d'art qu'elle renferme. 1854; in-8°

(Dansl es *Mémoires et Publications de la Société des sciences, des arts et des lettres du Hainaut.*)

Un mémoire de concours ayant obtenu la médaille pour un appareil indicateur de la vitesse de l'air dans les galeries des mines. 1853; in-8°.

Trois résumés de conférences scientifiques données au Cercle artistique d'Anvers. 1862, 1865, 1867; in-12.

Différents articles dans la Revue scientifique *Ciel et Terre.*

MOURLON (MICHEL-FÉLIX), ✠, domicilié à Bruxelles, rue Belliard, 107; né à Molenbeek-Saint-Jean (Bruxelles) le 11 mai 1845; docteur agrégé de la faculté des sciences de l'Université de Bruxelles le 19 juin 1867; conservateur au Musée royal d'histoire naturelle le

25 mars 1872; attaché au service de la carte géologique du royaume de 1877 à 1884; élu correspondant de l'Académie le 15 décembre 1876.

PUBLICATIONS ACADÉMIQUES.

Bulletins (*2e série*).

Esquisse géologique sur le Maroc, 1870. (T. XXX, pp. 42-57.)

Sur l'étage dévonien des psammites du Condroz en Condroz., 1875. (T. XXXIX, pp. 602-659, 2 pl.)

Sur l'étage dévonien des psammites du Condroz dans le bassin de Theux, dans le bassin septentrional (entre Aix-la-Chapelle et Ath) et dans le Boulonnais. 1875. (T. XL, pp. 761-796, 1 pl.)

Sur les dépôts dévoniens rapportés par Dumont à l'étage quartzo-schisteux inférieur de son système eifelien, avec quelques observations sur les affleurements quartzo-schisteux de Wiheries et de Montignies-sur-Roc. 1876. (T. XLI, pp. 323-345, 1 pl.)

Sur les dépôts qui, aux environs d'Anvers, séparent les sables noirs miocènes des couches pliocènes scaldisiennes. 1876. (T. XLII, pp. 760-790, 1 pl.)

Sur l'étage dévonien des psammites du Condroz dans la vallée de la Meuse. 1876. (T. XLII, pp. 845-884, 1 pl.)

Sur le classement stratigraphique des Phoques fossiles recueillis dans les terrains d'Anvers. 1877. (T. XLIII, pp. 603-609.)

Sur le gisement du Cachalot nain (*Physeterula Dubusii*, Van Ben.). 1878. (T. XLV, pp. 178-182)

(*3e série.*)

Rapport sur un travail de M. Stanislas Meunier relatif aux mines de diamant du Cap de Bonne-Espérance. 1882. (T. III, pp. 316-321.)

Considérations sur les relations stratigraphiques des psammites du Condroz et des schistes de la Famenne proprement dits, ainsi que sur le classement de ces dépôts dévoniens, 1882. (T. IV, pp. 504-525.)

Sur les amas de sables et les blocs de grès disséminés à la surface des collines famenniennes dans l'Entre-Sambre-et-Meuse. 1884. (T. VII, pp. 295-303.)
Sur l'existence des psammites du Condroz aux environs de Beaumont dans l'Entre-Sambre-et-Meuse. 1885. (T. IX, pp. 238-254.)

OUVRAGES NON PUBLIÉS PAR L'ACADÉMIE.

Recherches sur l'origine des phénomènes volcaniques et des tremblements de terre. Bruxelles, 1 vol. in-8° de 66 p. 1867.
Communications diverses sur certains dépôts crétacés et tertiaires de la Belgique, *Ann. de la Soc. malacol. de Belg.* 1870. (T. V; 1871, t. VI; 1873, t. VIII; 1874, t. IX.)
Article étendu sur la géologie de la Belgique dans *Patria belgica*. (T. I. 1873.)
Traduction de l'ouvrage de M. J. Prestwich : sur la structure des couches du crag de Norfolk et de Suffolk, 1 vol. in-8° de 144 p.
Mémoires sur les terrains crétacé et tertiaires préparés par feu André Dumont pour servir à la description de la carte géologique de la Belgique, édités par M. Mourlon. 1878-1882; 4 vol. in-8°.
Géologie de la Belgique en 2 vol. in-8°. 1880-81.
Communications diverses dans le compte-rendu de l'excursion de la Société géologique de France dans la vallée de la Meuse en 1883. (T. XI.)
Carte géologique de la Belgique à l'échelle du 20,000e dressée par ordre du Gouvernement, comprenant les feuilles d'Hastière, de Dinant, de Ciney, de Natoye, de Clavier, de Modave avec textes explicatifs. (Légendes et levés du dévonien supérieur famennien et des dépôts superficiels qui le recouvrent, par M. Mourlon.) 1880-1884.

PLATEAU (Félix-Auguste-Joseph), C. ✠, domicilié à Gand, boulevard du jardin Zoologique, 64; né à Gand le 16 juin 1841; docteur en sciences naturelles, docteur spécial en sciences zoologiques; professeur à l'Athénée royal de Bruges de 1868 à 1870; professeur à l'Université de Gand; élu correspondant de l'Académie le 15 décembre 1871; membre, le 15 décembre 1874.

PUBLICATIONS ACADÉMIQUES.

Mémoires.

Sur la vision des poissons et des amphibies. 1866. (*Mém. des sav. étrang.* in-4°, t. XXXIII.)

Recherches sur les Crustacés d'eau douce de Belgique, 1re part. 1868 (*Ibid.*, t. XXXIV.)

Recherches sur les Crustacés d'eau douce de Belgique, 2e et 3e part. 1870. (*Ibid.*, t. XXXV.)

Recherches physico-chimiques sur les Articulés aquatiques, 1re part. 1870. (*Ibid.*, t. XXXVI.)

Recherches sur les phénomènes de la digestion chez les insectes. 1874. (*Mém. des memb.*, t. XLI.)

Recherches sur les phénomènes de la digestion et sur la structure de l'appareil digestif chez les Myriapodes de Belgique. 1876. (*Ibid.*, t. XLII.)

Recherches expérimentales sur les mouvements respiratoires des insectes. 1884. (*Ibid.*, t. XLV.)

Bulletins (2e série).

Sur un mode particulier de production de bulles de savon. 1862. (T. XIII.)

Sur la force musculaire des insectes, 1re note. 1865. (T. XX.)

Sur la force musculaire des insectes, 2e note. 1866. (T. XXII.)

Observations sur l'Argyronète aquatique. 1867. (T. XXIII.)

Sur la transformation spontanée d'un cylindre liquide en sphères isolées. 1867. (T. XXIV.)

Matériaux pour la faune belge, Crustacés isopodes terrestres. 1870. (T. XXIX.)

Matériaux pour la faune belge, Myriapodes. 1872. (T. XXXIII.)

Recherches physico-chimiques sur les Articulés aquatiques, 2e part. 1872. (T. XXXIV.)

Un parasite des Chéiroptères de Belgique (*Nycteribia Frauenfeldii.* Kol.) 1873. (T. XXXVI.)

Note sur un procédé pour donner ou pour rendre leur couleur rouge aux muscles conservés dans l'alcool. 1874. (T. XXXVIII.)

Note sur les phénomènes de la digestion chez la Blatte américaine (*Periplaneta americana.* L.) 1876. (T. XLI.)

Note sur les phénomènes de la digestion et sur la structure de l'appareil digestif chez les Phalangides. 1876. (T. XLII.)

Les voyages des naturalistes belges. Lecture faite à la séance publique de la Classe des sciences le 16 décembre 1876. (*Ibid.*)

Recherches sur la structure de l'appareil digestif et sur les phénomènes de la digestion chez les Aranéides dipneumones. 1re, 2e et 3e parties. 1877. (T. XLIV.)

Note additionnelle au Mémoire sur les phénomènes de la digestion chez les insectes publié en 1874. 1877. (*Ibid.*)

Communication préliminaire sur les mouvements et l'innervation de l'organe central de la circulation chez les animaux articulés. 1878. (T. XLVI.)

(*3e série*).

Observations sur l'anatomie de l'Éléphant d'Afrique (*Loxodon africanus*) adulte. En collaboration avec V. Liénard. 1881. (T. I.)

Recherches expérimentales sur les mouvements respiratoires des insectes. (Communication préliminaire.) 1882. (T. III.)

Recherches sur la force absolue des muscles des invertébrés, première partie : force absolue des muscles adducteurs des Mollusques lamellibranches. 1883. (T. VI.)

Recherches sur la force absolue des muscles des invertébrés, deuxième partie : force absolue des muscles fléchisseurs de la pince chez les Crustacés décapodes. 1884. (T. VII.)

Recherches expérimentales sur la vision chez les insectes. Les insectes distinguent-ils la forme des objets? (Communication préliminaire.) 1885. (T. X.)

Annuaire.

Notice nécrologique sur Charles Poelman, membre de l'Académie. Année. 1875.

OUVRAGES NON PUBLIÉS PAR L'ACADÉMIE.

Études sur la parthénogenèse. Gand, 1868 ; in-8°.

Réflexions et expériences sur le vol des coléoptères. (*Bibliothèque universelle, archives des sciences physiques et naturelles.*) Genève, 1869 ; in-8°.

Qu'est-ce que l'aile d'un insecte? Stettin, 1871. (*Entomologische Zeitung*, 32. Jahrgang.)

Recherches expérimentales sur la position du centre de gravité chez les insectes. (*Bibliothèque universelle, archives, etc.*) Genève, 1872 ; in-8°.

Un mot sur le mode d'adhérence des mâles de Dytiscides aux femelles pendant l'acte de l'accouplement. (*Annales de la Société entomologique de Belgique*, t. XV.) Bruxelles, 1871-1872 ; in-8°.

Note sur une sécrétion propre aux Coléoptères Dytiscides. (*Ibid.*, t. XIX, fascicule 1, 1876.)

L'instinct des insectes peut-il être mis en défaut par des fleurs artificielles? (*Association française pour l'avancement des sciences. Congrès de Clermont-Ferrand*, 1876.)

De la suspension de l'eau dans un vase fermé inférieurement par un tissu à larges mailles. (*Comptes rendus de l'Académie des sciences de Paris*, t. LXXXIV, 19 mars 1877.)

Rapport à M. le Ministre de l'Intérieur sur le concours quinquennal des sciences naturelles, période de 1872-1876. (*Moniteur belge* du 22 juillet 1877.)

Procédé pour la préparation et l'étude des poches aériennes des oiseaux. (*Zoologischer Anzeiger*, 1880, n° 57.)

Recherches physiologiques sur le cœur des Crustacés décapodes. (*Archives de biologie*, t. I, 1880.)

Zoologie élémentaire (fait partie de la *Bibliothèque belge*), 1re édition. Mons, 1880. — Idem, 2e éd., revue et augmentée, Mons, 1884.

Rapport à M. le Ministre de l'Instruction publique sur le laboratoire de zoologie expérimentale de Roscoff. (*Moniteur belge* du 23 novembre 1882.)

Influence de l'eau de mer sur les animaux d'eau douce et de l'eau douce sur les animaux marins. (*Comptes rendus des séances de l'Académie des sciences de Paris*, t. XCVII, 6 août 1883.)

Comment on devient spécialiste. (*Guide scientifique*, nos de mai et juin 1884.)

Recherches sur la force absolue des muscles des Invertébrés. (*Archives de zoologie expérimentale et générale*, 2e série, t. II, 1884, et t. III, 1885.)

Les naturalistes marchands. (*Guide scientifique*, nos de novembre 1884, janvier, février, mars 1885.)

Expériences sur le rôle des palpes chez les Arthropodes maxillés. 1re partie; palpes des insectes broyeurs. (*Bulletin de la Société zoologique de France*, t. X, 1885.)

Une expérience sur la fonction des antennes chez la Blatte (*Periplaneta orientalis*). (*Comptes rendus de la Société entomologique de Belgique.* Séance du 5 juin 1886.)

De l'absence de mouvements respiratoires perceptibles chez les Arachnides. (*Archives de biologie*, t. VI, 1885.)

Les animaux cosmopolites. (*Revue de Genève*, t. II, 1886.)

Expériences sur le rôle des palpes chez les Arthropodes maxillés. 2e partie, palpes des Myriopodes et des Aranéides. (*Bulletin de la Société zoologique de France*, t. XI, 1886.)

Articles divers dans : *Les Mondes*, 1870-71, 72, 73, 75 et 77. *Comptes rendus de la Société entomologique de Belgique*, 1873-74, 75, 76 et 78. *Annales de la Société malacologique de Belgique*, 1874. *Nederlandsch Museum*, 1874. *Comptes rendus des sessions de l'Association française pour l'avancement des sciences*, 1878 et 1880. *Le Guide scientifique*, 1885, etc.

RENARD (Alphonse-François), ✠, domicilié à Uccle, avenue Brugmann, 426; né à Renaix le 28 septembre 1842; docteur en droit; ancien professeur de géologie et de minéralogie au Collége de la Compagnie de Jésus à Louvain; conservateur au Musée d'histoire naturelle depuis le 27 juillet 1877; élu correspondant de l'Académie le 15 décembre 1882.

PUBLICATIONS ACADÉMIQUES.

Mémoires.

Mémoire sur les caractères minéralogiques et stratigraphiques des roches dites plutoniennes de Belgique et de l'Ardenne française; en colaboration avec Ch. de la Vallée Poussin. 1876. (*Mém. des sav. étrang.* in-4°, t. XL.)

Mémoire sur la structure et la composition minéralogique du coticule et sur ses rapports avec le phyllade oligistifère. 1877. (*Ibid.*, t. XLI.)

Bulletins (2e *série*).

Notice sur un fragment de roche tourmalinifère du poudingue de Boussale; en coll. avec Ch. de la Vallée Poussin. 1877. (T. XLIII.)

Recherches sur les phthanites du calcaire carbonifère de la Belgique. 1878. (T. XLVI.)

La diabase de Challes près de Stavelot. 1878. (T. XLVI.)

Caractères distinctifs de la dolomite et de la calcite dans les roches calcaires et dolomitiques du calcaire carbonifère de Belgique. 1879. (T. LVII.)

Sur la diorite du champ St-Véron près de Lembecq; en coll. avec de la Vallée Poussin. 1879. (T. XLVII.)

Sur la composition chimique de l'épidote de Quenast. 1880. (T. L.)

(3e *série.*)

Sur la monazite des carrières de Nil-St-Vincent. 1881. (T. II.)

Sur la substance micacée des filons de Nil-St-Vincent. 1881. (*Ibid.*)

Note sur le zircon des carrières de Nil-St-Vincent. 1882. (T. III.)

Notice sur les roches de l'île de Fernando Noronha recueillies pendant l'expédition du *Challenger*. 1882. (T. III.)

Les cendres volcaniques de l'éruption du Krakatau tombées à Batavia, le 27 août 1883. (T. VI.)

La nature du fond des grandes mers. 1883. (*Ibid.*)

La station marine d'Édimbourg; en coll. avec M. P.-J. Van Beneden. 1884. (T. VII.)

Rapport sur le mémoire de M. Blas : Contribution à l'étude des eaux alimentaires et spécialement de celles de la ville de Louvain. 1884. (*Ibid.*)

Rapport sur le travail de M. Sacré : Description d'un effet de la foudre sur le nouveau Palais de Justice de Bruxelles armé de paratonnerres système à aigrettes. 1884. (*Ibid.*)

Sur des pseudo-cristaux de quartz affectant la forme de la pyrite arsenicale. 1884. (T. VIII.)

Sur la composition chimique de la krokydolite et sur le quartz fibreux du Cap; en coll. avec M. Klement. 1884. (T. VIII.)

Sur les interpositions microscopiques de sagénite dans l'oligiste titanifère des phyllades. 1884. (*Ibid.*)

Les porphyres de Bierghes; en collaboration avec Ch. de la Vallée Poussin. 1885. (T. IX.)

Note sur la géologie du groupe d'îles de Tristan da Cunha. 1885. (*Ibid.*)

Notice sur les propriétés optiques de la Ludwigite. 1885. (*Ibid.*)

Rapport sur la notice cristallographique de M. Sansoni sur la chaux carbonatée de Blaton. 1885. (T. IX.)

Notice sur quelques roches des « fleuves de pierre » aux îles Falkland. 1885. (T. X.)

Notice sur les roches de l'île de Juan-Fernandez. 1885. (*Ibid.*)

Le volcan de Camiguin aux îles Philippines. 1885. (*Ibid.*)

Sur quelques roches des îles Cebu et Malanipa (Philippines). 1886. (T. XI.)

Sur les roches du volcan de Ternate. 1886. (*Ibid.*)

Le volcan de Goonong-Api aux îles Banda. 1886. (*Ibid.*)

Sur les roches de l'île de Kantavu (archipel de Fidji). 1886. (*Ibid.*)

Sur les roches draguées au large d'Ostende. 1886. (*Ibid.*)

OUVRAGES NON PUBLIÉS PAR L'ACADÉMIE.

Plutonische Gesteine Belgiens und der Ardennen. (*Neues Jahrb. f. Min., Geol. u. Palæont.* 1875.)

Some results of a microscopical study of the Belgian plutonic rocks. (*Monthly microscopical journal.* 1876.)

Ueber die Feldspath und Hornblende Gesteine der französischen Ardennen; en collaboration avec Ch. de la Vallée Poussin. (*Zeitschrift der deutschen geol. Gesellschaft.* 1876.)

On the mineralogical composition and the microscopical structure of the Belgian Whetstones. (*Monthly microscop. journal.* 1877.)

L'analyse microscopique des roches et les enclaves des minéraux. (*Revue des questions scientifiques.* 1877.)

Note sur un microscope destiné aux recherches minéralogiques. (*Bull. de la Soc. belge de microsc.*, t. IV. 1878.)

Les organismes microscopiques de la mer et leur influence en géologie. (*Revue des questions scientifiques.* 1878)

Note sur l'ottrélite. (*Ann. de la Soc. géol. de Belgique.* 1879, t. VI.)

Peridotit von der St-Paul's-Insel im Atlantischen Ocean. (*Neues Jahrbuch für Miner.* 1879.)

Sur la structure microscopique et la composition minéralogique de la météorite de Tourinnes (Brabant). (*Mém. de la Soc. belge de microsc.*, t. V. 1880.)

Sur la microstructure de quelques produits de fusion de quartz. (*Mém. de la Soc. belge de microsc.*, t. V. 1880.)

On the chemical composition of the epidote of Quenast. (*Mineralogical magazine*, nº XX. 1881.)

Les roches grenatifères et amphiboliques de la région de Bastogne. (*Bull du Musée roy. d'hist. nat. de Belgique*, t. I. 1882.)

Analyse de la vésuvienne d'Ala et de Monzoni; en collaboration avec le professeur Ludwig. (*Ibid.*)

Report on the petrology of St-Paul's Rocks (Atlantic) dans le premier volume du *Narrative of the cruise of H.-M.-S. Challenger*. 1882.

(Ce mémoire a été publié en français dans les *Annales de la Société belge de microscopie*, 1882.)

Recherches sur la composition et la structure des phyllades ardennais. (*Bull. du Musée roy. d'hist. nat. de Belgique*, t. I, 1882; t. II, 1883; t. III, 1884.)

Cendres volcaniques et poussières cosmiques. (*Ciel et Terre*, 1884-1885.)

On the nomenclature, origin and distribution of deep-sea deposits; en collaboration avec John Murray. (*Proc. roy. Soc. Edinb.*, 1884.)

(Ce mémoire a été publié dans le *Bulletin du Musée royal d'histoire naturelle*, t. III, 1884.)

Les caractères microscopiques des cendres volcaniques et des poussières cosmiques et leur rôle dans les sédiments de mer profonde; en collaboration avec le même. (*Bull. du Musée roy. d'hist. nat.*, t. III, 1884)

Notice sur la composition minéralogique de l'arkose de Haybes. (*Ibid.*)

Sur l'origine des roches feldspathiques de l'Ardenne; en collaboration avec Ch. de la Vallée Poussin (*Ann. de la Soc. géol. de Belgique*, t. XII, 1884-1885.)

Les réactions microchimiques à cristaux et leur application à l'analyse qualitative. (*Ann. de la S c. belge de microsc.*, 1885.)

SELYS LONGCHAMPS (Le baron MICHEL-EDMOND DE), G. O. ✠, domicilié à Longchamps, commune de Waremme (Liège); né à Paris le 25 mai 1813; conseiller communal de Waremme depuis 1841; conseiller provincial du canton de Waremme de 1846 à 1848; représentant de l'arrondissement de Waremme en 1848; sénateur du même arrondissement depuis février 1855; président du Sénat de 1880 à 1884; élu correspondant de l'Académie le 7 mai 1841; membre, le 16 décembre 1846; directeur de la Classe des sciences en 1854 et en 1879.

PUBLICATIONS ACADÉMIQUES.

Mémoires.

Observations annuelles sur les phénomènes périodiques du règne animal à Waremme, de 1842 à 1872. (*Nouv. Mém.*, t. XV et suiv.)

Observations sur les phénomènes périodiques du règne animal et particulièrement sur les migrations des oiseaux, de 1841 à 1846. 1848. (*Mém. des membres*, t. XXI.)

Tableaux de la végétation à Waremme (avec le concours de Michel Ghaye) les 21 mars, 21 avril et 21 octobre, depuis 1849 jusqu'en 1873. (T. XXIII et suiv.)

Analyse et extraits d'un Essai sur l'histoire naturelle du Brabant, attribué à Van der Stegen de Putte. 1849. (T. XXIV.)

Revision du Synopsis des Agrionines. Ire partie (Légions Pseudostigma Podagrion, Platycnemis et Protoneura). 1886. (Mém. in-8°, t. XXXVIII.)

Bulletins (1re série).

Description de deux nouvelles espèces d'*Æschna* du sous-genre *Anax*. 1839. (T. VI, 2o.)

Énumération des Libellulidées de la Belgique. 1840. (T. VII, 1o.)

Additions à deux notices sur les Libellulidées. 1841. (T. VIII, 1o.)

Sur le *Mus agrestis* de Linné. 1841. (T. VIII, 2o.)

Sur deux espèces de Musaraignes observées nouvellement en Belgique. 1841. (T. VIII, 2o.)

Sur le Corégone Lavaret. 1842. (T. IX, 2o.)

Observation sur d'anciennes constructions romaines à Waremme au lieu dit : Autuaxhe (*Atuatuca ?*). 1843. (T. X, 1o.)

Note sur une nouvelle Mésange d'Europe (*Parus borealis*, Selys). 1843. (T. X, 2o.)

Nouvelles additions aux Libellulidées de la Belgique de 1840 à 1843. 1843. (T. X, 2o.)

Note sur la nomenclature zoologique. 1843. (T. X, 2o.)

Sur une migration de Casse-noix (*Nucifraga*). 1844. (T. XI, 2o.)

Récapitulation des Hybrides observés dans la famille des Anatidées. 1845. (T. XII, 2o.)

Communication au sujet des phénomènes périodiques. 1846. (T. XIII, 1o.)

Notice sur les Becs-croisés leucoptère et bifascié. 1846. (T. XIII, 1o.)

Sur un phénomène météorologique 1849. (T. XVI, 2o)

Sur la Sauterelle voyageuse observée en Belgique. 1849. (T. XVI, 2o.)

Note sur la famille des Récurvirostridées. 1851. (T. XVIII, 1o.)

Discours sur le Calendrier de Faune en Belgique, prononcé à la séance publique du 16 décembre 1852. 1852. (T. XIX, 3o.)

Observations sur l'état de la végétation à Waremme pendant le mois de janvier 1853 (avec le concours de Michel Ghaye) et Additions au 20 mars. 1853. (T. XX, 1o.)

Synopsis des Caloptérygines. 1853. (Annexes aux *Bulletins*.)

Synopsis des Gomphines. 1854. (T. XXI, 2o.)

Discours sur la Faune de Belgique, prononcé à la séance publique du 17 décembre 1854. 1854. (T. XXI, 2°.)

Notice sur l'Hirondelle rousseline d'Europe et sur les autres espèces du sous-genre *Cecropis*. 1855. (T. XXII, 2°.)

Additions à la récapitulation des Hybrides observés dans la famille des Anatidées. 1856. (T. XXIII, 2°.)

(*2e série.*)

Paroles prononcées sur la tombe d'André Dumont. 1857. (T. I.)

Sur deux oiseaux observés en Belgique (*Buteo variegatus* var. *plumipes* et *Columba livia* var. *didina*. 1859. (T. VI.)

Additions au Synopsis des Caloptérygines. 1859. (T. VII.)

Additions au Synopsis des Gomphines. 1859. (*Ibid.*)

Synopsis des Agrionines 1re légion; *Pseudostigma*. 1860. (T. X.)

Synopsis des Agrionines. Dernière légion; *Protoneura*. 1860. (*Ibid.*)

Observations sur la Pisciculture. 1861 (T. XII.)

Discours sur les animaux vertébrés de la Belgique, utiles ou nuisibles à l'agriculture, prononcé à la séance publique du 16 décembre 1861. 1861. (*Ibid.*)

Synopsis des Agrionines. 2e légion; *Lestes*. 1862. (T. XIII.)

Synopsis des Agrionines. 3e légion; *Podagrion*. 1862. (T. XIV.)

Synopsis des Agrionines. 4e légion; *Platycnemis*. 1863. (T. XVI.)

Apparition du Syrrhapte hétéroclite en Belgique. 1864. (T. XVII.)

Synopsis des Agrionines. 5e légion; *Agrion*. (le genre *Argia*). 1865. (T. XX.)

Discours sur la pêche fluviale en Belgique, prononcé à la séance publique du 16 décembre 1866. 1866. (T. XXII.)

Rapport sur un mémoire de M. Félix Plateau, relatif aux crustacés d'eau douce de la Belgique. 1867. (T. XXIV.)

Secondes Additions au Synopsis des Caloptérygines. 1869. (T. XXVII.)

Rapport sur les deuxième et troisième parties du mémoire de M. Félix Plateau sur les crustacés d'eau douce en Belgique. 1869. (T. XXVIII.)

Sur la présence de la neige dans diverses localités de la province de Luxembourg, le 19 juin 1869. 1869. (T. XXVIII.)

Secondes Additions au Synopsis des Gomphines. 1869. (*Ibid.*)

Rapport sur un mémoire de M. Félix Plateau concernant les Crustacés isopodes de la Belgique. 1870. (T. XXIX.)

Synopsis des Cordulines (en deux parties). 1871. (T. XXXI.)

Le guêpier en Belgique. 1871. (*Ibid.*)

Communication au sujet de la mort de M. Spring. 1872. (T. XXXIII.)

Annonce de la mort de M. Michel Ghaye, auteur d'une note sur la phosphorescence de la neige. 1872. (*Ibid.*)

Rapport sur la notice de M. Félix Plateau concernant les Myriapodes de Belgique. 1872. (*Ibid.*)

Rapport sur l'époque à laquelle le *Tetrao lagopus* a disparu de la Belgique. 1873. (T. XXXV.)

Troisièmes Additions au Synopsis des Caloptérygines et table des matières. 1873. (*Ibid.*)

Appendice au travail précédent. 1873. (*Ibid.*)

Troisièmes Additions au Synopsis des Gomphines. 1873. (*Ibid.*)

Appendice au travail précédent et table des matières. 1873. (*Ibid.*)

Sur la reproduction des anguilles. 1873. (T. XXXVI.)

Additions au Synopsis des Cordulines. 1874. (T. XXXVII.)

Rapport sur la notice de M. Alph. Dubois : Variabilité des espèces du genre *Caliste*. 1874. (T. XXXVIII.)

Synopsis des Agrionines. 5e légion ; *Agrion* (suite), le genre *Agrion*. 1876. (T. XLI.)

Synopsis des Agrionines. 5e légion ; *Agrion* (suite et fin), les genres *Telebasis*, *Agriocnemis* et *Hemiphlebia*. 1877. (T. XLIII.)

Secondes Additions au Synopsis des Cordulines et table des matières. 1878. (T. XLV.)

Quatrièmes Additions au Synopsis des Gomphines. 1878. (T. XLVI.)

Quatrièmes Additions au Synopsis des Caloptérygines. 1879. (T. XLVII.)

Discours sur la classification des Oiseaux depuis Linné, prononcé à la séance publique du 16 décembre 1879, par M. de Selys Longchamps, directeur de la Classe des sciences. 1879. (T. XLVIII.)

(*3e série.*)

Rapport sur la notice de M. Héron-Royer concernant une nouvelle forme de Grenouille rousse (*Rana fusca Honorati*). 1881 (T. I.)
Prix de *trois mille francs* offert à un concours extraordinaire pour résumer la question de la purification des eaux contaminées par diverses industries qui empêchent le repeuplement des petites rivières. 1882. (T. III.)
Synopsis des Æschnines. 1re partie. Classification. 1883. (T. V.)
Effeuillaison à Longchamps-sur-Geer en 1884. 1884. (T. VIII.)
État de la végétation à Waremme les 21 mars et 21 avril 1885. 1885. (T. IX.)

Annuaire.

Le docteur Lejeune de Verviers. Discours prononcé sur sa tombe. Année 1859.
Notice nécrologique sur Constantin Wesmael. Année 1874.

OUVRAGES NON PUBLIÉS PAR L'ACADÉMIE.

Essai monographique sur les Campagnols des environs de Liège. Liège, Desoer, 1836.
Post-scriptum à cet Essai. Liège, 1862.
Catalogue des Lépidoptères ou Papillons de la Belgique, précédé du tableau des Libellulines de ce pays. Liège, 1837.
Études de Micromammalogie. Revue des Musaraignes, des Rats et des Campagnols, suivie d'un Index des Mammifères d'Europe. Paris, Roret. 1839.
Monographie des Libellulidées d'Europe. Paris et Bruxelles, Roret et Muquardt, 1840.
Faune belge, 1re partie. Indication méthodique des Mammifères, Oiseaux, Reptiles et Poissons observés jusqu'ici en Belgique. Liège, Dessain. — Bruxelles. Muquardt, 1842.

Sociétés savantes de Belgique.

(*Mémoires de la Société royale des sciences de Liège.*)

Énumération des Insectes Lépidoptères de la Belgique. (T. II, 1845.)
Sur les Oiseaux américains admis dans la Faune européenne. (T. IV, 1848.)
Revue des Odonates ou Libellules d'Europe (avec la collaboration du Dr H.-A. Hagen, de Kœnigsberg), servant de complément et de supplément à la Monographie des Libellulidées d'Europe. (T. VI, 1848.)
Monographie des Caloptérygines (avec la collaborat. du Dr Hagen). Cet ouvrage a partagé, en 1857, le prix quinquennal des sciences naturelles. (T. IX, 1854.)
Monographie des Gomphines (avec la collaboration du Dr Hagen). T. XI, 1858.)

(*Annales de la Société entomologique de Belgique.*)

Premier rapport de M. de Selys Longchamps, président. (T. I, 1857.)
Catalogue des Insectes Lépidoptères de la Belgique. Rédaction de la partie concernant les Diurnes et les Crépusculaires. (*Ibid.*)
Second rapport du président. (T. II, 1858.)
Troisième rapport du président. (T. III, 1859.)
Catalogue des Insectes Odonates de la Belgique. (*Ibid.*)
Catalogue raisonné des Orthoptères de Belgique. (T. VI, 1862.)
Additions au catalogue des Odonates de la Belgique. (*Ibid.*)
Note sur une excursion dans l'Entre-Sambre-et-Meuse. (T. VII, 1863.)
Remarques sur la Notice de M. Lallemant concernant l'invasion des Sauterelles en Algérie. (T. IX, 1865.)
Notice sur une nouvelle espèce de Némoptère. (T. X, 1866.)
Ravages de la *Noctua segetum.* (*Ibid.*, Compte rendu, 3 novembre 1866.)

Additions au catalogue raisonné des Orthoptères de la Belgique. (T. XI, 1867-1868.)

Note à propos de l'invasion des Sauterelles en Algérie, par Amédée Maurin, et sur la présence de l'*Acrididium peregrinum* en Europe. (*Ibid.*, C. R., 6 avril 1867.)

Sur la *Deilephila esulœ.* (*Ibid.*, C. R., 6 avril 1867.)

Sur la *Chelidura acanthopygia* observée par M. Camille Van Volxem. (*Ibid.*, C. R., 2 novembre 1867.)

Sur une migration de l'*Anax mediterraneus* observée par M. Victor Ghiliani. (*Ibid.*, C. R., 7 décembre 1867.)

Sur quelques Odonates du Mexique (*Ibid.*, C. R., (1er février 1868.)

Diagnose d'un nouveau genre d'Agrion (*Hemiphlebia,* Selys) de Port-Denison. (*Ibid.*, C. R., 7 mars 1868.)

Suite à ce travail (genres *Synlestes* et *Bittacus*). (*Ibid.*, C. R., 4 avril 1868.)

Sur les *Lycœna euphemus* et *alcon* et sur une variété du *damon.* (*Ibid.*, C. R., 4 avril 1868.)

Sur l'*Agrion scitulum* pris en Belgique. (*Ibid.*, C. R., 4 juill. 1868.)

Sur la *Macromia splendens* prise par M. Delamain. (*Ibid.*, C. R., 1er août 1868.)

Odonates des îles Seychelles. (T. XII, 1868-1869.)

Névroptères de Mingrélie (Odonates). (*Ibid.*)

Sur une excursion dans le Luxembourg. (*Ibid.*, C. R., 3 juill. 1869.)

Annonce de la mort de M. Benjamin Walsch et observations sur ses Odonates. (T. XIII, 1869-1870.)

Note sur trois Lépidoptères pris en Belgique par M. Frein-Tombelles. (*Ibid.*, C. R., 8 mai 1870.)

Sur le *Merope tuber.* (*Ibid.*, C. R., 4 juin 1870.)

Note sur l'excursion de la Société entomologique dans le Luxembourg les 18-22 juin 1870. (*Ibid.*, C. R., 2 juillet 1870.)

Nouvelle revision des Odonates de l'Algérie. (T. XIV, 1870-1871.)

Nouvelle classification des Cordulines. (*Ibid.*, C. R., 5 nov. 1870.)

Sur la *Deilephila euphorbiœ* var. *horoscopiœ* et la *D. esulœ.* (*Ibid.*, C. R., 4 mars 1871.)

Sur le genre *Cordulecerus.* (*Soc. entomol. de Belg.*, C. R., 6 mai 1871.)

Sur la *Plusia V-aureum* et la *P. iota* var. *pencontationis.* (*Ibid.*, C. R., 5 août 1871.)

Compte rendu de l'excursion à la Baraque Michel du 8 au 11 juillet 1871. (*Ibid.*, C. R., 2 septembre 1871.)

Matériaux pour une Faune névroptérologique de l'Asie septentrionale (Odonates). (T. XV, 1871-1872.)

Sur la nouvelle classification des Ascalaphides de M. Mac Lachlan. (*Ibid.*, C. R., 3 février 1872.)

Sur les formes de la *Zygœna trifolii* et sur une notice de M. Briggs. (*Ibid.*, C. R., 6 juillet 1872.)

Revision des Psocides décrites par Rambur, suivie de la liste des espèces de cette famille observées en Belgique. (T. XVI, 1873.)

Notice nécrologique sur le comte Léon de Borchgrave, décédé le 3 janvier 1873. (*Ibid.*, C. R., 11 janvier 1873.)

Sur les limites de la Faune européenne. (*Ibid.*, C. R., 1er mai 1873.)

Rectification sur les *Syrichtus* de la Belgique cités par M. Quaedvlieg. (*Ibid.*, C. R., 5 juillet 1873.)

Addition aux Lépidoptères des Hautes-Fagnes. (*Ibid.*, C. R., 5 juillet 1873.)

Sur les questions de priorité en nomenclature, les noms de catalogues, de collections et ceux *in litteris.* (T. XVII, 1874.)

Sur l'aberration *ichnusoides* de la *Vanessa urticœ.* (*Ibid.*, C. R., 7 mars 1874.)

Note sur une excursion à Maeseyck. (*Ibid.*, C. R., 4 juillet 1874.)

Note sur le genre Agrion, et suite. (T. XIX, C. R., 6 mai et 1er juillet 1876.)

Note sur un voyage scientifique en Autriche et en Hongrie. (*Ibid.*, C. R., 7 octobre 1876.)

Examen de quelques Acridides d'Espagne envoyés par MM. Lichtenstein et Ign. Bolivar. (T. XX, C. R., 6 janvier 1877.)

Névroptères recueillis le 24 juin pendant une excursion à Calmpthout. (*Ibid.*, C. R., 7 juillet 1877.)

Nouvelle excursion aux Hautes-Fagnes avec M. Mac Lachlan. (*Ibid.*, C. R., 4 août 1877.)

Encore l'*Acridium peregrinum*.(*Soc. ent. de Belg.*, C.R., 4 août 1877.)

Lettre de M. Samuel Scudder et observations sur l'*Acridium peregrinum*. (T. XXI, C. R., 5 janvier 1878.)

Diagnose de deux espèces nouvelles de Caloptérygines de Panama. (*Ibid.*, C. R., 2 février 1878.)

Note sur deux Libellulines du genre *Urothemis*. (*Ibid.*, C. R., 4 mai 1878.)

Rectification concernant l'*Epitheca Yamaskanensis*. (*Ibid.*, C. R., 1er juin 1878.)

La *Libellula erythræa* en Belgique. (*Ibid.*, C. R., 6 juillet 1878.)

Revision des *Ophiogomphus* et description de quatre espèces nouvelles de Gomphines américaines. (T. XXII, C. R. 3 mai 1879.)

Apparition d'une quantité de *Lepas anatifera* à Ostende. (*Ibid.*, C. R., 2 août 1879.)

La sous-famille des Psocines en Angleterre, en Belgique et en Scandinavie. (*Ibid.*, C. R., 6 décembre 1879.)

Ascalaphus Cunii et *Laïs Devillei* avec un tableau des *Laïs*. (T. XXIII, C. R., 3 avril 1880.)

Neophya, Selys, nouveau genre de Cordulines. (T. XXV, C. R., 5 février 1881.)

Sur quelques variétés ou aberrations des *Zygæna* de Belgique. (T. XXVI, C. R., 1er juillet 1882.)

Note sur le genre *Gomphomacromia* Brauer (*Ibid*, C. R., 2 décembre 1882.)

Les Odonates du Japon. (T. XXVII, 1883.)

Rapport du président de la Société. (*Ibid.*, C. R., 26 décemb. 1883.)

Revision des Diplax paléarctiques. (T. XXVIII, 1884.)

Diagnose d'un nouveau *Macrogomphus*. (*Ibid.*, C. R., 5 janv. 1884.)

Rapport du président de la Société. (*Ibid.*, C. R., 26 décemb., 1884.)

Le quarantième anniversaire de la fondation de la Société entomologique néerlandaise. (T. XXIX. C. R. I. août 1885.)

Programme d'une Révision des Agrionines. — Rectification concernant l'*Onych. Genei* et signalement de deux Gomphines nouvelles. (*Ibid.* C. R. 5 décembre 1885.)

(*Bulletins de la Société royale de Botanique de Belgique.*)

Sur une variété pyramidale du *Populus virginiana* Desf. (*P. monilifera* Ayton). Variété *erecta* Selys. (T. III, 1864.)
Les arbres à Longchamps-sur-Geer (commune de Waremme) après l'hiver de 1879-1880. (T. XIX, 1881.)

Collaboration à quelques ouvrages belges.

Catalogue des oiseaux des environs de Liège classés d'après une nouvelle méthode. (*Dictionnaire géographique de la province de Liège*, publié par Ph. Van der Maelen, 1831.)
Liste des genres d'insectes aptères, névroptères et lépidoptères de la province de Liège. (Dans le même volume.)
Aperçu sur les animaux utiles ou nuisibles de la Belgique. (Dans le *Rapport décennal sur la situation administrative du royaume*, 1851.)
Mammifères, oiseaux et reptiles de la Belgique. (Dans la *Patria belgica*, publiée sous la direction de M. Eug. Van Bemmel, t. I, 1873.)

Articles insérés dans des publications périodiques étrangères.

(*Annales de la Société entomologique de France.*)

Note sur quelques Libellules d'Europe. (2e série, t. I, 1843.)
Lettre sur quelques Lépidoptères recueillis en Italie en 1838. (2e série, t. II, 1844.)
Détails sur le résultat de chasses entomologiques aux Eaux-Bonnes et à Biarritz en 1857. (3e série, t. VI, 1858.)
Correction aux espèces et variétés nouvelles de Lépidoptères décrites dans l'énumération des Lépidoptères de la Belgique. (*Ibid.*, t. VII, 1859.)
Catalogue des Odonates de Sicile, recueillis par M. Bellier de la Chavignerie. (*Ibid*, t. VIII, 1860.)

(*Magasin de Zoologie*, publié par M. Guérin-Méneville.)

Description de la *Cordulia splendens*. (T. XIII, 1843.)

(*Revue Zoologique*, sous la direction de M. Guérin-Méneville.)

Nouvelles espèces du genre Campagnol. (1838.)

Campagnols inédits. — Analyse d'une classification des Oiseaux passereaux. — Diagnose de trois espèces européennes d'*Æschna* des sous-genre *Anax*. (1839.)

Sur trois espèces nouvelles du genre *Agrion*. (1840.)

Nouvelles Libellulidées d'Europe. — Analyse de l'ouvrage du Dr Hagen : *Synonymia Libellularum europœorum*. (1841.)

Observations sur l'ouvrage de M. Lesson intitulé : Nouveau tableau du règne animal. (1842.)

Note sur quelques petits mammifères du midi de la France. — Réponse à M. Lesson. (1843.)

Analyse de l'ouvrage de M. le comte von der Mühle (Beitrage zur Ornithologie Griechenlands). — Note sur un nouveau Cordulegaster d'Europe. (1844.)

Analyse de la revue critique des Oiseaux d'Europe de M. le Dr Schlegel. — Lettre sur le t. XVII de l'*Histoire des Poissons* de M. Valenciennes. (1845.)

Note sur le *Passer pusillus*, Pallas, et la *Sylvia icterina*, Vicillot.— Distribution géographique des Campagnols en Europe.— Sur le Campagnol mineur de M. J. Ray. (1847.)

Liste des Libellules d'Europe et diagnose de quatre espèces nouvelles. — Résumé concernant les Oiseaux brévipennes mentionnés dans l'ouvrage de M. Strickland sur le Dodo. — Analyse de cet ouvrage. (1848.)

Analyse de l'ouvrage : *Catalogue des Oiseaux d'Europe* du prince Charles-Lucien Bonaparte, et *Annotations* par ce dernier. (1857.)

Note sur plusieurs Odonates de Madagascar et des îles Mascareignes. (1872.)

(*Bulletins de l'Académie d'Hippone,* Bone, Algérie).

Odonates de l'Algérie (*Bulletin,* n° 1, 1865). Additions. (N° 2, 1866.)

(*Bulletins de la Société nationale d'acclimatation de Paris.*)

Repeuplement des cours d'eau en Belgique. (Mars 1883.)

(*Bulletins de la Société zoologique de France.*)

Excursion à l'ile d'Helgoland en septembre 1880. (T. VII, 1882.)
Considérations sur le genre Mésange (*Parus*). (T. IX, 1884.)

(*Atti dell' I. R. Academia dei Georgofili, de Florence.*)

Description d'une nouvelle espèce de Campagnol propre à l'Italie (*Arvicola Savii,* Selys). Vol. XVII des *Atti.* (1838.)

(*Mémoires de l'Académie royale de Turin.*)

Résumé géographique sur les Libellules de l'Italie continentale et insulaire. (2e série des *Mémoires,* t. II, 1851.)

(*Annali del Museo civico di storia naturale di Genova.*)

Nouvelles observations sur les Odonates de la région de la Nouvelle-Guinée. (Vol. XIV, 1879.)
Spedizione italiana nell' Africa centrale (Odonati). (Vol. XVI, 1881.)

(*Añales de la Societad Española de Historia naturale,* Madrid).

Odonates des Philippines. (T. XI, 1882.)

(*Annals and Magazine of natural history*, Londres).

Revision of the British Libellulidæ, presented in the Meeting of the British Association for the Advancement of science in Cambridge 1845. (T. XVIII.) — Un abrégé de ce travail est donné dans le *Zoologist* de Newman. (1846.)

(*Ibis, Journal of Ornithology*, Londres).

Notes of various Birds observed in Italian Museums in 1866. (New series, vol. VI, 1870.)

(*Transactions of Entomological London Society.*)

Aperçu statistique sur les Névroptères Odonates. (1871.)

(*Entomologist's Monthly Magazine*, Londres).

Notes on Two New Genera of *Psocidæ* (*Psyllipsocus* and *Hemipsocus*, Selys). December 1872.
Description of a New species of *Phyllomacromia* (*Ph. contumax*). 1879.

(*Naumannia, Journal für die Ornithologie*, Dessau).

Bemerkungen über die Wahren Ganse (Anser) Europa's. (1855.) Page 260 et Additions, p. 397.
Bemerkungen über einige Vögels Europa's, et revue des hybrides observés dans la famille des Anatidées. (1856.)

(*Mittheilungen des kgl. zoolog. Museums in Dresden.*)

Odonates de la région de la Nouvelle-Guinée. (Heft 3, 1878.)

Articles publiés dans les actes des Congrès scientifiques et dans différents ouvrages à l'étranger.

(*Congrès scientifique de France.*)

Travail relatif à l'ordre des Passereaux. Rapport et Analyse par M. Holandre. (5e session, Metz, 1837.)
De l'intérêt des collections d'histoire naturelle locale et des moyens de les instituer. (35e session, Montpellier, 1868.)
Liste rectifiée des Cyprinidées de Belgique et observations sur les moyens de repeupler les rivières. (36e session, Chartres, 1869.)

(*Association française pour l'avancement des sciences.*)

Sur la distribution des insectes Odonates en Afrique. (Congrès d'Alger, 1881.)

(*Atti delle Riunioni degli Scienziati italiani.*)

Extrait d'une lettre sur la *Motacilla cinereocapilla.* (Prima Riunione, Pisa, 1839, p. 185.)
Analyse d'un Mémoire intitulé : Nuove notizie risguardante parecchi picoli Mammiferi d'Europa dei Generi *Sorex, Mus, Arvicola,* p 224. — Examen de divers animaux soumis à la section de Zoologie, p. 246. (Seconda Riunione, Torino, 1840.)
Analyse d'un Mémoire sur les Libellulidées d'Italie, p. 338. — Analyse d'un programme pour les observations périodiques sur les migrations des Oiseaux. (Terza Riunione, Firenze, 1841.)
Analyse d'une lettre sur différents Campagnols et Oiseaux, p. 314.— Eleneo de' Topi Campagnoli d'Europa, p. 319. (Sesta Riunione, Milano, 1845)

(*Congrès de médecine publique,* Anvers 1886).

Sur le manque de publicité en matière d'épidémies.

(*Exploration scientifique de l'Algérie,* Paris).

Libellulines de l'Algérie. (Animaux articulés, 3e partie, p. 115.)

(*Notes sur l'île de la Réunion,* par M. Maillard (Paris).

Névroptères de l'île de la Réunion. (1856.)

(*Histoire physique, politique et naturelle de l'île de Cuba,* par Ramon de la Sagra).

Odonates de Cuba (Insectes. p. 436 de la traduction française).

(*Nouveau guide de l'amateur d'insectes,* publié par Deyrolle, Paris).

De la chasse et de la préparation des Névroptères. (1859.)
Le même travail revu dans la 3e édition. (1868.)

(*Le livre de la ferme et des maisons de campagne,* sous la direction de M. P. Joigneaux).

Des animaux vertébrés nuisibles ou utiles. (T. II, ch. 36, 1865.)
Le même article dans la 2e édition. (1884.)

(*Recherches sur la Faune de Madagascar,* par MM. H. Schlegel et Fr. Pollen, Leyde).

Odonates recueillis à Madagascar et aux îles Masseareignes et Comores. (1867.)

SPRING (Walthère-Victor), ✠, domicilié à Liège, rue Paul Devaux, 1; né à Liège, le 6 mars 1848; ingénieur des mines et des arts et manufactures; professeur de chimie générale à l'Université de Liège; professeur de physique mathématique à l'Université de Liège; élu correspondant de l'Académie le 14 décembre 1877; membre, le 15 décembre 1884.

PUBLICATIONS ACADÉMIQUES.

Mémoires.

Recherches sur les proportions d'acide carbonique contenues dans l'air. En collaboration avec L. Roland. 1885. (*Mém.* in-8°, t. XXXVII.)

Bulletins (2e *série*).

Quelques faits pour servir à l'étude de la constitution des composés oxygénés du soufre. 1873. (T. XXXVI.)

Note sur la constitution de l'acide hyposulfureux. 1873. (*Ibid.*)

Nouvelles synthèses de l'acide hyposulfureux et de l'acide trithionique. 1874. (T. XXXVII.)

Nouvelles recherches sur la constitution des acides polythioniques. 1874. (T. XXXVIII.)

Note sur deux nouveaux chlorures d'acides organiques. 1874. (*Ibid.*)

Notice sur l'action du pentachlorure du phosphore sur les hyposulfites inorganiques. 1874. (*Ibid.*)

Sur la dilatation, la chaleur spécifique des alliages fusibles et leurs rapports avec la loi de la capacité des atomes des corps simples et composés pour la chaleur. 1875. (T. XXXIX.)

Recherches sur les acides du chlore. 1875. (*Ibid.*)

Étude des phénomènes capillaires; exposé de quelques faits nouveaux. 1876. (T. XLI.)

Sur le développement de l'électricité statique. 1876. (*Ibid.*)

Recherches sur les acides tétra- et trithioniques. 1876. (T. XLII.)

Sur l'écoulement du mercure par des tubes capillaires et les phénomènes électriques qui l'accompagnent. 1876. (*Ibid.*)

Notice sur l'action du chlore sur le peroxyde d'argent. En collaboration avec P. Arisqueta. 1876. (*Ibid.*)

Recherches expérimentales sur le daltonisme. Moyens de le produire et de le corriger. En collaboration avec J. Delbœuf. 1878. (T. XLV).

Mémoire sur la non-existence de l'acide pentathionique. 1878. (T. XLV.)

Note préliminaire sur la propriété que possèdent les fragments des corps solides de se souder par l'action de la pression. 1878. (*Ibid.*)

Sur la constitution des composés oxygénés de l'azote. En collaboration avec E. Durand. 1878 (T. XLVI.)

Recherches sur quelques nouveaux sels basiques de mercure et sur un cas d'isomérie du sulfure de mercure. 1879. (T. XLVII.)

Recherches sur la propriété que possèdent les corps de se souder sous l'action de la pression. 1880. (T. XLIX)

(3e *série*).

Nouvelles données sur la non-existence de l'acide pentathionique. 1881. (T. I.)

Sur la transformation du méthylchloracétole en acétone et en thiacétone. 1881. (*Ibid.*)

Sur la dilatation du soufre, du sélénium et du tellure. 1881. (T. II.)

Sur le poids spécifique du soufre de Ch. Ste-Claire Deville. 1881. (*Ibid.*)

De l'action du chlore sur les combinaisons sulfoniques et sur les oxysulfures organiques. En collaboration avec C. Winssinger. 1re communication. 1881. (*Ibid.*)

Sur les éthers composés de l'acide hyposulfureux. En collaboration avec E. Legros. 1881. (*Ibid.*)

Sur la dilatation des aluns. 1882. (T. III.)

Sur le siège des orages et leur origine 1882. (T. IV.)

Sur les éthers composés de l'acide hyposulfureux; deuxième travail. 1882. (*Ibid.*)

Sur la dilatation de quelques sels isomorphes. 1882. (*Ibid.*)

De l'action du chlore sur les combinaisons sulfoniques et sur les oxysulfures organiques. Deuxième communication. En collaboration avec C. Winssinger. 1882. (*Ibid.*)

La couleur des eaux 1883. (T. V.)

Quelques observations à propos de la duplothiacétone 1883. (*Ibid.*)

Formation de quelques arséniures métalliques par l'action de la pression. 1883. (*Ibid.*)

Formation de sulfures métalliques sous l'action de la pression. Considérations qui en découlent touchant les propriétés des états allotropiques du phosphore et du carbone. 1883. (*Ibid.*)

Sur l'élasticité parfaite des corps solides chimiquement définis. Analogie nouvelle entre les solides, les liquides et les gaz. 1883. (T. VI.)

Note sur un nouveau dilatomètre différentiel. Son application à l'étude de la dilatation des aluns. 1883. (*Ibid.*)

De l'action du chlore sur les combinaisons sulfoniques et sur les oxysulfures organiques; troisième communication. En collaboration avec C. Winssinger. 1884 (T. VII.)

Réaction du carbonate de sodium et du sulfate de baryum sous l'influence de la pression. 1885. (T. X.)

Plusieurs rapports sur des travaux de chimie et de physique présentés à l'Académie par divers auteurs.

OUVRAGES NON PUBLIÉS PAR L'ACADÉMIE.

(*Annales de la Société géologique de Belgique.*)

Hypothèses sur la cristallisation. 1875. (T. II.)

Essai d'une méthode nouvelle pour déterminer l'époque relative du plissement des couches d'un terrain. 1879. (T. VI.)

Notice sur la véritable origine de la différence des densités d'une couche de calcaire dans les parties concaves et dans les parties convexes d'un même pli. 1884. (T. XI.)

Étude sur les eaux de la Meuse; détermination des quantités de matières diverses roulées par les eaux de ce fleuve pendant l'espace d'une année. En collaboration avec E. Prost, 1884, t. XI.

Les mines de diamants de l'Afrique australe. 1881. (T. VIII.)

(*Annalen der Chemie und Pharmacie.*)

Ueber die Nichtexistenz der Pentathionsäure. (1879, t. 199.)

Entgegnung auf die Mittheilung des Herrn J. Kessler über die angebliche Nichtexistenz der Pentathionsäure. (1876, t. 201.)

(*Berichte der deutschen chemischen Gesellschaft.*)

Bildung von Legierungen durch Druck. (1883, t. XV.)

Ueber Kupfersulfid im Colloïdalzustande. (1883, t. XVI.)

Bemerkungen über die Arbeit des Herrn Jannetaz, Neel, und Clermont über die Krystallisation der Körper unter hohem Druck. (1883, t. XVI.)

Ueber die Ausdehnung der Alaune. (1884, t. XVII.)

Bemerkungen über ein Referat der Herrn Gabriel. (*Ibid.*)

Beitrag zur Kenntniss der Massenwirkung (1885, t. XVIII.)

(*Bulletins de la Société chimique de Paris.*)

De l'action de la pression sur les corps solides en poudre. (1839, t. XL.

Sur les quantités de chaleur dégagées pendant la compression des corps solides. (1884, t. XLI.)

Sur les quantités de sulfures qui se forment par des compressions successives de leurs éléments. (1884, t. XLI).

(*Ciel et Terre.*)

Sur la poussière organique de l'air de la ville de Liège. En collaboration avec M. Roland. (1885, t. VI.)

Ouvrages particuliers.

Des méthodes scientifiques et de la signification des théories dans les sciences inductives. Liège, 1877; chez Vaillant-Carmanne.

Rapport fait au nom de la faculté des sciences de l'Université de Liège sur la revision des lois de 1849 et de 1876 sur l'enseignement supérieur. Liège, 1881.

Réponse aux observations présentées par MM. Chandelon, de Cuyper, Gillon et Trasenster sur le rapport précédent. Liège, 1881.

STAS (JEAN-SERVAIS), G. O. ✠, domicilié à St-Gilles (Bruxelles), rue de Joncker, 15; né à Louvain le 21 août 1815; docteur en médecine; ancien professeur à l'École militaire de Bruxelles; ancien commissaire des monnaies; conseil technique de la Banque Nationale; élu correspondant de l'Académie le 7 mai 1841; membre, le 14 décembre 1841; directeur de la Classe des sciences en 1853, en 1871 et en 1880.

PUBLICATIONS ACADÉMIQUES.

Mémoires.

Nouvelles recherches sur les lois des proportions chimiques, sur les poids atomiques et leurs rapports mutuels. 1865. (*Mém. des membres*, t. XXXV.)

De la détermination du rapport proportionnel entre l'argent, le chlorure et les bromures. 1876-1881. (*Ibid.*, t. XLII.)

(Ces travaux ont obtenu la « Davy medal » de la « Royal Society » de Londres.)

Bulletins (*1re série*).

Note sur l'action de l'hydrogène sur quelques matières chlorées. (T. VIII, 1o.)

Recherches chimiques sur les propriétés et la composition de l'acétal. (T. XIII, 2o.)

Nouvelles recherches sur le véritable poids atomique du carbone. (T. XVI, 1o.)

De l'organisation de l'ancienne Université de Louvain et de son influence sur le développement intellectuel du pays, discours prononcé comme directeur à la séance publique de la Classe des sciences, le 16 décembre 1853. (T. XX, 3o.)

(2e *série*.)

Recherches sur les rapports réciproques des poids atomiques. (T. X.)

(Ce travail a obtenu le prix quinquennal des sciences physiques et mathématiques pour la 3e période : 1859-1863.)

Note sur la découverte par M. Scacchi d'un corps nouveau dans la lave du Vésuve. (T. XLIX.)

La science et l'imagination, discours prononcé comme directeur à la séance publique de la Classe des sciences, le 16 décembre 1880. (T. L.)

(Un grand nombre de rapports, comprenant des expériences faites par le même auteur, ont été en outre insérés aux *Bulletins*. (Voir les tomes X, XI, XIII à XVI et XVIII à XXIII de la 1re série; les tomes I, IV, VI à XIII, XV à XIX, XXI à XXXVII, XLI-XLVII, XLIX et L de la 2e série; et les tomes I à XI de la 3e série.)

Annuaire.

Notice nécrologique sur Auguste-Donat de Hemptinne. Année 1857.

OUVRAGES NON PUBLIÉS PAR L'ACADÉMIE.

Recherches médico-légales sur la nicotine, suivies de quelques considérations sur la manière générale de déceler les alcalis organiques dans le cas d'empoisonnement. (*Bull. de l'Acad. roy. de méd. de Belg.*, t. XI, n° 2.)

Notice historique sur J.-B.-F. Van Mons. (*Ibid.*, année 1842-1843.)

Recherches chimiques sur la phloridzine. Paris, 1839. (*Annales de chimie et de physique.*)

Second mémoire sur les types chimiques, par MM. J. Dumas et J.-S. Stas. Paris, 1848. (*Ibid.*, t. LXXIII.)

Recherches sur le véritable poids atomique du carbone, par les mêmes. Paris, 1841. (Lues à l'Académie des sciences de Paris le 21 décembre 1840 et insérées dans les *Annales de chimie et de physique*, 3e série, t. I.)

Recherches de statique chimique au sujet du chlorure et du bromure d'argent. (*Annales de chimie et de physique* : première partie, année 1872; deuxième et troisième parties, année 1874.)

Rapports industriels. — Bougies stéariques; allumettes chimiques; blanc de céruse; blanc de zinc; peinture à la céruse; peinture au blanc de zinc; outremer artificiel. (*Rapports faits au nom du jury mixte international;* Paris, 1856.)

Produits chimiques : acide sulfurique; sulfate de soude; sel de soude; gélatines et colles fortes; silicate de potasse; bougies stéariques; allumettes chimiques; savons; vernis; caoutchouc; cuirs; papiers et cartons; blanc de céruse; blanc de zinc; outremer artificiel. — Préparation et conservation des substances alimentaires : farines; pâtes; amidons; sucres; alcools. (*Rapports du jury belge de l'Exposition universelle de Paris en 1855;* Bruxelles, 1856.)

Rapport sur l'industrie stéarique au jury de l'Exposition universelle de Londres en 1862. (*Reports by the juries;* London, 1863.)

Rapports sur l'industrie des corps gras : acides gras; huiles et graisses; savons; hydrocarbures; huile de schiste; pétrole; paraffine; éclairage aux hydrocarbures; gélatine et colle forte; appareils destinés à la distillerie; appareils réfrigérants pour les mouts de bière et les vinasses de distillerie. (Insérés dans le tome Ier des *Rapports du jury belge de l'Exposition universelle de Londres;* Bruxelles, 1863.)

Rapport sur des travaux exécutés sur le platine iridié employé à la confection des règles, par MM. Broch, Sainte-Claire Deville et Stas, rapporteur. (*Procès-verbaux du Comité international des poids et mesures,* Paris, 1877.)

De l'analyse du platine iridié employé par la section française de la Commission internationale du mètre à la confection des prototypes, par MM. Sainte-Claire Deville et Stas. (*Procès-verbaux du Comité international des poids et mesures,* Paris, 1877-1878.)

Des types en platine, en iridium et en platine iridié à différents titres, par MM. Broch, Sainte-Claire Deville et Stas, rapporteur. (*Procès-verbaux du Comité international des poids et mesures,* Paris, 1878-1879.)

De la règle-type en forme d'*x* et en platine iridié à 10 % d'iridium, par MM. Broch, Sainte-Claire Deville et Stas, rapporteur. (*Procès-verbaux du Comité international des poids et mesures,* Paris, 1879-1880.)

Recherches sur l'absorption par la peau humaine saine d'une solution aqueuse très diluée d'arséniate de sodium et d'iodure de potassium, et de l'absorption de l'iode de sa teinture appliquée sur la peau humaine saine et sur la peau humaine recouverte de son épiderme altéré. (*Bulletin de l'Académie royale de médecine de Belgique,* 1886.)

STEICHEN (Michel), O. ✠, domicilié à Ixelles, rue de Berlin, 44; né à Burange (grand-duché de Luxembourg) le 29 septembre 1804; ex-professeur au Collège de Hasselt; ex-professeur à l'École industrielle de Verviers; professeur émérite à l'École militaire; élu correspondant de l'Académie le 15 décembre 1861; membre, le 15 décembre 1868.

PUBLICATIONS ACADÉMIQUES.

Mémoires.

Sur les polyèdres réguliers. 1859. (*Mémoires* in-8°, t. IX.)
Sur le calcul des variations. 1862. (*Ibid.*, t. XIV.)
Sur la roue à palettes, emboîtée dans un coursier rectiligne, et sur la roue à aubes courbes. 1864. (*Ibid.*, t. XVI.)
Questions de mécanique physique. 1871. (*Mém. des memb.*, t. XXXVIII.)

OUVRAGES NON PUBLIÉS PAR L'ACADÉMIE.

Considérations générales sur les courbes algébriques. 1844. (*Mémoires de la Société royale des sciences de Liége*, t. I.)
De l'équilibre de la vis à filets triangulaires. 1844. (*Ibid.*)
Sur la théorie de la machine à vapeur. 1848. (*Ibid.*, t. IV.)
De l'équilibre physique de diverses machines. 1853. (*Ibid.*, t. VIII.)
De l'effet utile de la vapeur d'eau. 1860. (*Annales des travaux publics*; in-8°.)

Essai d'une théorie générale du centre des forces. 1849. (*Journal de Crelle*, in-4°, t. XXXVIII.)

Sur le mouvement de rotation et naissant des corps solides. 1852. (*Ibid.*, t. XLIII et t. XLVI.)

Réflexions sur les moments et autres sujets de statique. 1852. (*Ibid.*, t. LXIV.)

De la propriété fondamentale du mouvement cycloïdal; sa liaison avec le principe des rotations. 1853. (*Ibid.*, t. LXVI.)

De la question réciproque du centre de percussion. 1853. (*Ibid.*, t. LXVIII.)

Considérations sur le polygone funiculaire et la chaînette. 1855. (*Ibid.*, t. L.)

Mémoire sur la vie et les travaux de Simon Stévin. Bruxelles, 1846; in-8°.

Examen de quelques difficultés de mécanique; des figures d'équilibre stable et instable; et quelques autres articles. (*Journal de Liouville* et *Bulletin du Musée de l'industrie*, etc.)

Cours de statique élémentaire ou principes fondamentaux de l'équilibre des forces et de la science des pressions. Bruxelles, 1843; in-8°.

Un supplément à la géométrie, destiné à servir d'introduction à l'étude de la mécanique. Bruxelles, 1885; in-8°.

TILLY (Joseph-Marie **DE**), O. ✠, domicilié à Anvers, rue Houblonnière, 2[1] (à l'Arsenal); né à Ypres le 16 août 1837; professeur à l'École militaire, de 1868 à 1877; lieutenant-colonel d'artillerie; directeur de l'Arsenal de construction; élu correspondant de l'Académie le 15 décembre 1870; membre, le 16 décembre 1878; vice-directeur de la Classe des sciences en 1886.

PUBLICATIONS ACADÉMIQUES.

Mémoires.

Études de mécanique abstraite. 1868. (*Mémoires* in-8°, t. XXI.)

Note relative au frottement de glissement sur les surfaces héliçoïdes réglées. 1870. (*Ibid.*, t. XXII.)

Bulletins (2e *série*).

Sur les surfaces à courbure constante. 1870. (T. XXX.)

Sur le roulement des rouleaux et des roues sur un plan d'appui. 1871. (T. XXXII.)

Sur quelques formules de balistique appliquée. 1872. (T. XXXIV.)

Sur la formule qui donne, en série convergente, la somme des logarithmes népériens des $x - 1$ premiers nombres. 1873. (T. XXXV.)

Sur les axes instantanés glissants et les axes centraux. 1873. (*Ibid.*)

Rapport sur un mémoire de M. Genocchi, relatif à la géométrie et à la mécanique abstraites. 1873. (T. XXXVI.)

Sur la similitude mécanique. 1873. (*Ibid.*)

Rapport sur un mémoire de M. Genocchi, relatif à la fonction $l.\Gamma(x)$. 1873. (*Ibid.*)

Note sur la similitude mécanique, et, en général, sur le mouvement d'un corps solide de révolution. 1874. (T. XXXVII.)

Sur la généralisation de la formule de Binet. 1874. (T. XXXVIII.)

Rapports sur divers travaux présentés à l'Académie.

(3e *série*.)

Sur le théorème de Chasles relatif aux axes centraux. 1883. (T. V)

Sur l'équation de Riccati et sa double généralisation. 1885. (T. IX.)

Rapport et Note complémentaire sur un mémoire d'analyse de M. Lagrange. 1885. (T. X.)

Rapports sur divers travaux présentés à l'Académie.

Annuaire.

Notice nécrologique sur la vie et les travaux de Lamarle. Année 1879.

Centième anniversaire de fondation.

Rapport séculaire sur les travaux mathématiques de l'Académie.

OUVRAGES NON PUBLIÉS PAR L'ACADÉMIE.

(*Moniteur belge.*)

Rapport sur le concours quinquennal des sciences physiques et mathématiques. (21 décembre 1884.)

(*Annales de la Société scientifique de Bruxelles.*)

Rapport sur un mémoire de M. Gilbert relatif à la formule d'Ampère pour l'attraction des courants. (1re année, 1875-1876.)
Sur une lacune qui semble exister au début de l'enseignement de la géométrie descriptive. (9e année, 1884-1885.)

(*Mémoires de la Soc. des sc. physiques et nat. de Bordeaux.*)

Notice sur deux traités récents de balistique et sur l'état actuel de cette science. (1re sér., t. IX, 1874.)
Note sur la théorie de la rotation des projectiles et sur la similitude mécanique. (2e sér., t. II, 1877.)
Essai sur les principes fondamentaux de la géométrie et de la mécanique. (2e sér., t. III, 1878.)

(*Comptes rendus de l'Académie des sciences de Paris.*)

Note sur les surfaces orthogonales. (T. LXXXVII, 1878.)

(*Bulletin des sciences mathématiques et astronomiques.*)

Articles divers, notamment des analyses de travaux publiés par l'Académie de Belgique, et des comptes rendus d'ouvrages de géométrie non euclidienne.

(*Nouvelle Correspondance mathématique.*)

Sur une série de M. Catalan. (T. I, 1875.)
Sur les axes instantanés glissants et les axes centraux dans les corps solides en mouvement. (*Ibid.*)
Note sur la théorie mathématique des erreurs. (*Ibid.*)
Sur un mémoire de Libri. (T. II, 1876.)
Sur les asymptotes des courbes algébriques. (*Ibid.*)
Extraits d'une lettre à M. Catalan. (*Ibid.*)
Sur un problème relatif au cylindre. (T. III, 1877.)
Sur la résolution des problèmes qui exigent des constructions dans l'espace avec la règle et le compas. (T. IV, 1878.)
Extraits d'une lettre à M. Catalan. (*Ibid.*)
Extraits d'une lettre à M. Catalan. (T. V, 1879.)
Extraits de lettres à M. Catalan. (T. VI, 1880.)

(*Mathesis.*)

Sur les équations différentielles linéaires simultanées. (T. V, 1885.)
Sur les constructions dans le plan et dans l'espace avec la droite seule. (*Ibid.*)
Sur l'axe central et l'axe instantané glissant. (*Ibid.*)

(*Conférences militaires belges.*)

Balistique. 1875.

(*Revue de technologie militaire.*)

Mémoire sur la mesure des petits angles et l'appréciation des distances en artillerie. (T. III, 1863.)

(*Annuaire d'art, de sciences et de technologie militaires.*)

Balistique intérieure. (2e année, 1874.)

(*Revue belge d'art, de sciences et de technologie militaires.*)

Mémoire sur diverses questions de balistique. (1re année, 1876, t. II.)
Note sur le cerclage des canons, à propos de deux mémoires relatifs à cette question. (1re année, 1876, t. IV.)
Seconde note sur le cerclage des canons. (4e année, 1879, t. IV.)

(*Revue militaire belge.*)

Sur les diverses lois proposées pour la résistance de l'air, les tables balistiques qui en résultent, et sur une découverte récente de M Greenhill. (8e année, 1883, t. II.)

VALÉRIUS (Hubert), O. ✠, domicilié à Gand, rue Basse, 45; né à Diekirch (grand-duché de Luxembourg), le 29 août 1820; docteur en sciences et en médecine; professeur de physique à l'Université de Gand; élu correspondant de l'Académie le 15 décembre 1869.

PUBLICATIONS ACADÉMIQUES.

Mémoires.

Mémoire sur les vibrations de fils de verre attachés par une de leurs extrémités à un corps vibrant et libres à l'autre. 1865. (*Mémoires* in-8°, t. XVII.)
Sur un nouveau chronoscope électrique à cylindre tournant, fondé sur l'emploi du diapason. 1865. (*Ibid.*)

Bulletins (*1re série*).

Rapport sur le concours quinquennal des sciences physiques et mathématiques. 1854. (T. XXI, 2e)

(2e *série.*)

Note sur un nouveau procédé expérimental pour déterminer la distance focale principale des miroirs sphériques convexes et des lentilles divergentes. 1863. (T. XV.)

Sur la constitution intérieure des corps. (T. XIX.)

Description d'un procédé pour mesurer l'avantage de la vision binoculaire sur la vision au moyen d'un seul œil. 1872. (T. XXXIV.)

Note sur la température de combustion des combustibles ordinaires brûlés à l'air libre. (T. XXXVIII.)

Note sur la théorie de l'emploi de l'air chaud dans les hauts-fourneaux. 1875. (T. XXXIX.)

Note sur la limite inférieure de la température de combustion des houilles. (T. XLII.)

Note sur un effet singulier du courant électrique. (T. XLIV.)

Rapport sur un travail de M. P. de Heen relatif à la fluidité des liquides. (T. XLV.)

Note sur les variations du calorique spécifique de l'acide carbonique aux hautes températures. (T. XLVIII.)

(3e *série.*)

Note sur une nouvelle illusion d'optique. (T. VI.)

Note sur le mode d'action des paratonnerres du système Melsens. (T. VI.)

OUVRAGES NON PUBLIÉS PAR L'ACADÉMIE.

Cours de chimie organique et inorganique de Woehler, traduit et annoté par MM. Mareska et H. Valérius. (Paris, chez Mathias, quai Malaquais, 15, 1848; 2 vol. in-8o.)

Mémoire sur l'emploi de l'électricité en médecine. (*Bulletin de la Société de médecine de Gand.* Gand, 1852; in-8o.)

Rapport sur les mémoires envoyés au concours de 1852 de la Société de médecine de Gand. (*Ibid.*)

Note sur l'atrophie musculaire progressive. (*Ibid.*, 1855; in-8o.)

Note sur les dangers que présente l'application de l'électricité au traitement des affections nerveuses, lorsqu'elle est faite contrairement aux règles de l'art. (*Bulletin de la Société de médecine.* Gand, 1843; in-8o.)

Rapport sur un mémoire de M. Saurel relatif à la paralysie musculaire atrophique. (*Ibid.*, 1854; in-8o.)

Note sur le développement du bassin. (*Ibid.*, 1857; in-8o.)

Analyse de l'ouvrage de M. le docteur Moritz-Meyer : Die Electricität in ihrer Anwendung auf practische Medicin. 2e édition. Berlin, 1861. (*Ibid.*)

Note sur le traitement de l'asthme nerveux. (*Ibid.*)

Mécanisme du développement du bassin, par le docteur L.-J. Hubert, avec des notes critiques sur la théorie de M. Gavarret. (*Mémoires de l'Académie royale de médecine de Belgique*, t. IV, 1856; in-4o.)

Les phénomènes de la nature. (Bruxelles, chez Ch. Muquardt, éditeur, 1858; 2 vol. in-8o.)

Rapport sur le concours quinquennal des sciences physiques et mathématiques, période de 1869-1873. (*Moniteur belge* du 26 novembre 1874, no 330.)

Traité théorique et pratique de la fabrication du fer et de l'acier, accompagné d'un exposé des améliorations dont elle est susceptible principalement en Belgique, par B. Valérius. Deuxième édition originale française, publiée d'après le manuscrit de l'auteur, et augmentée de plusieurs articles par H. Valérius, professeur à l'Université de Gand. Un volume gr. in-8o, texte compact, contenant la matière de deux forts volumes ordinaires; avec un atlas de 45 planches gravées, in-fol. Paris, chez Gauthier-Villars, éditeur, 1875.

Les applications de la chaleur. 3e édition. (Paris, chez Gauthier-Villars, éditeur, 1875; in-8o.)

VAN DER MENSBRUGGHE (Gustave-Léonard), ✠, domicilié à Gand, Coupure, 89; né à Gand le 13 février 1835; répétiteur à l'École du Génie civil annexée à l'Université de Gand; professeur à l'Université de Gand; élu correspondant de l'Académie le 15 décembre 1875; membre, le 14 décembre 1883.

PUBLICATIONS ACADÉMIQUES.

Mémoires.

Note sur la théorie mathématique des courbes d'intersection de deux lignes tournant dans le même plan autour de deux points fixes. 1863. (*Mémoires* in-8°, t. XVI.)

Sur la tension superficielle des liquides considérée au point de vue de certains mouvements observés à leur surface, 1er mémoire, 1869. (*Mémoires des savants étrangers*, in-4°, t. XXXIV; second mémoire, 1873, t. XXXVII.)

L'électricité statique exerce-t-elle une influence sur la tension superficielle d'un liquide? 1875. (*Ibid.*, t. XL.)

Sur le problème des liquides superposés dans un tube capillaire. 1876. (*Ibid.*, t. XLI.)

Études sur les variations d'énergie potentielle des surfaces liquides, 1er mémoire. 1878. (*Mém. des membres*, t. XLIII.)

Bulletins (2e *série*).

Sur quelques propriétés générales des polygones réguliers. 1864. (T. XVII, p. 153.)

Sur quelques effets curieux des forces moléculaires. 1864. (T. XVIII, p. 161.)

Sur les propriétés de deux droites faisant avec un axe fixe des angles complémentaires. 1865. (T. XX, p. 60.)

Discussion et réalisation expérimentale d'une surface particulière à courbure moyenne nulle. 1866. (T. XXI, p. 552.)

Sur la tension des lames liquides. 1866. (T. XXII, p. 328.) Deuxième note sur le même sujet. 1867. (T. XXIII, p. 448.)

Sur la viscosité superficielle des lames de solution de saponine. 1870. (T. XXIX, p. 368.)

Sur un principe de statique moléculaire avancé par M. Lüdtge. 1870. (T. XXX, p. 322.)

Note préliminaire sur un fait remarquable qu'on observe au contact de certains liquides de tensions superficielles très différentes. 1872. (T. XXXIII, p. 223.)

La théorie capillaire de Gauss et l'extension d'un liquide sur un autre. 1875. (T. XXXIX, p. 375.)

Sur les propriétés de la surface de contact d'un solide et d'un liquide. — Rectification de ma note précédente. 1875. (T. XL, p. 341.)

Application de la thermodynamique à l'étude des variations d'énergie potentielle des surfaces liquides, 1re note. 1876 (T. XLI, p. 769), et 2e note (T. XLII, p. 21.)

Quelques mots sur la relation entre les perturbations météorologiques et les variations magnétiques. 1876. (T. XLII, p. 755.)

Rapport sur un travail de M. Van Monckhoven relatif à la reproduction photographique des spectres ultra-violets des gaz. 1877. (T. XLIII, p. 82.)

Rapport sur un mémoire de M. Lagrange concernant l'influence de la forme des corps sur l'attraction qu'ils exercent. 1877. (T. XLIV, p. 5.)

Sur les mouvements en apparence spontanés des bulles d'air dans les niveaux et des bulles vaporeuses dans les enclaves liquides des minéraux. 1877. (*Ibid.*, p. 356.)

Rapport sur le travail de M. Lagrange ayant pour titre : *De l'origine et de l'établissement des mouvements astronomiques.* 1878. (T. XLV, p. 148.)

Rapport sur un travail de M. Brachet relatif au pouvoir pénétrant des objectifs à immersion. 1878. (T. XLV, p. 15.)

Rapports sur différentes notes de M. Navez relatives au téléphone. 1878. (*Ibid.*, pp. 79, 390 et 577.)

Sur une nouvelle application de l'énergie potentielle des surfaces liquides. 1878. (T. XLVI, p. 635.)

Rapport sur une lettre de M. Dumoncel relative au téléphone, avec réponse de M. Navez. 1878. (*Ibid.*, p. 14.)

Rapport sur la 2e partie du travail de M Lagrange relatif à l'origine et à l'établissement des mouvements astronomiques. 1879. (T. XLVII, p. 4.)

Nouvelles applications de l'énergie potentielle des surfaces liquides; cause principale de la perte de charge des jets d'eau; origine de l'énergie de mouvement acquise par les vagues de la mer; cause de la production des mascarets à l'embouchure de certains fleuves; origine de la puissance du Golfstream. 1879. (*Ibid.*, p. 326.)

Rapport sur un mémoire de M. P. Souillart concernant les mouvements relatifs de tous les astres du système solaire. 1879. (T. XLVIII, p. 103.)

Rapport sur une notice de M. De Heen relative à la dilatabilité des solutions salines. 1879. (*Ibid.*, p. 14.)

Rapport sur le mémoire de concours de 1879 relatif à la torsion. 1879. (*Ibid.*, p. 599.)

Sur quelques phénomènes curieux observés à la surface des liquides en mouvement. 1879. (*Ibid.*, p. 346.)

Sur l'application du second principe de la thermo-dynamique aux variations d'énergie potentielle des surfaces liquides. 1880. (T. XLIX, p. 620.)

Note sur son travail : *Du rôle de la surface libre de l'eau dans l'économie de la nature.* 1880 (T. L, p. 154.)

Voyages et métamorphoses d'une gouttelette d'eau. 1880. (*Ibid.*, p. 423.)

(3e *série.*)

Sur une propriété générale des lames liquides en mouvement. 1881. (T. I, p. 286.)

Rapport sur un mémoire de M. Hirn concernant la relation qui existe entre la résistance de l'air et la température. 1881. (T. II, p. 228.)

Remarques sur les phénomènes électriques qui accompagnent les variations d'énergie potentielle du mercure. 1881. (*Ibid.*, p. 458.)

Rapport sur un mémoire de M. Lagrange ayant pour titre : *Exposition de la méthode de Wronski pour la résolution des problèmes de mécanique céleste.* 1882. (T. III, p. 9.)

Rapport sur un travail de M. J. Samuel concernant une nouvelle méthode pour mesurer la résistance intérieure des piles. 1882. (*Ibid.*, p. 327.)

Sur les moyens proposés pour calmer les vagues de la mer. 1882. (T. IV, p. 294.)

Rapport sur un travail de M. De Heen intitulé : *Détermination des variations que la tension des liquides éprouve avec la température.* 1883. (T. V, p. 477.)

Petite expérience de capillarité. — Théorie élémentaire des attractions ou répulsions apparentes des corps légers flottants. 1883. (T. V, p. 482.)

Rapport sur un travail de M. De Heen, intitulé : *Détermination de la chaleur spécifique de quelques solides organiques.* 1883. (*Ibid.*, p. 708.)

Rapport sur la deuxième partie d'un travail de M. Lagrange ayant pour titre : *Exposition de la méthode de Wronski pour la résolution des problèmes de mécanique céleste.* 1883. (*Ibid.*, p. 599.)

Rapport sur un travail de M. De Heen relatif à la détermination d'une relation empirique entre le coefficient de frottement intérieur des liquides et les variations que celui-ci éprouve avec la température. 1884. (T. VII, p. 230.)

Rapport sur un mémoire de M. von Konkoly relatif aux spectres cométaires et aux spectres lumineux des gaz hydro-carbonés. 1884. (T. VII, p. 283.)

Rapport sur un travail de M. De Heen concernant les relations théoriques entre le coefficient de dilatation, la chaleur interne de vaporisation et les chaleurs spécifiques des corps pris à l'état liquide et à l'état de vapeur. 1884. (T. VIII, p. 164.)

Rapport sur une note de M. Ronkar concernant un théorème de mécanique applicable aux systèmes dont le mouvement est périodique. 1884. (*Ibid.*, p. 11.)

Rapport sur un travail du même concernant la conductibilité des corps gazeux pour la chaleur. 1884. (*Ibid.*, p. 159.)

Deux expériences très instructives de capillarité. 1884. (*Ibid.*, p. 179.)

Sur les actions verticales exercées par les ménisques capillaires des liquides. 1884. (*Ibid.*, p. 326.)

Rapport sur un travail de M. Stroobant concernant l'agrandissement apparent des constellations, du soleil et de la lune à l'horizon. 1884. (*Ibid.*, p. 706.)

Rapport sur un travail de M Hirn concernant les lois de l'écoulement et du choc des gaz en fonction de la température. 1885. (T. IX, p. 48.)

Essai sur la théorie mécanique de la tension superficielle, de l'évaporation et de l'ébullition des liquides. 1885. (*Ibid.*, p. 346.)

Remarques critiques sur la note précédente. 1885. (T. X, p. 405.)

Rapport sur un second travail de M. Stroobant concernant l'agrandissement apparent des constellations, du soleil et de la lune à l'horizon. 1885. (*Ibid.*, p. 200.)

Sur l'instabilité de l'équilibre de la couche superficielle d'un liquide, 1re partie. 1886. (T. XI, p. 341.)

Annuaire.

Notice nécrologique sur Joseph-Antoine-Ferdinand Plateau. Année 1885.

OUVRAGES NON PUBLIÉS PAR L'ACADÉMIE.

Introduction à l'électrostatique, à la théorie du magnétisme et à l'électrodynamique, par A. Beer; traduction de l'électrostatique. Paris, 1868, Gauthier-Villars.

Réclamation de priorité (en allemand) relative à la théorie de l'étalement d'un liquide sur un autre. Expériences nouvelles. (*Ann. de Poggendorff*, 1869, t. CXXXVIII, p. 323.)

Lettre à M. Moigno sur le même sujet. 1869. (*Les Mondes*, t. XXI, p. 302.)

Notice critique de l'ouvrage intitulé : *Sur la théorie mécanique de la chaleur*, par A. Dupré. (*Revue de l'instruction publique*, 1870.)

Traduction d'un article du journal anglais *Chemical News*, intitulé : *Experiments on formation of ring-vortices in water, by H. Deacon.* (*Les Mondes*, 1871, t. XXVI, p. 194.)

On a relation beween the surface-tension of liquids and the supersaturation of saline solutions. En collaboration avec M. le professeur Ch. Tomlinson. (*Proceedings of the Royal Society of London*, 1872, n° 135, p. 341.)

Observations sur un article de M. Moutier concernant la tension superficielle. (*Journ. de phys.*, 1872, t. I, p. 321.)

Réponse à une communication de M. Gernez, intitulée : *Note relative à l'action prétendue des lames minces liquides sur les solutions sursaturées.* (*Comptes rendus de l'Académie des sciences de Paris*, 1873, t. LXXVI, p. 45.)

Lettre au secrétaire perpétuel de l'Académie des sciences de Paris pour déclarer non avenue ma théorie de la cristallisation des solutions saturées. (*Ibid.*, *ibid.*, p. 874.)

Considérations relatives à la cause des dépôts d'argent sur les plaques au collodion humide. (*Bulletin de l'Association belge de photographie*, 1874, n° 4, p. 134.)

Remarques sur l'utilité de l'albumine en photographie. (*Ibid.*, n°s 6, 7, p. 212.)

Remarques concernant la tension superficielle des liquides considérée dans ses rapports avec les théories de Laplace et de Gauss sur les actions capillaires. (*Association française pour l'avancement des sciences;* Congrès de Lille, 1874.)

Du rôle de la surface libre de l'eau dans l'économie de la nature. (*Ibid.* Congrès de Montpellier, 1879, p. 553.)

Over eene eenvoudige wijze om de wetten van Daniel Bernoulli bij middel van den hevel door proeven te bewijzen. En collaboration avec M. A. Franck. (Journal *Natura*, t. I, 1884.)

De l'énergie potentielle des surfaces liquides (deux conférences données aux ingénieurs sortis des écoles spéciales de Gand. (*Annales de l'Association des ingénieurs sortis des écoles spéciales de Gand*, 1883 et 1885.)

CLASSE DES LETTRES.

ARNTZ (ÉGIDE-RODOLPHE-NICOLAS) (1), O. ✠, né à Clèves (Prusse rhénane) le 1er septembre 1812. Fit ses études en Allemagne; docteur en droit de l'Université de Liège en 1835; avocat à la Cour d'appel de Liège jusqu'en 1838; professeur de droit romain à l'Université de Bruxelles de 1838 à 1848; membre de l'Assemblée nationale de Berlin et de la deuxième Chambre de Prusse en 1848 et 1849; professeur de droit civil et de droit naturel à l'Université de Bruxelles depuis 1849, et, en outre, de droit public et international depuis 1850; élu associé de l'Académie le 8 mai 1876; mort à Ixelles le 25 août 1884.

PUBLICATIONS ACADÉMIQUES.

Bulletins (2e série).

Sur l'étude du droit international privé, en Belgique et en France. (T. L, p. 126.)

(3e série.)

Sur l'origine, les motifs et la portée de l'article 27, alinéa 2 de la Constitution belge. (T. II, p. 576.)

(1) Voir la note de la page 105.

Note bibliographique sur les livres de M. Kantecki : *Alte neapolitanische Summen*; et *Esquisses et études sur l'histoire de Pologne*. Le monument d'Adam Mickiewicz. (T. IV, p. 465, et t. VI, p. 288.)

Rapport sur les mémoires du concours de 1884 sur les finances publiques de la Belgique depuis 1830. (T. VII, p 506.)

Note bibliographique sur la traduction en français, par M. Bohl, du Code de commerce du royaume d'Italie. (*Ibid.*, p. 500.)

OUVRAGES NON PUBLIÉS PAR L'ACADÉMIE.

De l'existence légale en Belgique des sociétés anonymes étrangères. Consultation rédigée avec L. Bastiné et J. Bartels. Bruxelles, 1846; vol. in-8°.

Sur le coup d'État du 9 novembre 1848 et la responsabilité ministérielle. Berlin, 1848. (En allemand.)

Considération sur la Constitution prussienne octroyée le 5 décembre 1848. Wesel, 1849. (En allemand.)

Programme du cours de droit civil. Bruxelles, 1858; vol. in-8°.

Cours de droit civil français. Bruxelles, 1860-1875; 2 vol. — 2e édition, 1879-1880; 4 vol.

Ce que doit être la science, discours prononcé comme recteur de l'Université de Bruxelles en 1866.

De la nécessité des études historiques, discours prononcé comme prorecteur de ladite université en 1867.

Précis méthodique des règlements consulaires de Belgique. Bruxelles, 1876; vol. in-8°.

Cours de droit des gens. Bruxelles, 1879; vol. in-4°.

Programme du cours de droit des gens. Bruxelles, 1882; in-8°.

De la situation de la Roumanie au point de vue du droit international. (*Revue de droit international*, t. IX.)

Consultation sur la validité de la naturalisation et du second mariage de Madame la princesse de Bauffremont. Bruxelles, 1878.

Le *Journal du Palais*, jurisprudence belge, 1853 et 1854, Bruxelles, contient la traduction de beaucoup d'arrêts belges et étrangers, et plusieurs dissertations signées de E. Arntz; notamment : 1° sur la preuve de la filiation naturelle; 2° sur la légalité des règlements provinciaux; 3° sur l'application de l'article 14 du Code civil et autres.

Collaboration : *La Belgique judiciaire*, Gazette des tribunaux belges et étrangers, publiée avec J. Bartels, Lavallée et A. Orts; *Revue de droit international, Moniteur du notariat*, etc., etc.

BEERS (JAN VAN), ※, domicilié à Anvers, avenue Quinten Matsys, 19; né à Anvers le 22 février 1821; de 1844 à 1849, sous-bibliothécaire de la ville d'Anvers; de 1849 à 1860, professeur à l'École normale de Lierre; depuis 1860, professeur à l'Athénée royal d'Anvers; élu correspondant de l'Académie le 4 mai 1885.

PUBLICATIONS ACADÉMIQUES.

Bulletins (2e série).

De Stoomwagen. Poème couronné par l'Académie, à l'occasion du 25e anniversaire de l'installation des chemins de fer. 1859. (T. VII, p. 299.)

OUVRAGES NON PUBLIÉS PAR L'ACADÉMIE.

Œuvres littéraires.

Graaf Jan van Chimay. (Nouvelle historique.) Anvers, J.-E. Buschmann, 1846; in-8°.

Frans de Hakkelaar. (Mœurs anversoises.) Anvers, J.-E. Buschmann, 1849; in-8°.

Bij de dood van Harc Majesteit de Koningin. (Poème.) Anvers, H. Peeters, 1851; in-8°.

Jongelingsdroomen. (Poésies.) Anvers, H. Peeters, 1853; in-8°. (9 éditions.)

De Blinde. (Poème.) Utrecht, Dannenfelser, 1854; in-8°. (4 éditions).

Blik door een venster. (Poème.) Amsterdam, H.-J. van Kesteren, 1855; in-8°.

Zijn Zwanenzang. (Poème.) Anvers, Kennis et Gerrits, 1855; in-12.

Lijkkrans voor Tollens. (Poème.) Amsterdam, H.-J. van Kesteren, 1856; in-8°.

Bij de 25e verjaring van 's Konings inhuldiging. (Poème couronné, publié au *Moniteur belge.*) 1857.

Levensbeelden. (Poésies.) Amsterdam, H.-J. van Kesteren, 1858; in-8°. (5 éditions.)

Martha de Zinnelooze. (Poème.) Amsterdam, H.-J. van Kesteren, 1859; in-8°.

Jacob van Maerlant. (Poème couronné par le Gouvernement.) Gand, J.-S. van Dooselaere, 1860; in-8°.

Gevoel en leven. (Poésies.) Amsterdam, H.-J. van Kesteren, 1869; in-8°. (4 éditions.)

Jan van Beers' Gedichten, prachtuitgave. Gand, W. Rogghé; et Amsterdam, Wed. van Kesteren en zoon; 1873, 2 vol. gr. in-8°.

Jan van Beers' Gedichten, volksuitgave. Amsterdam, Wed. van Kesteren en zoon; 1 vol. in-8°.

Rijzende blaren. (Poésies avec dessins de Jan van Beers, zoon.) Gand, Ad. Hoste; et Rotterdam, Maatschappij Elsevier, 1883; in-8°.

Jan van Beers' Gedichten, volksuitgave. Gand, Ad. Hoste et Rotterdam, Maatschappij Elsevier; 1884, 2 vol. in-8°.

Œuvres pédagogiques.

Nederlandsche spraakleer. Lierre, Jos. Van In et Cie, 1852; in-8°. (8 éditions.)

Handleiding tot het onderricht der Nederlandsche spraakleer. Bruxelles, Callewaert frères, 1864; in-8°. (2 éditions.)

Grondregels der Nederlandsche spraakleer. Bruxelles, Callewaert frères; in-12. (21 éditions.)
Oefeningen op de grondregels der Nederlandsche spraakleer. Bruxelles, Callewaert frères; in-12. (15 éditions.)
Keur van proza- en dichtstukken. Tweede lees- en leerboek voor de studie van den Nederlandschen stijl. Gand, Ad. Hoste et La Haye, D.-A. Thieme, 1872; 1 vol. in-8°. (5 éditions.)
Keur van proza- en dichtstukken. Eerste lees- en leerboek voor de studie van den Nederlandschen stijl. Anvers, J.-E. Buschmann et Gand, Ad. Hoste, 1880; 1 vol. in-8°. (4 éditions.)
Voorhof der letterkunde. Lees- en leerboek voor lager en middelbaar onderwijs. Anvers, J.-E. Buschmann et Gand, Ad. Hoste, 1885; 1 vol. in-8°.
Het Vlaamsch in het onderwijs. Redevoering uitgesproken in den gemeenteraad van Antwerpen. Anvers, B.-J. Mees, 1876; in-12.
Le flamand dans l'enseignement, discours prononcé au conseil communal d'Anvers. Anvers, B.-J. Mees, 1876; in-12.
Het hoofdgebrek van ons middelbaar onderwijs. Gand, Ad. Hoste, 1879; in-8°.

BEMMEL (EUGÈNE VAN) [1], né à Gand le 16 avril 1824; docteur en droit le 23 mai 1848; professeur de littérature française à l'Université de Bruxelles le 24 novembre 1849; chargé du cours d'histoire politique moderne en 1861; recteur en 1871; conseiller communal de Saint-Josse-ten-Noode, 1857-1871; professeur de français à l'École normale d'instituteurs (1874) et à

[1] Voir la note de la page 105.

l'École normale d'institutrices de Bruxelles; élu correspondant de l'Académie le 14 mai 1877; mort à Saint-Josse-ten-Noode le 19 août 1880.

PUBLICATIONS ACADÉMIQUES.

Mémoires.

Notice sur le baron de Stassart. (*Mémoires cour. et des savants étrangers*, in-4°, t. XXVIII.)

(Ce travail a remporté, en 1856, le prix fondé par de Stassart pour une Notice sur un Belge célèbre.)

Bulletins (*2e série*).

Rapport du jury chargé de décerner le prix décennal de littérature française pour la période de 1853-1862. (T. XV, p. 745.)

Rapport sur la 5e période (1868-1872) du concours quinquennal de littérature française. (Ce travail, dont la lecture est mentionnée dans le t. XXXV, p. 618, a été imprimé à Bruxelles en 1873; in-8°.)

OUVRAGES NON PUBLIÉS PAR L'ACADÉMIE.

De la langue et de la poésie provençales. Bruxelles, 1846; 1 vol. gr. in-18.

Étude sur Bossuet. (*Revue trimestrielle*, t. I, p. 46.)

Étude sur Rousseau. (*Ibid.*, t. III, p. 164, 1854.)

Introduction à l'histoire de la littérature française (*Ibid.*, 1866.)

Voyage à travers champs; la province de Luxembourg. En collaboration avec F. Gravaud. Bruxelles, 1849; vol in-18. (Publications de la Société des gens de lettres belges.)

L'harmonie des passions humaines, fronton du Grand-Théâtre à Bruxelles, par Eug. Simonis : Notice. Bruxelles, 1854; 1 vol. obl.

Étude sur les mouvements druidiques. Bruxelles, 1857; in-8°.

Concours triennal de littérature dramatique en langue française. Rapport du jury. Bruxelles, 1861; in-12.

OEuvres poétiques de Boileau-Despreaux. Édition classique, collationnée sur les meilleurs textes, avec des notes. En collaboration avec F. Gravaud. Bruxelles, 1861; vol. in-16

Histoire de Saint-Josse-ten-Noode et de Schaerbeek. Saint-Josse-ten-Noode, 1869; vol. in-12.

Discours d'ouverture prononcé en séance publique de l'Université libre de Bruxelles, le 9 octobre 1871. Bruxelles, 1871; br. in-8°.

Discours d'ouverture prononcé en séance publique de l'Université libre de Bruxelles, le 14 octobre 1872. Bruxelles. 1872; br. in-8°.

Guide de l'excursionniste. De l'art de voyager : Waterloo. — L'abbaye de Villers. — La Meuse, etc.; avec cartes. Bruxelles; in-18. (Plusieurs éditions.)

L'Ourthe et l'Amblève pittoresques. Liège, 1873; in-folio de 11 pages et 13 planches.

Patria belgica, encyclopédie nationale ou exposé méthodique de toutes les connaissances relatives à la Belgique, 1re partie : Belgique physique; 2e partie : Belgique politique et sociale; 3e partie : Belgique morale et intellectuelle. Bruxelles, 1873-1875; 3 vol. in-8°. (Publié avec le concours de plusieurs auteurs.)

Dom Placide. Mémoires du dernier moine de l'abbaye de Villers. Bruxelles, 1875; vol. in-12. — Nouvelle éd. illustrée, in-8°; 1885.

La Belgique illustrée, ses monuments, ses paysages, ses œuvres d'art. Bruxelles, 1855; 2 vol. in-4°. (Publiée avec le concours de plusieurs auteurs.)

Leçons et modèles d'analyse littéraire. Bruxelles, 1880; vol. in-12.

Traité général de littérature française. Bruxelles, 1880; vol. in-12.

Histoire de Belgique, empruntée textuellement aux récits des écrivains contemporains. Bruxelles, 1880; vol. in-12.

Collaboration : *Revue de Belgique*, d'Éd. Wacken, etc.; *Observateur belge; Revue nouvelle; Étoile belge; Écho de Bruxelles; Télégraphe; Semaine universelle; Revue britannique* (édition belge); *Revue universelle des arts; Revue de Belgique*, de Ch. Potvin, etc.

Fondateur-directeur et collaborateur de la *Revue trimestrielle*, de *Patria belgica* et de *La Belgique illustrée*.

Étude philosophique, historique et pratique sur l'église abbatiale de Villers. 3 vol. in-4°. En collaboration avec Émile Coulon. (Manuscrit.)

BORMANS (STANISLAS), ✠, domicilié à Liège, rue Louvrex, 73; né à Hasselt le 2 février 1835; reçu docteur en philosophie et lettres le 28 juillet 1857; archiviste adjoint de l'État, à Liège, 31 octobre 1857; membre de la Commission royale pour la publication des anciennes lois et ordonnances de la Belgique, 20 novembre 1870; archiviste de l'État, à Namur, 23 janvier 1873; membre de la Commission royale d'histoire, 26 mars 1875; archiviste adjoint de l'État, à Liège, 19 avril 1882, et archiviste de l'État, 28 avril 1884; administrateur-inspecteur de l'Université et directeur des écoles spéciales, à Liège, 25 juin 1885; élu correspondant de l'Académie le 4 mai 1874; membre, le 5 mai 1879.

PUBLICATIONS ACADÉMIQUES.

Bulletins (2e *série*).

Doon de Mayence. Deux fragments manuscrits de la fin du XIIIe siècle. 1874. (T. XXXVII, p. 307.)

Maximilien-Emmanuel de Bavière, comte de Namur. 1875. (T. XL, p. 116.)

Une fausse bulle du pape Étienne VIII (943). Rapport à l'Académie royale de Belgique sur cinq titres de l'abbaye de Brogne conservés dans les archives de la Compagnie. 1879 (T. XLVII, p. 271.)

Rapport sur un travail présenté par M. Potvin, intitulé : *Une énigme littéraire; quel est l'auteur de Li ars d'amour, de vertu et de boneurté?* 1879. (T. XLVII, p. 446.)

Rapport sur un travail présenté par le P. F. Brabant, intitulé : *Regnier au long col et son époque.* 1879. (T. XLVIII, p. 558.)

(3e série.)

Les combats judiciaires, à propos d'un appel en champ clos, à Namur, en 1413. 1881. (T. II, p. 299.)

Rapport sur un travail présenté par M. Pirenne, intitulé : *Sedulius de Liège.* 1881. (T. II, p. 399.)

Rapport sur un mémoire de concours : « Faire un exposé comparatif, au point de vue économique, du système des anciens corps de métiers et des systèmes d'associations coopératives de production formulés dans les temps modernes. » 1884. (T. VII, p. 548.)

Les écrits poétiques de Jean des Prez, dit d'Outre Meuse. 1884. (T. VII, p. 767.)

Annuaire.

Notice nécrologique sur Edmond Poullet. Année 1884.

PUBLICATIONS DE LA COMMISSION ROYALE D'HISTOIRE.

Collection des chroniques belges inédites.

Ly Myreur des histors, chronique de Jean des Preis, dit d'Outre Meuse, t. IV, 872-1209 (1877), et t. VI, 1301-1340 (1880).

L'introduction et la table analytique des matières sont sous presse. Les t. I, II, III et V ont eté publiés par A. Borgnet.

Comptes rendus des séances.

Notice sur les manuscrits du château de Betho. (2ᵉ série, t. XII, 1859, p. 301.)

Notice d'un manuscrit intitulé : *Cartulaire de Van der Berch.* :(3ᵉ série, t. II, 1860, p. 276.)

Note sur les matériaux destinés à former un recueil de chroniques liégeoises. (*Ibid.*, t. IX, 1867, p. 424.)

Notice des cartulaires de la collégiale Sᵗ-Denis, à Liège. (*Ibid.*, t. XIV, 1872, p. 23.)

Notice d'un cartulaire du clergé secondaire de Liège. (*Ibid.*, t. XIV, 1872, p. 317.)

Notice d'un cartulaire de l'ancienne église collégiale et archidiaconale de Notre-Dame, à Huy. En collaboration avec E. Schoolmeesters. (4ᵉ série, t. I, 1873, p. 83.)

Rapports sur les chroniques de Liège, en français et en latin, restées inédites et qui pourraient faire l'objet d'une publication. (3ᵉ série, t. IX, 1867, p. 424; 4ᵉ série, t. IX, 1881, p. 10.)

Annexe aux Comptes rendus.

Mémoire du légat Onufrius sur les affaires de Liège, en 1468. Bruxelles, 1885; in-8°.

BIOGRAPHIE NATIONALE.

Notices : t. IV, Jean Curtius. — T. V, Ign.-Fr. de la Hamaide; Vinç. de la Hamaide. — T. VI, les deux Jean Dillen; saint Domitien; Donat; Barth. Ducquet; Durand. — T. VII, Floribert; Galliot; saint Gérard; Gilbert ou Gislebert; Gilles d'Orval. — T. VIII, Godescalc; Thierry de Grace; Ch.-Ant. de Grady; saint Guibert.

OUVRAGES NON PUBLIÉS PAR L'ACADÉMIE.

(*Commission royale des anciennes lois et ordonnances de la Belgique.*)

Recueil des ordonnances de la principauté de Liège, 2e série, t. III (1621-1684), commencé par M. L. Polain, achevé par S Bormans. Bruxelles, 1871; in-fol.

Recueil des ordonnances de la principauté de Liège, 1re série (974-1505). Bruxelles, 1878; in-fol.

Coutumes du pays de Liège, t. II, par J. Raikem, M. L. Polain et S. Bormans. Bruxelles, 1873; in-4o. — T. III, par L. Crahay et S. Bormans. Bruxelles, 1884; in-4o.

Liste chronologique des édits et ordonnances de la principauté de Liège, de 974 à 1505. Bruxelles, 1873; in-8o.

Inventaire chronologique des documents contenus dans les paweilhars liégeois. Bruxelles, 1872; in-8o. (*Procès-verbaux de la Commission*, t. VI, p. 65.)

Rapport sur la formation d'un recueil des traités conclus entre la Belgique et les autres puissances. Bruxelles, 1881; in-8o. (*Ibid.*, t. VI, p. 324.)

(*Bulletin de l'Institut archéologique liégeois.*)

Tables des manuscrits généalogiques de Le Fort, héraut d'armes du pays de Liège. Liège, 1860-1862; in-8o. (T. IV, p. 319; t. V, p. 395; t. VI, p. 131.)

Traduction romane du XIIe siècle, d'une homélie et d'une épître de saint Grégoire le Grand. Liège, 1862; in-8o. (T. V, p. 307.)

Fragment d'une chronique liégeoise inédite du XIIIe siècle. Liège, 1862; in-8o. (T. V, p. 177.)

Bulle du pape Innocent XI approuvant l'érection d'une confrérie de notaires et d'avocats à Liège, en 1689. Liège, 1862; in-8o. (T. VI, p. 23.)

Lettres inédites de René Sluse. Liège, 1863; in-8°. (T. VI, p. 81.)

Inventaire analytique des rendages et octrois de la chambre des finances des princes-évêques de Liège. Liège, 1865; in-8°. (T. VII, p. 1.)

Inventaire des comptes du magistrat de Liège. Liège, 1865; in-8°. (T. VII, p. 375.)

Liste des objets enlevés de Liège par les soldats de Charles le Téméraire. Liège, 1867; in-8°. (T. VIII, p. 181.)

Notes de Dartois sur quelques artistes liégeois. Liège, 1867; in-8°. (T. VIII, p. 223.)

Revue de Liège en 1700, par L. Abry. Liège, 1867; in-8°. (T. VIII, p. 273.)

Rapports sur les fouilles archéologiques de Juslenville. Liège, 1869-1871; in-8°, avec 13 planches et 2 photographies. (T. IX, pp. 135 et 431; t. XI. p. 51.)

Les seigneuries féodales du pays de Liège. Liège, 1871; in-8°. (T. VIII, p. 473; t. IX, pp. 157 et 451; t. XI, pp. 111 et 113.)

Le nécrologe de l'abbaye de Munsterbilsen, publié par J. Weale, C. de Borman et S. Bormans. Liège, 1874; in-8°. (T. XII, p. 27.)

Louis de Geer et la colonisation wallonne en Suède au XVIIe siècle, par Ch. Wiberg et S. Bormans. Liège, 1876; in-8°. (*Ibid.*, p. 427.)

Lettres inédites de Grétry. Liège 1883; in-8°. (T. XVII. p. 181.)

Analectes liégeois. Liège, 1860-1868; in-8°. (T. IV, p. 293; t. VII, p. 461; t. IX, p. 491.)

Catalogue descriptif du Musée provincial de Liège. Liège, 1862; in-8°. (*Annexe au Bulletin.*)

Rapports présentés à l'Institut archéologique liégeois sur les travaux de la Société pendant les années 1865 à 1872 et 1878 à 1884. Liège; in-8°. (*Annexe au Bulletin.*)

(*Société liégeoise de littérature wallonne*)

Le bon métier des tanneurs de l'ancienne cité de Liège. Liège, 1863; in-8°. Mémoire couronné. (*Bulletin*, t. V, p. 147.)

Vocabulaire des houilleurs liégeois. Liège, 1874; in-8°. Mémoire couronné. (*Bulletin*, t. VI, p. 138.)

Le bon métier des drapiers de la cité de Liège. Liège, 1866; in-f°. Mémoire couronné. (*Ibid.*, t. IX, p. 81.)

Recherches sur les rues de l'ancienne paroisse St-André, à Liège. Liège, 1867; in-8°. Mémoire couronné. (*Ibid.*, p. 297.)

Glossaire technologique du métier des drapiers. Liège, 1867; in-8°. Mémoire couronné. (*Ibid.*, p. 233.)

Glossaire roman liégeois, par S. Bormans et A. Body, 1872, in-8°. Mémoire couronné. (T. XIII, p. 91.) La lettre A seule a paru.

Documents curieux, extraits de testaments, etc. (T. V, 2e partie, p. 1; t. VI, 2e partie, p. 95.)

Barthélemi-André et Dieudonné-Joseph Dumont. Biographie. Liège, in-12. (*Annuaire* de 1871, p. 148.)

(*Société des bibliophiles liégeois.*)

Chronique des évêques de Liège d'après un manuscrit de la Bibliothèque nationale de Paris. Liège, 1864; in-8°. (Publication n° 1.)

Matthiæ de Leewis chronicon leodiense. Liège, 1864; in-8°. (Publication n° 2.)

Les hommes illustres de la nation liégeoise, par Abry, édités par H. Helbig et S. Bormans. Liège, 1867 ; in-8°. (Publication n° 5.)

Les maisons nobles du pays de Liège, par de Rye, éditées par S. Bormans et E. Poswick. Liège, 1870; in-8°. (Publication n° 7.)

Liégeois et Bourguignons, en 1468. Étude historique par le Dr Estrup, d'après les rapports du légat Onufrius. Traduction du danois avec une introduction. Liège, 1881; in-8°. (Publication n° 24.)

(*Société archéologique de Namur.*)

Dépôt de l'âge du bronze à Jemeppe-sur-Sambre. Namur, 1874; in-8°. (*Annales*, t. XII, p. 471.)

La famille d'Harscamp. Généalogie historique. Namur, 1877; in-8°. (*Ibid.*, t. XIV, p. 21.)

Le magistrat de Namur. Listes des mayeurs, des échevins, des greffiers, des jurés et des élus de la ville. Namur, 1879; in-8°. (*Annales*, t. XIV, p. 329.)

Les fiefs du comté de Namur. Namur, 1875-1882; in-8°. (*Publications spéciales de la Société*, n° 2.)

L'introduction a été tirée à part sous le titre de : *Histoire du souverain bailliage de Namur*. Namur, 1882; in-8°.

(Publications du Conseil provincial de Namur.)

Cartulaire de la commune de Namur, recueilli et annoté par J. Borgnet et S. Bormans. Namur; in-8°. T. I (1118-1340), 1873; t. II (1343-1428), 1873; t. III (1429-1555), 1876. Ce dernier volume publié par M. Bormans seul.

L'introduction, tirée à part sous le titre : *La commune de Namur au XIVe et XVe siècle*. Namur, 1876, a été inscrite au Catalogue officiel des livres à donner en prix dans les établissements d'enseignement moyen.

Cartulaire de la commune de Couvin. Namur, 1875; in-8°.

Cartulaire des petites communes de la province de Namur. Analyse des pièces. Namur, 1878; in-8°.

Cartulaire de la commune de Dinant. Namur, 1880-1882; in-8°.

L'introduction manque, la publication ayant été arrêtée par ordre du Conseil provincial.

Le 21 juillet 1876, la Députation permanente de ce Conseil, voulant reconnaître les services rendus par M. Bormans en publiant les cartulaires de la province, lui a décerné une médaille d'or.

(Le Bibliophile belge.)

Les premiers imprimeurs liégeois. Bruxelles, 1866; in-8°. (T. I, p. 36.)

La librairie de la collégiale Saint-Paul, à Liège, au XVe siècle. Bruxelles, 1866; in-8°. (*Ibid.*, pp. 159 et 223.)

Les calendriers de la cathédrale St-Lambert, à Liège. Bruxelles, 1867; in-8°. (T. II, p. 188.)

Le Recueil héraldique des bourgmestres de la cité de Liège. Bruxelles, 1867; in-8°. (*Ibid.*, p. 270.)

La continuation du Recueil héraldique des bourgmestres de la cité de Liège. Bruxelles, 1877; in-8°. (T. XII, p. 1.)

Ce travail a été réimprimé en annexe dans le t. I, p. 301 du *Mémorial de la ville de Liège*. Liège, 1884; in-fol., par ordre de l'Administration communale.

La geste de Guillaume d'Orange, fragments inédits du XIIIe siècle. Bruxelles, 1878; in-8°. (T. XIII, p. 262.)

Un opuscule d'Aubert Le Mire. Bruxelles, 1862; in-8°. (*Bulletin du Bibliophile belge*, t. XVII, p. 89.)

(*Bulletin des Commissions royales d'art et d'archéologie.*)

Grès namurois. J.-B. Chabotteau. Bruxelles, 1880; in-8°. (T. XIX, p. 183.)

La fabrication du verre en table, à Namur. Bruxelles, 1880; in-8°. (*Ibid.*, p. 441.)

La fabrication du verre de cristal, à Namur. Bruxelles, 1880; in-8°. (*Ibid.*, p. 465.)

La verrerie et la cristallerie de Vonêche. Bruxelles, 1881; in-8°. (T. XX, p. 279.)

Rapport fait au collège des bourgmestres et échevins de la ville de Liège par la commission spéciale chargée de rechercher les documents historiques dans les archives communales. Liège, 1862; in-8°.

Inventaire analytique des cris du perron de Liège. Tongres, 1870; in-8°. (*Bulletin de la Société historique et littéraire du Limbourg*, t. X, p. 161.)

Inventaire analytique des recès ou procès-verbaux du conseil de la cité de Liége. Tongres, 1871-1876; in-8°. (*Ibid.*, t. XI, p. 225; t. XII, p. 5; t. XIV, p. 5.)

Inventaire analytique des conclusions capitulaires du chapitre Saint-Lambert, à Liége, t. I. Louvain, 1870-1875; in-8°. (*Analectes pour servir à l'histoire ecclésiastique de la Belgique*, t. VI, pp. 5, 206, 361; t. VII, pp. 5, 176, 385; t. VIII, pp. 21, 326; t. IX, p. 300; t. X, pp. 146, 328; t. XI, pp. 40, 321; t. XII, p. 220; t. XIII, p. 287.)

Statuts criminels pour la ville de Huy (28 avril 1477). Huy, 1880; in-8°. (*Annales du Cercle hutois des sciences et des beaux-arts*, année 1880, p. 221.)

Coutume de la ville et du comté de La Roche (7 août 1586). Arlon, 1880; in-8°. (*Annales de l'Institut archéologique du Luxembourg*, t. XII, p. 217.)

Jean Ramée, peintre liégeois. Gand, 1883; in-8°. (*Messager des sciences historiques*, année 1883, p. 280.)

Instructions pour Jean Goffin, maître monnayeur de S. A. le prince de Liége, en 1650. Bruxelles, 1860-1868; in-8°. (*Revue de la numismatique belge*, 4e série, t. IV, p. 269.)

Précis de l'histoire de Liége, par Warnkönig, traduit de l'allemand par S. Bormans. Liége, 1864; in-12.

Les seigneuries allodiales du pays de Liége. Liége, 1867; in-8°. (31 blasons.)

Notice sur la ville de Herve, dans l'*Atlas topographique des villes des Pays-Bas au XVIe siècle.*

Notice d'un cartulaire de l'abbaye du Val-Saint-Lambert, du XIIIe siècle. Bruxelles, 1870; in-4°. (Anonyme.)

La noblesse hesbignonne. Bruxelles, 1876; in-4°. (Anonyme.)

Rapports dans le *Bulletin* de l'Académie d'archéologie de Belgique.

Collaboration : *Athœneum belge*, *Adler* de Vienne, etc.

CHALON (Renier-Hubert-Ghislain), C. ✵, domicilié à Ixelles, rue du Trône, 113; né à Mons le 4 décembre 1802; vice-président de la Commission royale des monuments; élu correspondant de l'Académie le 6 mai 1851; membre, le 4 mai 1859; directeur de la Classe des lettres en 1874.

PUBLICATIONS ACADÉMIQUES.

Mémoires.

Recherches sur les monnaies des comtes de Namur. 1860. (*Mém. des membres,* t. XXXII.)
Les seigneurs de Florennes, leurs sceaux et leurs monnaies. 1868. (*Ibid.*, t. XXXVII.)

Bulletins (*1re série*).

Rapport sur un dépôt de monnaies du XIIe siècle découvert à Tillet, près St-Hubert. 1855. (T. XXII, 2o.)
Note sur la seigneurie d'Agimont. 1856. (T. XXIII, 2o.)

(*2e série.*)

Notice sur un tombeau romain ou gallo-romain, découvert à Schaerbeek. 1861. (T. XI.)
Sur des antiquités trouvées à Châtelet. 1863. (T. XVI.)
Rapports concernant : 1o le mémoire de concours de 1868 (lettres) sur Jean Lemaire (de Belges) (t. XXV, p. 536); 2o une notice de M. Galesloot sur le mausolée et le cercueil de l'archiduc François d'Autriche (*ibid.*, p. 320); 3o le mémoire de concours de 1868 (beaux-arts) sur l'histoire de la gravure des médailles en Belgique (t. XXVI, p. 235); 4o une note de M. Schuermans sur une découverte d'ambre en Belgique (t. XXXV, p. 180.)

Une monnaie frappée à Alost au nom de Guillaume Ier de Hainaut. 1873. (T. XXXV.)

La numismatique, discours prononcé comme directeur de la Classe des lettres en séance publique du 6 mai 1874. (T. XXXVII.)

Note bibliographique relative à un ouvrage de M. Alphonse Vandenpeereboom sur la numismatique yproise. (T. XLVI, p. 911.)

Annuaire.

Notice nécrologique sur A.-G.-B. Schayes. Année 1860.

OUVRAGES NON PUBLIÉS PAR L'ACADÉMIE.

Notice sur les tombeaux des comtes de Hainaut, inhumés dans l'église de Sainte-Waudru, à Mons. Mons, 1836; in-8°.

Observations sur un traité fait entre Guillaume Ier, comte de Hainaut, et Jean III, duc de Brabant, en 1337. Gand, 1836; in-8°.

Observations sur quelques chartes et anciens documents relatifs à l'histoire des monnaies. Gand, 1837; in-8°.

Notice biographique sur messire Hoverlant de Beauwelaere. Bruxelles, 1846; in-8°.

Recherches sur les monnaies de Wallincourt en Cambrésis; avec 1 planche. Bruxelles, 1847; in-8°.

Recherches sur les éditions du Nouveau Testament, dit de Mons. Bruxelles, 1844; in-8°.

Nugae difficiles. Supplément aux amusements philologiques de Peignot. Bruxelles, 1844; in-8°.

Rutger Velpius, imprimeur à Mons. Bruxelles, 1844; in-8°.

La tête de Dagobert. Gand, 1843; in-8°.

L'hôtel de ville de Mons; avec 2 planches Gand, 1843; in-8°.

Monnaies de Philippe II, comme comte de Hainaut. Tirlemont, 1844; in-8°.

Notice historique sur la tour de Sainte-Waudru à Mons (avec 4 planches grand in-plano). Bruxelles, 1844; in-8°.

Observations et notes sur les recherches historiques de M. Cartier, sur la monnaie au type du cavalier armé. Blois, 1836; in-8°.

Monnaies de l'abbesse de Nivelles. Tirlemont, 1844; in-8°.

De la fabrication des monnaies avant l'emploi de la presse à vis ou balancier. Gand. 1844; in-8°.

Notice sur deux monnaies des évêques de Liége. Blois, 1843; in-8°.

Monnaie d'Arnold, seigneur de Stein. Bruxelles, 1851; in-8°.

Le dernier prétendant de Looz; avec 1 planche. Bruxelles, 1851; in-8°.

Recherches sur les seigneurs de Gronsveld; avec 1 planche. Bruxelles, 1852; in-8°.

Note sur un florin d'or d'*Udo Uckena*, capitaine de Norden. Bruxelles, 1851; in-8°.

Trois médailles relatives à l'histoire des Pays-Bas; avec 1 planche. Bruxelles, 1851; in-8°.

Quelques monnaies seigneuriales; avec 1 planche. Bruxelles, 1851; in-8°.

Recherches sur les monnaies des comtes de Hainaut. 1er volume. Bruxelles, 1848; 1 vol. in-4°.

Supplément aux recherches sur les monnaies des comtes de Hainaut. 2e volume. Bruxelles, 1852; 1 vol. in-4°.

Recherches sur les monnaies des comtes de Hainaut. *Deuxième supplément.* 1854.

Ibid. *Troisième supplément.* 1857.

Recherches sur les monnaies des comtes de Namur. *Suppléments.* 1870.

Une médaille de Charles de Croy. Bruxelles, 1852; in-8°.

Attribution d'un denier carlovingien à Mons. Bruxelles, 1852; in-8°.

Monnaies de Reickheim; avec 3 planches. Bruxelles, 1852 et 1853; 2 broch. in-8°.

Numismatique montoise. Louise de Stolberg. Bruxelles, 1852; in-8°.

Inauguration de Charles VI à Tournai. Bruxelles, 1852; in-8°.

Monnaie inédite de Nicolas du Châtelet. Bruxelles, 1852; in-8°.

Note sur une médaille d'or de Salonin. Bruxelles, 1852; in-8°.

Deux monnaies italiennes du XVIIe siècle. Bruxelles, 1853; in-8°.
Un denier de Henri l'Oiseleur frappé à Anvers. Bruxelles, 1853; in-8°.
Un dépôt de monnaies du XIIe siècle trouvé à Saint-Aybert. Bruxelles, 1853; in-8°.
Un poids de Toulouse de l'an 1239. Bruxelles, 1853; in-8°.
Monnaies historiques de Flandres. Bruxelles, 1853; in-8°.
Les seigneurs de Jever. Bruxelles, 1853 et 1854; 2 broch. in-8°.
Ernest de Mansfeldt. Bruxelles, 1853; in-8°.
Monnaies des abbesses d'Essen. Bruxelles, 1854; in-8°.
Une monnaie des Schiffard de Mérode. Bruxelles, 1854; in-8°.
Monnaies de métal alchimique. Bruxelles, 1855; in-8°.
Le baron de Blanche, seigneur du Schönau. Bruxelles, 1855; in-8°.
Un jeton tournaisien. Bruxelles, 1855; in-8°.
Jehanne de Wesemael et Jehanne de Merwede. Bruxelles, 1855; in-8°.
Anne-Charlotte de Lorraine, abbesse de Sainte-Waudru. Mons, 1855; in-8°.
Un gros de Thibaut de Bar. Bruxelles, 1855; in-8°.
Notice sur les sceaux de Sainte-Waudru. Paris, 1855; in-8°.
Monnaies belges trouvées en Irlande. Bruxelles, 1856; in-8°.
Poids monétiformes du midi de la France. Bruxelles, 1856; in-8°.
Les monnaies des seigneurs de Borkulo. Bruxelles, 1856; in-8°.
Monnaies de Navarre du roi Ferdinand. Bruxelles, 1856; in-8°.
Fabrice de la Bassecourt (tiré à 50 exempl. non dans le commerce). Bruxelles, 1857; in-8°.
Pièces à retrouver. Monnaies des rois d'Yvetot. Bruxelles, 1857; in-8°.
Médailles satiriques de la révolution des patriotes. Bruxelles, 1858; in-8°.
Tiers de sol mérovingiens. Bruxelles, 1858; in-8°.
Nouvelle classification des monnaies de la duchesse Jeanne. Bruxelles, 1858; in-8°.
Une monnaie de Blankenberg. Bruxelles, 1858 ; in-8°.
Les seigneurs de Schöneck. Bruxelles, 1859; in-8°.

Albéric, comte de Lodron. Bruxelles, 1859; in-8°.
Le dernier duc de Bouillon (1815). Bruxelles, 1860; in-8°.
Curiosités numismatiques (1860-1874). Bruxelles; 20 liv. in-8°.
Un coup d'État manqué (1722). Bruxelles, 1860; in-8°.
Les seigneurs de Muno. Bruxelles, 1861; in-8°.
Trois bulles d'or des empereurs belges de Constantinople. 1861.
Un sceau du chapitre de Liège, transféré à Louvain. Bruxelles, 1862; in-8°.
Plaque sépulcrale de Jacob Cavalli (1384). Bruxelles, 1862; in-8°.
Recherches sur la seigneurie des Hayons. Bruxelles, 1862; in-8°.
La plus ancienne monnaie des abbesses de Thorn. Bruxelles, 1862; in-8°.
Anciens jetons des magistrats de Bruxelles. Bruxelles, 1863; in-8°.
Une monnaie d'Anholt. Bruxelles, 1863; in-8°.
L'ordre de Saint-Charles de Monaco. Bruxelles, 1864; in-8°.
Notice sur un plateau de verre trouvé à Corroy-le-Grand. Bruxelles, 1864; in-8°.
Les cartes armoriales de la Belgique. Bruxelles, 1865; in-8°.
Un *aureus* inédit de Laelianus. Bruxelles, 1865; in-8°.
Jetons des receveurs de Bruxelles au XIVe siècle. (Articles 1, 2, 3, 4 et 5.) Bruxelles, 1865; in-8°.
Sceau du magistrat de Saint-Pierre à Maestricht. Bruxelles, 1865; in-8°.
Francisco de Enzinas (sa médaille). Bruxelles, 1866; in-8°.
La croix de Saint-Ulrich d'Augsbourg. Bruxelles, 1866; in-8°.
Jetons de mariage. (Articles 1 et 2.) Bruxelles, 1867; in-8°.
Souvenir des croisades. Quart de *dinar* trouvé près d'Ypres. Bruxelles, 1867; in-8°.
Mereaux de Tournai. Bruxelles, 1867; in-8°.
Don Antonio, roi de Portugal. Bruxelles, 1868; in-8°.
La république de Saint-Marin. Bruxelles, 1868; in-8°.
Deux peignes liturgiques provenant de Stavelot. Bruxelles, 1869; in-8°.
La médaille de la garde bourgeoise de Bruxelles (1814). Bruxelles, 1869; in-8°.

Don Juan Perez. Bruxelles, 1870; in-8°.
Valeur intrinsèque du florin de Brabant depuis Philippe le Bon jusqu'en 1794. Bruxelles, 1871; in-8°.
La plaque des Représentants. Bruxelles, 1871; in-8°.
Histoire de la fabrication des monnaies. Bruxelles, 1873; in-8°.

M. Chalon a publié les ouvrages suivants, pour la Société des Bibliophiles de Mons :

La chronique du bon chevalier messire Gilles de Chin. (Avec préface, notes et glossaire.) Mons, 1837; 1 vol. in-8°.
Les mémoires de messire Jehan, seigneur de Haynin et de Louvignies. (Avec préface et notes.) Mons, 1842; 2 vol. in-8°.

DE BORCHGRAVE (ÉMILE-JACQUES-YVON-MARIE), O. ✠, domicilié à Gand, Coupure, 35; né à Gand le 27 décembre 1837; envoyé extraordinaire et Ministre plénipotentiaire du Roi des Belges près de l'Empereur des Ottomans; élu correspondant de l'Académie le 9 mai 1870; membre, le 12 mai 1873.

PUBLICATIONS ACADÉMIQUES.

Mémoires.

Histoire des colonies belges qui s'établirent en Allemagne pendant le XIIe et le XIIIe siècle. Mémoire couronné. 1865. (*Mémoires cour. et des savants étrangers*, in-4°, t. XXXII.)
Histoire des rapports de droit public qui existèrent entre les provinces belges et l'empire d'Allemagne depuis la dissolution de l'empire carolingien jusqu'à la révolution française. Grand prix de Stassart, 1869. (*Ibid.*, t. XXXVI.)

Essai historique sur les colonies belges qui s'établirent en Hongrie et en Transylvanie pendant les XIe, XIIe et XIIIe siècles Mémoire couronné. 1869. (*Mém. cour. et des sav. étrang.*, in-4o, t XXXVI.)

Bulletins (*2e série*).

Marie de Brabant, duchesse de Bavière, 1256. Première partie. (T. XXX.)

Le logement de Madame de Lorraine, à Gand, 1646. (T. XXXVI.)

Les premières relations diplomatiques entre la Belgique et les États-Unis, d'après des papiers inédits. (T. XXXVII.)

Rapports sur deux notes de M. Varenbergh : 1o sur les relations extérieures de la Flandre au moyen âge. (T. XXXIII); 2o Sur un voyage au XIIIe siècle. (T. XXXIV.)

Note bibliographique sur le tome II de l'histoire d'Oudenbourg par MM. Feys et Van de Casteele. (T. XXXVII.)

(*3e série.*)

L'empereur Étienne Douchan de Serbie et la péninsule balkanique au XIVe siècle. (T. VIII.)

Annuaire.

Notice nécrologique sur Georges-Henri Pertz. Année 1878.

OUVRAGES NON PUBLIÉS PAR L'ACADÉMIE.

Saint Willibrord, apôtre des Pays-Bas. (*Annales de philosophie chrétienne*, 33e année, 5e série, t. VII et t. VIII. 1863.)

Études philologiques. (*Annales de la Société des Beaux Arts et de Littérature de Gand*, t. IX. 1864.)

Bibliographie linguistique. (*Messager des sciences historiques*, année 1864.)

Les manuscrits flamands conservés à la Bibliothèque impériale de Paris. (*Messager des sciences historiques*, année 1869.)

Un projet de croisade au XVIIe siècle (*Revue générale*, t. III. 1866.)

La guerre des Stédingiens. (*Ibid.*, t. VI. 1867.)

Une ambassade de Philippe d'Artevelde en Angleterre (1382). (*Le Héraut d'armes*, t. I, 1re série. 1869.)

Coup d'œil sur les colonies belges qui s'établirent en Angleterre pendant le moyen âge. (*Bulletin de l'Académie d'archéologie de Belgique*, t. I, 10e fascicule. 1874.)

DE DECKER (PIERRE-JACQUES-FRANÇOIS), C. ✠, domicilié à Bruxelles, rue des Palais, 68; né à Zele (arrondissement de Termonde) le 25 janvier 1812; ancien membre du conseil provincial de la Flandre orientale; ancien membre de la Chambre des Représentants; ancien Ministre de l'Intérieur; élu membre de l'Académie le 10 janvier 1846; directeur de la Classe des lettres en 1862 et en 1872.

PUBLICATIONS ACADÉMIQUES.

Mémoires.

De l'influence du libre arbitre de l'homme sur les faits sociaux. 1848. (*Mém. des memb.*, t. XXI.)

Bulletins.

Mission sociale de la Charité; discours prononcé en séance publique de la Classe des lettres, le 10 mai 1854. 1854. (1re sér., t. XXI.)

Origine des douanes en Belgique; étude de droit constitutionnel. 1873. (2e sér., t. XXXV.)

Rapports sur des mémoires envoyés aux concours.

Sur les émigrations allemandes au XIXe siècle. 1847. (*Bull. de l'Acad.*, 1re sér., t. XIII, 1re part.)

Sur les causes du paupérisme dans les Flandres et sur les moyens d'y remédier (un premier rapport en 1849, un second lu en séance publique en 1850). (1re sér., t. XVI, 1re p. et t. XVII, 1re p.)

Sur la part de la charité privée et de la bienfaisance publique dans l'organisation de l'assistance (un premier rapport en 1851, un second en 1852). (1re sér., t. XVIII, 1re p. et t. XIX, 2e p.)

Sur l'influence de la civilisation sur la poésie (un premier rapport en 1858, un second en 1867). (2e sér., t. XIV et t. XXIV.)

Sur les réformes et les institutions propres à amener le bien-être et l'indépendance de l'ouvrier. 1867. (T. XXIII.)

Sur la condition physique, morale et intellectuelle des cultivateurs flamands au siècle passé, comparée à celle d'aujourd'hui. 1869. (T XXVII)

Sur le prix de Stassart, pour une notice sur Antoine Van Dyck. 1873. (T. XXXVI.)

Sur les rapports entre le capital et le travail 1874. (T. XXXVII.)

Sur l'organisation de la charité au moyen âge. 1880. (T. XLIX.)

Sur les finances de la Belgique. 1882. (3e sér., t. III.)

Rapports sur des mémoires envoyés à la Classe.

Sur la confrérie de Saint-Yvon, par M. Gaillard. 1853. (*Bull. de l'Acad.*, 1re sér., t. XX, 1re part.)

Sur le patronage des condamnés libérés, par M. Ducpétiaux. 1858. (2e sér., t. V.)

Sur la notion du progrès indéfini, par M. Thonissen. 1859. (2e sér., t. VII.)

Sur la mission de l'État, par M. Ducpétiaux. 1861. (2e sér., t. XI.)

Annuaire.

Notice nécrologique sur Jean-François Willems. Année 1847.
Id. le b[on] Jules de Saint-Genois. Année 1869.
Id. Mathieu-Lambert Polain. Année 1873.
Id. le chanoine J.-J. De Smet. Année 1878.
Id. Henri Conscience. Année 1885.

OUVRAGES NON PUBLIÉS PAR L'ACADÉMIE.

Religion et amour (poésies). Bruxelles, 1835 et 1836; 2 vol. in-12, avec 4 dessins lithog.

Biographie de M. le chanoine Triest. Gand, 1836; broch. in-8°, avec portrait lithog. Traduction flamande. Gand, 1836; in-8°.

Du pétitionnement en faveur de la langue flamande. Bruxelles, 1840; broch. in-8°.

De l'influence du clergé en Belgique (deux éditions). Bruxelles, 1843; broch. gr. in-8°.

Études historiques et critiques sur les monts-de-piété en Belgique. Bruxelles, 1844; 1 vol. in-8°.

Quinze ans (1830-1845). Bruxelles, 1845; broch. gr. in-8°.

Six éditions à Bruxelles; une 7e édition publiée en 1846 (in-12) à Paris, par le *Comité pour la défense de la liberté religieuse.*

Trois traductions flamandes :

Une traduction faite par M. Écrevisse. Gand; in-8°.
Une autre (sans nom du traducteur). Bruxelles; in-8°.
Une troisième (sans nom du traducteur). Anvers; in-8°.

L'esprit de parti et l'esprit national. Bruxelles, 1852; broch. in-8°.

Quatre éditions in-8°; une édition économique, in-12.

Collaboration : *Revue de Bruxelles,* recueil périodique fondé en juillet 1837, par MM. Dechamps et De Decker, représentants; *Messager des sciences,* publié à Gand; *Revue générale;* etc.

Les missions catholiques, introduction à l'histoire des missionnaires belges. 1879; 1 vol. in-12.
Biographie d'André Van Hasselt.
Étude politique sur le vicomte Ch Vilain XIIII. 1879.
Épisodes de l'histoire de l'art en Belgique. 1883.

DE WITTE (Le baron JEAN-JOSEPH-ANTOINE-MARIE), ✠, domicilié à Wommelghem, province d'Anvers; résidant à Paris; né à Anvers le 24 février 1808; chargé d'une mission scientifique, gratuite, en Italie et en Grèce, en 1841-1842, sous le ministère de M. Nothomb; élu correspondant de l'Académie le 7 mai 1840; membre, le 6 mai 1851.

PUBLICATIONS ACADÉMIQUES.

Mémoires.

Mémoire sur l'impératrice Salonine. 1851. (*Mém. des memb.*, t. XXVI.)
Rapport sur un mémoire de M. Wagner, intitulé : *Inscriptions recueillies en Asie Mineure.* 1861. (*Mém. des sav. étr.*, in-4°, t. XXX.)

Bulletins (*1re série*).

La double Minerve, explication d'un vase peint, appartenant à M. le comte Albéric du Chastel. 1841. (T. VIII.)
Hercule et Géryon, explication d'un vase peint, appartenant à M. le vicomte Léon de Laborde. 1841. (T. VIII.)

Extrait d'une lettre adressée à M. Roulez. (Antiquités de la Grèce.) 1841. (T. VIII.)

Extrait d'une lettre d'Athènes, adressée à M. Roulez. 1841. (*Ibid.*)

Notice sur quelques antiquités du midi de la France. (Extrait d'une lettre adressée de Marseille à M. Roulez.) 1841. (*Ibid.*)

Sur les antiquités de Smyrne et de Constantinople. (Extrait de deux lettres adressées à M. Roulez.) 1842. (T. IX.)

Rapport sur un voyage archéologique fait en Italie et en Grèce, adressé à M. Nothomb, Ministre de l'Intérieur. 1842. (*Ibid.*)

Pénélope, vase peint. 1843. (T. X.)

Notice sur l'ouvrage: *Museum etruscum Gregorianum.* 1844. (T. XI.)

Figurines de bronze et de fer. 1845. (T. XII.)

La consécration de la massue d'Hercule. 1847. (T. XIV.)

Explication de trois bagues de travail étrusque. 1851. (T. XVIII.)

Rapport sur des comptes rendus de M. Wagener : *Études et exploration faites en Grèce et dans l'Asie Mineure.* 1854. (T. XXI.)

Note sur les monnaies gauloises de Tournai. 1854. (*Ibid.*)

Rapport sur une notice de M. Wagener concernant un monument métrologique découvert en Phrygie et sur un mémoire de M. Roulez : *Pélops et Œnomaüs.* 1855. (T. XXII.)

(2e *série*)

Rapport sur un mémoire de M. Félix Nève : *Exposé des guerres de Tamerlan et de Schah-Rokh.* 1858. (T. V.)

Rapport sur deux mémoires présentés au concours de 1860 : *Sur les localités des XVII provinces des Pays-Bas et du pays de Liége où l'on a frappé monnaie depuis l'invasion des Francs jusqu'à l'émancipation des grands feudataires.* (T. IX.)

Rapport sur un mémoire de Charles Lenormant, ayant pour titre : *Sur les peintures que Polygnote avait exécutées dans la Lesché de Delphes.* 1863. (T. XVI.)

Rapport sur une note de M. Constantin Rodenbach concernant l'étalon-prototype universel des mesures de longueur. 1870. (T. XXIX.)

Rapport sur une note de M. Schuermans concernant la découverte d'objets étrusques en Belgique. 1872. (T. XXXIII.)

Rapport sur des notes de M. Schuermans intitulées : *Découvertes d'ambre en Belgique ; sur la déesse Viradethis ; sur des inscriptions trouvées en Belgique.* 1872. (T. XXXIV.)

Rapport sur un travail de M. Van Bastelaer : *Les enduits, engobes, etc., des poterie romaines.* 1877. (T. XLIV.)

Rapport sur une note de M. Galesloot sur la découverte d'une tombe romaine à Lovenjoul et un mot sur les vestiges d'une villa de cette époque, à Laeken. 1880. (T. XLVII.)

Annuaire.

Notice nécrologique sur Th. Panofka. Année 1859.

Id.	Charles Lenormant. Année 1861.
Id.	Éd. Gerhard. Année 1871.
Id.	Joseph Roulez. Année 1879.
Id.	Adrien de Longperrier. Année 1884.
Id	François Lenormant. Année 1887.

OUVRAGES NON PUBLIÉS PAR L'ACADÉMIE.

Monuments d'antiquité envoyés de la Grèce à Paris. (*Bulletin de l'Institut archéologique.*) Rome, 1830 ; in-8°.

Fouilles des îles de la Grèce. Deux articles. (*Ibid.*) Rome, 1830 ; in-8°.

Diane Éginéa. (*Ann. de l'Institut archéologique.*) Paris, 1830 ; in-8°.

Monuments de la Grèce. Deux articles. (*Bull. de l'Institut arch.*) Rome, 1831 ; in-8°.

Vases grecs, vendus à Paris le 7 février 1832. Deux articles. (*Ibid.*) Rome, 1832 ; in-8°.

Monuments de l'Asie Mineure et de la Grèce. (*Ibid.*) Rome, 1832 ; in-8°.

Pélée et Thétis, dissertation mythologique. (*Ann. de l'Institut arch.*) Paris, 1832 ; in-8°.

La mort d'Alcyonée. (*Ibid.*) Paris, 1833 ; in-8°.

Monuments de Tchafder. (Extrait d'une lettre de M. Ch. Texier.) (*Bull. de l'Inst. arch.*) Rome, 1834; in-8°.

Mosaïques de Saint-Rustice, près Toulouse. — Opuscules de M. Schröder. — Collection Panckoucke. (*Bull. de l'Institut arch.*) Rome, 1834; in-8°.

Miroir étrusque. — Fragments de vases peints appartenant à M. le duc de Luynes. (*Ann. de l'Institut arch.*) Paris, 1834; in-8°.

Le géant de Milet. (*Ibid.*) Paris, 1835; in-8°.

Aphrodite Colias. (*Nouv. Ann. de l'Inst. arch.*) Paris, 1836; in-8°.

Description des antiquités et objets d'art qui composent le Cabinet de feu M. le chev. E. Durand, et supplément contenant les noms des acquéreurs et les prix de la vente. Paris, 1836; 1 vol in-8°.

Description d'une collection de vases peints et bronzes antiques, provenant des fouilles de l'Étrurie. (Musée du prince de Canino.) Paris, 1837; 1 vol. in-8°.

La naissance et l'éducation de Bacchus. (*Nouv. Ann. de l'Institut. arch.*) Paris, 1837; in-8°.

Lettre à M. le professeur Éd. Gerhard sur quelques miroirs étrusques. (*Nouv. Ann. de l'Institut arch.*) Paris, 1838; in-8°.

Le lion de Vélia. — Le géant de Milet. — Vénus Colias. (*Revue numism.*) Blois, 1838; in-8°.

Le chasseur Æsarus. (*Ibid.*) Blois, 1839; in-8°.

Article sur un travail intitulé : *Éclaircissements sur le cercueil du roi memphite Mycérinus*, par M. Ch. Lenormant. (*Journ. Asiatique.*) Paris, 1839; in-8°.

Description des vases peints et des bronzes antiques qui composent la collection de M. de M.... (de Magnoncour) Paris, 1839; 1 vol. in-8°.

Description de la collection d'antiquités de M. le vicomte Beugnot. Paris, 1840; 1 vol. in-8°.

Les Dioscures. — Le chien de Crète. — Le taureau à face humaine. (*Revue numism.*) Blois, 1840; in-8°.

Étude du mythe de Géryon. (*Nouv. Ann. de l'Institut arch.*) Paris, 1841; in-8°.

Compte rendu de l'ouvrage : *Essai sur les médailles des rois perses de la dynastie Sassanide*, par Adrien de Longpérier. (*Revue numism.*) Blois, 1841; in-8°.

Amphore, à sujet comique.— Bas-reliefs d'Assos. (*Ann. de l'Institut archéologique.*) Paris, 1841; in-8°.

Monuments de l'île de Malte. — Hercule attaqué par les Ligures. — Fouilles du Morvan (département de la Nièvre). — Sur le nom de Thamu, qui se lit sur un miroir étrusque du Musée Grégorien, au Vatican. (*Bull. de l'Inst. arch.*) Rome, 1842; in-8°.

Le héros Aleuas. (*Revue numism.*) Blois, 1842; in-8°.

Lettre à M. le professeur Th. Panofka sur une amphore de Nola, représentant Pénélope. (*Ann. de l'Instit. arch.*) Paris, 1843; in-8°.

Note sur une médaille d'Eurymenæ de Thessalie. (*Revue numism.*) Blois, 1843; in-8°.

Deux articles sur les *Nouvelles Annales*, publiées par la section française de l'*Institut archéologique.* (*Ibid.*) — Article sur le *Bulletin de l'Institut archéologique* pour l'année 1841. (*Ibid.*) Blois, 1844; in-8°.

Énée sauvé par Vénus, amphore de la collection Feoli à Rome. (*Ann. de l'Institut arch.*) Paris, 1844; in-8°.

Le géant Ascus, dissertation sur les médailles frappées à Damas. (*Revue numism.*) Blois, 1844; in-8°.

Médailles inédites de Postume. (*Ibid.*) Blois, 1844; in-8°.

Le Musée Grégorien à Rome. (*Revue archéolog.*) Paris, 1844; in-8°.

Scènes de la Psychostasie homérique. (*Ibid.*) Paris, 1845; in-8°.

De quelques empereurs romains qui ont pris les attributs d'Hercule. (*Revue numism.*) Blois, 1845; in-8°.

Article sur le *Bulletin de l'Inst. arch.* pour l'année 1842. (*Ibid.*) Blois, 1845; in-8°.

Musée d'antiquités de Leyde. (*Revue arch.*) Paris, 1845; in-8°.

Le dieu marin Glaucus. (*Ibid.*) Paris, 1845; in-8°.

Sur les représentations d'Adonis, lettre à M. Otto Jahn, professeur à Greifswald. (*Annales de l'Institut arch.*) Paris, 1846; in-8°.

La consécration de la massue d'Hercule. (*Mém. de la Soc. des antiquaires de France*, t. XVIII.) Paris, 1846; in-8°.

Cinq articles sur les *Annales de l'Inst. arch.*, tomes XIII, XIV et XV. (*Revue numism.*) Blois, 1846; in-8°.

Noms des fabricants et des dessinateurs de vases peints. (*Revue de Philologie*, t. II.) Paris, 1847; in-8°.

Médailles d'Héraclée de Lucanie. (*Revue numism.*) Blois, 1847; in-8°.

Note sur une médaille d'Aphrodisias de Carie. (*Ibid.*) Blois, 1849; in-8°.

L'expiation d'Oreste, explication d'un vase peint. (*Ann. de l'Institut arch.*) Paris, 1850; in-8°.

Le géant Valens, dissertation sur un denier de la famille Valeria. (*Revue numism.*) Blois, 1850; in-8°.

Lettres du baron Marchant sur la numismatique et l'histoire. Paris, 1850; 1 vol. in-8°, avec planches.

Les lettres suivantes ont été annotées par M. de Witte: Lettre XXVIe. Médailles de la famille Lollia, de Domitien, de Julia Soæmias, de Julia Mamæa, de Philippe II, de Trébonien Galle, etc. — Lettre XXVIIe. Du système monétaire introduit par Dioclétien et monnaies de Carausius. — Lettre XXXIe. Monnaies de la famille de Valérien.

Médailles de Carausius. — Annonce d'un ouvrage sur les empereurs qui ont régné dans les Gaules au IIIe siècle. (*Revue numism.*) Blois, 1850; in-8°.

Sammlung des Herzogs von Luynes. — Der Delphische Drache. (*Archœlogische Zeitung*, 1850, Anzeiger, n° 21-22.) Berlin, 1850; in-4°.

Le monstre gardien de l'oracle de Delphes. (*Mém. de la Soc. des antiquaires de France*, t. XX.) Paris, 1851; in-8°.

Notice sur l'église abbatiale de Celles-St-Eusice. (*Mém. de la Soc. archéolog. de l'Orléanais.*) Orléans, 1851; in-8°.

Médailles de Salonine (*Revue de la Numismatique belge*, t. II de la deuxième série, 1852). Bruxelles, 1853; in-8°.

Du christianisme de quelques impératrices romaines avant Constantin. (Extrait du t. III des *Mélanges d'archéologie* des Pères Ch. Cahier et Arthur Martin.) Paris, 1853; in-4°.

Lettre à M. R. Chalon sur les monnaies des empereurs gallo-romains. — Remarques sur les monétaires chez les Romains. (*Revue de la numismatique belge*, t. III de la deuxième série, 1853.) Bruxelles, 1853; in-8°.

Monnaies gauloises de Tournai. (*Ibid.*, t. IV de la deuxième série, 1854.) Bruxelles, 1854; in-8°.

Lettre à M. R. Chalon à propos des quinaires romains décrits par M. De Coster. (*Ibid* , t. V de la deuxième série, 1855.) Bruxelles, 1855; in-8°.

Le sacrifice du chien. — Les filles de Pélias. — Hercule et Omphale, pierre gravée étrusque. (*Bulletin arch. de l'Athenæum français.*) Paris, 1855; in-4°.

Figurine de bronze représentant Cycnus. — Antiquités recueillies par M. Pérétié. — Le sacrifice du poisson. — Hercule et Omphale, vase peint. (*Ibid.*) Paris, 1856; in-4°.

Description des médailles et des antiquités du Cabinet de M. l'abbé H. G*** (Greppo). Paris, 1856; 1 vol. in-8°, avec 3 planches.

Le jugement de Pâris, cylix de Brylus (Βρύλος). (*Annales de l'Inst. arch.*) Leipzig, 1856; in-4°.

Le cachet de Childéric. (*Revue num.*) Paris, 1857; in-8°.

Choix de terres cuites antiques du Cabinet de M. le vicomte de Janzé. Paris, 1857; 1 vol. in-folio.

Médailles impériales romaines inédites (Auguste, Caligula, Domitien, Dioclétien). (*Revue num.*) Paris, 1857; in-8°.

Apollon Sminthien, dissertation sur les monnaies d'Alexandria-Troas. (*Revue num.*) Paris, 1858; in-8°.

Doubles têtes. (*Annales de l'Inst. arch.*) Leipzig, 1858; in-4°.

Lettre à M. R. Chalon. (Tessères palmyréniennes.) (*Revue de la numismatique belge*, t. II et t. III de la troisième série.) Bruxelles, 1858 et 1859; in-8°.

Médailles de Bonosus. — Observations sur Agrippine et Postume. — Notice sur Charles Lenormant. (*Revue num.*) Paris, 1859; in-8°.

Note sur les médailles de Lappa de Crète. (*Ibid.*) Paris, 1860 ; in-8°.

Élite des monuments céramographiques (avec Ch. Lenormant). Paris, 1837-1861; 4 vol. gr. in-4°, avec 455 planches.

De quelques médailles supposées, Victorine, Lollianus, L. Ælianus. (*Revue num.*) Paris, 1861; in-8°.

Médailles romaines, Agrippa et Auguste, Vespacien, Hadrien, Ælius César, Faustine la Jeune, Caracalla. — Médailles de Cologne (*Colonia Agrippinensis*). — Collections de M. le duc de Luynes. (*Ibid.*) Paris, 1862; in-8°.

Mesure grecque. (*Revue arch.*, mai 1862.) Paris, 1862; in-8°.

Notice sur les vases peints et à reliefs du Musée Napoléon III. Paris, 1862; in-12.

La trahison d'Ériphyle. (*Ann. de l'Inst. arch.*) Rome, 1863; in-8°.

Notice sur l'abbé Greppo. (*Revue num.*) Paris, 1863; in-8°.

Éros et Pâris, vase peint à ornements dorés, trouvé à Corinthe. (*Revue arch.*, janvier 1863.) Paris, 1863; in-8°.

Apollon Cillæus. — Médailles d'Amphipolis. (*Revue num.*) Paris, 1864; in-8°.

Vase corinthien portant la signature de Charés. (*Arch. Zeitung.*) Berlin, 1864; in-4°.

Études sur les vases peints. (Extrait de la *Gazette des Beaux-Arts*, 1862-1865.) Paris, 1865; gr. in-8°.

Monuments relatifs au mythe d'Adonis, lettre à M. le professeur Éd. Gerhard. (*Mémoires de l'Inst. arch.*, t. II.) Leipzig, 1865 ; in-8°.

Notice sur quelques vases peints de M. Alexandre Castellani. Paris, 1865; in-8°.

Médailles autonomes romaines de l'époque impériale, lettre à M. le duc de Blacas. — Médailles de Bonosus. (*Revue num.*) Paris, 1865; in-8°.

Note sur une médaille restituée par Trajan. (*Comptes rendus de l'Académie des inscript. et belles-lettres.*) Paris, 1865 ; in-8°.

Notice sur le duc de Blacas. (*Revue num.*) Paris, 1866; in-8°.

Catalogue de la collection d'antiquités de M. Alexandre Castellani. Paris, 1866; in-8°.

De quelques antiquités rapportées de Grèce par M. F. Lenormant. (*Gazette des Beaux-Arts.*) Paris, 1866; gr. in-8°.

Monnaies gauloises attribuées à Tournai et aux Éburons. (*Revue de la numismatique belge*, t IV de la quatrième série. 1866.) Bruxelles, 1866; in-8°.

Observations sur les monuments étrusques en plomb. — Inscription grecque, tracée à la pointe, sous un vase peint. — Note sur une arme, figurée dans quelques peintures de vases. (*Comptes rendus de l'Académie des inscriptions et belles-lettres.*) Paris, 1866; in 8°.

Notice sur Celestino Cavedoni. (*Revue num.*, 1866-1867.) Paris, 1867; in-8°.

Notice sur M. Prosper Dupré. (*Revue num.*) Paris, 1867; in-8°.

Discours lu au Capitole, le 26 avril 1867, à l'occasion de l'anniversaire de la fondation de Rome. Paris, 1867; in-8°.

Lettre à M. R. Chalon sur une inscription portant le nom de Tétricus. (*Revue de la numismatique belge*, t. V de la quatrième série). Bruxelles, 1867; in-8°.

La victoire de Pélops. (*Arch. Zeitung.*) Berlin, 1867; in-4°.

Monument de l'ancienne langue latine, découvert à Palestrine. — Note sur une plaque de terre cuite peinte, trouvée à Athènes. — Note sur le colosse d'Hercule, trouvé au théâtre de Pompée, à Rome. (*Comptes rendus de l'Académie des inscript. et belles-lettres.*) Paris, 1867; in-8°.

Recherches sur les empereurs qui ont régné dans les Gaules au troisième siècle de l'ère chrétienne. Paris, 1868; un volume gr. in-4°, avec 49 planches.

La statue colossale de bronze, représentant Hercule, trouvée au théâtre de Pompée. (*Annales de l'Inst. arch.*, t. XL.) Rome, 1868; in-8°.

Observations sur les pièces d'argent et d'or fourrées, aux temps de la République romaine et de l'Empire. (*Revue num.*) Paris, 1868; in-8°.

Miroir trouvé à Corinthe. — Le génie des combats de coqs. (*Revue arch.*) Paris, 1868; in-8°.

Notice sur un vase d'argent. (*Mémoires de la Société des antiquaires de France*, t. XXX.) Paris, 1868 ; in-8°.

Note sur quelques amphores panathénaïques. — Note sur un miroir grec du Musée de Lyon. (*Comptes rendus de l'Académie des inscriptions et belles-lettres.*) Paris, 1868; in-8°.

Note sur un vase de terre décoré de reliefs. (*Mémoires de la Société des antiquaires de France*, t. XXXI.) Paris, 1869; in-8°.

Note sur un miroir trouvé à Préneste. (*Comptes rendus de l'Acad. des inscriptions et belles-lettres.*) Paris, 1869; in-8°.

Monnaies romaines de l'époque impériale (Germanicus, Britannicus, Mæsa, Postume, Vabalathe). — L'attribut d'Uberitas. (*Revue num.*) Paris, 1869-1870; in-8°.

Discours prononcé à Anvers, le 15 mai 1870, à l'Académie d'archéologie de Belgique. (Extrait des *Bulletins de l'Académie.*) Bruxelles, 1870; in-8°.

Amphore panathénaïque de la collection de M. le commandant Oppermann, à Paris. (*Revue arch.*, 1871; in-8°.) — Cet article a été reproduit dans l'*Archæolog. Zeitung* de Berlin de 1871; in-4°.

Les miroirs chez les anciens. (Extr. des *Annales de l'Académie d'archéologie de Belgique*, t. XXVIII.) Bruxelles, 1872; in-8°.

Les exploits de Thésée, coupe peinte par Euphronius. (*Annuaire de l'Association pour l'encouragement des études grecques en France.*) Paris, 1872; in-8°. — Tiré à part in-4°.

Note sur le mot étrusque *Hinthial*. (*Comptes rendus de l'Académie des inscriptions et belles-lettres.*) Paris, 1872; in-8°.

Le cachet de Childéric. (*Revue de la numismatique belge*, t. IV de la 5e série.) Bruxelles, 1872; in-8°.

Apollon, bronze d'ancien style, trouvé dans les environs d'Athènes. (*Revue arch.*, t. XXV.) Paris, 1873; in-8°.

Discours prononcé à Anvers, le 31 août 1873, à l'Académie d'archéologie de Belgique. (Extr. des *Bulletins de l'Académie.*) Bruxelles, 1873; in-8°.

Note sur deux amphores panathénaïques trouvées à Corneto. — Peintures céramiques de la Grèce propre, ouvrage de M. Albert Dumont. (*Comptes rendus de l'Académie des inscript. et belles-lettres.*) Paris, 1873; in-8°.

Discours prononcé à Anvers, le 28 juin 1874, à l'Académie d'archéologie de Belgique. (Extrait des *Bulletins de l'Académie.*) Bruxelles, 1874; in-8°.

Note sur deux amphores panathénaïques portant le nom de l'archonte Pythodélus. (*Comptes rendus de l'Académie des inscriptions,* 1875) in-8°.

Le dieu tricéphale gaulois. (*Revue archéologique,* 1875; in-8°.)

Lettre à M. R. Chalon sur les monnaies égyptiennes trouvées en Belgique. (*Revue de la numismatique belge,* 5e série, t. VI, 1875; in-8°.)

Dionysus et les Tyrrhéniens. — Cronos et Rhéa, vase peint de la collection de M. le comte Edmond de Pourtalès, aujourd'hui au Musée du Louvre. — Hercule et Achéloüs, Thésée et le Minotaure, vases peints du Musée Britannique. — Fragments de vases à reliefs relatifs à Trajan. — Persée et les Gorgones, vase peint de la collection Pembroke. — Camée représentant Octavie, sœur d'Auguste, de la collection de M. le baron Roger. (*Gazette archéologique,* 1875; gr. in-4° et *Comptes rendus de l'Académie des inscriptions,* 1875; in-8°.)

Miroir trouvé dans l'île de Crète. (*Comptes rendus de l'Académie des inscriptions,* 1876; in-8°.)

Hercule et les oiseaux de Stymphale, vase peint du Musée Britannique. — Hercule et la biche Cérynite, vase peint du Musée Britannique. — Adonis, figurine de bronze de Cypre. — L'enlèvement de Ganymède, miroir trouvé à Corinthe et faisant partie de la collection de M. Sabouroff. — Arès et Aphrodite, lécythos trouvé dans un tombeau à Athènes. (*Gazette,* vol. 1876; gr. in-4°.)

Pollux et Lyncée, plaque de bronze trouvée à Dodone. (*Monuments grecs publiés par l'Association pour l'encouragement des études grecques en France.* Paris, 1877; in-4°.)

Discours prononcé le 27 mai 1877 à l'Académie d'archéologie de Belgique. Bruxelles, 1877; in-8°.

Dessin d'un bas-relief du Musée du Vatican, relatif aux apothéoses privées, communiqué à l'Académie des inscriptions. (*Comptes rendus*, 1877; in-8°.)

Explication d'un médaillon de terre cuite représentant le Génie de la ville de Lyon. (*Comptes rendus de l'Acad. des inscript.*, 1877, in-8°; *Bulletin de la Société des antiquaires de France*, in-8°.)

Les deux Jupiters, coupe peinte de la collection Blacas. — Satyre trouvé à Dodone, figurine de bronze de la collection de M Carapanos. — Les formes lunaires de E et de Σ, dans la paléographie grecque. (*Gazette archéologique*, 1877; gr. in-4°.)

Vases panathénaïques. (*Annales de l'Institut archéologique*, vol. XLIX et L, 1877 et 1878.) Rome; in-8°.

Aphrodite et Adonis. — Lettre à M. Fr. Lenormant sur les apothéoses privées chez les anciens. — Vases peints de la collection Paravey. (*Gazette archéologique*, 1877; gr. in-4°.

Vases peints portant des signatures d'artistes. (*Bulletin de correspondance hellénique*, 1878; in-8°.)

Les divinités des sept jours de la semaine. (*Gazette archéologique*, 1877 et 1879) Paris; gr. in-4°.

Catalogue de la collection d'antiquités de M. Charles Paravey, ancien conseiller d'État. Paris, 1879; 1 vol. in-8°.

Mélampos et les Prœtides. — La naissance d'Aphrodite. — Note complémentaire sur quelques monuments représentant les dieux des jours de la semaine. — Mélicerte. (*Gaz. arch.*, 1879; gr. in-4°.)

Achille et Thétis, scarabée étrusque. — L'enlèvement d'Hélène, Hélène et Ménélas à la prise de Troie, vase peint portant les signatures de Hiéron et de Macron. (*Comptes rendus de l'Acad. des inscript.*, 1880; in-8°; *Gazette arch.*, 1880; gr. in-4°.)

Apollon, statuette de bronze. — Note supplémentaire relative au miroir étrusque publié à la page 218 de la *Gazette arch.*, 1879. — Monuments d'argent trouvés en Syrie. — Note sur un miroir étrusque sur lequel est représenté Mélicerte. — Melcarth à cheval qui se précipite dans les flots. (*Comptes rendus de l'Académie des inscriptions*, 1880 ; in-8o.)

Dans l'ouvrage de M Carapanos, *Dodone et ses ruines*. Paris, 1878; 1 vol. in-4o. M. de Witte a décrit dans l'annexe A les statuettes et les bas-reliefs en bronze de la première et de la deuxième catégorie du Catalogue, pp. 177 et suiv.

Situla étrusque de bronze de la collection du prince Ladislas Czartoryski. (*Gazette archéologique*, 1881-1882; gr. in-4o.)

Hermès et Dionysos, groupe de bronze de travail grec. (*Comptes rendus de l'Académie des inscriptions*, 1883; in-8o.)

Pâris et Hélène. (*Gazette archéologique*, 1883; gr. in-4o.)

Les légions de Victorin. (*Revue numismatique*, 1884; in-8o.)

L. Munatius Plancus et le Géant de la ville de Lyon. (*Gazette archéologique*, 1884; gr. in-4o.

Vénus Géartrix. (*Gazette archéologique*, 1885; gr. in-4o.)

Description des collections d'antiquités conservées à l'hôtel Lambert à Paris, avec 36 planches, 1 vol. gr. in-4o. Paris, 1886.

M. de Witte a publié, en outre, un grand nombre d'articles et de comptes rendus d'ouvrages d'archéologie dans la *Revue numismatique*, dans la *Revue archéologique* et dans d'autres recueils scientifiques. Des communications faites par lui ont été insérées dans les *Comptes rendus de l'Académie des inscriptions et belles-lettres de Paris*, dans les *Bulletins de la Société des antiquaires de France*, dans les *Bulletins de l'Institut de correspondance archéologique de Rome*, dans les *Bulletins des commissions royales d'art et d'archéologie de Belgique*, dans les *Bulletins de l'Académie d'archéologie de Belgique*, etc.

Après la mort de M. le duc de Blacas (1866), il a publié les trois derniers volumes de l'*Histoire de la monnaie romaine*, par M. le professeur Th. Mommsen, ouvrage traduit en français par le duc de Blacas. Paris, 1870, 1873, 1875, formant 4 vol. in-8o, avec 40 pl.

FAIDER (Charles-Jean-Baptiste-Florian), G. C. ✠, domicilié à Bruxelles, rue du Commerce, 63; né à Trieste le 6 septembre 1811; docteur en droit; commis-rédacteur au Ministère de l'Intérieur en 1835; substitut procureur du roi à Louvain en 1837; substitut procureur du roi à Anvers en 1837; procureur du roi à Anvers en 1842; avocat général à la Cour d'appel de Bruxelles en 1844; avocat général à la Cour de cassation en 1851; Ministre de la Justice en 1852; procureur général à la Cour de cassation en 1871; président de la Commission centrale de statistique en 1874; président d'honneur de cette Commission en 1879; élu correspondant de l'Académie le 10 janvier 1846; membre, le 7 mai 1855; président de l'Académie et directeur de la Classe des lettres en 1866 et en 1876.

PUBLICATIONS ACADÉMIQUES.

Bulletins (1re *série*).

Particularités sur les anciennes fondations de bourses à l'Université de Louvain. 1848. (T. XV.)

Note sur les anciennes terres de débat et sur les conflits de juridiction. 1848. (*Ibid.*)

Note sur l'enseignement du droit public à l'ancienne Université de Louvain. 1849. (T. XVI.)

Quelques éclaircissements sur la Chambre légale de Flandre. 1850. (T. XVII.)

Étude sur l'application des lois inconstitutionnelles. 1850. (*Ibid.*)

Note sur la langue latine dans ses rapports avec l'étude du droit. 1851. (T. XVIII.)

Note résumée sur l'application des lois inconstitutionnelles. 1851. (*Ibid.*)

Nouvelles réflexions sur la langue latine dans ses rapports avec l'étude du droit. 1851. (*Ibid.*)

Dernières réflexions sur la langue latine dans ses rapports avec l'étude du droit. 1851. (*Ibid.*)

Rapport fait au nom du jury chargé de juger le premier concours pour le prix quinquennal des sciences morales et politiques. 1856. (T. XXIII.)

(*2e série.*)

Discours prononcé aux funérailles de M. le chanoine David. 1866. (T. XXI.)

Léopold Ier et la royauté belge, discours prononcé comme président de l'Académie, en séance solennelle des trois Classes, le 7 mai 1866. (*Ibid.*)

Montesquieu et la Constitution belge. 1875. (T. XXXIX.)

Les discours politiques du roi Léopold Ier, discours prononcé comme président de l'Académie, le 10 mai 1876. (T. XLI.)

Sur le IXe congrès international de statistique à Budapest. 1876. (T. XLII.)

Discours prononcé à l'inauguration de la statue de M. Ad. Quetelet. 1880. (T. XLIX.)

En outre, M. Faider a publié dans les *Bulletins* nombre de rapports, tant sur des mémoires de concours que sur des mémoires présentés par divers savants étrangers, ainsi que des notes bibliographiques sur des livres offerts à l'Académie.

Annuaire.

Notice nécrologique sur H.-E.-M. Defacqz. Année 1873.

OUVRAGES NON PUBLIÉS PAR L'ACADÉMIE.

Études historiques sur les institutions provinciales et communales en Belgique. Bruxelles, 1834; in-8°.
Études sur les constitutions nationales. Bruxelles, 1842; in-8°.
Essai sur la statistique de la Belgique. 1865.
Rapport sur le jury spécial de l'Exposition universelle de Paris. 1867.
Nombreuses conclusions d'audience, insérées dans la Pasicrisie, de 1851 à 1886.
Nombreux discours prononcés aux audiences solennelles de la Cour de cassation, de 1871 à 1885.
Histoire des institutions politiques de la Belgique. (Dans *Patria belgica.*) 1874.
Brochures, dissertations et articles de revues, de 1834 à 1885.

FRÉDÉRIX (Gustave-Adolphe-Henri), ✠, domicilié à Bruxelles, rue de Pascale, 23; né à Liège, le 19 mai 1834; élu correspondant de l'Académie le 4 mai 1885.

PUBLICATIONS ACADÉMIQUES

Bulletins (3e série).

Une lettre inédite du prince Léopold de Saxe-Cobourg à la duchesse Marie-Amélie d'Orléans. 1886. (T. XI.)

OUVRAGES NON PUBLIÉS PAR L'ACADÉMIE.

Articles de critique littéraire et théâtrale dans *la Tribune* de Liège, de 1855 à 1858; dans *l'Écho du Parlement belge*, en 1859; dans *l'Indépendance belge*, depuis 1860; dans le *Journal des Débats* et *le Temps*, de Paris.

GANTRELLE (JOSEPH), C. ✠, domicilié à Gand, chaussée de Courtrai, 96 ; né à Echternach (grand-duché de Luxembourg), le 18 janvier 1809 ; naturalisé par option en 1839 ; docteur en philosophie et lettres ; professeur à Huy, à Bruxelles, à Hasselt et, de 1837 à 1854, à l'athénée royal de Gand ; chargé de cours à l'Université de Gand, 1849 ; inspecteur de l'enseignement moyen pour les humanités 1854-1864 ; professeur à l'Université de Gand, 1864 ; élu correspondant de l'Académie le 9 mai 1881 ; membre, le 4 mai 1885.

PUBLICATIONS ACADÉMIQUES.

Bulletins (*3e série*).

Étude littéraire sur la disposition des mots dans la phrase latine. 1883. (T. VI, p. 611.)

Les Suèves des bords de l'Escaut. 1886. (T. XI, p. 190.)

OUVRAGES NON PUBLIÉS PAR L'ACADÉMIE.

Mémoire (couronné) sur la question : Quelle part les Flamands et d'autres Belges ont-ils prise à la conquête de l'Angleterre par les Normands, à l'établissement des vainqueurs dans le pays et aux guerres dont il devint le théâtre sous les rois Étienne et Henri II? 1839.

Nouvelle grammaire de la langue latine, d'après les principes de la grammaire historique. 11e édition. Gand, Hoste ; Paris, Garnier, 1883. La première édition est de 1840.

(L'abrégé de cet ouvrage a pour titre : *Éléments de la grammaire latine*, 15e édition. Gand, Hoste ; 1885.)

Rapport adressé à M. le Ministre de l'Intérieur sur les travaux et les délibérations du Congrès des philologues allemands à Francfort, ainsi que sur dix-neuf questions concernant l'enseignement et l'organisation des gymnases allemands.

(Ce rapport a été publié dans le *Moniteur*, ensuite en brochure chez Devroye, imprimeur à Bruxelles. 1862.)

Syntaxe du subjonctif français comparé au subjonctif latin. (*Revue de l'Instruction publique en Belgique*. 1863.)

De la théorie des temps et de leur emploi, à propos des principes de grammaire générale par P. Burggraaf, professeur de littérature orientale à l'Université de Liége. (*Revue de l'Instruction publique de Belgique*, décembre 1863.

Grammaire latine élémentaire, d'après les principes de la grammaire historique. Paris, Belin, 1873.

Grammaire et style de Tacite. Paris, Garnier frères; 1874.

Cornelii Taciti de vita et moribus Julii Agricolae liber. Nouvelle édition avec une introduction littéraire, un sommaire, des notes en français, une table des noms propres, une carte de la Bretagne et un appendice critique. Paris, Garnier frères; 1875.

Contributions à la critique et à l'explication de Tacite. Gand, Hoste; Paris, Garnier frères; 1875.

(Trois numéros de ces contributions ont été traduits en allemand sous les titres suivants : *Ueber Entstehung, Charakter und Tendenz von Tacitus Agricola, nebst Erklärung der drei ersten Kapitel, nach der zweiten Ausgabe des Originals und mit Genehmigung des Verfassers übersetzt. Berlin, Schroeder. Sueben an der Scheldemündung und ihre Göttin Nehalennia,* dans : *Blätter für das bayerische Gymnasial und Realschulwesen,* XIIe Jahrgang. München.)

Cornelii Taciti de situ ac populis Germaniae liber. Nouvelle édition avec une introduction littéraire, un sommaire, des notes en français, une table des noms propres, une carte de la Germanie et un appendice critique. Paris, Garnier frères; 1877.

A quel genre littéraire appartient l'*Agricola* de Tacite? (*Revue de l'Instruction publique en Belgique*, 1878.)

(Cet article est pour le fond le même que celui que l'auteur a publié dans la 11e livraison des *Neue Jahrb. für Philol. etc.*, *1877*, *herausg. von Fleckeisen und Masius*, pour combattre les objections faites en Allemagne contre la dénomination *d'éloge historique*, 1881.

Cornelii Taciti Historarium libri qui supersunt. Nouvelle édition avec une introduction littéraire, des sommaires, des notes en français sur la grammaire, les institutions, l'histoire et la géographie et un appendice critique. Paris, Garnier frères; 1881.

Observations sur le nouveau programme de l'enseignement des langues classiques. Tiré à part de la *Revue de l'Instruction publique en Belgique*, 6e livraison du tome XIII, 1870-1871, pp. 389 à 427.

La circulaire de M. Jules Simon, Ministre de l'Instruction publique en France. (Extrait de la *Revue de l'Instruction publique en Belgique*, 1872.)

Remarques sur les méthodes et l'organisation de l'enseignement moyen, commentaire des critiques de M. Vanderkindere dans la *Revue de l'Instruction publique en Belgique*, t. XX, 6e livraison. 1877.

Et beaucoup d'autres articles de pédagogie et de critique philologique, publiés dans la *Revue de l'Instruction publique en Belgique* et dans la *Revue critique d'histoire et de littérature*, publiée à Paris chez Leroux, libraire-éditeur.

HARLEZ (Le chevalier CHARLES-JOSEPH, DE), domicilié à Louvain, rue au Vent, 8; né à Liège le 21 août 1832; docteur en droit (1855); supérieur du Collège d'humanités et d'études professionnelles, préfet des études, à

Huy (1861); premier directeur de l'École normale des humanités; professeur ordinaire de langues orientales (Inde, Perse et Chine) à l'Université de Louvain (1867); élu correspondant de l'Académie le 7 mai 1883.

PUBLICATIONS ACADÉMIQUES.

Mémoires.

Lao-tze, le premier philosophe chinois ou un prédécesseur de Schelling au VIe siècle avant notre ère. 1884. (*Mémoires* in-8o, t. XXXVII.)

Le livre du principe lumineux et du principe passif : Shang thsing tsing king. 1885. (*Ibid.*)

Bulletins (*3e série*).

Quelques traits de la vie du Céleste-Empire. 1883. (T. VI.)

Trois littératures antiques : persane, indoue, chinoise. 1885. (T. X.)

Coup d'œil sur l'histoire et l'état actuel des études avestiques. 1886. (T. XII.)

OUVRAGES NON PUBLIÉS PAR L'ACADÉMIE.

Avesta. Livre sacré des sectateurs de Zoroastre, traduction du texte zend. Liége, 1875-1877; 3 vol. gr. in-8o.

Grammaire pratique de la langue sanscrite. Louvain, 1878; in-8o.

Études avestiques. Sens des mots *zend-avesta*. Des controverses relatives à l'Avesta. Religion de la Perse ancienne. Paris, 1878; in-8o.

Kena et Kaushitaki Upanishads, traités de philosophie traduits du sanscrit. Louvain, 1878; in-8o.

La linguistique et l'unité originaire de l'humanité. Louvain, 1878; in-8°.

Des origines du Zoroastrisme. Paris, 1879; 2 part. in-8°.

Manuel de la langue de l'Avesta. Grammaire, anthologie, lexique. Louvain, 1879; in-8°.

Les Aryas et leur première patrie. Paris, Maisonneuve, 1880; in-12.

Manuel du Pehlvi des livres religieux et historiques de la Perse. Grammaire, anthologie, lexique, avec des notes, un fac-simile de manuscrit, les alphabets et un spécimen des légendes, des sceaux et monnaies. Paris, 1880; in-8° de XII-347 pp. et fac-simile.

Études éraniennes. I. De l'alphabet avestique et de sa transcription. Métrique du Gâthâ Vahistoistis et du Fargard XXII. Paris, 1880; br. in-8° de 52 pp.

La critique et la science de M. Bartholomæ. Louvain, 1880.

Études avestiques. Le calendrier avestique et le pays originaire de l'Avesta. Paris, 1881; in-12.

Avesta. Livre sacré du Zoroastrisme, traduit du texte zend, accompagné de notes interprétatives et explicatives, 2e édition, revue et complétée. Paris, 1881; in-4° de 671 pp. avec cartes et planches.

(Forme le tome V de la *Bibliothèque orientale*.)

Introduction à l'étude de l'Avesta et de la religion Mazdéenne. Paris, 1881; in-4°, CCL pp.

Manuel de la langue de l'Avesta. Grammaire, anthologie, lexique, notes et introduction, avec un appendice contenant les versions pehlvies et sanscrites des chapitres XI et XXVIII du Yaçna, traduites et expliquées, 2e édition, revue et augmentée. Paris, 1882; in-8° de XX-494 pp.

La Bible dans l'Inde. Paris, 1882; in-12.

Un fragment de commentaire sur le Vendidad. Louvain, 1882; in-8°.

Der Avestische Kalender und die Heimath der Avesta-Religion. Berlin, 1882.

K. Geldner's Studien zum Avesta. Berlin, 1883; in-8°.

Origine de l'Avesta et son interprétation. Système et critique de M. J. Luquiens. Louvain, 1883; in-8°.

L'exégèse et la critique des textes zends. Leipzig, 1883; in-8°.

Manuel de la langue mandchoue. Grammaire, anthologie, lexique. Paris, 1884; in-8°.

Étude sur la langue Othomie. (*Mémoires du Congrès des Américanistes.*) Bruxelles, 1879.

La religion primitive des Chinois. (*Contemporain.*) Lyon, 1884.

Le Manju gisun-i buleku bithe. Miroir de la langue mandchoue. (*Zeitschrift D. Morgendl. Ges.*, t. III, 1884.)

Le Dergi hese. Décrets de l'empereur Yongtcheng, 1723 à 1736. (*Ibid*, et *Mémoires de la Société des études japonaises, chinoises, etc.*)

Le Hamestakân des Parses. (*Beiträge zur Kunde des Indogerm. sprache.*) Göttingen, 1884.

L'Abuna Vairyo, prière journalière des Zoroastriens. (*Ibid.*, 1885.)

The Age of the Avesta. (*Journal of the royal Asiatic Society of Great Britain*, vol. IV, 1885.

L'infanticide en Chine. Louvain, 1885; in-8°.

Les livres sacrés de la Chine. (*Dublin Review.*) Londres, 1885.

De l'origine des Mythes. (*Muséon*, 1882-1885.)

Les études éraniennes. (*Œsterreichische allgemeine Literatur-Zeitung.*) Vienne, 1885.

La Siao Hio. Manuel général de la morale chinoise, avec le commentaire de Tchen Sinen, traduit pour la première fois. Lyon, 1886; in-4°.

Grammaire pratique de la langue sanscrite, 2e édition, revue et augmentée. Louvain, 1885.

Histoire de l'Empire d'or (Aisin gusun i suduri bithe), traduit pour la première fois sur le manuscrit 1122 de Paris. 1886; in-8°.

Le Tchou-tze-tsieh-yao traduit pour la première fois. (*Journ. of the R. A. S.* 1886.)

HENNE (Alexandre), O. ✠, domicilié à Bruxelles, rue de Livourne, 12; né à Hesse-Cassel le 8 janvier 1812; ancien sous-directeur au Département de la Guerre; président de la Société de l'histoire de Belgique; secrétaire-administrateur de l'Académie royale des Beaux-Arts de Bruxelles; élu correspondant de l'Académie le 5 mai 1884.

OUVRAGES NON PUBLIÉS PAR L'ACADÉMIE.

Esquisses sur quelques Belges illustres : Godefroy de Bouillon; Baudouin de Constantinople; Jean Ier, dit le Victorieux. Bruxelles. (*Trésor national.*)

Siège de Gand, par Louis de Maele. (*Revue belge.*)

La bataille de Roosebeke. (*Ibid.*)

Jacques de Lalaing, le bon chevalier sans peur et sans doubte. (*Revue trimestrielle*, t. VII.)

Histoire de la ville de Bruxelles, publiée en collaboration avec Alphonse Wauters. 1845. Bruxelles, 3 vol. in-8°. (Librairie encyclopédique de Périchon.)

Notice historique, statistique et descriptive de la ville de Bruxelles. 1846. Bruxelles. (Librairie de Deprez-Parent.)

Histoire du règne de Charles-Quint en Belgique. 1re édition. 10 volumes in-8°. 1858. Bruxelles. (Émile Flattau.)

2e édition, 4 volumes in-8°, sous le titre de : *Histoire de la Belgique sous le règne de Charles-Quint.* 1865. Bruxelles. (Librairie Rosez.)

Un projet de démembrement de la France au XVIe siècle. (*Revue britannique*, édition belge. 1860, t. I.)

Éditeur pour la *Société d'histoire de Belgique*, des *Mémoires de Pontus Payen*, avec notice et annotations. 2 volumes in-8°, 1860; et des tomes IV et V, avec Préface et annotations, des *Mémoires anonymes sur les troubles des Pays-Bas.* 1864.

Félix Stappaerts; notice biographique. 1885. (*Bulletins de l'Académie d'archéologie de Belgique.*)

HENRARD (Paul-Jean-Joseph), O ✠, domicilié à Anvers, rue Gounod, 23; né à Liège le 27 septembre 1830; colonel d'artillerie; élu correspondant de l'Académie le 5 mai 1879; membre, le 5 mai 1884.

PUBLICATIONS ACADÉMIQUES.

Mémoires.

Appréciation du règne de Charles le Téméraire et des projets conçus par ce prince dans l'intérêt de la Maison de Bourgogne. (*Mém.* in-8°, t. XXIV.)

Jules César et les Éburons. 1882. (*Ibid.*, t. XXXIII.)

Bulletins.

Mathieu de Morgues et la Maison Plantin. 1880. (2e série, t. XLIX.)

Étude sur la pénétration des projectiles dans les milieux résistants. 1884. (3e série, t. VIII.)

Mathieu de Morgues et Philippe Chifflet. 1885. (*Ibid.*, t. X.)

Biographie nationale.

Biographie du général Frédéricx. (T. VII, p. 291.)

Biographie de Nicolas de Hames. (T. VIII, p. 666.)

Biographie de Daniel de Hertaing. (T. IX, p. 291.)

OUVRAGES NON PUBLIÉS PAR L'ACADÉMIE.

(*Société de l'histoire de Belgique.*)

Relations des campagnes de 1644 et 1646, par Jean-Antoine Vincart; traduction du texte espagnol, introduction et notes. 1869.

Henri IV et la princesse de Condé (1609-1610). Précis historique suivi de la correspondance diplomatique de Pecquius et autres documents inédits. 1870. 473 pages.

Même titre, sans la correspondance, d'après des documents inédits. Muquardt. 1885; in-8°, 353 pages.

(*Académie d'archéologie de Belgique.*)

Histoire de l'artillerie en Belgique. 1865. (*Annales*, 2e série, t. I; in-8°, 200 pages.)

Les campagnes de Charles le Téméraire contre les Liégeois (1465-1468.) 1867. (*Ibid.*, t. III; volume de 102 pages.)

Marie de Médicis dans les Pays-Bas (1631-1638). 1876. (*Ibid.*, 3e série, t. I; in-8° de 650 pages.)

Les pistolets de l'Empereur Charles-Quint. 1880. (*Ibid.*, t. VI; brochure de 10 pages.)

La correspondance de Philippe Chifflet et de Balthazar Moretus I. 1885. (*Ibid.*, 4e série, t. Ier; brochure de 47 pages.)

Une page de la vie de P.-P. Rubens. 1873. (*Bulletin*, t. I, 9e fascicule; brochure de 10 pages.)

Les Indes orientales néerlandaises. Brochure de 25 pages, dans les *Bulletins de la Société royale de géographie d'Anvers.*

La question militaire en Belgique. (*Revue de Belgique*, septembre, octobre, novembre 1884.)

Directeur de l'*Annuaire d'art, de sciences et de technologie militaire*, paru en 1874 et 1875, et de la *Revue militaire belge* (1876-1885), dix années. — Auteur de nombreux articles signés et anonymes dans ces deux recueils; trois ont été tirés à part : 1° Les armes à feu perfectionnées et leur influence sur la constitution des armées; 2° Les procédés tactiques de Jules César; 3° La tactique au XIIIe siècle.

Brochures : *Théâtre de salon :* En wagon, de Schaerbeek à Anvers. — L'idéal, pièce en vers. — Jalouse, un acte en prose.

Collaborateur de l'*Athœneum belge.*

HYMANS (Louis) [1], O. ✠; né à Rotterdam le 3 mai 1829; journaliste et homme de lettres; professeur d'histoire au Musée royal de l'Industrie (1855-1864); rédacteur en chef de l'*Étoile belge* (1857-1859); directeur de l'*Écho du Parlement belge* (1866-1878); membre de la Chambre des Représentants (1859-1870); directeur du *Compte rendu analytique* du Sénat et de la Chambre des Représentants (1879-1884); élu correspondant de l'Académie le 10 mai 1880; mort à Ixelles le 22 mai 1884.

PUBLICATIONS ACADÉMIQUES.

Bulletins (3e série).

Le mouvement littéraire en Belgique. 1881. (T. I.)

Rapport sur un mémoire de concours concernant le roman moderne. 1882. (T. III.)

Une société de juristes à Bruxelles au siècle dernier. 1883. (T. VI.)

OUVRAGES NON PUBLIÉS PAR L'ACADÉMIE.

Mémoires et documents inédits sur Antoine Van Dyck, P.-P. Rubens et autres artistes contemporains, publiés d'après les pièces originales des Archives royales d'Angleterre, des collections publiques et autres sources, par William Hookham Carpenter. Traduit de l'anglais. Anvers, Buschmann, 1844; 1 vol. in-8° de 256 pp.

Robert le Frison, drame en trois actes et en vers, joué pour la première fois au Grand Théâtre de Gand, le 17 mars 1847. Gand, J.-B. Merry, 1847; in-18.

Histoire du marquisat d'Anvers et du Saint-Empire, sous le pseudonyme de G. Huydens. Bruxelles, Jamar (Bibliothèque nationale), 1848; 1 vol in-18 de 204 pp.

[1] Voir la note de la page 105.

Le Gondolier de Venise, *opéra comique* joué à Anvers, musique de Joseph Grégoir. 1848.

L'âme du piano, conte fantastique. (*Indépendance belge*, août 1851.)

Étude critique sur le dernier tableau de M. Gallait (Salon de 1851). Bruxelles, Th. Lesigne, 1851.

Le Gouvernement et l'opinion libérale depuis le 12 août 1847 (extrait du *Progrès pacifique*). Liège, Carmanne, 1851.

Les Jeux innocents, proverbe en un acte, représenté pour la première fois au Théâtre royal des Galeries St-Hubert, le 23 octobre 1852. Decq, 1852; Stapleaux, 1854; in-32 de 41 pp.

Hymne national belge, nouvelles paroles sur l'air de la Brabançonne. Chanté au Casino en 1852 et 1853. Bruxelles, Decq, 1852; in-12 de 8 pp.

Le Diable à Bruxelles, par Louis Hymans et Jean Rousseau. Bruxelles, Decq, 1853; 4 vol. in-18.

Cantate chantée par la Société royale des chœurs de Gand, à la fête donnée à l'occasion du mariage du duc et de la duchesse de Brabant, musique de Gevaert. Exécutée le 31 août 1853, au banquet offert au Roi au foyer du théâtre de Gand. 1853.

Table qui danse et table qui répond, expérience à la portée de tout le monde; traduction sur des publications allemandes, confirmées par des personnes dignes de foi. Bruxelles, Mayer et Flatau, 1853; in-8° de 29 pp.

Cours public et gratuit d'histoire nationale, 2e année. Discours d'ouverture prononcé à l'hôtel de ville de Bruxelles, le 4 novembre 1854. Bruxelles, Bols-Wittouckx, 1854; in-8° de 26 pp.

Le parti de la paix au Parlement d'Angleterre. Discours prononcés à la Chambre des Communes par MM. Gladstone, Cobden, Bright, Sidney Herbert et sir James Graham. Traduction complète, augmentée d'un avant-propos et de notes biographiques. Bruxelles, Mayer et Flatau, 1854; in-8° de 113 pp.

Notice historique sur le port d'Anvers. Anvers, Dewever, 1854; in-8° de 40 pp.

Le Grenier d'Apollon (musique d'Audran). Couplets dédiés à Alphonse Balat à l'occasion de l'inauguration de la salle du Cercle artistique (Maison du Roi), le 28 décembre 1854. 1854.

La Belgique depuis 1830, poème couronné au concours de poésie ouvert à l'occasion du XXVe anniversaire de l'indépendance belge. Bruxelles, Deltombe, 1855; in-8° de 8 pp.

Ixion dans les cieux, imitation de Disraëli (*Journal de Liège*). 1855.

Un brillant mariage, d'après Émilie Carlen (dans le *Siècle* de Paris; reproduit en volume dans la collection Hetzel). 1855.

La famille Baroni, d'après Disraëli. Bruxelles, Kiessling et Schnée, 1855; 1 vol. in-32 de 204 pp. — Aussi dans le *Journal de Liège*.

Les fêtes de juillet 1856. Illustré par Hendrickx. Bruxelles, Jamar, 1856; gr. in-8°.

Le Jardin zoologique de Bruxelles. Bruxelles, Briard. 1856; éd. ill.

Le mariage infernal, histoire de l'autre monde, d'après Disraëli. 1856. (*Étoile belge*.)

Léopold Ier, poème couronné au concours de poésie française institué à l'occasion du XXVe anniversaire de l'inauguration du règne de S. M. Léopold Ier (texte reproduit dans les *Fêtes de juillet* et dans la 2e éd. de l'*Histoire populaire de la Belgique*). 1856.

Les lettres moscovites. (Couronnement de l'empereur Alexandre II.) Correspondances envoyées au journal *Le Nord*, en 1856. Bruxelles, Méline et Cans, 1857; in-12 de 253 pp.

Le roman des parvenus. (*Étoile belge*, 1857.)

L'Église et les libertés belges. Bruxelles, Guyot, 1857; 1 vol. petit in-8° de 282 pp. — 2e éd. en 1858, chez Aug. Schnée.

Le monde avant la création de l'homme, par W. Zimmermann, traduit de l'allemand par L. Hymans et J. Petit. Bruxelles, Muquardt, 1858; 1 vol. in-8°.

La famille Buvard, scènes de mœurs bruxelloises. Bruxelles, A. Schnée, 1858; 2 vol. in-32 de 260 et 256 pages. (Paru en feuilleton dans l'*Étoile belge*.)

La courte échelle, scènes de mœurs bruxelloises. Bruxelles, A. Schnée, 1859; 1 vol. in-12 de 259 pp. (Paru en feuilleton dans l'*Étoile belge*.)

Cantate pour l'inauguration de la colonne du Congrès (musique de A. Samuel) Bruxelles, Ch. Lelong, 1859.

Quinze jours dans l'Oberland bernois, confidences d'un Alpenstock, transcrites par un Belge. Bruxelles, Office de publicité, 1859; 77 pp. in-32.

Des enquêtes parlementaires en Angleterre et en France, à propos de l'enquête sur les élections de Louvain. Bruxelles, Office de publicité, 1859; 24 pp. in-8°.

La question italienne. Notice explicative sur les cartes du théâtre de la guerre. Bruxelles, Office de publicité, 1859; 15 pp. in-8°.

Histoire populaire de la Belgique. Bruxelles, A. Schnée, 1860; 1 vol. in-12 de 390 pp. — Édition de luxe chez le même, illustrée de 11 photographies d'après les plus beaux tableaux et monuments du pays, exécutées par J. Maes, 1860; 460 pp. in-8°. — Autre édition, avec gravures sur bois. Bruxelles, Office de publicité, 1863; in-12. — Nouvelle édition, précédée d'une préface et suivie de « La Belgique depuis 1830 » et « Léopold Ier », poèmes couronnés aux concours de 1855 et 1856. Bruxelles, Office de publicité, 1860; in-12.

Le Rhin monumental et pittoresque, aquarelles d'après nature, lithographiées en plusieurs teintes, par Fourmois, Lauters et Stroobant. Texte par L. Hymans; publié sous le patronage de S. A. R. Madame la princesse de Prusse. Bruxelles, Muquardt, 1860; 1 vol. in-fol. plano.

André Bailly, roman. (Dans l'*Office de publicité;* puis, en 2 vol. in-18 chez Lebègue et Cie, 1861.) — En 1862, nouvelle édition.

Discours prononcé à la Chambre des Représentants, le 8 déc. 1861 (au sujet de l'amélioration de la position des fonctionnaires). Bruxelles, Office de publicité, 1862; in-8°.

Manuel de l'histoire de la peinture. Écoles allemande, flamande, hollandaise, par G.-J. Waagen, traduit de l'allemand par L. Hymans et J. Petit, avec un grand nombre d'illustrations. Bruxelles, Muquardt; 1863; 3 vol. in-8° de 258, 312 et 350 pp avec pl.

Peinture murale (discussion à la Chambre). Bruxelles. Deltombe, 1863.

Histoire populaire du règne de Léopold Ier, roi des Belges. Bruxelles, Office de publicité, 1864 (en livraisons chacune de 96 pp.).

Le Cadeau du chasseur, par Mme Ve Courtmans, traduit du flamand. Bruxelles, Office de publicité, 1865; 1 vol. in-18.

La Causerie politique et littéraire. (*Journal du dimanche,* 1re année, 14 n[os] du 1er octobre au 31 décembre 1865. — 2e année, n°s 1 à 4 du 7 au 28 janvier 1866.) 1865.

Histoire politique et parlementaire de la Belgique, de 1814 à 1830. Tome Ier : La fondation du royaume des Pays-Bas. Bruxelles, Muquardt, 1869; in-8° de 348 pp. (devait former 3 volumes).

L'argentier de la Cour, drame historique, représenté au théâtre de la Monnaie en 1870.

Lord Palmerston, la France et la Belgique (1831). Bruxelles, Decq et Duhent, 1871; in-8° de 36 pp.

Notes et souvenirs. Bruxelles, Office de publicité, 1876; 1 vol. in-18 de 369 pp. — 2e édition avec une nouvelle préface et des notes ajoutées au texte primitif. (*Ibid.,* 374 pp.)

Types et Silhouettes. Bruxelles, Office de publicité, 1877; 1 vol. in-18 de 401 pp.

Histoire parlementaire de la Belgique, de 1831 à 1881. Bruxelles, Bruylant-Christophe, 1877-1880; 5 tomes parus en fascicules (185 à 278 pp.) et table générale, 130 pp. in-8° (1881-1883, 2e série; 1er, 2e, 3e fascicules parus).

Hirta, roman (paru en feuilleton dans l'*Office de publicité*). Bruxelles, 1878; 1 vol. in-8° de 343 pp.

Hymne Szegedin-Frameries, chanté au Parc le 2 août 1879 (musique de Lassen).

Conférence en vers, faite au Cercle artistique et littéraire de Bruxelles, le 20 janvier 1879. Office de publicité; in-12 de 44 pp.

Manuel de l'histoire de Belgique à l'usage des écoles primaires. Office de publicité, 1879.

Esquisse d'une réforme électorale. Bruxelles, Office de publicité, 1880; in-32 de 30 pp.

Cours supérieur pour dames, 3e année. Discours d'ouverture prononcé au Palais des Académies, le 29 novembre 1880. Office de publicité, 1880; in-18 de 30 pp.

Cantate chantée à la fête patriotique du Champ des Manœuvres, au Palais de l'Exposition à Bruxelles, lors du cinquantenaire du pays; musique de Lassen. 1880.

La Belgique contemporaine Mons, Manceaux, 1880; in-12 (Bibliothèque belge). 2e édition en 1884.

Conférence sur Norbert Cornélissen (*Messager des sciences historiques de Gand*). 1881.

Le Congrès national de 1830 et la Constitution de 1831. Bruxelles, Lebègue, 1882; in-18 de 128 pp. (No 4 de la Collection nationale.)

Six nouvelles. (Les Pendants d'oreilles, Hans von Rosskopf, L'Escapé, Les mémoires d'un fou, Le coffre-fort du docteur, Une méprise), parus d'abord dans l'*Office de publicité*. 1882.

Le Mont-Cenis et le St-Gothard (Bibliothèque Gilon). — Le moraliste Confucius (*Ibid.*). 1882.

Bruxelles à travers les âges. Bruxelles, Bruylant-Christophe, 1883-1885; 2 vol. in-4o illustrés.

L'Express européen (Journal). 1884.

Journal d'un voyage en Russie (extraits des lettres moscovites). Mons, Manceaux, 1884; 1 vol. in-12.

Collaboration : *Messager de Gand et des Pays-Bas*, sous le pseudonyme de Angèle Hennot (1847); *Politique* de Bruxelles; *Gazette de Mons; Observateur belge; Précurseur* d'Anvers (1849); *Indépendance belge* (1850-1856); *Le Nord*, journal de Bruxelles (1856); *Office de publicité* depuis sa fondation (1857).

Correspondances : *Illustration* de Paris (1852-1855); *La Meuse* et *Nieuwe Rotterdamsche Courant* (1855-1884); *Daily News* de Londres (1866).

Articles dans le *Moniteur belge* (1852-1856); dans la *Belgique judiciaire* et dans la *Revue britannique* (1860).

Causeries hebdomadaires dans l'*Étoile belge* (1857).

Giacomo Sforza (drame manuscrit). 1848.

JUSTE (Théodore), O. ✠, domicilié à Ixelles, rue Defacqz, 17; né à Bruxelles le 11 janvier 1818; directeur-conservateur du Musée royal d'antiquités, d'armures et d'artillerie; professeur d'histoire générale à l'École de Guerre; élu correspondant de l'Académie le 26 mai 1856; membre, le 5 mai 1866.

PUBLICATIONS ACADÉMIQUES.

Mémoires.

Charles-Quint et Marguerite d'Autriche. Étude sur la minorité, l'émancipation et l'avènement de Charles-Quint à l'empire. 1858. (*Mémoires* in-8°, t. VII.)

Bulletins (*1re série*).

Essai sur les projets de partage des Pays-Bas en 1566 et en 1571. 1856. (T. XXIII.)

(2e *série*.)

Les Valois et les Nassau (1572-1574). 1857. (T. II.)
Lettre concernant le projet d'ériger une statue au comte d'Egmont. 1859. (T. VII.)
L'arsenal royal de Bruxelles. 1859. (T. VIII.)
Le prince Auguste d'Arenberg. 1864. (T. XVIII.)
Un malcontent. Guillaume de Hornes, seigneur de Hèze. 1865. (T. XX.)
Charles de Lannoy, vice-roi de Naples, et Charles-Quint. 1867. (T. XXIV.)
Les Tombeaux des Ducs de Bourgogne. 1868. (T. XXV.)

Les États-Unis d'Amérique en 1783. Le comte de Hogendorp et le stathouder Guillaume V. 1869. (T. XXVII.)

Rapport sur deux mémoires envoyés au concours ouvert pour l'histoire des rapports qui ont existé entre les provinces belges et l'empire d'Allemagne. 1869. (T. XXVII.)

Les œuvres complètes de François de Pouhon. 1874. (T. XXXVII.)

Le coup d'État du 18 juin 1789. (*Ibid.*)

Rapport relatif à une notice de M. De Smet sur don Juan d'Autriche. 1874. (T. XXXVIII.)

Rapport sur un mémoire de concours concernant Jacqueline de Bavière. 1875. (T. XXXIX.)

Rapports relatifs à quatre mémoires de M. Paillard : 1° sur les Pays-Bas, du 1er janvier au 1er septembre 1566-1577 (T. XLIII); 2° sur Pierre Brully. 1877 (T. XLIV); 3° Voyage dans les Pays-Bas et maladie d'Éléonore d'Autriche. 1878 (T. XLVI); 4° sur le procès d'Hugonet et d'Humbercourt. 1880 (T. L.)

(3e *série.*)

Rapport sur le mémoire de concours concernant l'origine et les développements du parti des malcontents. 1881. (T. I.)

Les souvenirs historiques de Joseph Walter. (*Ibid.*)

Le baron Nothomb. — Une histoire diplomatique inédite. 1882. (T. III.)

Études historiques et politiques sur les provinces belges, par le baron Nothomb. 1883. (T. V.)

Le comte de Mercy-Argenteau et l'abandon de la Belgique en 1794. 1885. (T. X.)

Annuaire.

Notice nécrologique sur Édouard Ducpetiaux. Année 1871.

Notice nécrologique sur Sylvain Van de Weyer. Année 1877.

Notice nécrologique sur Paul Devaux. Année 1882.

Notice nécrologique sur le baron Nothomb. Année 1883.

OUVRAGES NON PUBLIÉS PAR L'ACADÉMIE.

Histoire de Belgique; 3 vol. in-8°. Quatre éditions. Bruxelles, 1840, 1842, 1850, 1858.

Les Pays-Bas sous Charles-Quint. Vie de Marie de Hongrie, d'après les papiers d'État (1505-1558). Bruxelles, 1855; 1 vol. in-8°. — 2e éd., 1861; 1 vol. in-12. — Traduction hongroise publiée à Pesth.

Histoire de la révolution des Pays-Bas sous Philippe II. 1re partie (1555-1572). Bruxelles, 1855; 2 vol. in-8°. — 2e partie (1572-1579). Bruxelles, 1863; 2 vol. in-8°.

Nouvelle édition (Bruxelles, 1885) : Les Pays-Bas sous Philippe II (1555-1567); 2 vol.; Le soulèvement des Pays-Bas contre la domination espagnole (1567-1579); 3 vol.

Le comte d'Egmont et le comte de Hornes (1522-1568), d'après des documents authentiques et inédits. Bruxelles, 1862; 1 vol. in-8°.

Guillaume le Taciturne, d'après sa correspondance et les papiers d'État. Bruxelles, 1873; 1 vol. in-8°.

Vie de Marnix de Sainte-Aldegonde (1538-1598), tirée des papiers d'État et d'autres documents inédits. Bruxelles, 1858; 1 vol. in-8°.

Conspiration de la noblesse belge contre l'Espagne, en 1632, d'après les papiers d'État. Bruxelles, 1851; 1 vol. in-8°.

Histoire des États Généraux des Pays-Bas (1465-1790). Bruxelles, 1864; 2 vol. in-8°.

Histoire de la révolution belge de 1790, précédée d'un tableau historique du règne de l'empereur Joseph II et suivi d'un coup d'œil sur la révolution de 1830. Bruxelles, 1846; 3 vol. in-12.

Autre édition (Bruxelles, 1885) : La révolution brabançonne (1789); 1 vol. in-8°. — La république belge (1790); 1 vol. in-8°.

Souvenirs diplomatiques du XVIIIe siècle. Le comte de Mercy-Argenteau (1722-1794). Bruxelles, 1863; 1 vol. in-12.

Le soulèvement de la Hollande en 1813 et la fondation du royaume des Pays-Bas, précédés d'une introduction sur le règne de Louis Bonaparte (1805-1817). Bruxelles, 1870; 1 vol. in-8°.

La révolution belge de 1830, d'après des documents inédits (1817-1830). Bruxelles, 1872; 2 vol. in-8°.

Histoire du Congrès national de Belgique ou de la fondation de la monarchie belge. Bruxelles, 1850; 2 vol. in-8°. — 2e éd., 1861; 2 vol. in-12. — 3e éd., 1880; 2 vol in-8°. — Traduct. allemande.

Les fondateurs de la monarchie belge. Bruxelles, 1865-1881; 27 vol. in-8°, à savoir :

Léopold Ier, roi des Belges, d'après des documents inédits. — Deux éditions. Traductions anglaise, allemande et flamande.

Surlet de Chokier, régent de la Belgique, d'après ses papiers et d'autres documents inédits (1769-1839).

Le baron de Gerlache, ancien président du Congrès national, etc.

Joseph Lebeau, Ministre d'État, d'après des documents inédits.

Sylvain Van de Weyer, Ministre d'État, ancien membre du Gouvernement provisoire, ancien Ministre plénipotentiaire de Belgique à Londres, etc., d'après des documents inédits.

Le comte Le Hon, Ministre d'État, ancien Ministre plénipotentiaire de Belgique à Paris, etc., d'après ses correspondances diplomatiques et d'autres documents inédits.

Le lieutenant-général comte Goblet d'Alviella, Ministre d'État, d'après des documents inédits.

Le comte de Muelenaere, Ministre d'État, d'après des documents inédits.

Charles de Brouckere, bourgmestre de Bruxelles, etc.

Notes historiques et biographiques sur les fondateurs de l'État belge (1830-1870), d'après des documents inédits.

Le comte Félix de Mérode, membre du Gouvernement provisoire, Ministre d'État, représentant, etc., d'après des documents inédits.

Lord Palmerston.

Le baron Stockmar.

Alexandre Gendebien, membre du Gouvernement provisoire et du Congrès national, d'après des documents inédits.

Louis de Potter, membre du Gouvernement provisoire, d'après des documents inédits.

Notes historiques et biographiques sur les fondateurs de l'État belge, d'après des documents inédits, 2e série.
Le baron Nothomb, Ministre d'État, etc., etc.
Le vicomte Charles Vilain XIIII, Ministre d'État, ancien membre du Congrès national et ancien Ministre des Affaires étrangères.
Notices biographiques. (Jean-François Raikem. — Pierre Claes. — Hippolyte Vilain XIIII. — Antoine Barthélemy. — Jean-François Hennequin.)
Eugène Defacqz et Joseph Forgeur, membres du Congrès national.
Le baron Liedts, membre du Congrès national, Ministre d'État, etc.
Charles Rogier, ancien membre du Gouvernement provisoire, etc.
Paul Devaux, membre du Congrès national, etc.
L'Élection de Léopold Ier, d'après des documents inédits.

Le Panthéon national (1830-1880). Mons, 1881; 1 vol. in-8o.
L'Allemagne depuis 1815. Bruxelles, 1848; 1 vol. in-18.
L'Italie depuis 1815. Bruxelles, 1850; 1 vol. in-18.
Les frontières de la Belgique. Bruxelles, 1866; 1 vol. in-18.
Pierre le Grand. Bruxelles, 1877; 1 vol. in-8o.
Charlemagne. Bruxelles, 1846; 1 vol. in-12.
Bruxelles en 1815. 1 vol. in-18.
La révolution de juillet 1830. Bruxelles, 1882; in-8o.
La rivalité de la France et de la Prusse. Bruxelles, 1876; 1 vol. in-8o.
Napoléon III et la Belgique. Le traité secret, d'après des documents nouveaux. Bruxelles, 1870; in-8o.
Essai sur l'histoire de l'instruction publique en Belgique. Bruxelles, 1844; 1 vol. in-8o.
Précis de l'histoire du moyen âge considérée particulièrement dans ses rapports avec la Belgique. 3 vol. in-12. Deux éditions.
Précis de l'histoire moderne considérée particulièrement dans ses rapports avec la Belgique. Quatre éditions. Bruxelles, 1845, 1847, 1852, 1873; 1 vol. in-12.
Précis de l'histoire contemporaine (1815-1871). Bruxelles, 1875; 1 vol. in-12.

Ouvrages in-18 faisant partie de la *Bibliothèque Gilon*, publiée à Verviers :

La Belgique indépendante. — Les Jésuites. — Le passé des classes ouvrières. — L'ancien régime. — La justice des princes-évêques de Liège. — Le compromis des nobles. — Joseph II. — Napoléon III. Comment on devient empereur. — Frédéric le Grand. — Washington. — Monsieur Thiers. — Le comte de Cavour. — William Pitt. — Mirabeau. — Danton.

Plusieurs notices dans la *Biographie nationale*, et un grand nombre d'articles littéraires ou historiques dans la *Revue nationale de Belgique*, l'*Indépendance belge*, l'*Écho du Parlement belge*, l'*Athenæum belge*, etc.

KERVYN DE LETTENHOVE (Le baron JOSEPH-BRUNO-MARIE-CONSTANTIN), G. O. ✠, domicilié à Saint-Michel (près de Bruges); né à Saint-Michel le 17 août 1817; ancien Ministre de l'Intérieur; membre de la Chambre des Représentants; président de la Commission royale d'histoire; secrétaire de la Commission de publication des œuvres des grands écrivains du pays; élu correspondant de l'Académie le 6 mai 1850; membre, le 4 mai 1859; directeur de la Classe des lettres en 1868.

PUBLICATIONS ACADÉMIQUES.

Mémoires.

Notice sur un manuscrit de l'abbaye des Dunes. 1850. (*Mémoires des membres*, t. XXV.)

Études sur l'histoire du XIIIe siècle. — Recherches sur la part que l'ordre de Cîteaux et le comte de Flandre prirent à la lutte de Boniface VIII et de Philippe le Bel. 1854. (*Ibid.*, t. XXVIII.)
Lettres inédites de Marie-Thérèse et de Joseph II. 1868. (*Mémoires* in-8o, t. XX.)

Bulletins (*1re série*).

De la part prise par la Flandre aux guerres civiles de l'Angleterre, sous le roi Jean. 1851. (T. XVIII, 1o.)
Du droit et du devoir. 1851. (T. XVIII, 2o.)
Thierry de Flandre, empereur de Chypre au XIIIe siècle. 1851. (*Ibid.*)
Froissart, Édouard III et le comte de Salisbury. 1852. (T. XIX, 2o.)
Siger de Gulleghem, docteur en théologie de l'Université de Paris au XIIIe siècle. 1853. (T. XX, 1o.)
Conseils sur les devoirs des rois adressés à saint Louis par Guibert de Tournai. 1853. (*Ibid.*)
Deux lettres d'Étienne Marcel, prévôt des marchands de la ville de Paris. 1853. (T. XX, 3o.)
Une lettre inédite de Marie de Bourgogne et de Marguerite d'York à Louis XI. 1854. (T. XXI, 1o.)
Béatrice de Courtrai. 1854. (T. XXII, 1o.)
Amédée de Savoie, le comte rouge. 1856. (T. XXIII, 1o.)
Du jugement que l'histoire doit porter sur Jacques d'Artevelde. 1856. (*Ibid.*)
Notice sur M. Augustin Thierry. 1856. (*Ibid.*)

(*2e série.*)

La Court de may, poème de Froissart. 1857. (T. I.)
Le Trésor amoureux, poème de Froissart. 1857. (*Ibid.*)
Les chroniques inédites de Gilles le Bel. 1857. (T. II.)
La décadence de la chevalerie. 1857. (T. III.)
Childéric III et les fils de Charles Martel. 1858. (T. IV.)
Relation de la première croisade de saint Louis. 1858. (*Ibid.*)
Le dernier des Flamings. 1858. (*Ibid.*)

Notes sur quelques points d'histoire littéraire. 1858. (T. V.)
Étude sur Philippe de Commines. 1859. (T. VII.)
Thierri Gherbode et Pierre Cauchon. 1859. (*Ibid.*)
Les bibliothèques de Rome. 1860. (T. IX.)
Le Télémaque du XVe siècle. 1860. (T. X.)
Un fragment de l'histoire des croisades. 1861. (*Ibid.*)
Le procès de Robert d'Artois. 1861. (T. X et XI.)
Saint Bernard. 1861. (T. XI.)
Jean sans Peur et l'apologie du tyrannicide. 1861. (*Ibid.*)
L'Europe au siècle de Philippe le Bel. 1861. (T. XII.)
Sur le recueil des anciens monuments de la littérature française en Belgique. 1862. (T. XIII.)
Notes sur l'histoire littéraire du moyen âge. 1862. (*Ibid.*)
La dernière sibylle. 1862. (*Ibid.*)
Projet d'un gouvernement constitutionnel en Belgique au XVe siècle. 1862. (T. XIV.)
Le premier livre des chroniques de Froissart, d'après le manuscrit du Vatican. 1862. (*Ibid.*)
Une lettre de saint Jean de Capistran au duc de Bourgogne. 1863. (T. XVI.)
Discours prononcé aux funérailles de M. Carton. 1863. (*Ibid.*)
Une charte d'Édouard III. 1863. (*Ibid.*)
Les Flamings à la bataille de Cassel. 1864. (T. XVII.)
L'unité de la langue en Belgique. (*Ibid.*)
Quelques lignes inédites de Jacques de Lalaing. 1864. (T. XVIII.)
Advertissement au duc Charles. 1865. (T. XIX.)
Une ambassade de Hugues de Lannoy en Angleterre. 1865. (*Ibid.*)
Les rédactions inédites de Froissart. 1865. (T. XX.)
Le psautier de saint Louis. 1865. (*Ibid.*)
Les alliances de la commune de Gand avec Richard II. 1865. (*Ibid.*)
Les relations d'Édouard III avec la Belgique. 1865. (*Ibid.*)
Les manuscrits des bibliothèques d'Angleterre. 1865 et 1866. (T. XXI.)
Un chapitre inédit de Froissart. 1868. (T. XXV.)

L'éloquence politique, discours prononcé, comme directeur, en séance publique de la Classe des lettres, le 13 mai 1868. (T. XXV.)

Les enseignements d'Édouard III. 1868. (*Ibid.*)

Les dernières années d'Édouard III. 1869. (T. XXVII.)

Les relations de l'Angleterre et de la Flandre au XIVe siècle. 1869. (T. XXVIII.)

Lettres du duc d'Alençon à la reine Élisabeth. 1869. (*Ibid.*)

La souveraineté héréditaire du prince d'Orange en Hollande. 1871. (T. XXXII.)

Une lettre de Symier au duc d'Anjou. 1872. (T. XXXIII.)

Marie Stuart. (*Documents inédits.*) 1872. (T. XXXIV.)

Richard II est-il mort à Pomfret? 1872. (*Ibid.*)

Lettre d'un ambassadeur milanais relative à Philippe de Commines. 1873. (T. XXXV.)

Élisabeth et Henri IV. 1873. (*Ibid.*)

Une lettre des juges de Frise au roi de France Philippe le Hardi. 1873. (T. XXXVI.)

Lettres de Jacques de Molay. 1874. (T. XXXVIII.)

Discours aux funérailles de M. De Smet. 1877. (T. XLIII.)

(*3e série.*)

Le prince d'Orange, étude historique avec notes additionnelles. 1881, 1882. (T. I et T. III.)

Charles IX et le Tasse. 1882. (T. IV.)

La conférence de Bayonne en 1565. 1883. (T. V.)

Un ambassadeur du duc d'Alençon à la cour d'Élisabeth. 1884. (T. VIII.)

La mort de Don Juan. 1885. (T. IX.)

(M. le baron Kervyn de Lettenhove a, de plus, publié dans les *Bulletins* un grand nombre de rapports sur des Mémoires de concours ou sur des Mémoires présentés à l'Académie.

Annuaire.

Notice nécrologique sur le chanoine Carton. Année 1856.

PUBLICATIONS DE LA COMMISSION ROYALE D'HISTOIRE.

Collection des chroniques belges inédites.

Chroniques relatives à l'histoire de la Belgique sous les ducs de Bourgogne. (T. I, 1870; t. II, 1873; t. III, 1876. 3 vol.)
Codex Dunensis sive diplomatum et chartarum medii aevi amplissima collectio. 1875. 1 vol.
Istore et chroniques de Flandres. (T. I, 1879; t. II, 1880. 2 vol.)
Relations politiques des Pays-Bas et de l'Angleterre sous le règne de Philippe II. (T. I, 1882; t. II et III, 1885. 3 vol.)

Comptes rendus des séances.

Note sur quelques manuscrits de la Bibliothèque de Bourgogne. (2e série, t. XI.)
Relation inédite de la mort de Jean sans Peur. (3e série, t. VIII.)
Relation du mariage du duc Charles de Bourgogne et de Marguerite d'York. (3e série, t. X.)
La joute de la Dame inconnue, à Bruxelles. — La joute du sire de Commines et du sire de Joinville, à Bruges. (3e série, t. XI.)
Comptes de l'expédition d'Édouard Ier en Flandre. (3e série, t. XIII.)
Analyse des documents relatifs au projet de mariage d'Élisabeth et du duc d'Alençon, qui sont conservés au château d'Hatfield. (3e série, t. XIV.)
Recueil de lettres de Viglius à ses amis, de janvier 1576 à avril 1577. (4e série, t. Ier.)
Une nouvelle relation inédite de la mort de Jean sans Peur à Montereau. (*Ibid.*)

Annexe aux Comptes rendus.

Documents relatifs à l'histoire du XVIe siècle. (1re partie. 1883.)

TRAVAUX DE LA COMMISSION DE PUBLICATION DES OEUVRES DES GRANDS ÉCRIVAINS DU PAYS.

Le premier livre des chroniques de Froissart, publié d'après un texte inédit de la bibliothèque du Vatican; 2 vol. in-8°.
OEuvres de Georges Chastellain; 8 vol. in-8°.
Lettres et négociations de Philippe de Commines; 3 vol. in-8°.
Chroniques de Froissart, publiées avec les variantes des divers manuscrits; 26 vol. in-8°.
Récits d'un bourgeois de Valenciennes (XIVe siècle); 1 vol. in-8°.
Poésies de Gilles Li Muisis; 2 vol. in-8°.

OUVRAGES NON PUBLIÉS PAR L'ACADÉMIE.

Histoire de Flandre. 1re éd. Bruxelles, 1847-1850; 6 vol. gr. in-8°.
(Ouvrage qui a obtenu le prix quinquennal d'histoire, en 1851.)
Histoire de Flandre. 2e éd. Bruges, 1853-1854; 4 vol. pet. in-8°.
— — 3e éd. Bruges, 1874; 4 vol. in-8°.
Froissart. Étude littéraire sur le XIVe siècle; 2 vol. in-12.
(Ouvrage couronné par l'Académie française.)
OEuvres choisies de Milton. Paris, 1839; 1 vol. in-8°.
Les cronikes des comtes de Flandres. Bruges, 1849; 1 vol. in-4°.
Mémoires de Jean de Dadizeele, souverain-bailli de Flandre, haut-bailli de Gand, etc. (1431-1481). Bruges, 1858; 1 vol. in-4°.
Commentaires de Charles-Quint publiés pour la première fois. Bruxelles, 1862; in-8°.
Les Huguenots et les Gueux. Étude sur vingt-cinq années du XVIe siècle. 6 vol. in-8°.

LAMY (THOMAS-JOSEPH), ✠, domicilié au collège Marie-Thérèse, rue Saint-Michel, à Louvain; né à Ohey le 27 janvier 1827; docteur en théologie; professeur d'Écriture sainte et de langues sémitiques à l'Université catholique de Louvain depuis 1858; président du collège Marie-Thérèse depuis 1860; élu correspondant de l'Académie le 5 mai 1879; membre, le 8 mai 1882.

PUBLICATIONS ACADÉMIQUES.

Bulletins (*2e série*).

Les manuscrits syriaques du Musée britannique. 1880. (T. XLIX, 30 pp.)

Rapport sur l'époque de l'introduction du christianisme dans les Gaules et notamment dans le pays de Namur. 1880. (T. L, 3 pp.)

(*3e série.*)

Rapport sur un mémoire de concours en réponse à la question : Exposer, d'après les sources classiques et orientales, l'origine et le développement de l'empire des Mèdes. 1882. (T. III, 4 pp.)

Une bibliothèque royale en Assyrie au VIIe siècle avant Jésus-Christ. 1885. (T. IX, 25 pp.)

Rapport sur un mémoire de concours en réponse à la question : Faire l'histoire du cartésianisme en Belgique. 1886. (T. XI, 2 pp.)

Biographie nationale.

Notices : tomes II et III, Bonfrère et Bukentop.

OUVRAGES NON PUBLIÉS PAR L'ACADÉMIE.

De Syrorum fide et disciplina in re Eucharistica. Accedunt veteris ecclesiae syriacae monumenta duo : Joannis Telensis resolutiones canonicae, nunc primum editae et latine redditae; Jacobi Edesseni resolutiones canonicae syriace cum versione latina nunc primum elaborata. Adduntur adnotationes variae, theologicae, historicae, archeologicae. Lovanii, 1859, in-8°, XVI-273 pp.

Introductio in sacram Scripturam. Mechliniae, 1866-1867; 2 vol. in-8° : t. I, VI-275 pp.; t. II, 429 pp. — 2e éd., 1873; 2 vol. in-8° : t. I, VI-357 pp.; t. II, 422 pp. — 3e éd., 1877; 2 vol. in-8° : t. I, VI-360 pp.; t. II, 427 pp. — 4e éd., 1886; 2 vol. in-8° : t. I, VI-364 pp.; t. II, sous presse.

Concilium Seleuciae et Ctesiphonti habitum anno 410. Textum syriacum edidit, latine vertit notisque instruxit. Lovanii, 1868; grand in-8°, IV pp., 120 col

Gregorii Barhebraei chronicon ecclesiasticum quod e codice Musei britannici descriptum conjuncta opera ediderunt, latinitate donarunt annotationibusque theologicis, historicis, geographicis et archaeologicis illustrarunt J.-B. Abbeloos et T.-J. Lamy. Lovanii, 1872-1877; 3 vol. gr. in-8° : t. I et II, XXXII pp., 936 col.; t. III, VI pp., 652 col.

L'infaillibilité pontificale. Réponse à M. de Bismark par les évêques suisses, suivie de la constitution *Pastor aeternus*. Bruxelles; in 18, x-107 pp.

Discours prononcé en l'église de Tongrinne, le 15 avril 1875, aux funérailles de M. le chanoine Adrien-Joseph Docq, professeur de physique et d'astronomie à l'Université catholique de Louvain. Louvain, 1875; in-8°, 10 pp.

Commentarium in Genesin. Lovanii, 1880; grand in-8°, 788 col. — 2e édit. Mechliniae, 1883-1884; 2 vol. in-8° : t. I, VIII-399 pp.; t II, VIII-418 pp.

Sancti Ephraem syri hymni et sermones, quos e codicibus londinensibus, parisiensibus et oxoniensibus descriptos edidit, latinitate donavit, variis lectionibus instruxit, notis et prolegomenis illustravit. Mechliniae, 1882-1886; 3 vol. gr. in-8° : t. I, LXXXLIII pp., 718 col.; t. II, XXVIII pp., 832 col. (Seuls parus.)

(*Annuaire de l'Université catholique de Louvain.*)

De Guilielmi Damasi Lindani vita et scriptis. 1860. (T. XXIV, 17 pp.)
Notice sur la vie et les travaux de Mgr Beelen. 1885. (T. XLIX, 49 pp.)

(*Revue catholique de Louvain.*)

Notice sur la vie et les écrits de l'abbé Corneille Stevens. 1857. (T. XV, 35 pp.)
M. Renan, la révélation et les langues sémitiques. 1858. (T. XVI, 41 pp.)
Les inscriptions du Sinaï et leur origine. 1859. (T. XVII, 3 pp. Article signé : T. L.)
Les Pères apostoliques et leur époque. 1859. (*Ibid.*, 8 pp. Signé : T. L.)
L'église Syriaque et la procession du Saint-Esprit. 1860. (T. XVIII, 9 pp.)
Les épîtres de saint Ignace et la critique moderne. 1860. (*Ibid.*, 10 pp.)
Études sur la Vulgate : travaux du P. Vercellone. 1860 (*Ibid.*, 24 pp.)
Études sur les écrits de saint Hippolyte. 1861. (T. XIX, 25 pp.)
Les actes du martyre de sainte Agnès, par Mgr Bartholini. 1861. (*Ibid.*, 7 pp.)
Origine des écrits du Nouveau Testament. Histoire du Canon. 1861. (*Ibid.*, 15 pp.)
Saint Grégoire Thaumaturge et ses écrits. 1862. (T. XX, 8 pp.)
Le discours de M. Renan, à l'ouverture du cours de langues hébraïque, chaldaïque et syriaque au Collège de France. 1862. (*Ibid.*, 9 pp.)

Les vingt-six martyrs japonais. 1862. (T. XX, 15 pp.)

La chaire d'hébreu au Collège de France. 1862. (*Ibid.*, 13 pp.)

Jean Molanus et son Histoire de Louvain. 1862. (*Ibid.*, 30 pp.)

La souveraineté pontificale devant l'histoire. 1863. (T. XXI, 27 pp.)

La *Vie de Jésus*, par M. Ernest Renan. 1863. (*Ibid.*, 75 pp). —

(Ces articles, retravaillés et complétés, ont été réunis en brochure avec le titre : Examen critique de la *Vie de Jésus* de M. Ernest Renan. Louvain, 1863; in-8°, 76 pp.)

Idem, 2e éd., avec le titre : L'Évangile et la critique. Examen de la *Vie de Jésus* de M. Ernest Renan. Malines, 1864; in-12 de IV-130 pp. — 3e éd., Bruxelles, 1871; in-8° et in-12 de VII-196 pp. — Traduit en allemand : 1° Renan's Leben Jesu, kritisch beleuchtet. Aus dem Französischen übersetzt von C. Ferrier. Mainz, Fr. Kirchheim, 1864; in-12 de IV-156 pp. — 2° Renan's « Leben Jesu » vor dem Richterstuhle der Kritik. Uebersetzt von Aug. Rohling. Münster, Brunn, 1864; in-8° de 87 pp.

Études de critique sacrée. 1864. (T. XXII, 12 pp.)

L'histoire et les monuments du droit ecclésiastique des Grecs, par S. Ém. le cardinal Pitra. 1864. (*Ibid.*, 15 pp.)

Les apôtres, par Ernest Renan. 1866. (T. XXIV, 48 pp.)

Études de patrologie orientale. 1867. (T. XXV, 13 pp.) 1868. (T. XXVI, 20 pp.)

La treizième édition de la *Vie de Jésus*. 1868. (*Ibid.*, 7 1/2 pp.)

La primauté de saint Pierre dans les hymnes liturgiques de l'Église grecque et de l'Église russe. 1868. (*Ibid.*, 14 pp.)

Les orientaux et le concile œcuménique. 1869. (T. XXVII, 69 pp. et t. XXVIII, 17 pp.)

L'Antechrist de M. Renan. 1873. (T. XXXVI, 74 pp.)

(Cet article, réuni à l'article « Les apôtres », a été publié en 1 volume sous le titre : *Les Apôtres et l'Antechrist*. Bruxelles, 1874; in-8° et in-12 de VIII-226 pp.)

Le prophète Jonas. 1874. (T. XXXVII, 27 pp.)

Revue critique sur *Le Christianisme et les temps présents*, par l'abbé Em. Bougaud. 1874. (T. XXXVII, 6 1/2 pp.)

La question arménienne. 1874 (T. XXXVIII, 56 pp.) 1875. (T. XXXIX, 30 pp.)

Monseigneur de Mérode. 1875. (*Ibid.*, 27 pp.) — Réimprimé en brochure sous le même titre Bruxelles, 1875; in-8° de 49 pp. — Traduit en allemand et publié dans *Die katolische Bewegung*. 1875.

Une exploration récente de la Terre-Sainte. 1875. (*Ibid.*, 13 pp. et 1877, t. XLIII, 29 pp.)

Les moines d'occident. 1877. (*Ibid.*, 72 pp.)

Hymnographie de l'Église grecque. 1878. (T. XLV, 17 pp. et t. XLVI, 25 pp.)

Poésie des Hébreux. 1879. (T. XLVII, 11 pp.)

Les premières versions latines de la Bible. 1881. (T. LI, 16 pp.)

Sainte Hildegarde. 1882. (T. LIII, 12 pp.)

Le christianisme en Roumanie. 1883. (T. LIV, 16 pp.)

Les Pères anténicéens conservés dans les manuscrits orientaux. 1884. (T. LV, 42 pp.)

(*Dublin Review.*)

The christians of the East. (April 1879, 29 pp.) — Traduit et reproduit dans la *Revue catholique :* Les chrétiens d'Orient, leur état actuel et leurs espérances. 1879. (T. XLVIII, 38 pp.)

The education question in Belgium. (July 1879, 33 pp.)

The greek Church. (July 1880, 36 pp.) — Traduit et reproduit dans la *Revue catholique :* L'Église grecque, son histoire, ses dogmes, sa discipline, ses rites, son organisation, son avenir. 1880. (T. L, 51 pp.)

The russian Church. (April 1881, 28 pp.) — Traduit et reproduit dans la *Revue catholique :* L'Église russe, son histoire et son organisation actuelle. 1880. (T. L, 23 pp.) 1882. (T. LII, 13 p.)

Studies in oriental patrology. S. Ephrem. (July 1885, 25 pp.)

(Ouvrage du P. Harper : *Peace throught the truth*, London, 1874)

Duae epistolae de impedimentis matrimonii apud Hebraeos. 8 p.

(*Lettres chrétiennes de Lille.*)

Discours et hymnes de S. Éphrem. 1881. (T. III, 27 pp.) 1882. (T. IV, 22 pp.)

(*Controverse.*)

Les prophéties messianiques et la critique rationaliste. 1881. (T. II, 30 pp.)
La prophétie de Jacob. 1882. (T. III. 53 1/2 pp.
Une erreur de M. Lenormant sur l'inspiration des Livres saints. 1882. (*Ibid.*, 5 1/2 pp.)
Deux questions sur l'inspiration des Livres saints. 1882. (*Ibid.*, 10 1/2 pp.)
Le prophète Jonas. 1882. (T. IV, 33 pp.)
L'universalité du déluge. 1883. (T. VI, 39 pp.)
Élohistes et Jéhovistes. 1884. (T. VII, 49 pp.)
A propos de l'universalité du déluge. 1884. (Nouvelle série, t I, 11 pp.)
Le livre de Daniel et la prophétie des soixante-dix semaines. 1885-1886. (Nouvelle série, t. V-VI, 61 p.)

Discours dans les *Funérailles de Monseigneur Laforet*. Louvain; 2 pp.
Discours dans : *1860-1885. Jubilé de vingt-cinq années de présidence du collège Marie-Thérèse*. Louvain, 1885; in-8o, 10 pp.
Articles bibliographiques dans la *Revue catholique*.

LAURENT (François), C. ✠, domicilié à Gand, rue Savaan, 46; né à Luxembourg le 8 juillet 1810; docteur en droit; chef de division au Ministère de la Justice; professeur à l'Université de Gand depuis 1836; membre fondateur de l'Institut de droit international; élu correspondant de l'Académie le 6 mai 1878; membre, le 9 mai 1881.

OUVRAGES NON PUBLIÉS PAR L'ACADÉMIE.

De la législation sur la contrainte par corps. Gand, 1837; in-8°.

Histoire du droit des gens et des relations internationales. — Études sur l'histoire de l'humanité. 2e éd., corrigée. Bruxelles, 1861-70; 18 vol. in-8°.

Un mot sur les travaux récents de M. le professeur Warnkoenig. (*Messager des scienc. hist.*, 1854, p. 315.)

Les communes au moyen âge: I. Fondation. II. Organisation. III. Décadence. (*La libre recherche, rev. univers.* de Pascal Duprat, t. Ier et II. 1885.)

Van Espen. Étude historique sur l'Église et l'État en Belgique. Bruxelles, 1860; in-12.

Rapport présenté à M. le Ministre de l'Intérieur au nom de la Commission nommée par arrêté royal du 14 octobre 1861 pour rechercher les modifications qu'il y aurait lieu d'introduire dans la loi du 1er mai 1857 sur les jurys d'examen. (*Documents parlementaires,* session de 1861-62, n° 122.) In-folio.

Lettres d'un retardataire libéral à un progressiste catholique, adressées à M. Nothomb, membre de la Chambre des Représentants. Deuxième édition. Bruxelles, 1863; in-12.

Lettres sur la question des cimetières. 1re et 2e séries, 1864; in-12.

L'arrêté royal du 15 septembre 1816, sur les bourses de fondation destinées à l'enseignement supérieur, est-il encore en vigueur? (*Belg. jud.*, t. XXII. 1864, p. 241.)

De la passion des catholiques pour la liberté. Lettres à M. Dechamps. Gand, 1865; in-8°.

Projet de règlement de la ville de Gand sur les inhumations. Rapport présenté, au nom de la Commission du contentieux, au conseil communal de Gand. Gand, 1865; in-8°.

L'Église et l'État. 2e édition, fort augmentée. Bruxelles, 1865; 2 vol. in-8°.

L'Église et l'État. – Troisième partie: La révolution. Bruxelles, 1862; gr. in-8°.

Rapport de la Commission du contentieux (du conseil communal de Gand) sur un projet de règlement pour l'hospice Guislain (hospice des aliénés). Gand, 1866; in-8°.

De l'expropriation pour cause d'utilité par zones. (*Belg. jud.*, t. XXIV. 1866, p. 97; *Rev. de l'adm.*, t. XIII, p. 467.)

Exposé et critique des principes généraux en matière de statuts réels et personnels d'après le droit français. (*Rev. de dr. intern.*, t. Ier, 1869, p. 244.)

Principes de droit civil. Bruxelles, 1869-1879; 33 vol. in-8°.

(Les 15 premiers volumes sont publiés en une seconde édition. Cet ouvrage a remporté le prix quinquennal des sciences morales et politiques pour la période de 1871-1875.)

Droit civil. (*Patria Belgica*, t. II, 1873, p. 537 à 566.)

Des processions et de leur interdiction par l'autorité communale. (*Belg. jud.*, t. XXXIII, 1875, p. 654.)

De la compétence des tribunaux belges relativement aux étrangers. (*Journ. du dr. internat. privé* (de France), t. IV, 1876, p. 496; *Belg. jud.*, t. XXXVI, 1878, p. 737.)

Études sur le droit international privé. (*Journ. du dr. internat. privé* (de France), t. V, 1878, p. 309 et 421; t. VI, 1879, p. 5.)

L'Église et l'État, d'après Minghetti. (*Rev. de Belg.*, 1878, t. Ier, p. 121 et 233.)

Cours élémentaire de droit civil. Bruxelles, 1878; 4 vol. in-8°.
Le droit civil international. Bruxelles, 1880-1882; 8 vol. in-8°.
Avant-projet de revision du code civil, rédigé sur la demande de M. le Ministre de la Justice (Bara). Bruxelles, 1882-1884; 6 vol. in-4°, avec appendice.
L'épargne dans l'école.

(Couronné au premier concours Guinard, en 1873.)

Les sociétés ouvrières de Gand.

LAVELEYE (ÉMILE-LOUIS-VICTOR **DE**), O. ※, domicilié à Liège, rue Courtois, 38; né à Bruges le 5 avril 1822; docteur en droit; professeur d'économie politique et d'économie industrielle à l'Université de Liège depuis 1864; élu correspondant de l'Académie le 6 mai 1867; membre, le 6 mai 1872; directeur de la Classe des lettres en 1878.

PUBLICATIONS ACADÉMIQUES.

Bulletins (2e série).

Rapport sur les mémoires de concours de 1869 relatifs à une description statistique d'une commune des Flandres. (T. XXVII, p. 456.)
Rapport sur les mémoires de concours de 1872 relatifs à la théorie économique du capital et du travail. (T. XXXIII, p. 477.)
Rapport sur les mémoires de concours de 1874 relatifs au même sujet. (T. XXXVII, p 651.)

Du respect de la propriété privée sur mer en temps de guerre, lecture faite en séance publique de la Classe des lettres le 16 mai 1877. (T. XLIII, p. 666.)

La démocratie et l'économie politique, discours prononcé comme directeur de la Classe des lettres en séance publique du 8 mai 1878. (T. XLV, p. 658.)

(Ce discours a été publié aussi en allemand. Eisenach, 1878; in-8°.)

Rapport sur les mémoires de concours de 1880 relatifs à l'histoire des classes rurales en Belgique jusqu'à la fin du XVIIIe siècle. (T. XLIX, p. 460.)

(3e série.)

Rapport sur les mémoires de concours de 1881 concernant l'histoire des finances publiques de la Belgique depuis 1830. (T. I, p. 626.)

Sur divers objets de bronze antiques trouvés à Angleur, près de Liège. (T. III, pp. 220, 278.)

Rapport sur les mémoires de concours de 1882 relatifs à l'organisation des institutions charitables en Belgique, et sur les finances publiques de la Belgique depuis 1830. (*Ibid.*, pp. 529, 574.)

Notes bibliographiques sur divers ouvrages : 1° de M. E. de Borchgrave, La Serbie administrative. (T. VI, p. 767.) 2° de M. Paul Fréderieq, concernant l'enseignement supérieur de l'histoire. (*Ibid.*, p. 748.) 3° du même auteur, Travaux du cours pratique d'histoire nationale, 2e fasc. (T. VII, p. 408.) 4° de M. le comte Goblet d'Alviella, L'évolution religieuse chez les Anglais. (*Ibid.*, p. 406.)

Rapport sur un travail de M. O. Merten : Étude sur François Huet. (T. X, p. 631.)

Rapport sur le mémoire de concours de 1886, concernant les anciens corps de métiers et les associations coopératives dans les temps modernes. (T. XI, p. 475.)

Annuaire.

Notice nécrologique sur H.-G. Moke. Année 1870.

OUVRAGES NON PUBLIÉS PAR L'ACADÉMIE.

Album d'Ostende. Dessins par Louis Ghémar et E. Manche. Ostende, 1844; in-folio oblong.

Histoire de la langue et de la littérature provençales. Bruxelles, 1845; in-8°, 347 pp.

(Mémoire couronné au concours universitaire.)

Histoire des rois francs. Bruxelles, 1847-1848; 2 vol. in-12.

L'armée et l'enseignement. Bruxelles, 1848; in-8°, 20 pp.

Le Sénat belge. Étude politique. Bruxelles, 1851; in-8°, 68 pp.

Études historiques et critiques sur le principe et les conséquences de la liberté du commerce international. Bruxelles, 1857; in-8°, IV-146 pp.

Débats sur l'enseignement primaire dans les Chambres hollandaises (session de 1857). Gand, 1858 ; in-8°, 79 pp.

Du progrès des peuples anglo-saxons. Bruxelles, 1859; in-8°, 47 pp.

De l'enseignement obligatoire. Bruxelles, 1859; in-12, 57 pp.

La question de l'or en Belgique. Bruxelles, 1860; in-12, 81 pp.

Les Nibelungen. Traduction nouvelle, précédée d'une étude sur la formation de l'épopée. Bruxelles, 1861; in-12, LXXIX-357 pp.

Mémoires de sir Robert Peel. Bruxelles, 1861-1862; 2 vol. in-8°.

Traduction de l'anglais.

Questions contemporaines. Bruxelles, 1863; in-12, 353 pp.

Études d'économie rurale. — La Néerlande; précédé du rapport de M. Léonce de Lavergne sur l'Économie rurale de la Belgique. Bruxelles, 1864; in-12, XXIII-360 pp.

Le marché monétaire depuis cinquante ans. Paris, 1865; in-8°.

Traduit en allemand sous le titre de :

Die Geld- und Handelskrisen. Cassel, 1865.

La Saga des Nibelungen dans les Eddas et dans le Nord scandinave. Traduction précédée d'une étude sur la formation des épopées nationales. Bruxelles, 1866; in-12, 390 pp.

L'Edda. Traduction du poème scandinave. Bruxelles, 1866; in-12.

La Lombardie et la Suisse. Étude d'économie rurale. Paris, 1869; in-12.

Traduit en portugais sous le titre de :

A Lombardia, a Suissa e o monte Rosa. (Dr Venancio Deslandes.) Lisboa, 1871; in-8°, 178 pp.

La question du grec et la réforme de l'enseignement moyen. — Quelques pièces du procès recueillies et mises en ordre. Bruxelles, 1869; in-8°, 138 pp.

Études et essais. Paris, 1869; in-12.

(Articles publiés dans la *Revue des Deux-Mondes*.)

La Prusse et l'Autriche depuis Sadowa. Paris, 1870; 2 vol. in-12.

Idem. — Traduit en allemand sous le titre de :

Die œsterreich-ungarische Monarchie nach dem Kriege von 1866. (L. Pest.) 1869.

Essai sur les formes de gouvernement dans les sociétés modernes. Paris, 1872; in-12, 192 pp.

(Extrait de la *Revue des Deux-Mondes*. — Traduction en italien dans la *Bibliotheca di Scienzie politiche*.)

L'instruction du peuple. Paris, 1872; in-8°, 488 pp.

Deux traductions hollandaises; une suédoise sous le titre de :

Vär Tids Folksundervisning, ofversatt och försedt met ett tillägg rörande Folkskoleväsendets nuvarande ställning inom de trenne Skandinaviska Länderna, af Hugo Hamilton. Stockholm, 1872; in-12, 119 pp.

Des causes actuelles de guerre en Europe et de l'arbitrage. Bruxelles, 1873; in-8°.

Traduit en anglais.

Rapport sur le prix Guinard. L'épargne dans l'école. Bruxelles, 1873.

Le parti clérical en Belgique. Anvers, 1873; in-4°, 60 pp., et Bruxelles, 1874; in-12, 111 pp.

Traduit en anglais et en hollandais.

Une leçon de droit public à l'Université de Louvain. Bruxelles, 1874; in-8°.

De la propriété et de ses formes primitives. Paris, 1874; in-8°, 395 pp. Trois éditions.

Traduit en anglais, en allemand, en danois et en russe.

Essai sur l'économie rurale de la Belgique. Bruxelles, 1862; in-18, 402 pp. — 2e édit. Paris, 1875; in-18.

Les actes de la Conférence de Bruxelles et la participation de la Belgique à la Conférence de Saint-Pétersbourg. Bruxelles, 1875; in-8°, 35 pp.

Du respect de la propriété privée en temps de guerre. Rapport présenté à l'Institut de droit international (août 1875). Bruxelles, 1875; in-8°, 49 pp.

Traduit en allemand.

Il congresso dei socialisti della Cattedra ad Eisenach. Lettera al direttore del *Giornale degli economisti.* Padoue, 1875; in-8°, 20 pp.

Le protestantisme et le catholicisme dans leurs rapports avec la liberté et la prospérité des peuples. Étude d'économie sociale. Bruxelles, 1875; in-8°, 39 pp. 1876; in-12, 61 pp.

Traduit en anglais, en allemand, en hollandais, en portugais, en suédois, en hongrois, en grec, en polonais, etc.

De l'avenir des peuples catholiques. Étude d'économie sociale. Paris, 1875; in-8°.

(Réimpression de l'écrit précédent.)

La monnaie bimétallique. Bruxelles, 1876; in-8°.

Traduit en allemand et en anglais.

L'avenir religieux des peuples civilisés. Bruxelles, 1876; in-8°, 30 pp.

Traduit en portugais, en espagnol, en allemand, en suédois et en grec.

L'Afrique centrale et la Conférence géographique de Bruxelles. Bruxelles, 1877; in-18, 87 pp.

L'Afrique centrale et la Conférence géographique de Bruxelles. Lettres et découvertes de Stanley. Les Égyptiens dans l'Afrique équatoriale, par Bujac. Bruxelles, 1878; in-18, 220 pp., 2 cartes.

Histoire de la liberté dans l'antiquité et le christianisme, par lord Acton, préface d'Ém. de Laveleye. Bruxelles, 1878; in-12, 98 pp.

Congrès agricole international de Paris, 1878. — L'agriculture belge. — Rapport présenté au nom des sociétés agricoles de la Belgique. Bruxelles, 1878; in-8°, CCLXXIX-377 pp., carte.

Considération sur la constitution belge, introduction à l'histoire du Congrès par Théodore Juste. Bruxelles, 1879.

La crise économique et les chemins de fer vicinaux. Bruxelles, 1879; in-8°, 23 pp.

Lettres d'Italie, 1878-1879. Bruxelles, 1880; in-12, 394 pp.

Congrès international du commerce et de l'industrie. — La question monétaire. — Section d'économie politique. Bruxelles, 1880; in-8°, 15 pp.

La question monétaire en 1881. Bruxelles, 1881; in-8°, 80 pp.

Le bimétallisme international. Paris, 1881; 30 pp.

Traduit en anglais.

Le crédit agricole. Bruxelles, 1881; in-8°, 10 pp.

Le vice patenté. Bruxelles, 1882; in-8°, 40 pp.

Éléments d'économie politique. Paris 1882; in-12, 325 pp. (Deux éditions.)

Traduit en hollandais, en anglais, en italien, en tchèque, en polonais, en portugais et en bulgare.

Le socialisme contemporain, 1re édit. Bruxelles; in-8°. — 2e et 3e édit. Paris; in-12, XLIV-333 pp.

Traduit en anglais, en suédois, en russe et en allemand.

Nouvelles lettres d'Italie. Bruxelles, 1884; in-8°, 218 pp.

Traduit en anglais.

Le vice légalisé. Bruxelles, 1884; in-8°, 30 pp.

Traduit en anglais.

La crise récente en Belgique. Paris, 1885; 25 pp.

Traduit en anglais.

La Péninsule des Balkans. Bruxelles, 1886; 2 vol.. in-12.

Traduit en anglais.

La propriété collective en divers pays. Bruxelles, 1886; in-8°, 60 pp.

La crise et la contraction monétaire. Paris, 1886; in-8°, 15 pp.

Traduit en espagnol à Buenos-Ayres, et en serbe.

La crise et ses remèdes. Verviers, 1886; Bibl. Gilon, 90 pp.

Collaboration : *La Flandre libérale*, Gand (1848-1849), *La Libre Recherche, Revue trimestrielle, Revue britannique, Revue germanique, Revue des Deux-Mondes, Exposition universelle de Paris en 1867* (*Jury belge, Documents et rapports*), *Moniteur belge, Revue de Belgique, Cobden Club Essays, Revue de droit international et de législation comparée, The Fortnightly Review, Journal de Liège, L'Indépendance belge, The Times, The Daily News, The Academy, The Penn Monthly Magazine, Journal des Économistes, Giornale degli Economisti, Nederlandsch Museum, Patria Belgica, Rotterdamsche Courant, La Flandre libérale*, Gand (1876-1879), *Banker's Magazine*, New-York, *Nuova Antologia* (Rome), *Der Staats-Socialist* (5 novembre 1880), *L'Économiste français, Revue scientifique, Jahrbücher für national Œkonomie, Het Volksbelang.*

Principaux articles non reproduits en volume :

Revue des Deux mondes : Les partis en Belgique, 1er août 1864. — La monnaie internationale, avril 1867. — Le voyage de la Novare, 15 janvier 1868, traduit en portugais. — Deak Ferencz, 15 août 1869, traduit en hongrois. — La liberté de l'enseignement supérieur en Belgique, 15 avril 1870. — La question agraire en Irland et en Angleterre, 15 juin, 15 juillet 1870. — Le régime parlementaire en Italie, 1er mai 1871. — La nouvelle politique de la Russie, 15 novembre 1871. — La crise récente en Belgique, 15 janvier 1872, traduit en hollandais et en suédois. — Les Latifundia de l'Agro Romano, 1er juin 1872. — Les progrès de l'enseignement en Russie, 15 avril 1874. — Le Gouvernement de la République des Provinces-Unies, 15 août 1874. — Les lois des Brehons, 15 avril 1875. — Les tendances nouvelles de l'économie politique, 15 juillet 1875, traduit en anglais et en allemand. — La production et la consommation actuelle des métaux précieux, 1er août 1878. — Grandeur et décadence de l'Internationale, 15 mars 1880, traduit en hollandais. — Bakounine, 1er juin 1880, traduit en hongrois. — La Russie et l'Angleterre en Orient, 15 juillet 1880. — Le Luxe, 1er novembre 1880, traduit en portugais au Brésil. — Cliffe Leslie, 15 août 1881, traduit en anglais à New-York. — Le président Garfield, 1er octobre 1881, traduit en suédois, en néerlandais et en espagnol. — Le régime parlementaire et la démocratie, décembre 1882. — La démocratie aux États-Unis et en Suisse, 1er octobre 1886

Revue de Belgique : De l'utilité du théâtre, janvier 1869. — La revanche de la France, janvier 1872. — Une leçon de droit public à l'Université de Louvain, janvier 1874, en broch. in-8º, 17 pp. — Le double programme du parti libéral, janvier 1877, en broch. in-8º, 27 pp. — De la difficulté de fonder la liberté en France, novembre 1877. — Le sénateur Reyntiens, avril 1879. — La bataille des étalons, mai 1881, traduit en anglais. — La séparation de l'Église et de l'État, août 1881, reproduit à Paris comme préface du livre de M. Minghetti du même titre. — L'histoire de l'agriculture en Italie, janvier 1882, reproduit en brochure, 21 pp. — L'Allemagne et l'Italie, février 1882. — La question égyptienne, août 1882, reproduit en brochure, 25 pp. — La modernité dans l'art, octobre 1882. — L'instruction supérieure pour les femmes, 15 novembre 1882. — L'Association internationale au Congo, décembre 1882. — La crise du libéralisme, décembre 1883, en broch. in-8º, 30 pp. — Cinq années de régime constitutionnel en Bulgarie, octobre 1884. — Lettres inédites de Stuart Mill, janvier 1885. — Les conditions économiques du Congo, avril 1885 — Essais de droit public, juillet 1886.

Fortnightly Review : The future of France, juin 1871. — The clerical party in Belgium, novembre 1872, traduit en français, en hollandais et en allemand. — Alienation of public lands in Colonies, juin 1874. — The European situation, juillet 1875. — English interests, juillet 1877. — England and the war, février 1878. — Belgian politics, août 1878. — Bismarck und seine Leute, décembre 1878. — Italian politics, avril 1879. — Austro-German Alliance, déc. 1879. — Bimetallism and Free trade, juillet 1881. — Egypt for the Egyptians, déc. 1882. — European terror, avril 1883, traduit en danois. — Tonshipes in Scotland, juin 1885.

Contemporary Review : Commonplace Fallacies concerning money, novembre et décembre 1881. — Politics in Belgium, avril 1882. — Progress and Poverty, novembre 1882. — Progress of Socialism, avril 1883. — Congo neutralised, juin 1883. — The prospects of the french Republic, novembre 1883. — The liberal defeat in Belgium and its causes, août 1884. — Würzburg and Vienna, novembre et décembre 1884. — The State versus man, avec la réponse de Herbert Spencer, avril 1885, reproduit en français dans la *Revue internationale* de Florence, mai 1885. — Pessimism on the Stage, septembre 1885.

Nineteenth Century : The future of Gold, septembre 1881, reproduit par l'*Indépendance belge,* octobre 1881. — Maritime capture, août et septembre 1882.

Flandre libérale (Revue), 1848 : Les lettres de Michel Chevalier. — La critique d'art. — Le parti catholique. — Emploi de l'armée dans les travaux publics.

Express européen : Les mésaventures d'un parchemin, traduit en danois et en suédois.

Encyclopedia americana : Commercial crises. V. Ce mot.

Revue chrétienne : La crise en Belgique janvier 1885. — La démocratie et le protestantisme, juillet 1886.

Journal des Économistes : La nouvelle école économique, juin 1879. — Les lois naturelles et l'économie politique, avril 1883, en broch. in-8°, 22 pp.

Jahrbücher für national Œkonomie : Régime agraire de l'Oudhe, août 1880.

Revue politique et littéraire : Les troubles en Belgique, 11 avril 1886. — Hamlet, 25 septembre 1886.

Nederlandsch Museum. — Het Darwinism en het Rechtsvaardigheid's begrip, décembre 1874.

LECLERCQ (Mathieu-Nicolas-Joseph), G. C. ✠, domicilié à Saint-Josse-ten-Noode, rue Royale, 218; né à Herve le 30 janvier 1796; avocat du barreau de Liége en 1817; conseiller à la Cour supérieure de justice de Liége en 1825; membre de l'administration des prisons, des hospices et du conseil communal de Liége, de 1820 à 1832; membre du Congrès national en 1830; membre de la Chambre des Représentants en 1831 et en 1840; conseiller à la Cour de cassation en 1832; procureur général près de la Cour de cassation depuis 1836; procureur général honoraire depuis 1871; Ministre de la Justice en 1840; élu membre de l'Académie le 17 mai 1847; directeur de la Classe des lettres en 1851, 1855, 1858, 1863 et 1879; président de l'Académie en 1851, 1863 et 1879.

PUBLICATIONS ACADÉMIQUES.

Mémoires.

Un chapitre du droit constitutionnel des Belges. Le pouvoir judiciaire. — Première étude (nature, étendue, limites). 1851. (*Mémoires des membres*, t. XXVII.)

Ibid. — Deuxième étude (organisation). 1857. (*Ibid.*, t. XXXI.)

Bulletins (2e série).

Sur l'usage des langues parlées en Belgique. 1864. (T. XVII.)

Rapport sur le concours ouvert pour la question suivante : *Exposer les divers systèmes électoraux qui ont été successivement introduits chez les peuples anciens et modernes, etc.* 1868. (T. XXV.)

La vie et l'œuvre du Congrès national de 1830, discours prononcé le 6 mai 1879 comme président de l'Académie et directeur de la Classe des lettres. (T. XLVII.)

OUVRAGES NON PUBLIÉS PAR L'ACADÉMIE.

Du pouvoir attribué à la Cour de cassation par le projet de loi du 22 avril 1856 de mettre fin aux débats judiciaires, en ce qui concerne les points de droit. — Rapport des 19 août et 26 novembre 1844, à M. le Ministre de la Justice. (*Belgique judiciaire*, t. XIV. 1856.)

Quel est le droit que l'article 23 de la loi du 10 avril 1841 sur les chemins vicinaux attribue aux communes pour l'entretien de ces chemins, du chef des dégradations habituelles ou temporaires. occasionnées par des exploitations ou entreprises industrielles dans un chemin entretenu à l'état de viabilité. (*Belgique judiciaire.*, t. XIX. 1861.)

Rapport sur les documents relatifs aux coutumes du duché de Luxembourg et du comté de Chiny. (*Proc.-verb. de la Commission des anciennes lois et ordonnances de la Belgique*, 4e vol. 1862.)

Coutumes des pays, duché de Luxembourg et comté de Chiny. 2 tomes avec supplément. Brux., 1867-69-78. 2 vol. et 1 fascicule in-4o. (Publication in-4o de la même Commission.)

Éloge de M. Alphonse Delebecque. -- 25 mars 1858. — (Installation de M. le conseiller de Crassier.) Brux., 1858; in-8o.

La Cour de cassation et son personnel (1832-1867). — 20 septembre 1867. — (Installation de six conseillers nouvellement élus.) (*Belgique judiciaire*, t. XXV.)

Examen des arrêts rendus en chambres réunies, en matière civile, depuis l'installation de la Cour de cassation. — 15 octobre 1869. — (Rentrée de la cour.) Brux., 1869; in-8°.

Examen des arrêts rendus en chambres réunies par la Cour de cassasion, depuis son installation, en matière de droit public et administratif. — 15 octobre 1870 — (Rentrée de la cour.) Brux., 1870; in-8°.

Examen des arrêts rendus en chambres réunies par la Cour de cassation, depuis son installation, en matière de droit criminel. — 20 juillet 1871. (Rentrée de la cour.) — Brux., 1871; in-8°.

Il a été publié, en outre, par M. Leclercq des discours aux Chambres et des réquisitoires sur diverses questions de droit; ces réquisitoires sont imprimés dans les *Bulletins des arrêts de la Cour de cassation*, dans la *Jurisprudence du XIXe siècle* et dans la *Pasicrisie.*

LE ROY (Alphonse), O. ✠, croix civique de 1re classe, domicilié à Liége, rue Fusch, 36; né à Liége le 28 juillet 1822; docteur en philosophie et lettres; professeur ordinaire à la faculté des lettres de l'Université de Liége; professeur à l'École normale des humanités; élu correspondant de l'Académie le 9 mai 1870; membre, le 12 mai 1873; directeur de la Classe des lettres et président de l'Académie en 1882.

PUBLICATIONS ACADÉMIQUES.

Bulletins (2e *série*).

Rapport sur un mémoire de M. Verstraete intitulé : *De l'antiquité relative des premiers systèmes d'écriture, etc.* 1873. (T. XXXV.)

Le pouvoir des mots, lecture faite en séance publique de la Classe des lettres, le 14 mai 1873. (*Ibid.*)

Rapport sur un mémoire de concours ayant pour titre : *La philosophie de saint Anselme de Cantorbéry*. 1874. (T. XXXVII.)

Rapport sur le concours de Stassart demandant une notice sur : *Christophe Plantin*. 1875. (T. XXXIX.)

Sur les œuvres philosophiques de M. V. di Giovanni. 1875. (T. XL.)

(Reproduit en italien dans le *Giornale di Sicilia* du 30 novembre, et dans les *Relazioni di filosofia* de M. V. di Giovanni. Palerme, 1877.)

Sur l'ouvrage de M. G. Papanti, de Livourne : *Un monument littéraire élevé à la mémoire de Boccace*. 1876. (T. XLI.)

Sur les ouvrages poétiques de M. de Spuches (prince de Galati). 1876 et 1878. (T. XLI et XLIII.)

Une apologie d'Aristote (poème latin inédit). 1878. (T. XLIII.)

Rapport sur deux mémoires de MM. H. Francotte et J. Küntziger, couronnés au concours de 1879 : *Les Encyclopédistes français au pays de Liège*. (T. XLVII.)

Le mécanisme et la liberté, discours prononcé le 7 mai 1879, dans la séance publique de la Classe des lettres. 1879. (*Ibid.*)

Sur *Le siècle des Arteveldе*, par M. Vanderkindere. 1879. (T. XLVIII.)

(*3e série.*)

Rapport sur le septième concours quinquennal d'histoire nationale. Mai 1881. (T. Ier, pp. 739-812.)

Motion en l'honneur de H. Conscience. 1881. (T. II.)

Rapport sur la réforme des concours quinquennaux. 1881. (*Ibid.*)

La conscience publique, discours prononcé comme directeur, le 10 mai 1882 dans la séance publique de la Classe des lettres. 1882. (T. III.)

Rapport sur une étude de M. de Lenval : *L'éducation morale*. 1882. (T. IV.)

Discours prononcé sur la tombe de L. Terry. 1882. (*Ibid.*)

Rapport sur la dissertation de M. Tiberghien intitulée : *Le Temps*. 1883. (T. VI.)

Rapport sur le concours Castiau. 1884. (T. VII, pp. 638-683.)

Rapport sur un mémoire de M. V. De Block : *L'éducation physique*. 1884 (T. VII.)

Rapport sur un mémoire de M. C. de Harlez : *Lao-Tze*. 1884. (T. VIII.)

Annuaire.

Notice nécrologique sur Ad. Borgnet. Année 1876.

P.-F. Van Meenen, sa vie et ses travaux. Année 1877.

Biographie nationale.

Notices : tome II. F. de Beeckman, G. de Beeckman, P. Bergeron, les de Berghes (9 notices), Ph. Bernard, J. Bertholet, A. de Blankenheim, H. Blondeau, le P. Blundell, les frères Boch, Bouchard de Hainaut, J. de Bourbon.

Tome III. G. de Canne, J.-R. de Chestret, J.-N. de Chestret, D.-M. Colloz, Corn. de S. Laurent, G. de Courcelles, G. Couvin de Coursclle, L. Crahay, A. Croissant.

Tome IV. David de Dinant, J. de Bay, M. de Bay (*Baius*), H. de Bloeijere.

Tome V. E. de Leeuw (*Leoninus*), A. Del Rio, J. Del Rio, L. Del Rio, M. Del Rio, S. Designat.

Tome VI. Dominique de Flandre, J. Dubois, Duchasteau, Ecbert, J.-L. d'Elderen, Enckevoort (van), Engelbert, Enguerrand de Bar, Eracle, Ernest de Bavière, A.-N.-J. Ernst, J.-G.-J. Ernst, S.-P. Ernst, Étienne (évêque de Liège), Étienne (Stepelin), S. Euchaire I, S. Euchaire II, Eustache le Franchomme, A. d'Eynatten, Ezelon, J.-H. Fabry, J.-J. Fabry, J.-F. Fabry, J. Fallize, Fannius, Fanton, Farabert.

Tome VII. Ferdinand de Bavière, Floncel, Fohmann, S. Follien, F.-N. de France, Francon (*Tungrensis*), Frédéric (le pape Étienne IX), Frédéric (évêque de Liège), L. Froidmont, Fulcaire, S. Fuscien, J.-D. Fuss, R. Gaguin, Gall, J. Galle, Gaucet, Geneviève de Brabant, Georges de Bruxelles, Gertrude de Moha, Jacques de Glymes, Jean de Glymes, I.-F. de Glymes, Jean II de Glymes, Ch. de Glymes.

Tome VIII. Goethals (Henri de Gand), Ant. Goffart, les sires de Gommiecourt, S. Gondulphe, J. Gonthier, Gorp (*Goropius Becanus*), Gozechin, M. de Grati, Grimoald (de Landen), Grimoald (d'Héristal), Gérard de Groesbeek, L. Gruyer, Guillaume de S. Thierry, Guillaume de Savoie, Guy II (comte de Namur), S.-J. de Harlez, J. Haumont, H. de Heer, Raes de Heers, de Heeswyck, Jean de Heinsberg, J.-B. van Helmont, F.-M. van Helmont.

OUVRAGES NON PUBLIÉS PAR L'ACADÉMIE.

Philosophie.

Questions psychologiques. Bruxelles, 1846; in-8°.

La philosophie en 1854. Bruxelles, 1854; in-12.

La philosophie au pays de Liège (XVIIe et XVIIIe siècles). Liège, 1860; in-12.

Note sur la faculté de connaître (dans l'*Essai* de P. Kersten *sur l'activité du principe pensant*, t. III, p. 420 et suiv. 1863).

Trois publications belges sur la philosophie du langage. (Extrait de la *Revue trimestrielle*, t. XLI, 1864, p. 230 et suiv.)

Articles divers dans des publications périodiques : *Revue de Liège*, *Messager de Gand* (L'esthétique de la laideur, 28 et 29 décembre 1853), *Revue trimestrielle*, *Moniteur de l'enseignement*, *Athenœum belge*, *Meuse*, *Journal de Liège*, etc., de 1844-1885, *Revue de Belgique* (mars 1875) : Les philosophes siciliens; décembre 1885 : Un moraliste.

Études historiques, biographiques, etc.

Lettres éburonnes : La controverse sur l'origine des Wallons. (*Revue trimestrielle*, t. VIII, IX, XI et XVI; in-12.)

Rapports et notices biographiques, notamment sept notices sur des écrivains liégeois (tirées à part). (*Revue belge* (1843), *Mémoires* et *Annuaires de la Société d'Émulation de Liège*, *Annuaires de la Société wallone*, journaux précités, etc.)

Rapports sur les 4e, 5e, 6e et 7e concours quinquennaux d'histoire nationale. Bruxelles, 1866, 1871, 1876 et 1881; in-8o.

Notice sur le professeur A. Brasseur. (Extrait du *Bullettino bibliografico delle scienze matematiche*). Rome, 1868; in-4o.

Van de Weyer, publiciste; in-12. (Notice extr. de la *Meuse* et réimprimée dans le t. IV des *Opuscules* de Van de Weyer, édit Delepierre. Londres.)

La trilogie d'un solitaire, étude sur O. Pirmez (reproduite dans ses œuvres).

Instruction publique.

Enseignement primaire :

L'ami des enfants, livre de lecture (adopté). Quatre éditions (stéréotypes) depuis 1857. Liège; in-12. (Trad. en flamand par M. Van Driessche.)

Collaboration à l'*Abeille*, etc.

Instruction moyenne :

Collaboration régulière au *Journal de l'instruction publique* (Tirlemont), au *Moniteur de l'enseignement* (Tournai), aux *Annales de l'enseignement public* (Verviers), à la *Revue de l'instruction publique en France* (Paris), à la *Revue de l'instruction publique en Belgique* (Bruges et Gand).

Étude historique et critique sur l'enseignement élémentaire de la grammaire latine (depuis le moyen âge). Bruges, 1864; in-8o.

Discours sur l'enseignement national. Bruxelles, 1859; in-8o.

Instruction supérieure :

Le jury d'examen. Tournai, 1855; in-8o.

Études diverses, dans les *Revues* précitées.

Études générales, statistique et histoire de l'enseignement :

Études sur l'instruction publique en Angleterre (9 articles), aux États-Unis d'Amérique (18 articles), au Canada (12 articles), etc. (*Revue de l'instruction publique en France*, 1852-1859.)

L'instruction publique au Canada. Bruxelles, 1878; in-8°. (Extr. de l'*Abeille.*)

Collaboration à l'*Encyclopædie des gesammten Erziehungs und Unterrichtswesens,* du Dr Schmid. Gotha, 1855-1874; gr. in-8°.

Ont paru séparément :

1° Das Volkschulwesen und die höheren Schulanstalten in Spanien. Gotha, 1871; gr. in-8°. (Réimprimé en français dans la *Revue de l'instruction publique*. Gand, 1871; in-8°.)

2° Das Unterrichtswesen in Sud-America. Gotha, 1873; gr. in-8°.

(*N. B.* Les articles *Belgique* et *Hollande* ont été refondus pour la seconde édition.)

L'administration de l'instruction publique en France. Liège, 1870; in-18.

Liber memorialis. L'Université de Liège depuis sa fondation (1817-1867), ouvrage rédigé et publié en vertu d'une décision du conseil académique. Liège, 1869; gr. in-8°, avec 4 pl.

Dans l'ouvrage intitulé : *Liège;* histoire, arts, lettres, etc. 1881; gr. in-8°, l'article *Université.*

Archéologie et beaux-arts.

Antiquités architecturales de la Normandie, traduction annotée de A. Pugin et Britton. Paris et Liège, 1855; gr. in-4°, avec 78 pl.

Motifs et détails choisis d'architecture gothique empruntés aux anciens édifices de l'Angleterre, traduction de Pugin et Wilson. avec notes et dissertations. Paris et Liège, 1858-1867; 2 vol. gr. in-4°, avec 115 pl.

Glossaire de termes choisis d'architecture gothique, d'après Wilson (extrait de l'ouvrage précédent). Paris et Liège, 1867; in-12, avec 2 pl.

Rapport sur la statue d'Ambiorix. Tongres, 1860; in-8°.

L'église Sainte-Croix et ses peintures murales. Liège, 1862; in-12.

Questions spéciales.

Rapports et notices. (*Mémoires de la Soc. d'Émulation de Liège, Bulletin de l'Acad. d'archéol. d'Anvers*, etc.)

Sur la question des monts-de-piété. (*Revue de Liège*, t II et V.)

Sur l'éducation des sourds-muets et des aveugles. (*Publications de l'Institut des sourds-muets de Liège*, de 1851 à 1864.)

Articles dans le *Scalpel*, etc., sur la question des aliénés.

Littérature, bibliographie, voyages, etc.

Contes villageois de la Forêt noire, traduction de B. Auerbach, avec une introduction. Liège, 1853; in-8°.

La littérature française en Belgique (en 1859). (Dans le *Jahrbuch für romanische Literatur*. Berlin, 1860.)

Souvenirs de vacances : I. Ascension de l'Etna; II. A travers les Carpathes. Liège, 1863 et 1865; 2 broch. in-18.

Collaboration au *Dictionnaire des spots ou proverbes wallons*. Liège, 1863; vol. in-8° de 628 pages.

Poésies wallones (avec M. A. Picard, sous le pseudonyme Alcide Pryor). Liège, 1861 et années suivantes (un recueil et plusieurs broch.), in-18. (Réimprimées dans les *Œuvres de Picard*, t. II, édit. Delbœuf, 1882.)

Nouvelle édition des *Fables de Maréchal*, avec notice. Liège, 1873; in-12.

Un très grand nombre d'articles de critique littéraire dans le *Journal de Liège* (A. L.), dans la *Meuse* (Y.) et dans d'autres journaux, depuis 1850, résumant à peu près tout le mouvement intellectuel du pays dans le cours de cette période.

Appendice.

Patria belgica : 1° Histoire des religions, t. III, pp. 1-68; 2° Études sur les patois de la Belgique, t. III, pp. 555-570.

Belgique illustrée, t. II : 1° Liège, pp. 265-328; 2° Les environs de Liège, pp. 329-343.

LOISE (FERDINAND), ✠, croix civique de 1re classe, domicilié à Uccle, rue du Presbytère, 67; né à Samson (province de Namur) le 28 juillet 1825; docteur en philosophie et lettres; *professeur honoraire* de littérature française dans les athénées royaux; élu correspondant de l'Académie le 12 mai 1873.

PUBLICATIONS ACADÉMIQUES.

Mémoires.

De l'influence de la civilisation sur la poésie ou Histoire de la poésie dans ses rapports avec la civilisation. L'*Orient*, la *Grèce* et *Rome*. Mémoire couronné. 1859. (*Mémoires* in-8°, t. VIII.)

Histoire de la poésie dans ses rapports avec la civilisation chez les peuples de race latine. Mouvement des lettres en Europe depuis les premiers siècles du christianisme jusqu'aux croisades. L'*Italie* et la *France*. 1863. (*Ibid.*, t. XIV.)

Histoire de la poésie, etc. L'*Espagne*. 1867. (*Ibid.*, t. XX.)

Biographie nationale.

Notices : tome VI. Eve (Alphonse D').

Tome VII. Fémy (François), Fémy (Henri), Fernand ou Ferdinand (Jean), Fodor (Joseph), Fodor (Charles), Fodor (Antoine), Mme Mainvielle Fodor (Joséphine), Forestier (Mathurin), Franck (Simon), Fumière (Louis).

Tome VIII. Godefroid (Jules), Grétry (Lucile), Guarnerius ou Guarnier (Guillaume), Guelton (Sophie-Julie), Habbeeck (Jean Van) Habbeke (Gaspard-Maximilien Van), Habrecht (César), Hacquart (Charles), Halloix (Pierre), Hamal (François), Hanot (François),

Hanssens (Charles-Joseph-Louis), Harmignie (Pierre-Philippe-Joseph), Harpignies (Maurice), Hartius (Philippe), Hatron (Charles-Philippe), Hauwel (Martin), Heelu (Jean Van), Heest (Christophe de), Helbert.

Tome IX. Helmont (Charles-Joseph Van), Helmont (Adrien-Joseph Van), Hennius (Gilles), Henoul (Jean-Baptiste), Henri d'Yve ou Hyvæus, Herbert, Herman, Hese (Jean Van), Hexius (Gosw.), Heyns (Pierre), Heyns (Zacharie), Hiele (Liévin Van), Hilduin, Hocquart (Léopold), Hoeswinckel (Ph. Van), Hofman (Jean-Baptiste), Hofmans (Jean-Baptiste), Hollogne (Lambert), Hondegem (François Van), Honoré (Barthélemy), Hontoye (Pierre), Hoeckaert (Elégius), Hoorebeke (H.-Fr. Van), Hornius (Guillaume), Hossart (Philippe), Hosschius (Sidronius), Houcke (Charles Van), Hoves (Philippe de), Hovyne (Maximilien d'), Hoyois (Henri-Joseph), Hoyois (Henri), Hubert, religieux de Saint-Hubert, Hubert (Saint), Hubold, Hugues de Cambrai, Hugo (Herman), Hugues d'Oisy, Hulle (Baudouin Van), Huygens (G.-J.), Hyckman (Dom Robert), Hynderick (Chevalier P.-J.-A.).

OUVRAGES NON PUBLIÉS PAR L'ACADÉMIE.

Littérature.

L'Allemagne dans sa littérature nationale. Bruxelles, 1873; 1 vol. in-8°.

Études sur l'Allemagne moderne. Bruxelles, 1877; 1 vol. in-8°.

Une campagne contre le naturalisme. Namur, 1883; 1 vol. in-12. (*Journal des gens de lettres.*)

Lamartine et Hugo. Bruxelles, 1885; 1 vol. in-12. (*Journal des beaux-arts.*)

Histoire de la poésie dans l'antiquité. (Monde oriental. — Monde classique. — Monde chrétien.) Bruxelles, 1886; 1 vol. in-8°.

Histoire de la poésie en France. Bruxelles, 1887; 1 vol. in-8°.

Histoire de la poésie en Italie. Bruxelles, 1887; 1 vol. in-8°.

Histoire de la poésie en Espagne. Bruxelles, 1887; 1 vol. in-8°.

Enseignement.

Traité de l'analyse et de la synthèse dans la composition littéraire. Bruxelles, 1881 et 1885; 1 vol. in-12.

Chrestomathie ou livre gradué de lecture à l'usage de l'enseignement moyen. Bruxelles, 1885; 1 vol. in-12.

Moyens de se former à l'art d'écrire et d'assurer les progrès de la rédaction française dans les établissements d'enseignement moyen. Bruxelles, 1885; 1 vol. in-12.

Recueil d'analyses littéraires : 1° Le charretier embourbé; 2° Lettre de J.-J. Rousseau à un jeune homme; 3° Prière de l'enfant à son réveil; 4° Lettre de Racine à son fils. Bruxelles, 1886 et 1887.

Traité de littérature. Les lois du style. Bruxelles, 1887; 1 vol. in-12.

Série d'études didactiques, philosophiques, historiques, politiques et littéraires.

Traduction en vers et analyse d'un chœur de l'*Antigone* de Sophocle. (*Revue pédagogique*, 1853.)

De l'unité dans la variété, fondement de l'art d'écrire (*Bulletins de la Société archéologique et littéraire du Limbourg*, 1854.)

De l'utilité de la langue grecque au double point de vue de l'éducation intellectuelle et littéraire. (*Moniteur de l'enseignement*, 1854.)

De la volonté, secret du talent. (*Revue pédagogique*, 1855.)

De la prononciation. (*Moniteur de l'enseignement*, 1856.)

Analyse littéraire des *Animaux malades de la peste.* (*Bulletins de la Société archéologique et littéraire du Limbourg*, 1856.)

Le *Poète philosophe* ou réflexions sur les idées philosophiques et religieuses de Lamartine, suivi d'une ode à Lamartine. Tournai, Casterman, 1857; 1 vol. in-8°.

Principes de la poésie et de l'art littéraire. (*Revue de l'instruction publique*, 1859.)

Honneur et patrie. (Discours prononcé à la distribution des prix de l'Athénée royal de Tournai, en 1859.)

Lamartine : sa situation, son cours familier de littérature, ses œuvres complètes. (*Revue de l'instruction publique*, 1861.)

Principes diplomatiques de Lamartine. (*Revue belge et étrangère*, 1861.)

La *Franciade* de Viennet, avec réflexions sur l'épopée. (*Revue continentale*, 1863.)

Conférence sur Chateaubriand, critique, historien, homme d'État. (*Cercle artistique et littéraire d'Anvers*, 1864.)

De l'étude comparative des langues et des littératures modernes. (Discours prononcé à la distribution des prix du concours général de l'enseignement moyen à Bruxelles, 1871.)

De la formation des nationalités modernes. (*Annales du Cercle artistique et littéraire d'Anvers*, 1874.)

La littérature française en Belgique. (Texte allemand dans le *Lexicon Meyer*, 1879.)

De l'importance des études littéraires dans l'enseignement. (Discours prononcé à la distribution des prix de l'Athénée royal de Mons en 1880.)

Sur le recueil de poésies de Mlle Françoise Le Roy : *Sentiment et Devoir*. (*Journal des gens de lettres*, 1881.)

Sur le livre d'Émile Greyson : *En Hollande*. (*Ibid.*, 1881.)

Psychologie et critique littéraire.

A propos des observations critiques sur le Traité de l'analyse et de la synthèse. (*Gymnastique scolaire*, 1881.)

Pauvre Boileau. (*Gymnastique scolaire*, 1882.)

Conférence de Louis Delisse sur Antoine Wiertz. (*Ibid.*, 1882.)

Sur Victor Hugo, à propos de *l'Enfant*. (*L'Abeille*, 1882.)

Sur Alexandre Soumet, à propos de la *Pauvre fille*. (*Ibid.*, 1882.)

Discours prononcé aux funérailles d'Octave Pirmez. (*Journal de Charleroi, Union de Charleroi, Hainaut, Nord contemporain, Journal des beaux-arts, Éducation populaire*, etc., 1883.)

A M. Henri Gravez, sur la moralité de Zola dans le *Bonheur des Dames*. (*Journal des gens de lettres*, 1883.)

Une leçon de littérature : *La noblesse du style.* (*Ibid.*, 1885.)

Victor de Laprade. (*Journal des beaux-arts*, 1886.)

Série d'articles.

(*Enseignement, religion, littérature, musique, etc.*)

Comparaison entre l'éloquence et la musique. (*Ami de l'ordre*, 1844.)

Une œuvre de propagande contre les théories antisociales. (*Ibid.*, 1851.)

Représentation de *Baudouin du bourg*, opéra du P. de Doss, au Collège de la Paix à Namur. (*Ibid.*, 1851.)

Représentation de *Phèdre*, par Rachel. (*Revue de Namur*, 1851.)

De l'examen d'élève universitaire. (*Moniteur de l'enseignement*, 1855.)

Concert du Casino à Tongres. (*Vedette du Limbourg*, 1855.)

Représentation du *Bandit*, opéra comique de Romain Nihoul. (*Ibid.*, 1855.)

La *Messe du Sacre* de Chérubini. (*Ibid.*, 1856.)

Le deuxième entretien du *Cours familier de littérature* de Lamartine. (*Moniteur de l'enseignement*, 1856.)

Défense des langues anciennes contre les utilitaires. (Suite d'articles parus dans la *Vedette du Limbourg*, 1857.)

Réflexions sur la grammaire, à propos de la grammaire française de M. Paquot. (*Constitution* de Tournai, 1859.)

Réponse aux observations sur quelques points d'histoire littéraire. (*Revue de l'instruction publique*, 1859.)

Nécrologie : M. Cordeuil. (*Courrier de l'Escaut*, 1859.) — Paul Siret. (*Journal des beaux-arts*, 1879.)

Du droit public dans l'Église et chez les nations chrétiennes, par Audisio. (*Gazette de Liège,* 1864.)

De la diplomatie de l'Église, par le même. (*Ibid.*, 1864.)

Conférences du carême, par le chanoine Maton. (*Courrier de l'Escaut,* 1864.)

A propos des *Vagabonds* de Mario Proth. (*Ibid.*, 1864.)

Alexandre Dumas et la Belgique. (*Journal de Bruxelles,* 1864.)

Conférence d'Auguste Le Pas sur les *Litanies de la Vierge.* (*Courrier de l'Escaut,* 1865.)

Appréciation successive des différents volumes du *Congrès de Spa,* par Alfred Nicolas. (*Économie* et *Feuille de Tournai,* 1862-1868.)

Conférence de Philarète Chasles à Tournai. (*Feuille de Tournai,* 1866.)

Le génie de l'improvisation. (*Ibid.*, 1866.)

Concert de Wicart à Tournai. (*Économie,* 1866.)

Concert de Leenders à Tournai. (*Ibid.*, 1867.)

Représentation de *Joseph* et de la *Dame blanche* au Séminaire de Floreffe. (*Ami de l'ordre,* 1865 et 1867.)

LOOMANS (Charles-Walthère-Hubert), O. ✠, croix civique de 1re classe, domicilié à Liège, rue Beeckman, 20; né à Lanaeken (Limbourg belge) le 12 novembre 1816; docteur en philosophie et lettres; docteur en droit; professeur de droit naturel à l'Université de Liège, ancien recteur et ancien administrateur-inspecteur intérimaire de la même Université; élu correspondant de l'Académie le 9 mai 1881; membre, le 10 mai 1886.

PUBLICATIONS ACADÉMIQUES.

Bulletins (3e série).

Rapport sur un travail académique de M. Tiberghien, intitulé : *Le Temps.* 1883. (T. VI, p. 180.)

La question sociale chez Platon et Aristote. 1884. (T. VII, p. 601.)

Discours prononcé aux obsèques de M. G. Nypels, au nom de l'Académie. 1886. (T. XI.)

OUVRAGES NON PUBLIÉS PAR L'ACADÉMIE.

Du progrès en philosophie. (*Revue de Bruxelles*, 1838.)

Du fait et du droit. (*Choix de mémoires de la Société littéraire de l'Université catholique de Louvain*, 1841.)

Rapport sur l'enseignement supérieur en Prusse. (Adressé au Gouvernement en 1845, publié par lui en 1861 dans les *Annales des Universités de Belgique.*)

Notice sur la vie et les travaux de N.-E. Tandel. 1851.

Principes de la philosophie morale. 1856.

De la liberté dans la vie intellectuelle et dans ses rapports avec le matérialisme. Discours rectoral. 1871.

De la liberté dans la vie morale et dans ses rapports avec le sensualisme. Discours rectoral. 1872.

Autres discours rectoraux.

De la connaissance de soi-même. Essais de psychologie analytique. 1re éd., Bruxelles, 1880, in-8o; 2e éd., Paris, 1883; in-12.

NÈVE (FÉLIX-JEAN-BAPTISTE-JOSEPH), ✠, domicilié à Louvain, rue des Orphelins, 52; né à Ath le 13 juin 1816; docteur en philosophie et lettres (1838); professeur de littérature ancienne et de langues orientales à l'Université de Louvain (1841-1876); professeur émérite depuis 1877; élu correspondant de l'Académie le 9 mai 1860; membre, le 11 mai 1868.

PUBLICATIONS ACADÉMIQUES.

Mémoires.

Mémoire sur la vie d'Eugène Jacquet de Bruxelles et sur ses travaux relatifs à l'histoire et aux langues de l'Orient, suivi de quelques fragments inédits. 1856. (*Mém. des sav. étrang.*, in-4°, t. XXVII.)

Mémoire historique et littéraire sur le collége des Trois-Langues à l'Université de Louvain. Mém. couronné. 1856. (*Ibid.*, t, XXVIII.)

Exposé des guerres de Tamerlan et de Schahrokh dans l'Asie occidentale, d'après la chronique arménienne inédite de Thomas de Medzoph. 1860. (*Mémoires* in-8°, t. XI.)

Bulletins (*2e série*).

Du beau littéraire dans les œuvres du génie indien. 1864. (T. XVIII.)

Rapports sur les mémoires de concours cencernant la vie et le règne de Septime Sévère. 1870-1874. (T. XXIX, XXXIII et XXXVII.)

Rapport sur un mémoire de M. Ém. Verstraete concernant l'origine rationnelle de la parole écrite, etc. 1873. (T. XXXV.)

Le conseiller Jérôme Busleiden, écrivain latin et protecteur des lettres (1470-1517). 1873. (T. XXXVI.)

(3e série.)

Rapport sur un mémoire de concours concernant l'empire des Mèdes. 1882. (T. III.)

Annuaire.

Notice nécrologique sur Guill.-Amédée-Aug. Arendt. Année 1866.
Notice nécrologique sur Mgr Nicolas-Joseph Laforet. Année 1874.

Biographie nationale.

Notices : t. I. Ammonius (Gaspar), André (Valère), Baecx van Barlant, Basel (Nicolas van).
T. II. Beller (Jean), Beller (Balthazar), Beller (Luc), Bock (Georges), Boonaerts (Guillaume).
T. III. Briard (Jean), Busleiden (Égide), Busleiden (François), Busleiden (Jérôme), Catulle (André).
T. IV. Cleynaerts (Nicolas), Craneveld (François de).
T. VI. Dorpius (Martin).
T. VII. Gameren (Hannardus van), Gennep (André), Goclenius (Conrad).
T. VIII. Godin (François).
T. IX. Heuschling (Étienne).

OUVRAGES NON PUBLIÉS PAR L'ACADÉMIE.

Études sur les hymnes du Rig-Véda, avec un choix d'hymnes traduits pour la première fois en français. Louvain, 1842; 1 vol. in-8o.
Introduction à l'histoire générale des littératures orientales. Louvain, 1844; in-8o.
Essai sur le mythe des Ribhavas, premier vestige de l'apothéose dans le Véda, avec le texte sanscrit et la traduction française des hymnes adressés à ces divinités. Paris, 1847; 1 vol. in-8o.

Éloge de Ballanche, lu le 28 mai 1848 à la Société littéraire de l'Université. Louvain, 1850; 1 vol. in-8°.

Les Pourânas, études sur les derniers monuments de la littérature sanscrite. Paris, 1852; 1 vol. in-8°.

Revue des sources nouvelles pour l'étude de l'antiquité chrétienne en Orient. Louvain, 1852; 1 vol. in-8°.

Le Bouddhisme, son fondateur et ses écritures. Paris, 1854; 1 vol. in-8°.

Étude sur Thomas de Medzoph et sur son histoire de l'Arménie au XVe siècle. Paris, 1855; 1 vol. in 8°.

Les hymnes funèbres de l'Église arménienne, traduites sur le texte arménien du Charagan. Louvain, 1855; 1 vol. in-8°.

Constantin et Théodose devant les Églises orientales. Étude tirée des sources grecques et arméniennes. Louvain, 1857; 1 vol. in-8°.

Des portraits de femme dans la poésie épique de l'Inde. Fragments d'études morales et littéraires sur le Mahâbhârata. Bruxelles, 1858; 1 vol. in-8°.

L'Église d'Orient et son histoire d'après les monuments syriaques. Paris, 1860; 1 vol. in-8°.

Guy Le Fèvre de la Boderie, orientaliste et poète, l'un des collaborateurs de la Polyglotte d'Anvers. Bruxelles, 1862; 1 vol. in-8°.

De l'invocation du Saint-Esprit dans la liturgie arménienne; hymnes traduites et commentées pour servir à l'histoire du dogme en Orient. Louvain, 1862; 1 vol. in-8°.

Frédéric Windischmann et la haute philologie en Allemagne. Paris, 1863; 1 vol. in-8°.

Calidasa, ou la poésie sanscrite dans les raffinements de sa culture. Paris, 1864; 1 vol. in-8°.

Atmabodha, ou de la Connaissance de l'Esprit. Version commentée du poème védantique de Çankara Achârya. Paris, 1866; 1 vol. in-8°.

Les poètes classiques du règne d'Auguste, historiens des expéditions romaines en Orient et chantres de conquêtes en projet. Bruges, 1867; 1 vol. in-8°.

Les quatre Facultés de Nancy et le mouvement intellectuel en Lorraine. Louvain, 1873; in-8°.

Particularités sur Adrien Barlandus et sur d'autres humanistes qui ont enseigné à Louvain, dans le cours du XVIe siècle. Louvain, 1874; in-8°.

Gilles-François Godin, botaniste liégeois. Gand, 1874; gr. in-8°.

Recherches sur le séjour et les écrits d'Érasme en Brabant. Louvain, 1876; gr. in-8°.

Des éléments étrangers du culte et de la légende de Krichna. Paris, 1876; in-8°.

Le dénouement de l'histoire de Râma — *Outtara-Râma-charita* — drame de Bhavabhoûti, traduit du sanscrit, avec une introduction sur la vie et les ouvrages de ce poète. Bruxelles-Louvain, 1880; 1 vol. in-8°.

Le poète Sâdi, moraliste oriental du XIIIe siècle. Louvain, 1881; in-8°.

Les époques littéraires de l'Inde, études sur la poésie sanscrite. Bruxelles-Louvain, 1883; 1 vol. in-8°.

L'Arménie chrétienne et sa littérature. Louvain, 1886; 1 vol. in-8°.

NOLET DE BRAUWERE VAN STEELAND (Jean-Charles Hubert), ✠, domicilié à Vilvorde, rue Neuve, 7; né à Rotterdam le 25 janvier 1815; élu associé de l'Académie le 7 mai 1849.

PUBLICATIONS ACADÉMIQUES.

Bulletins (2e *série*).

Vooruitgang. Satire. 1858. (T. IV.)

Rapport sur les poèmes flamands reçus au concours de poésie institué à l'occasion du XXVe anniversaire de l'inauguration des chemins de fer. 1859. (T. VII.)

Du pan-germanisme et de ses influences sur la littérature flamande. 1868. (T. XXV.)

Notice sur le particularisme linguistique flamand de la Flandre occidentale. 1874. (T. XXXVII.)

Réponse aux quelques remarques de M. Willems concernant ma Notice sur le particularisme linguistique, etc. (*Ibid.*)

Les traducteurs de Dante Alighieri aux Pays-Bas. 1879. (T. XLVII.)

(*3e série.*)

Une traduction de l'*Enfer* et du *Purgatoire* de Dante Alighieri. 1881. (T. I.)

Rapport sur les mémoires de concours concernant l'application des règles de la métrique grecque et latine à la poésie néerlandaise. 1885. (T. IX.)

OUVRAGES NON PUBLIÉS PAR L'ACADÉMIE.

Poésie.

Noami. Poème en deux chants. Louvain, 1840; 1 vol. in-8°.

Ambiorix. Poème en six chants. Louvain, 1841; 1 vol. in-8°.

— 2e éd., avec traduction en vers français par P. Lebrocquy. Bruxelles, 1846; 1 vol. in-8°.

Dichtluimen. Recueil de poésies. Louvain, 1842; 1 vol. in-8°.

Het graf der twee Gelieven. Légende. Louvain, 1842; 1 broch. in-8°.

Godsdienstige oefeningen, aan de beste nederduitsche schrijvers ontleend. Anvers, 1846; in-12.

Aan de Germanen in 1847. Ode. Bruxelles, 1847; 1 broch. in-8°.

Ernst en Boert. Recueil de poésies. Bruxelles, 1847; in-8°.

Zwart op Wit. Dichtverscheidenheden. Amsterdam, 1853; 1 vol. in-8°.

Vrede. Ode. Rotterdam, 1854; in-8°.

Het groote dietsche Vaderland. Ode avec traduction allemande par J.-M. Dautzenberg. Bruxelles, 1857; broch. in-8°.

Gedichten 1839-1859. (T. Ier et II des *Œuvres complètes.*) Amsterdam, 1859; 2 vol. in-8°.

Het Pausdom. Ode. Bruxelles, 1860; broch in-12.
De 19 October 1861. Ode. Bruxelles, 1862; in-8°.
De begenadigde. Satire. Bruxelles, 1866; broch. in-8°.
Het standbeeld van Ambiorix. Ode. Bruxelles, 1866; broch. in-8°.
De beide Nederlanden. Poème. Bruxelles, 1869; broch. in-8°.
Gedichten. 1860-1870. (T. III des *Œuvres complètes.*) Amsterdam, 1871; 1 vol. in-8°.
1832-1871. Dichtstuk. Amsterdam, 1871; broch. in-8°.
Ter Priesterwijding. Poème en hexamètres néerlandais. Bruxelles, 1873; broch. in-8°.

Prose.

Een reisje in het Noorden. Louvain, 1843; 1 vol. in-8°.
Le pan-germanisme et la revue flamande *De Toekomst*. Bruxelles, 1868; broch. in-8°.
Het Communismus in zijne vroegere en latere vormen. La Haye, 1871; 1 vol. in-12.
Proza. 1843-1873. (T. IV et V des *Œuvres complètes.*) Amsterdam, 1873; 2 vol. in-8°.
Poëzij en Proza. 1874-1877. (T. VI des *Œuvres complètes.*) Amsterdam, 1877; 1 vol in-8°.
Het Menschdom verlost van L. De Koninck, critisch aan-, door- en omgehaald. Roulers, 1884; broch. in-8°.
Poëzij en Lettercritiek. 1878-1884. (T VII des *Œuvres complètes.*) Roulers, 1884; 1 vol. in-8°.
Onderteekende « Vele tegenbemerkingen » op naamlooze « Bemerkingen » over De Koninck's pseudo-epos. Roulers, 1886; broch. in-8°.

Collaboration aux recueils périodiques suivants :

Nederduitsche Letteroefening. Gand, 1834. — *Nederduitsch letterkundig Jaarboekje*. Gand, 1835 à 1874. — *Bijdragen der Gazette van Gent*. 1836 à 1839. — *Belgisch Museum*. 2e, 3e et 6e vol. — *Kunst- en Letterblad*. Gand, 1840 à 1843. — *De Mid-*

delaer. Louvain, 1840 à 1843. — *De School- en Letterbode*. 2e et 3e vol. — *Het Vaderland en de vlaamsche Letterbode*. 1844 à 1845. — *Lettervruchten van het Genootschap Tijd en Vlijt te Leuven*, 1845. — *De vlaamsche Stem*. Bruxelles, 1846 à 1848. — *De Moedertaal*, 1849. — *Het Taalverbond*, 1852. — *Handelingen van de Maatschappij der nederlandsche letterkunde te Leiden*, 1853. — *Handelingen van het 1e, 3e, 4e, 5e, 7e, 8e en 9e nederlandsch letterkundig Congres*. — *Album der schoone kunsten*. Harlem, 1850-1853. — *Volks-Almanak voor nederlandsche katholieken*. Amsterdam, 1853 à 1855. — *Jaarboekje voor Rederijkers*. Amsterdam, 1859 à 1874. — *Nederduitsch Tijdschrift*. Termonde, 1867. — *De Toekomst*, Bruxelles, 1867 à 1886. — *Dagblad van Zuid-Holland en 's Gravenhage*. La Haye, 1871. — *De Wachter. Nederlandsch Dante-orgaan*. Amsterdam, 1877 à 1882. — *De vlaamsche School*. Anvers, 1884. — *De Leeswijzer*. Harlem, 1885. — *Nederlandsche Dicht- en Kunsthalle*. Anvers, 1883 à 1886.

PHILIPPSON (MARTIN), domicilié à Ixelles, rue du Luxembourg, 33; né à Magdebourg (Prusse) le 27 juin 1846; docteur ès-lettres; professeur extraordinaire à l'Université de Bonn (Prusse); professeur ordinaire d'histoire à l'Université de Bruxelles; élu associé de l'Académie le 10 mai 1886.

OUVRAGES NON PUBLIÉS PAR L'ACADÉMIE.

Le séjour du prince et de la princesse de Condé en Belgique (1609 et 1610). (*Bulletin de l'Académie d'archéologie de Belgique*, séance du 31 mai 1885.)

Heinrich IV und Philipp III, Die Begründung des französischen Uebergewichts in Europa. Berlin, 1870-1876; 3 vol. in-8°.

Biographies de Philippe II d'Espagne, de Henri IV de France et de Frédéric le Grand de Prusse, dans le *Neuer Plutarch*, publié sous la direction de Gottschall, vol. I (1874); III (1876) et XI (1885). Leipzig; in-8°.

Importance historique du moyen âge. Bruxelles, 1879; in-8°.

Programme du cours d'histoire politique du moyen âge. Bruxelles, 1880; in-8°.

Une nouvelle institution à l'Université de Bruxelles. Bruxelles, 1881; in-8°.

Geschichte des preussischen Staatswesens seit dem Tode Friedrich des Grossen. Leipzig, 1880-1882; vol. I, II; in-8°.

Die Zeit Ludwigs XIV. Westeuropa im Zeitalter Philipps II, Elisabeths und Heinrichs IV. (*Collection de monographies historiques*, publiée sous la direction du prof. Oncken. Berlin, 1879 et 1882-1883; in-8°.)

La contre-révolution religieuse au XVIe siècle. Bruxelles, 1884; in-8°.

Collaboration : *Historische Zeitschrift*, *Müttheilungen aus der Literatur des Auslandes*, *Jenaer Literaturzeitung*, *Deutsche Literaturzeitung* de Berlin, *Athenæum belge*, *Revue de Belgique*, *Allgemeine Encyklopädie der Wissenschaften und Künste* de Ersch und Gruber.

PIOT (Guillaume Joseph-Charles), O. ✠, domicilié à Saint-Gilles (Bruxelles), rue Berckmans, 104; né à Louvain le 17 octobre 1812; docteur en droit, archiviste général du royaume, membre de la Commission royale d'histoire, de la Commission royale des monuments, de la Commission royale pour la publication des anciennes lois et ordonnances de la Belgique; élu correspondant de l'Académie le 10 mai 1875; membre, le 5 mai 1879; directeur de la Classe des lettres et président de l'Académie en 1885.

PUBLICATIONS ACADÉMIQUES.

Mémoires.

Notice sur un dépôt de monnaies découvert à Grand-Halleux. 1846. (*Mém. cour. et des sav. étrang.*, in-4°, t. XXI.)

Les Pagi de la Belgique et leurs subdivisions pendant le moyen âge. Mémoire couronné en 1871. (*Ibid.*, t. XXXIX, 1re partie.)

Bulletins (*2e série*).

Fragment d'un poème flamand inédit, imité de Li Romans de Berte aus grans piés. 1875. (T. XL, p. 155.)

Rapport sur des antiquités romaines découvertes à Assche. 1875. (*Ibid.*, p. 350.)

La diplomatie concernant les affaires maritimes des Pays-Bas au XVIe siècle. 1875. (*Ibid.*, p. 817.)

Correspondance de Grétry et de Vitzthumb. 1875. (*Ibid.*, p. 408.)

Particularités inédites concernant les œuvres inédites de Gossec et de Philidor. 1875. (*Ibid.*, p. 624.) — Traduit en anglais.

La méthode de chanter à l'Opéra de Paris et de Bruxelles pendant le XVIIIe siècle. 1876. (T. XLI, p. 173.)

Note bibliographique sur un ouvrage de M. Cellier. 1876. (*Ibid.*, p. 173.)

Les objets d'art emportés de Belgique en Allemagne en 1794. 1876. (T. XLII, p 642.)

Les origines de l'opéra dans les Pays-Bas espagnols. 1877. (T. XLIII, p. 42.)

Les tableaux enlevés à la Belgique en 1785. 1877. (*Ibid*, p. 757.)

Rapport sur des antiquités romaines trouvées à Lacken et à Assche. 1877. (T. XLIV, p. 823.)

Rapport sur un mémoire de concours intitulé : *Écrire l'histoire de la réunion aux Pays-Bas des provinces de Gueldre, d'Utrecht et de Groningue.* 1878. (T. XLV, p 825.)

Les tableaux des colléges des jésuites supprimés en Belgique. 1878. (T. XLVI, p. 139.)

Projet du comte de Cobenzl d'ériger à Rome une Académie belge des beaux-arts. 1878. (*Ibid.*, p. 555.)

Linguet aux Pays-Bas autrichiens. 1878. (*Ibid.*, p. 787.)

Rapport sur les mémoires de concours concernant les encyclopédistes français dans le pays de Liège. 1879. (T. XLVII, p. 596.)

Jean Gillot, compositeur de musique au XVIIIe siècle. 1879. (T. XLVIII, p. 288.)

Rapport sur un mémoire concernant Regnier Ier au long Col. 1879. (*Ibid.*, p. 549.)

Jean-Henri Maubert de Goüvest à Bruxelles. 1879. (*Ibid.*, p. 693.)

Compositions musicales de l'Empereur Charles VI, souverain des Pays-Bas, et de Marie-Antoinette de Bavière. 1880. (T. XLIX, p. 59.)

La musique attachée à la maison du comte de Salm, évêque de Tournai. 1880. (*Ibid.*, p. 693.)

Rapport sur un mémoire de concours concernant l'organisation des institutions charitables en Belgique. 1880. (*Ibid.*, pp. 438, 449.)

Rapport sur un mémoire concernant l'église de Saint-Michel, à Gand. 1880. (*Ibid.*, p. 412.)

Note sur une brochure de M. de Reumont. 1880. (*Ibid.*, p. 370.)

François-Antoine Chévrier en Belgique. 1880. (T. L, p. 217.)

Rapport relatif à un travail de M. A. Capelle : *Sur l'époque de l'introduction du christianisme dans les Gaules et notamment dans le pays de Namur.* 1880. (*Ibid.*, p. 281.)

(3e série.)

Rapport sur le mémoire de concours concernant l'histoire de l'échevinage dans les anciennes provinces belges. 1881. (T. I, p. 651.)

Les deux Harrewijn, graveurs. 1881. (T. I, p. 194.)

Un règlement de la corporation des artistes à Mons. 1881. (T. II, p. 197.)

Rapport sur les mémoires de concours concernant l'organisation des institutions charitables en Belgique. 1882. (T. III. p. 511.)

Le séjour de Jean-François de Bastide à Bruxelles. 1882. (T. IV, p. 251.)

Rapports sur les mémoires de concours concernant les institutions mérovingiennes. 1883. (T. V, p. 629 et t. VI, p. 560.)

Louis du Thielt, peintre et graveur à Ypres. 1885. (T. IX, p. 193.)

La conservation des archives et leur importance au point de vue de la critique historique. 1885. (*Ibid.*, p. 442.)

Discours prononcé aux funérailles de M. Gachard. 1886. (T. XI, p. 47.)

Rapport sur le mémoire du concours concernant David Teniers. 1886 (*Ibid.*, p. 482.)

Biographie nationale.

Diverses notices dans les tomes I à IX.

PUBLICATIONS DE LA COMMISSION ROYALE D'HISTOIRE.

Collection des Chroniques belges inédites, in-4°.

Cartulaire de l'abbaye de Saint-Trond. 1870, 1875. 2 vol.

Chroniques de Brabant et de Flandre. 1879.

Voyages des souverains des Pays-Bas. (T. III et IV, 1881, 1882.)

Correspondance de Granvelle. (T. IV et V, 1884, 1886.)

Histoire des troubles des Pays-Bas. (T. I, 1886.)

Comptes rendus des séances.

Rapport sur différentes chroniques flamandes. (4e série, t. III, p. 21.)

Un épisode de la révolution du XVe siècle à Wesemael. (*Ibid.*, p. 31.)

Chronique du prieuré de Bethléem et manuscrits de l'abbaye d'Orval. (T. III, p. 125)

Jacques Despars est-il l'auteur de la chronique nº 1132 des manuscrits conservés à la Bibliothèque royale à Bruxelles? (*Ibid.*, p. 333.)

Réception de l'archiduc Léopold, gouverneur des Pays-Bas, au collège des jésuites à Anvers, en 1648. (*Ibid.*, p. 343.)

Rapport sur les chroniques manuscrites en langue flamande conservées dans les Bibliothèques à La Haye et à Bruges. (T. IV, p. 5.)

Les agissements de la politique étrangère en Belgique vers la fin du XVIIIe siècle. (*Ibid.*, p. 15.)

Note sur une publication de M. Max Lossen concernant le Congrès de Cologne. (*Ibid.*, p. 81.)

Un document relatif aux négociations diplomatiques en Espagne pendant l'année 1668. (*Ibid.*, p. 141.)

Proposition concernant la formation et la publication d'un recueil de chartes, keures et règlements des corps de métiers en Belgique. (T. IV, p. 160; t. V, p. 7; t. IX, p. 20.)

Les manuscrits relatifs à l'histoire et provenant des couvents supprimés par Joseph II. (T. IV, p. 476.)

Rapport sur la publication du cartulaire de l'abbaye d'Orval. (T. V, p. 123.)

Note sur les publications de M. von Druffel concernant Charles-Quint et le règne de ce monarque. (*Ibid.*, p. 207.)

Don Emmanuel, prétendant à la couronne de Portugal et la famille de ce prince (*Ibid.*, p. 275.)

La politique de l'Autriche au pays de Liège en 1791. (*Ibid.*, p. 25.)

Correspondance du comte Charles de Cobenzl au sujet de la guerre de Sept ans (*Ibid.*, p. 175.)

Mémoire sur les aides et subsides de la province de Malines. (*Ibid.*, p. 279.)

Correspondance politique de Charles-Quint et le Portugal, de 1521 à 1522. (T. VII, p. 11.)

Lacune d'une chronique en langue flamande. (*Ibid.*, p. 395.)

La guerre en Belgique pendant le dernier quart du XVIIe siècle. (T. VIII, p. 31.)

Note sur la chronique de Pierre de Hérenthals. (T. IX, p. 23.)

Une enquête sur la conduite des fonctionnaires sous le règne de Jean III, duc de Brabant. (*Ibid.*, p. 49.)

Les Pays-Bas autrichiens en 1734 (*Ibid.*, p. 141.)

Une collection d'actes des diètes allemandes de 1521 à 1794. (*Ibid.*, p. 165.)

Droit de sauvement au pays de Luxembourg. (T. X, p. 125.)

Un fragment de compte d'hôtel de Philippe du Thiette, ruward de Flandre. (*Ibid.*, p. 259.)

La vaisselle et les bijoux de Philippe le Beau (*Ibid.*, p. 293.)

Le testament de Lamoral, comte d'Egmont. (*Ibid.*, p. 301.)

Notice nécrologique sur M. Poullet. (T. XI, p. 2.)

L'armement des côtes de Flandre en 1294. (*Ibid.*, p. 169.)

Deux nouvelles enquêtes faites en 1363 et 1389 sur la conduite des fonctionnaires du duché de Brabant. (*Ibid.*, p. 179.)

Épisodes de la Révolution du XVIe siècle et du suivant à Venloo. (*Ibid.*, p. 261.)

Une mission diplomatique des Pays-Bas espagnols dans le nord de l'Europe en 1594. (*Ibid.*, p. 437.)

Le testament et les codicilles de l'Infante Isabelle. (T. XII, p. 108.)

Un exemplaire de la chronique de Pierre de Hérenthals. (*Ibid.*, p. 179.)

Note sur des manuscrits de l'abbaye d'Éverbode. (*Ibid.*, p. 184.)

Sur des publications historiques faites à l'étranger qui renferment des faits ou des documents relatifs à l'histoire de Belgique. (T. V, pp. 269, 401; t. VI, pp. 9, 169, 269; t. VII, pp. 7, 287; t. VIII, pp. 11, 321, 399; t. IX, pp. 31, 125, 219, 379; t. X, pp. 159, 233, 282; t. XI, pp. 21, 157, 249, 421; t. XII, pp. 99, 140.)

OUVRAGES NON PUBLIÉS PAR L'ACADÉMIE.

Histoire de Louvain. Louvain, 1839; in-8°.

Cartulaire de l'abbaye d'Eenaeme. Bruges, 1840; in-4°.

La Belgique et les Pays-Bas avant et pendant la domination romaine. Bruxelles, 1859; in-8°. (Nouv. éd. du t. III de Schayes.)

Notice historique sur la ville de Léau. Bruxelles, 1861; in-8°.

Catalogue des coins, poinçons et matrices des monnaies, médailles et jetons de l'Hôtel des Monnaies à Bruxelles. Bruxelles, 1861; in-8°. (Publication ordonnée par le Gouvernement.)

Id., 2e éd., considérablement augmentée. Bruxelles, 1880; in-8°.

Le règne de Marie-Thérèse aux Pays-Bas autrichiens. Louvain, 1874; in-8°.

Notice historique et généalogique de la maison de Straten. Bruxelles, 1877; gr. in-4°.

Inventaires divers de collections aux Archives du royaume (supplément à l'inventaire des cartes et plans; inventaire des archives de la cour féodale de Malines; inventaire des chartes, cartulaires et comptes en rouleau de Léau; inventaire des chartes et cartulaires de Vilvorde). Bruxelles, 1879; in-fol.

Catalogue de la Bibliothèque des Archives du royaume. Bruxelles, 1883; in-8°.

Rapport à M. le Ministre de l'Intérieur sur les tableaux enlevés à la Belgique en 1794 et restitués en 1815. Bruxelles, 1883; in-8°. (Publié par le Gouvernement.)

(*Bulletins des Commissions royales d'art et d'archéologie.*)

Notice sur l'église de Hal. (T. I, p. 174.)

Notice sur la pierre tombale de maître Adam Gheerys, architecte. (*Ibid.*)

Le retable de l'église Sainte-Dimphne à Gheel. (*Ibid.*, p. 409.)

Recherches concernant la date de la construction de l'église de Notre-Dame à Saint-Trond. (T. II, p. 275.)

Le donjon de Sichem. (*Ibid.*, p. 277.)

Quelques mots concernant des brodeurs belges du XVe siècle et du siècle suivant. (*Ibid.*, p. 295.)

Lettre à M. le chanoine Van de Putte (à propos de l'architecte de l'hôtel de ville de Nieuport). (T. IV, p. 194.)

L'ancien hôtel de ville d'Alost. (*Ibid.*, p. 243.)

Notice sur l'église d'Antoing. (T. V, p. 164.)

Le jubé de la cathédrale de Bois-le-Duc. (T. VI, p. 43.)

Notice historique et descriptive de l'hôtel de la Châtellenie de Furnes. (*Ibid.*, p, 362.)

L'hôtel de ville de Loo. (T. X, p. 167.)

Des armoiries portées par les comtes de Flandre. (T. XII, p. 99.)

Un cimetière nervo-romain à Jumet. — Signification des silex y trouvés et des pierres recueillies dans d'autres tombeaux anciens. (T. XIX, p. 240.)

Comptes rendus d'ouvrages d'archéologie dans le t. VI, pp. 51, 393; t. XVII, p. 137.

(*Revue d'histoire et d'archéologie.*)

Notice historique sur la ville de Léau. (T. I, pp. 13, 395; t. II, p. 52.) — (Tiré à part formant un volume.)

L'incendie de la flèche de l'église de Sainte-Gertrude à Nivelles. (T. I, p. 118.)

Tapis de haute lice. (*Ibid.*, p. 221.)

Construction du chœur de l'église d'Antoing. (*Ibid.*)

Découverte de deux tombeaux francs à Marilles. (T. II, p. 296.)

La porte romane de l'église de Remagne. (*Ibid.*, p. 94.)

L'architecte de la tour de l'église de Notre-Dame à Saint-Trond. (*Ibid.*, p. 94.)

Un tableau de Roger Vander Weyden. (T. III, p. 197.)

(*Revue de la numismatique belge.*)

Ancienne administration monétaire de la Belgique. (T. Ier, 1845, p. 1.)

Monnaies frappées à Fauquemont par Philippe le Hardi, comte de Flandre. (*Ibid.*, p. 122.)

Trouvaille de monnaies seigneuriales, faite à Liège en 1843. (*Ibid.*, p. 151.)

Notes sur des monnaies romaines trouvées dans la Tamise. (T. Ier, 1845, p. 154.)

Discussions entre le duc Wenceslas et les États de Brabant au sujet des monnaies. (*Ibid.*, p. 173.)

Numismates belges au XVIIe siècle. (*Ibid.*, p. 238.)

Documents sur quelques monnaies frappées par Antoine, duc de Brabant. (*Ibid.*, p. 247.)

Classification de quelques monnaies visigothes. (*Ibid.*, p. 261.)

Médaille du duc de Brabant (aujourd'hui Léopold II, Roi des Belges), par Wiener. (*Ibid.*, p. 338.)

Quel sens doit-on attacher au mot *moneta,* dont se sert Louis IV dans un diplôme par lequel il ratifie les droits d'Étienne, évêque de Liége, sur la ville de Maestricht? (*Ibid.*, p. 349.)

Profits du monnayage donné à ferme (*Ibid.*, p. 372.)

Classification de quelques monnaies liégeoises inédites. (*Ibid.*, p. 388.)

Année vers laquelle on cessa de battre monnaie à Louvain. (*Ibid.*, p. 409.)

Monnaies aux effigies royales et impériales de la découverte de Maestricht. (T. II, 1846, p. 16.)

Quelques trouvailles de monnaies belges. (*Ibid.*, p. 76.)

Notice sur les monnaies de Jeanne, duchesse de Brabant (1383-1406). (*Ibid.*, p. 116.)

Le comte de Namur et sire de Marbais. (Droit de battre monnaie.) (*Ibid.*, p. 211.)

Monnaies de Charles le Téméraire frappées à Nimègue. (*Ibid.*, p. 247.)

Médailles des grands hommes de la Belgique, par Ad. Jouvenel. (*Ibid.*, p. 299.)

Médaille satirique sur Olivier Cromwell et Fairfax. (*Ibid.*, p. 407.)

Quelques observations sur les esterlins de Jean Ier, Jean II et Jean III, ducs de Brabant. (*Ibid.*, p. 411.)

Études sur les types : cavalier de Marguerite, comtesse de Hainaut. (T. III, 1847, p. 113)

Monnaies frappées par Éléonore, duchesse de Gueldre. (T. III. 1847, p. 177.)

Quand l'atelier monétaire de Louvain a-t-il été fermé? (*Ibid.*, p. 197.)

Document relatif aux médailles gravées par Denis Waterloos. (*Ibid.*, p. 201.)

Quelques mots sur les premières monnaies des ducs de Brabant. (*Ibid.*, p. 225.)

Lettre à M. Ferd. Henaux : Symboles de quelques ateliers monétaires du pays de Liège. (*Ibid.*, p. 301.)

Nouvelles observations sur le perron de Liège. (*Ibid.*, p. 369.)

Trouvaille de Maestricht : évêques de Liège. (*Ibid.*, p. 432.)

Découvertes d'un dépôt de monnaies du XVIIIe siècle à Bruxelles. (*Ibid.*, p. 438)

Études sur les types. Imitation des sceaux des communes sur les monnaies des provinces méridionales des Pays-Bas et le pays de Liège (T. IV, 1848, p. 1.)

Réimprimé dans la Commune par Bartels. — Ce travail a permis de déterminer les monnaies muettes.

Fausses monnaies au nom, titre et effigie de Charles II, frappées à Namur par Maximilien-Emmanuel de Bavière. (*Ibid*, p. 126.)

Études sur les types : Mailles frappées à Bruges, à Gand et à Ypres. (*Ibid.*, p. 133.)

Études sur les types : Considérations générales sur les monnaies imitées des sceaux. (*Ibid.*, p 315.)

Recherches sur les ateliers monétaires des Mérovingiens, Carlovingiens et empereurs d'Allemagne en Belgique. (*Ibid.*, p. 322.)

Trouvaille de Bruges : Monnaies de la seconde moitié du XIIIe siècle et de la première moitié du suivant. (*Ibid.*, p. 382.)

De l'adoption des types des sceaux des souverains et des seigneurs sur leurs monnaies. (*Ibid.*, p. 388.)

Un mot sur la signification des astres qui se trouvent sur les sceaux et les monnaies du moyen âge. (*Ibid.*, p. 399.)

Monnaies frappées par la ville de Ruremonde. (*Ibid.*, p. 399.)

Notice sur un trésor de monnaies découvert à Betekom. (T. IV, 1848, p 402.)

Notice sur la découverte d'un dépôt de mailles. (T. V, 1849, p. 87.)

Un mot sur deux dépôts de monnaies découverts l'un à Duffel, l'autre à Willebroeck. (*Ibid.*, p. 47.)

Godefroid de Bouillon portait-il les armoiries de Lothier? (*Ibid.*, p. 139.)

Comptes des monnaies reposant aux Archives du royaume à Bruxelles. (*Ibid.*, p. 165.)

Essai sur les monnaies des seigneurs de Heinsberg. (*Ibid.*, p. 260.)

Monnaies des seigneurs de Koevorden, imitées de types belges. (*Ibid.*, p. 384.)

Observations sur le classement des deniers de Bruxelles. (*Ibid.*, p. 442.)

Notice sur un dépôt de monnaies trouvé dans la province de Namur. (T. VI, 1850, p. 56.)

Notice sur un repoussé frappé en l'honneur de saint Job, vénéré à Wesemael. (*Ibid.*, p. 146.)

Monnaies de la seigneurie de Heinsberg, décrites par M. le chevalier Thomsen de Copenhague. (*Ibid.*, p. 193.)

Ducats de Charles-Alexandre de Lorraine. (*Ibid.*, p. 200.)

Réponse aux réflexions de M. Hermand sur les opinions monétaires de la *Revue belge de numismatique.* (*Ibid.*, p. 304.)

Deux médailles frappées pour l'institution de la confrérie de Saint-Michel. (*Ibid.*, p. 338.)

Premier supplément aux recherches sur les ateliers monétaires des Mérovingiens, Carlovingiens et des empereurs d'Allemagne en Belgique. (*Ibid.*, p. 366.)

Notice et observations à propos des deniers de Bruxelles et de Nivelles trouvés à Betekom. (*Ibid.*, p. 442.)

Monnaies royales frappées par Philippe le Bon, duc de Bourgogne, à Amiens et à Saint-Quentin. (1851, p. 18.)

Note sur les signes et points secrets des monnaies de Namur, de Brabant, etc. (*Ibid.*, p. 95.)

Notice sur trois monnaies inexpliquées du comté de Namur. (1851, p. 154.)

Notice sur cinq monnaies inédites, frappées à Bruges, Bruxelles, Dinant, Huy et Namur. (*Ibid*, p. 247.)

Documents relatifs à deux ducatons frappés en 1703, à Anvers, au nom de Philippe V. (*Ibid.*, p. 333.)

Quelques monnaies inédites du XIe siècle frappées à Maestricht. (*Ibid.*, p. 379.)

Monnaies frappées dans le Luxembourg par Philippe le Bon. (*Ibid.*, p. 432.)

Esterlins à tête frappés par des faussaires du temps. (*Ibid.*, p. 437.)

Monnayeurs de Poilvache; charte qui les concerne. (*Ibid.*, p. 438.)

Les deniers d'Alost. (1852, p. 40.)

Notice sur quatre comptes de monnaies, frappées par Louis de Crécy, comte de Flandre. (*Ibid.*, p. 45.)

Une chronique numismatique du XIVe siècle. (*Ibid.*, p. 77.)

Trois monnaies carlovingiennes frappées à Dinant, Maestricht et Namur. (*Ibid.*, p. 139.)

Notice sur six comptes de monnaies frappées à Bruges par Louis de Male, comte de Flandre (*Ibid.*, p. 190.)

Clinkarts de Philippe le Bon frappés à Gand : point secret. (*Ibid.*, p. 239.)

Notice sur l'octroi accordé, en 1581, à la ville de Gand, pour battre monnaie (*Ibid.*, p. 256.)

Une médaille des Innocents, trouvée à Courtrai. (*Ibid*, p. 422.)

Nouvelles observations à propos des monnaies de Jeanne de Brabant. (*Ibid.*, p. 447.)

Jeton de cuivre du XVe siècle, relatif à la famille Meerte à Bruxelles. (1853, p. 128.)

Monnaie de Louis VI, comte de Chiny. (*Ibid.*, p. 128.)

Monnaie de Charles le Chauve frappée à Tongres. (*Ibid.*, p. 352.)

Nécrologie : Gérard Van Orden. (1854, p. 270.)

Trois monnaies inédites du Luxembourg. (*Ibid*, p. 364.)

Ordonnance d'Antoine de Bourgogne, du 10 août 1405, relative à la monnaie d'Anvers. (*Ibid*, p. 464.)

Notice sur des monnaies noires de Heusden, Born, Limbrecht, Brabant, Hainaut et Malines. (1855, p. 36.)

Notice sur des monnaies noires de Flandre, Malines, Namur, Luxembourg et Megen. (*Ibid.*, p. 198.)

Notice sur des monnaies noires du pays de Liège et du comté de Hollande (*Ibid.*, p. 352.)

Un esterlin, frappé à Arleux, par Jean de Flandre. (*Ibid.*, p. 425.)

Notice sur des monnaies de la seigneurie de Rummen. (*Ibid.*, p. 428.)

Conjectures au sujet d'un denier muet de la trouvaille de Maestricht. (*Ibid.*, p. 449.)

Méreau des vicaires de l'église paroissiale supprimée de Saint-Paul à Nivelles. (*Ibid.*, p. 486.)

Conjectures au sujet de quelques monnaies. (1856, p. 44.)

Monnaies trouvées dans un camp franc du VIe siècle. (*Ibid.*, p. 70.)

Notice concernant des monnaies de Kessenich, Hornes, Kuik, Grave, Randerode, Stevenswerd et Reckheim. (*Ibid.*, p. 76.)

Essai sur quelques monnaies inexpliquées. Lettre à M. Thomsen. (*Ibid.*, p. 273.)

Le denier de Charlemagne, frappé à Liège, et le berceau de ce prince. (*Ibid.*, p. 295.)

Notice sur des monnaies noires et de billon de Reckheim et de Stein. (*Ibid.*, p. 309.)

Documents relatifs à une médaille gravée par B. Duvivier pour l'Académie impériale et royale des sciences et belles-lettres à Bruxelles. (*Ibid.*, p. 364.)

Quelques monnaies trouvées au port Grognon, à Namur. (1857, p. 55.)

Remarques à propos d'un dépôt de monnaies du XIe siècle. (*Ibid.*, p. 96.)

Attribution aux seigneurs de Termonde d'un petit denier indéterminé de la Flandre. (*Ibid.*, p. 269.)

Un denier inédit de Robert de Langres, évêque de Liège. (*Ibid.*, p. 275.)

Notice sur une monnaie des sires de Bunde, de la Commanderie de Gruytrode et des sires de Bicht, de Schoonvorst et d'Elsloo. (*Ibid.*, p. 277.)

Monnaie d'Otton III, attribuée à Mons, et de Henri II, attribuée à Namur. (1857, p. 348.)

Méreaux de l'abbaye d'Affligbem. (*Ibid.*, p. 350.)

Méreaux de l'église de Saint-Léonard, à Léau. (*Ibid.*, p. 351.)

Les premières monnaies connues des comtes de Namur. (*Ibid.*, p. 363.)

Quelques monnaies inédites de Namur, Brabant, Malines, etc. (1858, p. 16.)

Les deniers au nom du monétaire Simon, restitués à Amiens. (*Ibid.*, p. 23.)

Notice à propos de jetons. (*Ibid.*, p. 87.)

Le denier impérial à la légende Hoocheil. (*Ibid.*, p. 160.)

Tables alphabétiques des principaux endroits de la Belgique et de leurs saints patrons. (*Ibid.*, p. 168.)

Encore un mot au sujet des deniers d'Amiens et du monétaire Simon. (*Ibid.*, p. 275.)

Quelques réflexions à propos de quatre monnaies flamandes. (*Ibid.*, p. 288.)

Les petites et les grandes croix des deniers flamands. (*Ibid.*, p. 362.)

Compte rendu de l'ouvrage de Vander Chijs sur les monnaies de Hollande et de Zélande. (*Ibid.*, p. 438.)

La *Revue de la numismatique belge* renferme, en outre, de M. Piot un grand nombre de comptes rendus d'ouvrages publiés à l'étranger sur cette science.

(*Annales de la Société d'émulation à Bruges.*)

Étude sur le type et le caractère de la sculpture en Belgique pendant le moyen âge. (T. XIX, 1867, p. 179.)

Le pagus de Ryen. (T. XXI, 1869, p. 37.)

Recherches sur l'origine et l'hérédité des armoiries. (T. XXI, 1869, p. 221.)

De l'hérédité des bénéfices en Belgique et de ses effets. (*Ibid.*, p. 256.)

La Ménapie pendant la domination des Romains. (*Ibid.*, p. 277.)

Les limites et les subdivisions de l'ancien diocèse de Tournai. (T. XXII, 1870, p. 175.)

Un voyage de Charles de Lorraine en Flandre. (T. XXIII, 1871, p 257.)
Les effets de la guerre en Flandre pendant les années 1667 à 1674. (T. XXIV, 1872, p. 321.)
Les Beers de Flandre. (T. XXVIII, p. 94.)

(*Messager des sciences historiques.*)

Notice et description de l'hôpital civil à Louvain. (Année 1838.)
Notice biographique sur le peintre Verhaegen. (*Ibid.*)
Influence de la réforme à Louvain. (Année 1839.)
Moyens employés par Maximilien pour contraindre ses vassaux en Brabant à marcher contre la France. (Année 1840.)
Notice sur une trouvaille numismatique faite à Louvain. (*Ibid.*)
Alliance des communes dans le duché de Brabant. (Année 1841.)
Relations diplomatiques de Charles-Quint avec la Perse et la Turquie. (Année 1843.)
Notice historique sur la ville de Léau. (*Ibid.*)
Image de la Vierge dans l'église de St-Pierre à Louvain. (Année 1844.)
Notice sur le baron Arnoul de Ville. (Année 1851.)
Les Éburons et les Atuatiques. (Année 1874, p. 131.)

(*Le Bibliophile belge.*)

Quelques mots sur les motifs qui portèrent Marie-Thérèse à nommer Paquot son historiographe. (1846, p. 149.)
Fragment d'un manuscrit intitulé : Extraits des registres du Conseil privé. (1847, p. 49.)
Particularités concernant le père de J.-B.-B. Van Praet. (1845, p. 344.)

Cet article a été traduit en allemand.

Des privilèges dont jouissaient en Belgique les jésuites pour l'impression de leurs livres. (1845, p. 347.)
Particularités sur le professeur Le Plat. (*Ibid.*)
Deux publications inconnues de Guillaume Bolts. (1857.)

Biographie du compositeur Janssens. (*Revue de Bruxelles.*)

Notice sur les premières libertés dont jouissaient les villes à lois et les communes du comté de Namur. (*Trésor national*, t. I)

Schimpdichten te Antwerpen uitgegeven in de XVIe eeuw (*Belgisch Museum*, 1842.)

De geschiedschrijver Pontus Heuterus. (*Vaderlandsch Museum*, t. III, p. 173.)

Iets over de Bosche munten. (*Uitgaven der Letterkundige Maatschappij in Noord-Brabant.*)

Monnaies inédites et énigmatiques du comté de Namur. (*Annales de la Société archéologique de Namur*, 1868-1869, t. X, p. 175.)

Le beffroi de Tournai d'après un ancien sceau de cette ville. (*Annales du Cercle archéologique de Mons*, 1857, p. 97.)

Les statues de l'hôtel de ville de Louvain. (*Bulletin de la Société scientifique du Limbourg.*)

Dénombrement de la population du Limbourg au XVIIIe siècle. (*Ibid.*)

L'atelier monétaire d'Ypres. (*Annales de la Société hist. et litt. d'Ypres*, 1869, t. IV, p. 75.)

Une page de l'histoire des institutions anciennes de Belgique à propos du comte de la Mi-Carême à Ypres. (*Ibid.*, t. V, p. 1.)

Observations archéologiques au sujet de l'escalier de l'église de Sainte-Gudule, à Bruxelles. (*Revue trimestrielle*, t. XXV, p. 273.)

De la restauration de quelques édifices anciens en Belgique. (*Ibid.*)

La numismatique belge. (*Précis historiques*, t. XXIV, 1875.)

Les populations germaniques établies en Belgique ont-elles frappé du numéraire avant et pendant l'invasion de César? (*Annales de l'Académie d'archéologie de Belgique*, 3e série.)

Pandectes belges, dans le t. IX, col. 552 et suiv., l'article *Archives*. Bruxelles, 1883; in-8°.

POTVIN (CHARLES), ✠, domicilié à Ixelles, rue Vautier, 58; né à Mons le 2 décembre 1818; ancien directeur du journal *La Nation* et fondateur de la *Belgique démocratique* (1849) ; ancien directeur-fondateur de la *Revue de Belgique* (1869-1874); un de ses directeurs actuels, chargé de la partie littéraire; chargé, aux cours publics de la ville de Bruxelles, des cours d'histoire générale des littératures et d'histoire des lettres en Belgique, depuis 1863; conservateur du Musée Wiertz depuis 1883; élu correspondant de l'Académie le 10 mai 1875; membre, le 9 mai 1881.

PUBLICATIONS ACADÉMIQUES.

Bulletins.

Poésies : Les bardes du désespoir. 1876. (2e sér., t. XLII, p. 911.) — Journée d'avril. 1878. (2e sér., t. XLIII, p. 682.) — Le XVIIIe siècle. 1878. (2e sér., t. XLVI, p. 129) — Nuit en mer. 1878. (*Ibid.*, p. 775.) — Le beau. 1879. (2e sér., t. XLVIII, p. 561.) — Le Taciturne. 1882. (3e sér., t. III, p. 272.) — Confession de poète. 1883. (3e sér., t. VI, p. 325.) — Au poète Van Beers. 1885. (3e sér., t. X, p. 181.)

Notices et rapports : Siger de Brabant. 1878. (2e sér., t. XLV, p. 330.) — Des traductions d'auteurs belges. 1878. (2e sér., t. XLV, p. 300, et t. L, p, 184.) — Quel est l'auteur de *Li ars d'amour?* 1879. (2e sér., t. XLVII, p. 405.) — Rapports : Sur le concours De Keyn. 1881. (3e sér., t. I, p. 813.) — *Idem*. 1882. (3e sér., t. III. p. 653.) — Sur le concours pour l'histoire du roman. 1882. (*Ibid.*, p. 549.) — Sur le mémoire de concours concernant les anciens corps de métiers et les associations coopératives, etc. 1886. (3e sér., t. XI, p 476) — La charte de la Cour d'amour de l'année 1401. 1886. (3e sér., t. XII, p. 191.)

En outre, un certain nombre de notes bibliographiques.

Annuaire.

Notice nécrologique sur Eug. Van Bemmel. Année 1882.

PUBLICATIONS DE LA COMMISSION ROYALE D'HISTOIRE.

Compte rendu des séances.

Hugues de Lannoy. (T. VI, 4e série, pp. 117-138.)

TRAVAUX DE LA COMMISSION DE PUBLICATION DES OEUVRES DES GRANDS ÉCRIVAINS DU PAYS.

OEuvres de Ghillebert de Lannoy. 1878; in-8o, XCII-552 pp.

OUVRAGES NON PUBLIÉS PAR L'ACADÉMIE.

Poésies.

Poésie et amour, anonyme. 1838; in-32, 174 pp. (1).
Aux rois, à un poète, à Mlle Rachel. Paris, 1846; in-12, 24 pp.
1830. Chansons et poésies. 1847; in-12, 48 pp.
Béranger à Manuel, anonyme. Mons, 1848; in-12, 4 pp.

A été attribué à Béranger.

Poèmes politiques et élégiaques. 1849; in-8o, 148 pp.
Le drame du peuple, etc. 1850; in-8o, 32 pp.
Le chansonnier belge. 1850; in-32, 384 pp.
Satires et poésies, etc. 1852; in-12, 230 pp.

(1) Chaque fois que la ville n'est pas indiquée, l'ouvrage a paru à Bruxelles.

La Vapeur, légende dramatique. 1854; in-12. (Extrait de la *Revue trimestrielle*.)

Le poème du Soleil. 1855; in-8°, 124 pp.

La Mendiante. 1856; in-12, 70 pp.

La Belgique, poème en quatre chants. 1859; in-12, 100 pp.

Le roman du Renard, mis en vers. 1861; in-12, 278 pp.

Le Grillon, par J. Staquet. 1862; gr. in-8°, 32 pp.

Poésies : I. Marbres antiques et crayons modernes. 1862; in-8°, 254 pp.

II. Patrie. 1862; in-8°, 282 pp.

III. En famille. 1862; in-8° et gr. in-8°, illustré par Wiertz, 320 pp.

L'art flamand. 1867; in-8°, illustré, XXXII et 292 pp.

Ces quatre derniers volumes ont obtenu le prix quinquennal de littérature française pour la période 1863-1867.

En famille. 1872; t. II, in-8°, 240 pp.

La Patrie de 1830. 1880; in-12, 32 pp.

Poème couronné au concours ouvert lors du cinquantenaire de l'indépendance de la Belgique. Prix de 2,500 francs (1).

Diverses poésies publiées en feuilles volantes telles que : La Royauté, 1848. — Iambe électoral, 1859. — Cantate pour l'Université libre, 1865, etc., etc., — ou dans les revues : Nouvelles satires (*Revue trimestrielle*). — Deux Sœurs (*Revue de Belgique*), — ou à Paris, dans la *Revue britannique*, la *Revue universelle*, la *Religion laïque*, le *Journal des jeunes mères*, et en Belgique, dans divers journaux et revues, etc.

Littérature dramatique.

Don Juan, trad. en vers de Tirso de Molina, 3e édition. 1852; in-8°, 120 pp.

(1) Il y avait quatre prix : deux de 2,500 fr., deux de 1,000 fr.; deux pour la poésie française et deux pour la poésie flamande. Celui-ci seul a été décerné.

Jacques Artevelde, drame en vers. 1860; in-18, 168 pp. (Réimprimé avec corrections dans *Patrie.*)

Prix triennal de littérature dramatique, période 1858-1860. Maximum (1).

Les Gueux, drame historique en vers. 1863; in-12, 94 pp. — *Idem.* 1869; in-4° à 2 col. Traduit en vers flamands par N. Destanberg (*Stad Gent*, 1864) et brochure in-12. Gand, 1865; 72 pp.

Prix triennal de littérature dramatique, période 1861-1863. Maximum.

Le Patchouli, un acte en vers. 1869; in-8°, 16 pp.

La Mère de Rubens, drame en vers. 1877; in-12°, 80 pp.

Représentation à Bruxelles, lors des fêtes de Septembre de 1875, et à Paris, aux matinées de la porte Saint-Martin, le 24 octobre 1875. Reprise lors des fêtes nationales de 1880 à Bruxelles.

Prix triennal, période 1870-1872. Maximum.

Essais de littérature dramatique. 1880; 2 vol. in-12, VIII-404 pp. et 344 pp.

Outre les trois drames couronnés aux concours triennaux, ce recueil contient : le *Doyen des brasseurs,* drame en vers; les *Truffes,* prologue en prose; la *Comédie électorale,* le *Luxe* et l'*Homme de génie,* comédies en vers; le *Patchouli* et le *Soufflet,* saynètes en vers.

Deux levers de rideaux : *La Mouche, Jamais,* saynètes en vers. 1884; in-8°, 32 pp.

Couronnés au concours du cinquantenaire de la Société des arts et lettres du Hainaut 1883.

Voir plus loin : *La Tombola.*

PIÈCES DIVERSES : Georges, proverbe en vers (*Revue de Belgique,* 1849; in-8°). — Le choix d'un état, cinq actes en vers (dans *Satires*).— La Guerre, trois actes en prose (la *Nation,* 1853), etc , etc.

(1) Ce prix consiste en une médaille d'or et une somme de 500 fr. au minimum et de 1,500 fr. au maximum.

Histoire et histoire littéraire.

1° *Époques anciennes.*

Albert et Isabelle, fragments sur leur règne. 1861; in-8°, 298 pp.

A paru d'abord, avec un chapitre de plus, dans la *Nation,* 1853.

COURS D'HISTOIRE DES LETTRES EN BELGIQUE : Nos premiers siècles littéraires, trente conférences, paginées par conférence. 1870; 2 vol. in-8°.

— Le génie de la paix en Belgique, douze conférences. 1871; in-8°, 280 pp.

— De la littérature française en Belgique (trois articles, *Revue de France,* 1875). — De la littérature française en Belgique avant 1830 (*Patria belgica,* t III, n° 15). — Le règne du bon Guillaume (extr. de la *Revue trimestrielle,* 1863; in-12, 68 pp). — Baudouin de Condé (extr. du *Bulletin du Bibliophile belge*). 1863; in-8°, 20 pp. — Et divers articles : *Revue de Paris, Revue de Belgique, Bull. du Biblioph. belge,* etc., etc.

PUBLICATIONS RELATIVES A CE COURS : Panégyriques des comtes de Hainaut (n° 20 des publications du *Bibliophile belge*). Mons, 1862; in-8°, 60 pp.

Bibliographie de Chrestien de Troyes, comparaison des manuscrits, etc. Un manuscrit inconnu, etc. 1863; in-8°, 188 pp.

Perceval le Gallois. I. Le roman en prose du XIIe siècle. — II. Le poème de Chrestien de Troyes (n° 21 des publications du *Bibliophile belge*). Six volumes de 364, 316, 376, 333, 352, 260 et LXXXIX pp.

Voir plus haut : Ghillebert de Lannoy — Le Roman du Renard. — *Bulletin de l'Académie,* notices. — Voir aussi : *Jahrbuch für römische und englische Litt.,* Bd. V. — *Revue de Belgique* ; le Père Auxilius; Avant Boccace, etc.

2° *Époque moderne.*

De la civilisation en Belgique, etc. 1885; in-12, 24 pp.

Du théâtre en Belgique, etc. (*Revue trimestrielle*) et brochure à part. 1883; in-8°, 80 pp.

Histoire des lettres en Belgique, 1830-1880; t. IV de *Cinquante ans de liberté.* 1882; in-8°, 482 pp.

Simple réponse à M. Alphonse Wauters. 1883; in-8°, 16 pp.

— Arts gueux et arts nobles (*Almanach des arts et de la littérature*). 1860; in-18. — Banquet de la *Revue trimestrielle*, 28 avril 1866. Discours, etc. — Banquet du 13 mai 1868. (Prix quinquennal de littérature.) Discours, etc. Liège, 1868. — *Revue britannique* et *Revue de France :* Chroniques de la littérature en Belgique. — *Revue de Belgique :* Chroniques littéraires. — Congrès littéraire d'Anvers de 1877-1878, in-8°. — Union littéraire, Congrès de 1880, 1882, in-8°, etc., etc.

BIOGRAPHIES : Caroline Gravière. 1878; in-8°, 24 pp. — Ch. De Coster, portrait. 1879; in-8°, 28 pp. — Eug. Van Bemmel (voir plus haut). — Ph. Lesbroussart (le *Télégraphe*, 26-31 mars 1855). — E.-C de Gerlache (le *Précurseur*, 9-10 mars 1874). — Gendebien. — Defacqz. — Le major Bruck. — Louis Bara (*Revue de Belgique*). — Wiertz (*Revue britannique*, août 1874; *Revue de France*, nov. 1875), etc., etc.

PUBLICATIONS : Antoine Wiertz, OEuvre littéraire. Suivi d'une analyse de documents sur sa vie et ses œuvres. 1869; gr. in-8°, illustré, 552 pp.

Louis Bara, La science de la paix, préface. 1872; in-8°, XVI et 252 pp.

Maximilien Veydt, OEuvres choisies, préface. 1873; in-8°, XVI et 440 pp.

3° *Critique de la littérature étrangère.*

De la corruption littéraire en France, etc. 1873; in-8°, X et 478 pp.

Traduction résumée dans l'*Osveta* de Prague, 1874.

Diverses études : Trois lettres de Paris (*Gazette de Mons*, 1846). — De l'idée philosophique et sociale dans la littérature (*Revue de Belgique*, 1847; in-8°, 38 pp.), etc. — *La Nation*, feuilletons littéraires, 1845-1853. — *Revue philosophique et religieuse :* Au delà du romantisme (1856). — *Libre recherche, Revue trimestrielle, Revue de Belgique*, etc., etc.

Éducation populaire.

Du gouvernement de soi-même. Six petits traités. Bibliothèque Gilon, nos 1 à 6. Verviers, 1877; in-18.

Les contes de Mme Rose (anonyme). *Ibid.*, n° 29. Verviers, 1879.

Essai de poésie populaire, en collaboration avec F. Frenay, *Ibid.*, n° 95. Verviers, 1879.

Éducation laïque. Catalogue raisonné de livres d'instruction morale, etc. (anonyme). Publication de la *Libre pensée* de Bruxelles, 1880; in-12, 84 pp.

La Tombola, saynète en vers, Société Franklin. Liège, 1883; in-18, 36 pp.

Le Tournesol, par Guill. Chantraine (Ch. P. et un collaborateur anonyme). Collection Parent, 1883; in-8°, illustré, 64 pp.

Contes modernes pour enfants, par G. Chantraine. 1883; in-4°, illustré, 160 pp.

Quelques pages des maîtres conteurs allemands. Traduit par Chantraine. Bibliothèque Gilon, n° 155. Verviers, 1885.

Les Artevelde. *Ibid.*, n° 158. Verviers, 1885.

Politique.

Humble supplique, etc., par un Béotien. 1846; in-8°, 14 pp.

Le livre de la nationalité belge, par un Béotien. 1848; in-8°, 16 pp.

Qu'est-ce qu'un pauvre? par un Béotien. 1848; in-12, 32 pp.

La Belgique démocratique, fondation et collaboration. 1850-1851; 2 vol. in-8°.

La Nation, gérance, puis collaboration. 1850-1861.

La caisse d'épargne, rapport, etc. 1850; in-4° à 2 col., 8 pp.

1852, ou la paix en Belgique. 1851; gr. in-8° à 2 col., 16 pp.

Adresse à Kossuth, banquet, etc. 1852; gr. in-8° à 2 col., 16 pp.

Le 7 juin 1852. Procès de *la Nation*. Acquittement. 1852; gr. in-8° à 2 col., 16 pp.

La Belgique et le 2 décembre. 1852; gr. in-8° à 2 col., 36 pp.

Les Tablettes de l'ouvrier, fondation et collaboration. 1852; gr. in-8° à 2 col.

Appel à l'Europe, réponse aux Limites de la France, par un Belge. 1853; in-12, 90 pp.

La Banque nationale. 1853; in-12, 40 pp.

Le mandement du rationalisme (extr. de *la Tribune* et de *la Nation*). 1856.

NOUVELLES PROVINCIALES, par Dom Jacobus (*le National* du 21 décembre 1856 et suivants) :

I. Première petite lettre. A M. De Decker. 1857; in-18, 40 pp.

II. Deuxième petite lettre. A un père de famille. 1857; in-18, 60 pp.

Traduit en italien : *Roma et la famiglia*. Ginevra, 1862.

III. Troisième petite lettre. L'esclavage. 1857; in-18, 36 pp.

IV. Quatrième petite lettre. L'ignorance. 1857; in-18, 82 pp.

V. Cinquième petite lettre. La charité, etc. 1857; in-18, 66 pp.

APPENDICES. L'Église et l'État. 1857; in-18, 48 pp.

— Aux électeurs de campagne. 1857; in-8°, 16 pp.

— Les vols d'enfants, par Dom Jacobus, 2e éd. 1859; in-12, 52 pp.

L'ÉGLISE ET LA MORALE [1], 2e édition du précédent, 1er vol. 1858; in-12, 436 pp. — 2e vol. 1859; 568 pp.

(1) L'auteur nous prie d'insérer la note suivante :

« P.-J. Proudhon, dans sa seconde édition de *la Justice*, etc. (Bruxelles, Office, 1860; 1re étude, p. 98), dit : « Parmi les ouvrages » qui ont paru depuis la publication du livre de *la Justice*, nous » citerons... *l'Église et la morale*, etc. » — Il y a là une erreur que les dates données ici rectifient. En effet, la première édition du

A Joseph Boniface, par Dom Jacobus. 1858; in-8°, 18 pp.
Liberté (à propos d'Orsini). 1858; in-8°, 50 pp.
Le livre de la nationalité belge, par Dom Jacobus. 1859; in-12, 216 pp.
L'Europe et la nationalité belge, 2e édit. du précédent, augmentée. 1861; in-12, XXXVIII et 228 pp.
Le denier de l'Italie, manifeste. 1860; in-4° à 2 col., 2 pp.
Le meeting libéral, programme, etc. 1863; in-12, 2 pp.
L'État et la liberté de l'enseignement, discours, etc. 1863; in-8°, 30 pp.
Lettre à M. Dupanloup (au nom de la Ligue de l'enseignement). Office, 1868; in-8°, 16 pp.
Adresse à tous les maçons de France et d'Allemagne. 1870; in-8°, 16 pp. — Idem, traduction en allemand. 1870; 16 pp.
Les matinées du roi de Prusse, par Voltaire, édition et préface. 1871; in-8°, 58 pp.
Le jubilé d'un faux miracle, par Dom Liber. Deux éditions avec un fac-simile. 1870; in-8°, 40 pp.
Enseignement moyen, questions préalables. (Ligue de l'enseignement). 1879; in-12, 34 pp.
Le faux miracle, etc., par Dom Liber. Dissertation historique avec deux fac-simile. 1874; in-8°, LXVIII et 226 pp.
Funérailles de Jean Deneck. Discours. 1878; in-18, 12 pp.
Tablettes d'un libre-penseur, par Dom Jacobus. 1879; in-32, IV et 316 pp.
Bulletins de la Libre-pensée de Bruxelles. Discours nécrologiques et exposés annuels du président, nos 1-9. 1879-1883; in-8°, 128 pp.

grand ouvrage de Proudhon parut en 1858, tandis que, sauf trois chapitres du second volume, *l'Église et la morale* avait paru sous le titre de *Nouvelles provinciales,* dans l'hiver 1856-1857. L'auteur français, qui n'était pas alors en exil, n'a pas connu ces brochures, il ne peut rien perdre à cette rectification; mais il importe à l'auteur belge de constater qu'il ne s'est pas mis à la suite du grand écrivain. »

Funérailles de Joseph De Keyn. (Discours au nom de l'Académie royale.) 1880; in-8°, 24 pp., portrait.

A la mémoire de F.-J. Van Meenen. (Discours.) 1881; in-12, 40 pp.

Association internationale pour le progrès des sciences sociales. Compte rendu des quatre sessions. (Divers discours.) 1863-1867.

Idem : Meeting libéral, Programme, 1863; in-12, 2 pp. — Discours, 1863; in-4°. — Ligue du peuple, manifeste. 1867; in-4°. — Association des amis de la paix, adresse, etc. 1867; in-4°. — *Bulletins de la ligue de l'Enseignement*, 1866-1874. — Union des intérêts commerciaux, séances publiques. 1865; 1 vol. in-8°. — La *Revue trimestrielle :* Revues philosophiques, etc. — La *Revue de Belgique :* Revues politiques de Jean Légion, bulletins anonymes de l'enseignement, et articles divers. — Ainsi que la *Revue universelle*, le *Bien public*, de Paris, et divers journaux belges à partir de 1848.

PRAET (JULES VAN), ✠, domicilié à Bruxelles, rue Ducale, 13; né à Bruges le 2 juillet 1806; docteur en droit en 1826; secrétaire de légation à Londres (mars 1831); secrétaire du cabinet du Roi (juillet 1831); Ministre de la maison du Roi depuis 1840; élu correspondant de l'Académie le 5 avril 1834; membre, le 10 janvier 1846.

OUVRAGES NON PUBLIÉS PAR L'ACADÉMIE.

Histoire de Flandre depuis le comte Gui de Dampierre jusqu'aux ducs de Bourgogne (1280-1383). Bruxelles, 1828; 2 vol. in-8°.

De l'origine des communes flamandes et de l'époque de leur établissement. Gand, 1829; broch. in-8°.

Essais sur l'histoire politique des derniers siècles. Bruxelles, Paris et La Haye, 1867-1884; 3 vol. in-8°.

(Le tome 1er de cet ouvrage a obtenu, en 1871, le prix quinquennal d'histoire nationale.)

Essays on the political history of the 15th, 16th and 17th centuries, edited by Sir Edm. Head. Londres, 1868; vol. in-8°.

RIVIER (Alphonse-Pierre-Octave), O. ✠, domicilié à St-Gilles, avenue de la Toison d'or, 49; né à Lausanne (Suisse) le 9 novembre 1835; licencié en droit de l'Académie de Lausanne; docteur en droit de l'Université de Berlin (1858); *Privat-Docent* à ladite Université (1862); professeur à l'Université de Berne (1863-1867); professeur à l'Université libre de Bruxelles depuis 1867; élu associé de l'Académie le 12 mai 1875.

PUBLICATIONS ACADÉMIQUES.

Mémoires.

Claude Chansonnette, jurisconsulte messin, et ses lettres inédites (*Mémoires* in-8°, t. XXIX.)

Bulletins (2e série).

Note sur la découverte de tables romaines à Ossuna. 1874. (T. XXXVII, p. 144.)

Le *Compendium institutionum* de Nicolas de Bruxelles. 1874. (T. XXXVIII.)

Étienne Vander Straten, professeur à Dôle et conseiller de Brabant. (T. XXXIX.)

Jean de Drosay, l'un des réformateurs de la science du droit au XVIe siècle. 1875. (T. XL.)

(3e série.)

Note sur la littérature du droit des gens avant la publication du *Jus Belli ac Pacis* de Grotius (1625). 1883. (T. VI.)

OUVRAGES NON PUBLIÉS PAR L'ACADÉMIE.

De discrimine quod inter regulam Catonianam et eam quæ lege 29 *de R. J.* continetur juris antiqui regulam interest. Berlin, 1858; in-8°.

Untersuchungen über die cautio prædibus prædiisque. Berlin, 1863; in-12.

Introduction historique au droit romain. Manuel-programme pour servir aux cours universitaires et à l'étude privée, comprenant une chrestomathie élémentaire et quelques linéaments d'histoire littéraire et biographique. Bruxelles, 1871-1872; in-8°. Nouvelle édition, 1881.

Berichte burgundischer Agenten in der Schweiz, 1619-1629; Zurich, 1875; in-8°.

Traité élémentaire des successions à cause de mort, en droit romain. Bruxelles, 1878; in-8°.

Éléments de droit international privé, ou du conflit des lois. Droit civil, procédure, droit commercial (par T. M. C. Asser). Ouvrage traduit, complété et annoté Paris, 1884; in-8°.

Literarhistorische Uebersicht der Systeme und Theorien des Völkerrechts seit Grotius. Berlin, 1885; in-8°. (Partie du 1er volume du Handbuch des Völkerrechts publié par le baron de Holtzendorff.)

Discours d'ouverture prononcé en séance publique, le 12 octobre 1874, en qualité de recteur de l'Université de Bruxelles. Bruxelles, 1874; in-8°.

Discours de prorectorat, prononcé le 11 octobre 1875. Bruxelles, 1875; in-8°.

Notice sur Jean-Gaspard Bluntschli. Bruxelles, 1882; in-8°.

Notice sur William Beach Lawrence. Bruxelles, 1883; in-8°.

Les dix premières années de l'*Institut de droit international*, 1873-1883. Bruxelles, 1884; in-8°.

De 1878 à 1885, six volumes de l'*Annuaire de l'Institut de droit international*. Durant la même période de sept années, M. Rivier a été rédacteur en chef de la *Revue de droit international*.

Collaboration à de nombreuses publications collectives ou périodiques, telles que : *Staatslexicon* de Wagener (1862-1863); *Rechtsencyclopädie* et *Rechtslexicon* de Holtzendorff (1869-1874); *Bibliothèque universelle* de Genève et de Lausanne (depuis 1861); *Revue historique de droit français et étranger* (depuis 1862); *Berliner Revue* (1863); *Indicateur d'histoire suisse* (depuis 1866); *Internationale Revue* de Vienne (1867); *Revue de droit international et de législation comparée* (depuis 1869) et *Annuaire* de l'Institut (depuis 1877); *Zeitschrift für Rechtsgeschichte* (depuis 1870); *Revue de législation ancienne et moderne* de Paris (depuis 1870); *Bijdragen voor Regtsgeleerdheid* d'Amsterdam (depuis 1872); *Revue critique d'histoire et de littérature* de Paris (depuis 1872); *Revue historique* de MM. Monod et Fagniez (1883); *Revue internationale de l'enseignement* (depuis 1882).

ROERSCH (Louis), O. ✠, domicilié à Liège, rue de Chestret, 5; né à Maestricht le 30 mai 1831; docteur en philosophie et lettres; professeur à l'Athénée royal de Bruges, le 15 septembre 1851; maître de conférences à l'École normale des humanités, à Liège, le 12 octobre 1865; professeur à l'Université de Liège, le 27 septembre 1872; élu correspondant de l'Académie le 8 mai 1882.

PUBLICATIONS ACADÉMIQUES.

Mémoires.

Rapport sur le mémoire de M. Alph. Willems intitulé : *Notes et corrections sur l'Hippolyte d'Euripide.* 1884. (*Mémoires* in-8°, t. XXXVI.)

Bulletins (3e série).

Rapport sur les prix De Keyn pour 1881-1882. (T. V.)
Rapport sur les prix De Keyn pour 1882-1883. (T. VII.)

Annuaire.

Notice nécrologique sur J.-F.-J. Heremans. Année 1886.

Biographie nationale.

Notices sur Gautier de Chatillon, Gevaerts, Giselin, Gruterus, les frères Grumsel, Haemus, Georges de Halewyn, Daniel Heinsius.

OUVRAGES NON PUBLIÉS PAR L'ACADÉMIE.

Observations critiques sur la grammaire grecque de Burnouf. Mons, 1855. (Extr. de la *Revue pédagogique.*)
Cornelii Nepotis de viris illustribus quæ supersunt. Texte revu et annoté. Liège, 1861.
C.-J. Caesaris de bello Gallico. Texte revu et annoté. Liège, 1864.
Ciceronis orationes pro Archia et pro rege Deiotaro. Texte revu et annoté. Liège, 1867.
Rythmi veteres de vita monastica, corrigés et complétés d'après un manuscrit de la Bibliothèque publique de Bruges. Bruxelles, 1862. (*Bulletin du bibliophile belge.*)
Histoire de la philologie en Belgique. (*Patria belgica,* t. III.)
Éléments de grammaire française à l'usage de l'enseignement moyen (en collaboration avec J. Delbœuf), Liège, 1885.
Éléments de grammaire grecque (en collaboration avec P. Thomas). Gand, 1885.
Articles de philologie dans la *Revue de l'instruction publique en Belgique,* entre autres: Étude sur le chant séculaire d'Horace (1857), De la latinité de Cornelius Nepos (1858), Notice sur l'oraison funèbre d'Hypéride, Observations sur quelques points

d'histoire littéraire, Sur la prétendue colonie de Cecrops (1859), Notes critiques sur Cornelius Nepos (1861 et 1862), Des comices par curies (1864), Des institutions religieuses chez les Romains, Examen critique de l'histoire de Jules César par Napoléon III (1865), Sur le récit de la conspiration de Catilina par Salluste (1866), Observations sur des passages d'auteurs anciens (1865, 1866, 1867, 1869, 1870, 1871, 1873, 1881, 1883).

Comptes rendus d'ouvrages de philologie et d'histoire publiés en Belgique et en France depuis 1858 (*Revue de l'instruction publique en Belgique.*)

ROLIN-JAEQUEMYNS (GUSTAVE), ✠, domicilié à Gand, réside actuellement à Bruxelles, 67, avenue de la Toison d'or; né à Gand le 31 janvier 1835; docteur en droit et en sciences politiques et administratives, (LL. D.) des Universités d'Édimbourg et d'Oxford; ancien membre de la Chambre des Représentants; ancien Ministre de l'Intérieur (1878-1884); président de l'Institut de droit international; élu correspondant de l'Académie le 4 mai 1874; membre, le 6 mai 1878; directeur de la Classe des lettres en 1883.

PUBLICATIONS ACADÉMIQUES.

Bulletins.

Du rôle et de la mission des nations neutres ou secondaires dans le développement du droit international. — Lecture faite en séance publique de la Classe des lettres, le 12 mai 1875. (2e série, t. XXXIX.)

De l'arbitrage comme moyen d'accommoder des différends entre nations. — Discours prononcé, comme directeur, en séance publique de la Classe des lettres, le 9 mai 1883. (3e série, t. V.)

OUVRAGES NON PUBLIÉS PAR L'ACADÉMIE.

Des partis et de leur situation actuelle en Belgique. Bruxelles, 1864; broch. in-8°.

De la réforme électorale. — Examen des moyens à employer dans les gouvernements représentatifs pour assurer la liberté des élections et la sincérité des votes. Bruxelles, 1865; in-8°.

Les Belges à Wimbledon. — Impressions de voyage d'un artilleur gantois. Gand, 1867; in-16.

Voordrachten over de grondwet. — Het grondgebied. De grondwettelijke vrijheden. Gand, 1867; in-16.

Même ouvrage. 2de verbeterde druk. I-II. Gand, 1871 et 1872; in-16.

De l'étude et du développement de la science du droit international. — Conférence donnée au jeune barreau de Bruxelles. Bruxelles, 1875.

Extraits de la *Revue de droit international.*

De l'étude de la législation comparée et du droit international. 1869.

Quelques observations sur les concessions de chemins de fer, au point de vue du droit international. 1869.

De quelques manifestations de l'opinion publique en Europe au sujet des brevets d'invention. 1869.

Chronique du droit international. — Différend gréco-turc et Conférence de Paris. — Question de l'*Alabama,* etc., etc. 1869-1870.

La guerre actuelle dans ses rapports avec le droit international. Bruxelles, Paris et Berlin. Décembre 1870.

Second essai sur la guerre franco-allemande dans ses rapports avec le droit international. Bruxelles, Paris et Berlin, 1871.

De la neutralité de la Grande-Bretagne pendant la guerre civile américaine. 1871.

Quelques mots sur la phase nouvelle du différend anglo-américain. 1872.

De la nécessité d'organiser une institution scientifique permanente pour favoriser l'étude et les progrès du droit international. 1873.

Le droit international et la question d'Orient. Gand, 1876.

Nouvelle étude sur la question d'Orient. — L'armistice. — La Conférence de Constantinople et ses suites. Gand, 1877.

Les principes philosophiques du droit international. — Examen critique du système de M. J. Lorimer. Bruxelles, 1886.

SCHELER (JEAN-AUGUSTE-HULDREICH), O. ✠, domicilié à Ixelles, rue Mercelis, 66; né à Ebnat (canton de Saint-Gall, Suisse) le 6 avril 1819; docteur en philosophie et lettres de l'Université d'Erlangen, août 1839; bibliothécaire adjoint du Roi des Belges, de 1839 à 1853; agrégé de l'Université de Liège, octobre 1845; professeur des enfants du roi Léopold Ier, de 1846 à 1853; professeur du prince Baudouin de Belgique depuis novembre 1875; bibliothécaire du Roi et du Comte de Flandre depuis 1853; professeur à la faculté de philosophie et lettres de l'Université de Bruxelles depuis le 6 octobre 1876; conseiller aulique de Hohenzollern depuis 1874; membre de la Commission de publication des œuvres des grands écrivains du pays; élu associé de l'Académie le 11 mai 1868; élu membre [1] le 5 mai 1884.

[1] A la suite de sa naturalisation comme Belge.

PUBLICATIONS ACADÉMIQUES.

Mémoires.

Mémoire sur la conjugaison française considérée sous le rapport étymologique. 1847. (*Mém. des sav. étr.*, in-4°, t. XIX.)

La Geste de Liège par Jean des Preis, dit d'Outremeuse. Glossaire philologique. 1882. (*Mém. des membres*, t. XIV.)

Étude lexicologique sur les poésies de Gilles li Muisis, avec glossaire et correction. 1884. (*Mémoires* in-8°, t. XXXVII.)

Le Catholicon de Lille. Glossaire latin français. 1885. (*Mémoires* in-8°, t. XXXVII.)

Bulletins (*2e série*).

Rapport sur une communication de M. Stan. Bormans relative à Doon de Mayence. 1874. (T. XXXVII.)

Fragments uniques d'un roman du XIIIe siècle sur la reine Sebile, restitués, complétés et annotés. 1875. (T. XXXIX.)

Note sur l'Idéologie lexicologique des langues indo-européennes, par H. Chavée. (T. XLV.)

(*3e série.*)

Note sur un ouvrage de M. Karl Hamann : *Mittheilungen aus dem Breviloquus Benthemianus.* 1882. (T. IV.)

TRAVAUX DE LA COMMISSION DE PUBLICATION DES OEUVRES DES GRANDS ÉCRIVAINS DU PAYS.

Dits et contes de Baudouin de Condé et de son fils Jean de Condé. Bruxelles, 1866-1867; 3 vol. gr. in-8°.

Dits de Watriquet de Couvin. Bruxelles, 1868; 1 vol. in-8°.

Les poésies de Froissart (avec glossaire). Bruxelles, 1870-1872; 3 vol. in-8°.

Adenés li Rois, les Enfances Ogier. Berte aus grans piés. Bueves de Commarchis. Bruxelles, 1874; 3 vol, in-8°.

Glossaires des chroniques de Froissart. Bruxelles, 1874; 1 vol. in-8°.

Trouvères belges du XIIe au XIVe siècle. 1876; 1 vol. in-8°.

Li Bastars de Bullion. 1877; 1 vol. in-8°.

Trouvères belges. Nouvelle série. 1879; 1 vol. in-8°.

Jehan de le Mote. Li Regret Guillaume, comte de Hainaut. 1882; 1 vol. in-8°.

OUVRAGES NON PUBLIÉS PAR L'ACADÉMIE.

De Juliani Apostatae ea vitae parte quae præcessit imperium, Augustae Vindelicorum. 1839; in-8°. (Dissertation doctorale.)

Commentaire raisonné sur un livre d'Homère (Odyssée VI). Bruxelles, 1844; in 8°.

Commentaire sur l'OEdipe-Roi de Sophocle. Bruxelles, 1843; in-12.

Essai linguistique sur les éléments germaniques du Dictionnaire français. Bruxelles, 1844; in-8°.

Étude historique sur le séjour de l'apôtre Saint-Pierre à Rome. Bruxelles, 1845; in-12. (Publiée sous le pseudonyme Udalric de Saint-Gall, traduite en anglais sous le vrai nom de l'auteur. Londres, 1846; in-12.)

Histoire de la maison de Saxe-Cobourg-Gotha, traduction libre, annotée et augmentée (avec tableaux généalogiques). Bruxelles; 1846; gr. in-8°.

Première et deuxième lettre à M. l'abbé Louis sur la prononciation du grec. Tirlemont, 1846; in-8°.

Cours élémentaire de langue allemande. Bruxelles, 1850; in-12. — 2e édition. Bruxelles, 1852; in-12.

Grammaire théorique de la langue allemande. Bruxelles, 1854; in-12.

Annuaire statistique et historique belge. Bruxelles, 1854-1867; 14 vol. in-12.

Statistique personnelle des ministères et des corps législatifs constitués en Belgique depuis 1830. Bruxelles, 1857; in-12.

Aufzeichnungen eines Amsterdamer Bürgers über Swedenborg. Hanovre, 1858; in-12.

Hubert Thomas de Liège. Notice littéraire. Bruxelles, 1858; in-8°.

Trente années de littérature belge. *Bibliotheca belgica*. Bruxelles, 1861; in-8°.

Dictionnaire d'étymologie française, d'après les résultats de la science moderne. 1re édition. Bruxelles, 1862; gr. in-8°. — 2e édition, entièrement refondue. Bruxelles, 1873; gr. in-8°.

Kurz gefasstes etymologisches Wörterbuch der französischen Sprache. Leipzig, 1865; in-8°.

Glossaire romain-latin du XVe siècle. Anvers, 1865; in-8°.

La Veuve, fabliau inédit de Gautier Le Long, trouvère tournaisien. Bruxelles, 1866; in-8°.

Notices et extraits de deux manuscrits français de la bibliothèque de Turin. Bruxelles, 1867; in-8°.

L'An des sept dames avec annotations (en collaboration avec Ch. Ruelens). Bruxelles, 1867; in-8°.

Lexicographie latine du XIIe et du XIIIe siècle. Trois traités de Jean de Garlande, Alexandre Neckam et Adam du Petit-Pont, avec les gloses françaises. Leipzig, 1867; in-8°.

Apparatus Melanchthonianus des Löwener Professors Vandevelde. Nebst 37 unedirten Briefen Melanchthons. Leipzig, 1867; in-8°.

Li Romans des Eles par Raoul de Houdenc; publié pour la 1re fois en entier d'après un mss. de Turin. Anvers, 1868; in-8°.

Études sur la transformation française des mots latins. Gand, 1869; in-8°.

Jacques de Baisieux, trouvère belge. Poèmes inédits. Bruxelles, 1870; in-8°.

Chants historiques belges. Trois pièces inédites du XIVe siècle, avec notes. Bruxelles, 1870; in-8°.

Exposé des lois qui régissent la transformation française des mots latins. Bruxelles, 1875; in-8°.

La mort du roi Gormond, fragment unique d'une chanson de geste inconnue (avec notes). Bruxelles, 1876; in-8°.

Deux rédactions diverses de la légende de Sainte-Marguerite en vers français. Anvers, 1877 ; in-8°.

Aigar et Maurin, fragments d'une chanson de geste provençale inconnue; d'après un ms. de Gand. Bruxelles, 1877 ; in-8°.

Olla Patella. Vocabulaire latin versifié avec gloses françaises; publié d'après un mss. de Lille et annoté. Gand, 1879 ; in-8°.

Olla Patella. Vocabulaire latin versifié avec gloses latines et flamandes; publié d'après un mss. de Bruges. Gand. 1884; in-8°.

M. Scheler a dirigé le *Bulletin du bibliophile belge*, de 1855 à 1865, et collaboré aux recueils périodiques ou journaux suivants : *Annales de l'Académie d'archéologique de Belgique*, *Revue de l'instruction publique en Belgique*, *Bibliophile belge*, *Gazette universelle de Leipzig*, *Schwäbischer Merkur* de Stuttgart, *Gazette universelle d'Augsbourg*, *Serapeum* de Leipzig, *Jahrbuch für romanische und englische Sprache und Litteratur* (Leipzig), *Romania* (Paris), *Zeitschrift für romanische Philologie* (Halle); il a composé depuis 1854 la plupart des articles relatifs à la Belgique dans le *Universal-Lexicon* de Pierer et les diverses éditions du *Conversations-Lexicon* de Brockhaus. Comme éditeur on lui doit la 4e édition du « *Etymologisches Wörterbuch der romanischen Sprachen* », par Fr. Diez, Bonn, 1878, gr. in-8, qu'il a mis au courant de la science dans un Appendice de 75 pp., puis la suite et la fin du *Dictionnaire étymologique de la langue wallonne* par Ch. Grandgagnage (tome II, pp. 179 sq. Louvain 1880) qu'il a enrichies de notes.

Notons en dernier lieu la traduction allemande de quelques œuvres de Henri Conscience (Chlodwig und Chlotilde, Das Glück reich zu sein, Die Dorfplage), publiées à Bruxelles et à Leipzig en 1854 et 1855; 5 vol. in-8°.

SNIEDERS (Auguste), ✠, domicilié à Anvers, rue Van Lerius, 24; né à Bladel (Pays-Bas) le 8 mai 1825; docteur (*honor. caus.*) en philosophie et lettres de l'Université de Louvain; élu associé de l'Académie le 10 mai 1886.

OUVRAGES NON PUBLIÉS PAR L'ACADÉMIE.

(Zedeschetsen.)

Mijne eerste Zangen. Gedichten. 1848.

De Arme Schoolmeester.	De eerste	uitgaaf in	1851.
De Dorpspastoor.	—	—	1853.
De Orgeldraaier.	—	—	1854.
Het Bloemengraf.	—	—	1854.
De Gasthuisnon.	—	—	1855.
De Verstooteling.	—	—	1856.
Fortuinzoekers.	—	—	1857.
Avond en Morgen.	—	—	1860.
Juffer Klepperman.	—	—	1860.
Arme Julia.	—	—	1861.
Het Jan Klaassen-Spel.	—	—	1863.
Op de bruiloft.	—	—	1863.
Verborgen geluk.	—	—	1865.
Het Zusterke der armen.	—	—	1867.
In 't verlaten Huis.	—	—	1867.
De Speelduivel.	—	—	1870.
De Heer van 't kasteel.	—	—	1872.
Waar is de vader?	—	—	1874.
Alleen in de wereld.	—	—	1880.
Zoo werd hij rijk.	—	—	1882.
De Nachtraven.	—	—	1884.

Klokketonen. Achttien schetsen en novellen. 1878.

Oud Speelgoed. Vijftien schetsen en novellen. 1878.

(Geschiedkundige novellen en verhandelingen.)

De Wolfjager. (XVIe eeuw.)	De eerste uitgaaf in 1860.
Herinneringen uit het vlaamsche leven.	— — 1867.
Op den toren. (XVIIIe eeuw.)	— — 1868.
De Voetbranders. (XVIIIe eeuw.)	— — 1869.
Job Jeurick. (XVIIIe eeuw.)	— — 1869.
Naar Cayenne. (XVIIIe eeuw.)	— — 1869.
Chauvins. (XVIIe eeuw.)	— — 1869.
Oranje in de Kempen. (XVIIe eeuw.)	— — 1873.
Maria Stuart.	— — 1874.
Antwerpen in brand. (XVIe eeuw.)	— — 1876.
Anne Dieu-le-veut. (XVIIe eeuw.)	— — 1876.
Villa Platella. (X^e eeuw.)	— — 1881.

Gedenkboek van den oorlog 1870-1872 met platen. 1872.
Gedenkboek van den oorlog 1877 met platen. 1878.

STECHER (AUGUSTE-JEAN), ✠, domicilié à Liège, quai de Fragnée, 36; né à Gand, le 11 octobre 1820; docteur en philosophie et lettres; professeur agrégé à l'Université de Gand et à l'École spéciale du génie civil (1842-1850); professeur ordinaire à l'Université de Liège et à l'École normale des humanités; inspecteur des études à la section normale moyenne pour filles de l'École normale de Fragnée; élu correspondant de l'Académie le 8 mai 1876; membre, le 9 mai 1881.

PUBLICATIONS ACADÉMIQUES.

Bulletins (2e série).

La sotie française et la soternie flamande. 1877. (T. XLIII.)
Édouard III dans nos deux littératures. 1878. (T. XLV.)
Discours aux funérailles d'Eugène Van Bemmel. 1880. (T. L.)

(3e série.)

Anton-Reinhard Falck et le Musée des sciences et des lettres de Bruxelles en 1827. 1882. (T. III.)
Rapports sur les mémoires de concours concernant : *a*. Le roman moderne; *b*. Les poètes flamands des XIIIe et XIVe siècles. 1883. (*Ibid.*)
Rapports relatifs à trois travaux de M. Scheler : 1o Sur le glossaire de la geste de Jean d'Outremeuse. 1882. (*Ibid.*) 2o Sur les poésies de Gilles li Muisis. 1884. (T. VIII.) 3o Le Catholicon de Lille. 1885. (T. X.)
Rapport sur les prix De Keyn. 1883-1884. (T. IX.)
Rapport sur les prix De Keyn. 1884-1885. (T. X.)

Annuaire.

Notice nécrologique sur F.-Ch.-J. Grandgagnage. Année 1878.
Id. Ch.-J. Steur. Année 1882.
Id. L. Hymans. Année 1886.

Biographie nationale.

Notices :

Trouvères belges. — Adam de la Halle, Gonthier de Soignies, Guillaume de Bapaume, Guy de Cambrai, Berneville, Béthune, Delafontaine, Desplanques, Dickeymann, Dregnau, Durans, Faber, Foucquart, Frumaus, Goutier d'Arras.

Poètes flamands. — De Borchgrave, De Koninck, De Leenheer, De Simpel, De Swaen, Jean de Weerdt, Dingelsche, Droomers, Duyse (Van), Cornelis Everaert, Fastraets, Faukeel, Fontier, Fournier, Fruytiers, Gérard van Lienhout, Ghistele (Van), Goetmans, Gorter (De).

Historiens. — Olivier de la Marche, Jacob de Meyere, Desroches, D'Oudegherst, Jacques Du Clercq, Froissart, Gramaye, Jacques de Guyse, l'abbé De Foere, Foslard, Jean Gillet, etc.

TRAVAUX DE LA COMMISSION DE PUBLICATION DES OEUVRES DES GRANDS ÉCRIVAINS DU PAYS.

Œuvres de Jean Le Maire de Belges. 1882-1885; 3 vol. in-8°.

OUVRAGES NON PUBLIÉS PAR L'ACADÉMIE.

Histoire de la littérature flamande ancienne. — Histoire de la littérature flamande contemporaine. (*Patria Belgica,* t. III.)

Du rôle de l'État dans la formation d'un public littéraire. Discours au premier Congrès de l'Association pour les sciences sociales à Bruxelles. (*Annales de l'Association internationale pour le progrès des sciences sociales,* 1re année, 1862.)

Étude historico-littéraire sur Antoine de la Salle. (*Athenæum belge.*) 1883.

Sur le poète Zevecote et sur P. Kersten. De l'activité du principe pensant, considéré dans l'institution du langage. (*Messager des arts et des sciences de Gand.*) 1850 et 1851.

Sur le mouvement littéraire en Belgique. (*Courrier littéraire de Paris.*) 1877 et 1878.

Notices sur Van Beers et d'autres poètes belges. — Le réalisme dans les drames du moyen âge. — Superstitions wallonnes. — Les Centons. — Les croyances berrichonnes. — Le cinquième centenaire de Boccace. — Les survivances payennes dans la civilisation chrétienne, etc. — La Pacification de Gand. — Un catholique du XIIIe siècle (Walter von der Vogelweide). — La biographie de Ferdinand Henaux. (*Revue de Belgique.*)

Discours sur l'importance de la langue flamande dans l'enseignement national. (Distribution des prix aux lauréats du concours de l'enseignement moyen. Septembre 1872.) Traduit et commenté par J. Micheels. Anvers, 1873.

(Tiré à part du *Toekomst.*)

Rapport sur le quatrième concours quinquennal de littérature française, 1868. (Ap. *Les prix quinquennaux et triennaux en Belgique,* 1870.)

Rapport sur le quatrième concours triennal dramatique en langue française. Bruxelles, 1870.

Deux rapports préliminaires sur des questions proposées par la Ligue de l'enseignement belge : 1° sur les programmes de l'enseignement moyen ; 2° Sur la formation des professeurs de l'enseignement moyen. (Congrès international de l'enseignement. Bruxelles, 1880.)

Histoire du mouvement flamand. — L'historien J. De Meyere. (*Flandre libérale,* revue gantoise, 1847.)

Godefroid le Barbu. — Philippe de Comines. (*Album des Belges célèbres,* Bruxelles, 1845.)

(*Revue trimestrielle.*)

La Renaissance flamande. (T. IX.)

Euripide révolutionnaire. (T. XV.)

Hésiode, le plus ancien poète de la bourgeoisie. (T. XX.)

Origine bouddhique du plus ancien des contes dévots. (T. XXVIII.)

Préface du *Théâtre liégeois.* Liège, 1854.

Préface (sous les initiales J. S.) pour la réimpression du *Discours contenant le vray entendement de la Pacification de Gand (1579).* Gand, 1876.

De l'esprit d'association chez les Germains. (Introduction au livre de Félix Devigne : *Gildes et Corporations.*) Gand, 1845.

Traduction et préface de la *Guerre des Paysans* de H. Conscience. Liège, 1853 ; 2 vol. in-12.

Les voyages de Marco Polo. (*Écho des Flandres,* Gand, 1855.)

(*Annuaire de la Société d'Émulation de Liége.*)

Flamands et Wallons. — Notice sur le professeur Ackersdijck. — Le grand pied de Berthe. — Une épopée bourgeoise (Reinaert). — Schiller et la Belgique. — Mandeville à Liége.

(*Bulletin de la Société liégeoise de littérature wallonne.*)

Étude sur les *spots* ou proverbes wallons. — Mélanges linguistiques. — Rapport sur les cartes du pays wallon. — Discours sur les concours wallons de 1862.

Études sur Guillaume de Humboldt (*Chronique contemporaine et rétrospective*, Gand, 1849.)

(*Moniteur de l'Enseignement*, Tournai, 1852 et 1857.)

Analyse des doctrines linguistiques de Guillaume de Humboldt. — Études linguistiques sur la grammaire comparée de Bopp.

Un mot sur les libéraux hollandais. (*Progrès pacifique*, revue liégeoise, 1852.)

Histoire de la littérature néerlandaise en Belgique. Office de publicité; vol. in-8°.

Collaboration : *Revue de l'instruction publique en France* (Paris), *Moniteur de l'Enseignement* (Tournai), *Annales de l'enseignement public* (Verviers), *Messager de Gand*, *Journal de Gand*, *Journal des Flandres*, *De Vaderlander*, *Le Précurseur d'Anvers*, *Journal de Liége*, *La Meuse*, *Écho de Liége.*

PUBLICATIONS EN LANGUE FLAMANDE.

Sous le pseudonyme de Lieven Everwyn :

Levensschets van J. Van Artevelde. Gand, 1846.

De eerste fransche revolutie. (*Broedermin*, journal gantois, 1848.)

De patriotentijd. (*Ibid.*)

Don Quijote, étude littéraire (*Rederijker* d'Anvers, 1853.)
Lessing. (*Leesmuseum* de Gand, 1856, nº 8.)
Onpartijdige volkshistorie der belgische Grondwet. Gand, 1851.
Sur les *Trouvères belges* (Ap. *Nederlandsch Museum*, Gand, 1877.

THONISSEN (JEAN-JOSEPH), G. O. ✠, domicilié à Bruxelles, rue de la Loi, 6; né à Hasselt le 21 janvier 1817; docteur en droit; ancien substitut du procureur du roi; ancien commissaire d'arrondissement; professeur à l'Université de Louvain; membre de la Chambre des Représentants depuis 1863; nommé Ministre d'État en 1884 et Ministre de l'Intérieur et de l'Instruction publique en 1884; élu correspondant de l'Académie le 7 mai 1855; membre, le 9 mai 1864; directeur de la Classe des lettres et président de l'Académie en 1873.

PUBLICATIONS ACADÉMIQUES.

Mémoires.

Considérations sur la théorie du progrès indéfini, dans ses rapports avec l'histoire de la civilisation et les dogmes du christianisme. 1859. (*Mémoires*, collection in-8º, t. IX.)
Études sur l'organisation judiciaire, les lois pénales et la procédure criminelle de l'Égypte ancienne, 1864. (*Mém. des memb.*, in-4º, t. XXXV.)
Sur l'organisation judiciaire, le droit pénal et la procédure pénale dans la loi salique. (*Ibid.*, t. XLIV.)

Bulletins (2e *série*).

La guerre et la philosophie de l'histoire. 1860. (T. IX, p. 185.)

Le problème de la population dans ses rapports avec les lois de la nature et les prescriptions de la morale. 1860. (T. X, p. 93.)

La théorie du progrès indéfini. — Réponse à quelques objections. 1861. (T. XI, p. 125.)

La croisade pacifique. — Vie et travaux de Nicolas Cleynaerts 1862. (T. XIII, pp. 205 et 539.)

De la certitude dans les prévisions politiques. — Deux exemples empruntés à l'histoire nationale. 1862. (T. XIV, p. 477.)

Du rôle de l'utopie dans l'histoire de la philosophie politique. — James Harrington. 1863. (T. XV, p. 572.)

Le problème de la peine de mort avant Beccaria (T. XVII, p. 34.)

Le droit criminel dans les livres sacrés de l'Inde. (T. XVIII, p. 39.)

Quatrième rapport décennal sur les travaux de la Classe des lettres (1851-1860). (T. XIX, p. 580.)

Rapport sur le projet consistant à donner la forme d'un dolmen au piédestal d'Ambiorix. 1865. (T. XIX, p. 428.)

Le Goël ou la vengeance du sang dans la législation mosaïque. 1865. (T. XX, p 780.)

Rapport sur un mémoire de M. Poullet, concernant les juridictions et la propriété foncière au XVe siècle, dans le quartier de Louvain. 1865. (T. XX, p. 158.)

Une controverse du XIIIe siècle sur la légitimité de la peine de mort. 1866 (T. XXI, p. 239.)

Rapport sur un mémoire de concours en réponse à la question suivante : *Faire l'histoire des relations politiques et administratives qui ont existé entre la Belgique et le comté de Bourgogne, jusqu'à la conquête de ce dernier pays par la France.* 1866. (T. XXI, p. 435.)

Rapport sur un mémoire de concours en réponse à la question suivante : *Quelle a été l'influence exercée par Leibniz sur la direction de la philosophie moderne?* 1866. (T. XXI, p. 437.)

La peine de mort dans le Talmud. 1866. (T. XXII, p. 349.

Un procès de magie sous le règne de Rhamsès III. 1867. (T. XXIII, p. 25.)

Une bibliothèque belge de l'an MCV. (T. XXIII, p. 603.)

Rapport sur un mémoire de M. Klipffel intitulé : *Le régime municipal dans les cités épiscopales et impériales romanes de l'empire germanique, depuis le Xe siècle jusqu'à leur réunion à la France.* 1867. (T. XXIII, p. 333.)

Rapport sur un mémoire de concours en réponse à la question suivante : *Faire l'histoire du droit pénal dans l'ancien duché de Brabant.* 1867. (T. XXIII.)

Rapport sur un mémoire de concours en réponse à la question suivante : *Exposer les divers systèmes électoraux qui ont été successivement introduits chez les peuples anciens et modernes; faire, en même temps, ressortir l'esprit dans lequel ces systèmes ont été conçus et en apprécier les résultats pour la liberté civile et politique, pour l'ordre et la prospérité chez ces peuples.* 1868. (T. XXV, p. 541.)

Marat jurisconsulte. 1868. (T. XXVI, p. 323.)

Rapport sur un mémoire de concours en réponse à la question suivante : *Faire l'histoire du droit pénal dans le duché de Brabant depuis l'avènement de Charles-Quint jusqu'à la réunion de la Belgique à la France, à la fin du XVIIIe siècle.* 1869. (T. XXVII, p. 431.)

Rapport sur un mémoire de concours en réponse à la question suivante : *Quelles ont été les tendances politiques et sociales des hérésies, depuis l'origine du christianisme jusqu'à la fin du XVe siècle?* 1869. (T. XXVII, p. 458.)

Rapport sur une notice intitulée : *Quelques mots à propos de la juridiction disciplinaire des corporations au XVe siècle.* 1870. (T. XXIX.)

Rapport sur un mémoire de concours en réponse à la question suivante : *Rechercher les causes qui amenèrent, pendant le XIIe et le XIIIe siècle, l'établissement de colonies belges en*

Hongrie et en Transylvanie. Exposer l'organisation de ces colonies et l'influence qu'elles ont exercée sur les institutions politiques et civiles, ainsi que sur les mœurs et les usages des pays où elles furent fondées. 1870. (T. XXIX, p. 501.)

Le droit criminel de la Grèce légendaire. 1870. (T. XXX, p. 193.)

Un précurseur de Malthus. 1871. (T. XXXI, p. 435.)

Rapport sur un mémoire de concours en réponse à la question suivante : *Faire l'histoire du droit criminel de l'ancienne principauté de Liège.* 1871. (T. XXXI, p. 390.)

Un autre précurseur de Malthus. 1871. (T. XXXII, p. 184.)

Rapport sur un mémoire de M. François Lenormant, intitulé : *La légende de Sémiramis.* 1872. (T. XXXIII, p. 239.)

Rapport sur un mémoire de concours en réponse à la question suivante : *Donner la théorie économique des rapports du capital et du travail.* 1872. (T. XXXIII, p. 474.)

Discours sur la littérature nationale de nos provinces sous le gouvernement de Marguerite d'Autriche, lu en séance publique de la Classe des lettres, le 14 mai 1873. 1873. (T. XXXV, p. 572.)

Un déterministe de 1787. (T. XXXVII, p. 690.)

Rapport sur divers mémoires de concours en réponse à la question suivante : *Donner la théorie économique des rapports du capital et du travail.* 1874. (T. XXXVII, pp. 486 et 647.)

Rapport sur un mémoire de concours en réponse à la question suivante : *Exposer avec détail la philosophie de saint Anselme de Cantorbéry; en faire connaître les sources; en apprécier la valeur et en montrer l'influence dans l'histoire des idées* 1874. (T. XXXVII, p. 620.)

Rapport sur les mémoires de concours de 1875 et de 1877 sur « la conservation du caractère national belge à travers les dominations étrangères ». (T. XXXIX, p. 665. T. XLIII, p. 618.)

Rapport sur le mémoire de concours de 1876 « Sur l'histoire du droit de chasse en Belgique ». (T. XLI, p. 888.)

Rapport sur le travail en réponse au prix de Stassart pour une notice sur Plantin. (T. XLI, p. 896.)

Note bibliographique sur un volume de M. Desmaze relatif aux communes et à la royauté. (T. XLIII, p. 36.)

Notes bibliographiques sur des ouvrages de droit : 1° de M. Saripolos. (T. XLIV, p. 404.) 2° de M. Carrara. (T. XLIV, p. 611.)

Rapport sur un travail de M. Lubavsky sur la statistique du droit civil. (T. XLV, p. 649)

Études sur l'histoire de droit criminel de la France, 1re partie. (T. XLIV, p. 406.) 2e partie. (T. XLV, p. 110.)

Note bibliographique sur un ouvrage de M. Flach concernant la Table de bronze d'Aljustrel. (T. XLVIII, p. 238.)

Note bibliographique sur l'ouvrage de M. Dauby concernant les grèves ouvrières. (T. XLVII, p. 573.)

Du sens réel du mot Romanus dans le texte de la loi salique. (T. XLIX, p. 28.)

Notes bibliographiques 1° sur l'ouvrage de M. Dupont : *Le Dante aux Pays-Bas*. (T. L, p. 275.) 2° concernant l'ouvrage de M. d'Olivecrona : *Sur la donation par dernière volonté*. (T. L, p. 312.)

(*3e série*.)

Rapport sur les mémoires en réponse au concours de Stassart demandant une notice sur Simon Stévin. (T. I, p. 691.)

Note bibliographique sur le volume de M. Carreras y Gonzalez : *Philosophie de la science économique*. (T. II, p. 296.)

Rapport sur le mémoire de concours de la Classe des lettres de 1882 concernant l'origine et le développement de l'empire des Mèdes. (T. III, p. 531.)

La justice criminelle en France de 1826 à 1880. (T. IV, p. 471.)

Discours prononcé aux funérailles de M. Poullet. (T. V, p. 131.)

Rapport sur le mémoire de concours de la Classe des lettres de 1883 concernant « les institutions mérovingiennes ». (T. V, p. 642.)

La poésie française dans la révolution brabançonne. (T. V, p. 656.)

Note bibliographique sur le volume de M. Collard : *Trois universités allemandes considérées au point de vue de la philologie classique*. (T. VI, p. 59.)

Note bibliographique sur le volume de M. C. Sainctelette : *De la responsabilité et de la garantie* (*accidents de transport et de travail*). (T. VIII, p. 400.)

Annuaire.

Notice sur la vie et les travaux de Mgr P.-F.-X. de Ram. Année 1866.
Notice sur la vie et les travaux du baron de Gerlache. Année 1874.
Notice sur la vie et les travaux de J.-J. Haus. Année 1884.

Centième anniversaire de fondation.

Rapport séculaire sur les travaux de la Classe des lettres (1772-1872). (T. Ier.) Bruxelles, 1872; gr. in-8°.

Biographie nationale.

Notices dans les tomes I-IX: ***Alen*** (André) ou ***Alenus Ambiorix, Amour*** (Saint), ***Arenberg*** (le P. Charles d'), ***Arnoul Ier, Arnoul II, Arnoul III, Arnoul IV, Arnoul V***, comtes de Looz, ***Barthélémi de Maestricht, Belderbusch*** (Charles-Léopold Von Heyden comte de), ***Beyerlinck*** (Laurent), ***Boduognat, Boener*** (Jean), ***Bolland*** (Jean de), ***Bomberg*** (Daniel), ***Bonhomme*** (Henri-Damase), ***Bormans*** (en religion Gaspard de Sainte Marie Madeleine), ***Brocart de Saint-Nicolas, Buesen*** (Gerard), ***Byrsæus*** (François), ***Caelen*** (Henri van), ***Cativolcus, Christyn*** (J.-B.), ***Christyn*** (J.-Baptiste neveu), ***Christyn*** (L.-F.), ***Claeren*** (Jean de Clare), ***Claes*** (Pierre), ***Cleef*** (Jean van), ***Coclers*** (Phil.), ***Coclers*** (J.-B.), ***Coclers*** (Louis Bernard), ***Coelen*** (Pierre), ***Coninckx*** (Simon-Michel). ***Cools*** (Reginald), ***Coorenhuys*** (Gme Van), ***Coret*** (Pierre), ***Corvers*** (Jean), ***Crahay*** (Jean Gme), ***Creyters*** (Jean), ***Crusen*** (Nicolas), ***Cuyck*** (Henri Van), ***Daelhem*** (Melchior Van), ***De Damhoudere*** (Josse), ***De Laet*** (Alphonse), ***De Laet*** (Gaspard), et ***De Laet*** (Gaspard, probablement fils du précédent), *De Laet* (Jean) ou *Laet; De Ram* (P.-F.-X), *Dorlicx* (Pierre), *Dript* (Laurent De), *Edelheer* (Jacques), *Engelen* (Guillaume Van), ou *Gulielmus ab Angelis*, *Esius* (Richard), *Evergisle* (Saint) ou *Evergesile*, *Fabricius* (François) *Florus*, *Furnius* (Chrétien), *Gerinx* (Philippe), *Geuns* (Pierre), *Gras* (Théodore), *Hakin* (Jean-Laurent), *Hamontanus* (Gerard) (*Kalkbrenner*, ordinairement désigné sous le nom de), *Hanlet* (Henri), *Hectermans* (Henri), *Heestert* (Jean De), *Heinsbergh* (Thierry De), *Henschenius* (Godefroid Henschen dit), *Herben* (Mathieu) ou *Herbenus*, *Herkenroye* (G^me^) ou *Herckenrode* *Herlinde* (Sainte), ou *Harlinde*, *Herman De Zittard* ou *Sittard*, *Heuschling* (Pierre Jean), *Hoffmann* (Jean-Lambert), *Horne* (Jean De).

OUVRAGES NON PUBLIÉS PAR L'ACADÉMIE.

Constitution belge annotée, offrant sous chaque article l'état de la législation, de la doctrine et de la jurisprudence. Hasselt, 1844; 1 vol. in-8°. — 2e édit., 1865; — 3e édit., 1879.

Complément du Code pénal, ou recueil complet des lois, décrets et arrêtés généraux qui se rapportent à la législation pénale et peuvent être invoqués en Belgique, augmenté de l'analyse des décisions judiciaires et doctrinales qui en ont fixé le sens et déterminé la portée. Hasselt, 1846-1850; 3 vol. in-8°.

Études sur les poètes contemporains (publiées dans la *Revue catholique* de Louvain, 1847-1851; in-8°.

Le socialisme et ses promesses. Bruxelles, 1850; 2 vol. in-18. (Deux éditions en Belgique et une en France. Paris, 1851.)

Le socialisme dans le passé. Bruxelles, 1851; 3 vol. in-18.

Le socialisme depuis l'antiquité jusqu'à la constitution française de 1852. Paris-Louvain, 1852; 2 vol. in-8°.

La Belgique sous le règne de Léopold Ier. Études d'histoire contemporaine. Liège, 1855-1856; 4 vol. in-12. — 2e édition. Louvain, 1861; 3 vol. in-8°.

Vie du comte Félix de Mérode. Louvain, 1861; in-8°.

De la prétendue nécessité de la peine de mort. Louvain, 1864; 1 vol. in-18. (Trois éditions.)

La théorie du progrès indéfini, dans ses rapports avec l'histoire de la civilisation et les dogmes du christianisme. Paris, 1867; 1 vol. in-12.

Études sur l'histoire du droit criminel des peuples anciens (Inde brahmanique, Égypte, Judée). Bruxelles-Paris, 1869; 2 vol. in 8°.

Mélanges d'histoire, de droit et d'économie politique. Louvain-Paris. 1873; 1 vol. in-8°.

L'organisation judiciaire, le droit pénal et la procédure pénale de la loi salique, précédés d'une étude sur toutes les classes de la population mentionnées dans le texte de cette loi. 2e édition; revue et augmentée. Un volume in-8° de 578 pages. 1882.

Travaux préparatoires du Code de procédure pénale. Rapports faits à la Chambre des Représentants. Bruxelles, 1885; 2 vol. in-8°.

TIBERGHIEN (GUILLAUME), O. ✠, domicilié à Saint-Josse-ten-Noode, rue de la Commune, 4; né à Bruxelles le 9 août 1819; docteur en philosophie et lettres; conseiller communal à Saint-Josse-ten-Noode (1858); conseiller provincial du Brabant (1867); membre de la députation permanente (1873); professeur ordinaire à l'Université libre de Bruxelles; élu correspondant de l'Académie le 8 mai 1882.

PUBLICATIONS ACADÉMIQUES.

Mémoires.

Le temps, dissertation philosophique, présentée à la Classe des lettres, dans la séance du 4 juin 1883. (*Mémoires* in-8°, t. XXXVI.)

OUVRAGES NON PUBLIÉS PAR L'ACADÉMIE.

Essai théorique et historique sur la génération des connaissances humaines dans ses rapports avec la morale, la politique et la religion. Bruxelles, 1844.

Mémoire couronné par le jury du concours universitaire.

Exposition du système philosophique de Krause.

Extrait du précédent ouvrage.

Théorie de l'infini. Thèse soutenue publiquement devant la Faculté de philosophie et lettres de l'Université de Bruxelles. Bruxelles, 1846.

Esquisse de philosophie morale précédée d'une introduction à la métaphysique. Bruxelles, 1854.

Études sur la religion. Bruxelles, 1857.

Psychologie, la science de l'âme dans les limites de l'observation. Bruxelles, 1862.

Logique, la science de la connaissance. Bruxelles, 1865.

Introduction à la philosophie et préparation à la métaphysique. Étude analytique sur les objets fondamentaux de la science. Bruxelles, 1868.

Psychologie, la science de l'âme. 2e éd. Bruxelles, 1868.

Les commandements de l'humanité ou la vie morale sous forme de catéchisme populaire d'après Krause. Bruxelles, 1872.

Enseignement et philosophie. Mélanges philosophiques et études sur l'instruction primaire obligatoire. Bruxelles, 1873.

Psychologie élémentaire, la science de l'âme dans les limites de l'observation. 3e éd., mise en rapport avec la loi du 20 mai 1876. Bruxelles, 1879.

Éléments de morale universelle à l'usage des écoles laïques. Bruxelles, 1879.

Introduction à la philosophie et préparation à la métaphysique. 2e éd. Bruxelles, 1880.

Krause et Spencer, critique philosophique. Bruxelles, 1882.

Discours académiques comme recteur et prorecteur de l'Université de Bruxelles en 1867, 1868 et 1875, sur le positivisme, sur la méthode d'observation et sur la politique rationnelle.

Il existe des traductions espagnoles de la plupart de ces ouvrages.

Il existe également une traduction portugaise de la *Psychologie*, de la *Logique* et de la *Philosophie morale*, et une traduction italienne des *Éléments de morale universelle*.

TIELEMANS (Jean-François), G. C. ✠, domicilié à Ixelles, rue Caroly, 13; né à Bruxelles, 15 novembre 1799; docteur en droit en 1823; attaché comme référendaire au Département des affaires étrangères en 1828, après une mission en Allemagne pour visiter les Universités; chef du Comité de l'intérieur et membre de la Commission pour l'élaboration de la Constitution belge, en 1830; Ministre de l'intérieur le 26 février 1831, pendant un mois; gouverneur des provinces d'Anvers et de Liège en 1831 et 1832; conseiller à la Cour d'appel de Bruxelles le 9 octobre 1834; membre de la Chambre des Représentants en 1847; professeur à l'Université de Bruxelles en 1836, recteur de 1849 à 1861, membre permanent du Conseil depuis 1861; membre du Comité consultatif de législation et d'administration générale; premier président honoraire de la Cour d'appel de Bruxelles; élu correspondant de l'Académie le 12 mai 1873; membre, le 6 mai 1878; vice-directeur de la Classe des lettres en 1886.

OUVRAGES NON PUBLIÉS PAR L'ACADÉMIE.

Mémoire sur la question de savoir quelle est la responsabilité des imprimeurs quand l'auteur d'un écrit incriminé est connu. 1827.
Sur les délits de la presse, d'après le projet de Code pénal présenté aux États Généraux, 1827.
Sur la responsabilité ministérielle. 1827.
L'Union et la Constitution. 1832.
Répertoire de l'administration et du droit administratif de la Belgique. 1834 à 1859. (Commencée avec Ch. de Brouckere.)
De la propriété industrielle, dans la *Revue trimestrielle*. 1854.

VANDENPEEREBOOM (ALPHONSE) [1], G. C. ✠, né à Ypres le 7 juin 1812; membre de la Chambre des Représentants, 1848-1879; bourgmestre de la ville d'Ypres, 1859-1861; Ministre de l'Intérieur, 1861-1868; Ministre d'État depuis le 5 janvier 1868; élu correspondant de l'Académie le 5 mai 1879; membre, le 7 mai 1883; mort à Saint-Gilles (Bruxelles) le 10 octobre 1884.

OUVRAGES NON PUBLIÉS PAR L'ACADÉMIE.

Notice biographique sur P.-J.-A. Hyndcrick. Ypres, 1843; in-8°, 14 pp.
Description des fêtes et cérémonies religieuses célébrées à l'occasion de la restauration de l'image de N.-D de Thuyne, patronne de la ville d'Ypres, et des statues des ducs de Bourgogne replacées sur la façade des halles à Ypres, le 9 août 1854. Ypres. 1854; in-8°, 47 pp.

(1) Voir la note de la page 105.

Tuindag. — Roman historique ayant paru en feuilleton dans le journal *Le Progrès d'Ypres.* 1854; br., 44 pp.

Notice sur la place d'Ypres et son démantèlement, 1830-1853. Ypres, 1858; in-8°, 141 pp. avec plans.

Claude de Clerck, poète yprois. 1860; in-8°, 8 pp.

Jean Thomas, peintre yprois. Ypres, 1861; in-8°, 6 pp.

Diplôme de la Société historique, archéologique et littéraire de la ville d'Ypres et de l'ancienne West-Flandre. (Note explicative.) Ypres, 1861; 7 pp.

Des gildes. Origine, organisation, tirs, etc. Gilde de Saint-Sébastien d'Ypres. Ypres, 1861; in-8°, 91 pp. avec planches.

Inauguration de la salle échevinale d'Ypres, le 8 août 1869. Ypres, 1869; in-8°, 25 à 30 pp. (3 éditions).

Henri de Codt, greffier et conseiller pensionnaire de la ville d'Ypres, conseiller au Conseil du Roi, etc. Biographie. Ypres, 1869; in-8°, 84 pp. avec portrait.

Blocus d'Ypres, 1583-1584. Monnaie obsidionale. Ypres, 1872; in-8°, 16 pp. avec gravure.

Une vieille gazette, *Le Propagateur.* Ypres, 1872; in-8°, 5 pp.

La gilde de Saint-Sébastien à Ypres. Ypres, 1872; in-8°, 7 pp.

Un mot à propos du mouvement flamand. Ypres, 1873; in-8°, 8 pp.

Notice sur P.-L.-F. Boedt. Ypres, 1874; in-8°, 25 pp. (3 éditions).

Visite du Roi et de la famille royale à la ville d'Ypres, le 16 septembre 1860. Bruxelles, 1874; in-8°, 68 pp. avec portrait.

Gildes, corps de métiers et serments. Bruxelles, 1874; gr. in-8°, 38 pp.

Des cours de justice qui ont exercé juridiction souveraine sur la ville d'Ypres et la West-Flandre. Le Conseil de Flandre à Ypres. Ypres, 1874; in-8°, 324-CLXXXIII pp. avec gravures de sceaux.

L'incendie de la Halle d'Ypres en 1498. Ypres, 1876; in-8°, 28 pp.

Les noces de Mahaut, fille de Robert de Béthune, comte de Flandre, aux Halles d'Ypres, en 1314. Ypres, 1876; in-8°, 19 pp.

La gilde de Saint-Nicolas à Ypres. Bruges, 1876; in-8°, 39 pp. avec gravure.

Service funèbre de Monseigneur Philippe le Bon, duc de Bourgogne, célébré en l'église de Saint-Martin d'Ypres, en 1476. Ypres, 1876; in-8°, 12 pp.

Historische aanteekeningen op de stad Yper (1789-1791), door A.-J. de Bouck. Ypres, 1876; in-8°, xv et 77 pp.

Essai de numismatique yproise. Bruxelles, 1878; in-8°, 375 pp. avec 42 planches.

Notice sur H.-J. Carton. Ypres, 1878; in-8°, 37 pp. avec portrait.

Le collier (schakel) de la gilde de Saint-Sébastien à Ypres. Ypres, 1878; in-8°, 11 pp. avec planche.

Ypriana. Notices, études, notes et documents sur Ypres: Tome I. Les Halles d'Ypres. — Tome II. La chambre des échevins. — Tome III. Origines. — Tome IV. Du mouvement communal à Ypres. — Esquisses historiques, 1271 à 1348. — Tome V. Tuindag et Notre-Dame de Tuine. — Tome VI. Jansénius. — Les Frères Mineurs Franciscains. — Le chapitre de Saint-Martin. — Tome VII. Ypres et ses comtes Leliaerts; attaque et défense des institutions communales. Bruges, 1878-1883; 7 vol. in-8° avec planches.

Ypres illustré. — Coup d'œil sur son passé, ses monuments et ses œuvres d'art. Bruxelles, 1879; in-4°, 38 pp. avec nombreuses gravures.

Guillaume du Tielt, graveur; notes sur sa vie et sur ses œuvres. Ypres, 1882; in-8°, 62 pp. avec gravures.

Varia Yprensia. — I. Ypres et Warneton. — Conflit de juridiction au XVe siècle. Bruges, 1884; in-8°, 91 pp.

VANDERKINDERE (Léon-Albert-Victor-Joseph), ✠, domicilié à Bruxelles, rue de Livourne, 64; né à Molenbeek-Saint-Jean le 22 février 1842; docteur en droit et en philosophie et lettres; conseiller provincial du Brabant, 1870-1880; membre de la Chambre des Représentants, 1880-1884; professeur à l'Université de Bruxelles depuis 1872; membre suppléant de la Commission royale d'histoire; élu correspondant de l'Académie le 2 juillet 1883.

PUBLICATIONS ACADÉMIQUES.

Bulletins.

Notice sur l'origine des magistrats communaux et sur l'organisation de la marke dans nos contrées au moyen âge. 1874. (2e série, t. XXXVIII.)

Notice sur l'emplacement des Aduatiques et sur quelques autres questions de géographie ancienne de la Belgique. 1885. (3e série, t. X.)

Les origines de la population flamande. — La question des Suèves et des Saxons. 1885. (3e série, t. X.)

Les origines de la population flamande. Réponse à M. Alph. Wauters. 1886. (3e série, t. XI.)

PUBLICATIONS DE LA COMMISSION ROYALE D'HISTOIRE.

Comptes rendus des séances.

Lettre sur le port de *Sclusae*. 1872. (3e série, t. XIV.)

OUVRAGES NON PUBLIÉS PAR L'ACADÉMIE.

De la race et de sa part d'influence dans les diverses manifestations de l'activité des peuples. Bruxelles, 1868; 1 vol.

Recherches sur l'ethnologie de la Belgique. Bruxelles, 1872; 1 vol.

Article *Ethnologie*, dans *Patria Belgica*. Bruxelles, 1873.

Notice sur le projet de réorganisation de l'enseignement supérieur. Bruxelles, 1876.

Rapport à la *Ligue de l'enseignement* sur le projet de réorganisation de l'enseignement moyen. 1879.

Nouvelles recherches sur l'ethnologie de la Belgique. Bruxelles, 1879.

Le siècle des Artevelde. Bruxelles, 1879; 1 vol.

Rapport sur la 6e période (1876-1880) du concours quinquennal des sciences morales et politiques. 1882.

Du rôle de la tradition dans l'histoire de Belgique. Discours prononcé comme recteur de l'Université de Bruxelles. 1880.

De la méthode historique. Discours prononcé comme recteur de l'Université de Bruxelles. 1881.

Manuel d'histoire de l'antiquité. Bruxelles, 1883; 1 vol.

Rapport fait au nom de la Commission d'enquête scolaire sur la situation des écoles primaires publiques et privées. Bruxelles, 1884.

L'Université de Bruxelles, 1834-1884. Bruxelles, 1884; 1 vol.

Manuel d'histoire contemporaine. Bruxelles, 1885; 1 vol.

(Extraits des *Bulletins de la Société d'Anthropologie de Bruxelles.*)

Sur la coloration des yeux et des cheveux. (T. I, 1882-1883.)

La question celtique. (T. I, 1882-1883.)

Sur les caractères physiques des anciens Grecs. (T. II, 1883-1884.)

Sur l'établissement des Francs en Belgique, spécialement d'après la toponomastique. (T. III, 1884-1885.)

L'Enquête anthropologique en Autriche. (T. III, 1884-1885.)

L'Ethnographie des Iles Britanniques. (T. IV, 1885-1886.)

Articles dans la *Revue de Belgique*, l'*Athenaeum belge* et divers journaux et revues. — Brochures politiques.

WAGENER (Auguste), O. ✠, décoré de la croix civique de 1re classe; domicilié à Gand, avenue du Jardin zoologique, 27; né à Ruremonde, le 2 juin 1829; docteur en philosophie et lettres; administrateur-inspecteur de l'Université de Gand; professeur émérite à la même Université; ancien échevin de la ville de Gand; ancien membre de la Chambre des Représentants (1882-1886); élu correspondant de l'Académie le 8 mai 1871; membre, le 10 mai 1875; directeur de la Classe des lettres en 1884.

PUBLICATIONS ACADÉMIQUES.

Mémoires.

Essai sur les rapports qui existent entre les apologues de l'Inde et les apologues de la Grèce. 1853. (*Mém. cour. et des sav. étrang.*, in-4°, t. XXV.)

Notice sur un monument métrologique récemment découvert en Phrygie. 1855. (*Ibid.*, t. XXVII.)

Inscriptions grecques recueillies en Asie Mineure, avec 8 planches. 1859. (*Ibid.*, t. XXX.)

Mémoire sur la symphonie des anciens. 1861. (*Ibid.*, t. XXXI.)

Rapport sur un travail de M. Alph. Willems concernant l'Hippolyte d'Euripide. 1883. (*Mémoires* in-8°, t. XXXVI.)

Bulletins (2e *série*).

Rapports sur les mémoires des concours de 1872 et de 1874 relatifs à Septime Sévère. (T. XXXIII, XXXVII, XLII et XLVII.)

Rapport sur une notice de M. Schuermans relative à la découverte d'objets étrusques en Belgique. 1872. (T. XXXIII.)

Rapport sur une notice du même concernant des inscriptions trouvées en Belgique. 1872. (T. XXXIV.)

Rapport sur des notes du même relatives à la déesse Viradethis, aux inscriptions trouvées en Belgique et aux *tumuli*. (T. XXXIV.)

Rapport sur un mémoire de M. Paul Devaux concernant les *guerres médiques*. 1875. (T. XXXIX.)

Rapport sur un mémoire de M. Roulez relatif aux légats proprêteurs et aux procurateurs des provinces de Belgique. (*Ibid.*)

Rapport sur les notices envoyées en réponse au concours de Stassart sur Plantin. 1876. (T. XLI.)

Discours lu en séance publique de la Classe des lettres sur les opinions politiques de Plutarque comparées avec celles de Tacite. (*Ibid.*)

Rapport sur deux notices de MM. Galesloot et Crick concernant des fouilles faites à Laeken et à Assche. 1877. (T. XLIV.)

Rapport sur une note de M. De Ceuleneer relative à une inscription d'un proconsul de la Narbonaise. (T. XLV.)

Discours prononcé aux funérailles de M. Roulez. (*Ibid.*)

Rapports sur des notices de M. De Ceuleneer concernant :

1° Des vases archaïques découverts à Girgenti;

2° La découverte d'un tombeau pélasgique en Attique;

3° Le cours de l'Ilissus. 1879. (T. XLVII et XLVIII.)

Rapport sur une note de M. Galesloot relative à une tombe romaine de Lovenjoul. (T. XLIX.)

Rapport sur un mémoire de M. Bayern concernant l'archéologie du Caucase. (*Ibid.*)

Rapport sur des notices de M. J. Van den Gheyn relatives à la huitième classe des verbes sanscrits. (T. L et 3e s., t. VII.)

(*3e série.*)

Discours lu, comme directeur, en séance publique de la Classe des lettres, le 7 mai 1884, sur *La liberté de conscience à Athènes*. 1883. (T. VII.)

Discours prononcé aux funérailles de M. L. Hymans. (*Ibid.*)

Rapport sur une note de M. Bertoloni concernant une inscription latine inédite, où il est question d'un magistrat romain de la Gaule Belgique. 1885. (T. X.)

Rapport sur un mémoire de concours concernant les corporations d'ouvriers et d'artistes chez les Romains. 1886. (T. XI.)

OUVRAGES NON PUBLIÉS PAR L'ACADÉMIE.

M. Porcii Catonis originum fragmenta emendata, disposita, illustrata. Dissertation inaugurale. Bonn, 1849; in-8°.

De la nécessité, au point de vue de l'instruction primaire, d'une loi sur le travail des enfants dans les manufactures. Gand, 1867; in-8°.

Introduction historique placée en tête de l'édition du discours de Cicéron *pro Milone*, publiée par M. Wagener, père. Paris et Mons, 1860; in-8°.

Deuxième édition de ce commentaire, revue et corrigée par A. Wagener, après la mort de M. Wagener, père. Mons, 1876; in-12.

Étude (en flamand) sur l'histoire de l'hôtel de ville de Gand, dans le *Jaarboek van het Willems-Fonds*. Gand, 1870.

C. Taciti Annalium liber I. Nouvelle édition avec une introduction, des sommaires et des notes. Paris, 1878; in-18.

Rapport présenté au Congrès international de l'enseignement réuni à Bruxelles en 1880, sur la question de savoir si l'État doit exercer une action morale sur les élèves dans l'enseignement moyen officiel. Bruxelles, Office de publicité, 1880.

Rapport présenté à la Chambre des Représentants sur un projet de loi décrétant l'instruction obligatoire. Bruxelles, 1884.

Un grand nombre d'articles sur Horace, Tacite (notamment le *Dialogus de oratoribus*), Antiphon, sur la constitution de Sparte, sur une inscription grecque inédite, sur une inscription pélasgique, etc., ainsi que sur des questions d'enseignement, publiés dans la *Revue de l'Instruction publique* en Belgique.

Discours prononcés en 1863 et en 1878 à la distribution des prix aux lauréats du concours général de l'enseignement moyen. (Les beaux-arts dans l'enseignement moyen; le but et l'organisation de l'enseignement moyen donné aux frais de l'État.)

WAUTERS (Alphonse), O. ✠, domicilié à Bruxelles, rue de Spa, 22; né à Bruxelles le 13 avril 1817; archiviste de la ville de Bruxelles; professeur d'histoire aux cours publics institués par la ville; secrétaire-trésorier de la Commission royale d'histoire; vice-président de la Commission de la *Biographie nationale;* vice-président du comité des correspondants de la Commission royale des monuments pour la province de Brabant; élu correspondant de l'Académie le 9 mai 1860; membre, le 11 mai 1868; directeur de la Classe des lettres en 1877.

PUBLICATIONS ACADÉMIQUES.

Mémoires.

Le duc Jean Ier et le Brabant sous le règne de ce prince. Mémoire couronné. 1862. (*Mémoires* in-8°, t. XIII.)

Quelques mots sur la situation du camp dans lequel Quintus Cicéron fut assiégé par les Nerviens. 1847. (*Mém. des sav. étrang.*, in-4°, t. XXI.)

Bulletins (2e *série*).

Sur la carte de la Gaule sous le proconsulat de César. 1863. (T. XIII, p. 390.)

Quelques observations à propos de l'*Aduatuca* de César. 1862. (T. XV, p. 276.)

Géographie ancienne. *Aduatuca*, rapport sur un mémoire de M. Driesen. 1863. (T. XVI.)

L'histoire de notre première école de peinture, cherchée dans les meilleures sources, discours prononcé à la séance publique du 21 mai 1863. (*Ibid.*, p. 723.)

Une charte inédite de l'empereur Louis le Débonnaire. (*Ibid.*, p. 46).)

Rapport sur un mémoire de M. Klipffel relatif au régime des cités romanes de l'empire germanique. 1867. (T. XXIII, p. 300.)

Le testament du peintre Thierri Bouts. 1867. (T. XXIII, p. 717.)

Rapport sur un travail de M. Van Rossum sur les lettres de Charles-Quint à Rabelais. 1867. (T. XXIV, p. 199.)

Quelques mots sur le Bruxellois Pierre De Kempeneer, connu sous le nom de *Piedro Campana*. 1867. (T. XXIV, p 549.)

Le tabernacle de l'église de Léau, œuvre de Corneille De Vriendt, dit *Floris*. 1868. (T. XXVI, p. 354.)

Note à l'appui de la question de concours concernant les *pagi*. 1869. (T. XXVIII, p. 254.)

Rapport sur un mémoire de concours en réponse à la question : *Indiquer les limites des anciens pagi de la Belgique.* 1871. (T. XXXI, p. 376.)

Ce que l'on appelait en Belgique les trêves du comte. (*Ibid.*, p. 77.)

Rapport sur deux mémoires de concours en réponse à la question: *Apprécier le règne de Marie-Thérèse aux Pays-Bas.* 1872. (T. XXXIII, p. 459.)

Un essai du système du libre-échange en Belgique, au milieu du XVIIe siècle. 1872. (T. XXXIV, p. 181.)

Henri Kerens, évêque de Ruremonde. 1872. (T. XXXIV, p. 76.)

La légende des forestiers de Flandre. 1873. (T. XXXVI, p. 208.)

Un diplôme de l'époque carlovingienne concernant le village de Huysse en Flandre, etc. (*Ibid.*, p. 91.)

Les gildes communales au XIe siècle. 1874. (T. XXXVII, p. 704.)

Rapport sur un travail de M. Vanderkindere, intitulé : *Notice sur l'origine des magistrats communaux*, etc. 1874. (T. XXXVIII, p. 140.)

Henri III, duc de Brabant. (1re partie, t. XXXVIII, p. 672; 2e partie, t. XXXIX, p. 45, 153.)

Sur le second volume des troubles religieux de Valenciennes, de M. Paillard. 1875. (T. XXXIX, p. 967.)

Les doctrines des hérétiques du XIIIe siècle; le duc Henri IV; les premières années de Jean Ier. (T. XL, p. 351.)

Rapports concernant le mémoire de concours sur Jacqueline de Bavière. 1875, 1877, 1879. (T. XXXIX, pp. 404, 666; t. XLIII, p. 628, et t. XLVII, p. 630.)

Rapport sur un travail de M. Galesloot sur la découverte d'antiquités à Assche. (T. XXXIX, p. 151.)

Rapport concernant un travail du même sur des antiquités romaines découvertes à Assche. (T. XL, p. 579.)

Rapport relatif à un travail de M. Génard sur Corneille Duplicius Scepperus. (T. XL, p. 593.)

Rapport relatif à un mémoire de M. le baron Guillaume sur l'histoire de l'infanterie wallone sous la domination de la maison d'Espagne (1500-1800.) (T. XLI, p. 684.)

Rapport concernant le mémoire de concours de 1876 et de 1880 sur les institutions charitables en Belgique. (T. XLI, p. 867, et t. XLIX, p. 455.)

Rapport concernant le mémoire de concours de 1876 sur l'histoire du droit de chasse aux Pays-Bas. (T. XLI, p. 889.)

Sur la féodalité. (T. XLI, p. 361.)

Rapport concernant un travail de M. Piot sur les Beers de Flandre. (T. XLII, p. 399.)

Discours prononcé aux funérailles de M. Mathieu. (T. XLII, p. 186.)

Rapport sur le projet de Bibliographie belge par M. Van der Haeghen. (T. XLII, p. 630.)

Sur un travail de M. Paillard : *Sept mois de la vie d'un peuple.* 1877. (T. XLIII, p. 205.)

Les travaux historiques de jadis et ceux d'aujourd'hui, discours prononcé comme directeur de la Classe des lettres en séance publique du 15 mai 1877. (T. XLIII, p. 652.)

Rapport relatif à une notice de MM. Galesloot et Crick sur des fouilles à Laeken et à Assche. (T. XLIV, p. 824.)

Note bibliographique relative à un ouvrage de M. Alph. Vandenpeereboom sur la numismatique yproise. (T. XLIV, p. 612.)

Discours prononcé aux funérailles de M. le baron Guillaume. (T. XLIV, p. 827.)

Rapport concernant le mémoire de concours de 1878 sur la réunion aux Pays-Bas de la Gueldre, etc. (T. XLV, p. 824.)

Note relative à l'ouvrage intitulé : *Les libertés communales.* (T. XLV, p. 519.)

Rapport concernant un travail de M. Paillard intitulé : *Voyage de la reine Éléonore*, etc. (T. XLVI, p. 506.)

Note bibliographique sur un ouvrage de M. Wynen. (T. XLVI, p. 504.)

Wissant, l'ancien *Portus Iccius.* (T. XLVII, p. 111.)

Rapport relatif aux mémoires de concours de 1879 concernant la propagande des encyclopédistes français dans la principauté de Liège, à la fin du XVIIIe siècle. (T. XLVII, p. 599.

Rapport relatif à un travail de M. Duverger sur l'Inquisition en Belgique. (T. XLVII, p. 841.)

Des efforts tentés au XVIIe siècle pour entraîner la Belgique dans le système prohibitionniste. (T. XLVIII, p. 375.)

Rapport relatif aux mémoires de concours de 1880 sur l'histoire des classes rurales en Belgique. (T. XLIX, p. 470.)

Note bibliographique sur le cartulaire de la commune de Dinant, par M. S. Bormans. (T. XLIX, p. 271.)

Rapport relatif à un travail de M. Paillard sur Hugonet et Humbercourt. (T. L, p. 42.)

(*3e série.*)

Rapport sur le mémoire de concours intitulé : *Exposer l'origine et le développement du parti des Mécontents.* 1881. (T. I, p. 659, 683.)

Des localités distinguées par le qualificatif vieux (*oud*) et de leur ancienneté. 1881. (*Ibid.*)

Bernard Van Orley, sa famille et ses œuvres. 1881. (*Ibid.*, p. 369.)

La révolution du XVIe siècle et Guillaume le Taciturne. 1881. (*Ibid.*, p. 395.)

Note sur la population du canton de Glabbeek à différentes époques, du XIVe au XIXe siècle. 1882. (T. III, p. 265.)

Un portrait du duc Charles le Téméraire et la gilde de Saint-Sébastien de Linkenbeek. (T. III, p. 414.)

Quelques peintres peu connus de la fin du XVe siècle. (T. III, p. 685, 805.)

Rapport sur le mémoire de concours concernant les mœurs et les usages du peuple retracés dans les poèmes flamands des XIIIe et XIVe siècles. (*Ibid.*, p. 579.)

Sur quelques peintres de la fin du XVe siècle, suite et fin. (T. IV, p. 83.)

Les commencements de l'ancienne école flamande de peinture, antérieurement aux Van Eyck. (T. V, p. 317.)

Note sur un portrait de Philippe le Beau, jeune. (*Ibid.*, p. 453.)

La vie d'Antonello de Messine et son influence sur l'école italienne. (*Ibid.*, p. 531.)

Note sur un volume de M. Cattreux, relatif au droit de propriété des œuvres dramatiques et musicales. 1883. (T. VI, p. 738.)

Rapport sur un travail de M. Castan : L'un des peintres du nom de Coxcie aux prises avec l'inquisition. (T. VII, p. 63.)

Rapport sur trois Notes de M. Castan : 1° Contribution à la biographie du portraitiste A. de Vries; 2° les relations du peintre Théodore Van Loon avec la citadelle de Pallas à Louvain; 3° sur les dates de la naissance et de la mort de Wenceslas Coebergher. (*Ibid.*, p. 172 et 504.)

Réclamation au sujet de la précédente Note sur Th. Van Loon. (*Ibid.*, p. 502.)

Rapport sur le mémoire de concours concernant les anciens corps de métier. (*Ibid.*, p. 528.)

Rapport sur un travail de M. Fr. De Potter : *Het hotel van graaf d'Hane en de honderd dagen te Gent.* (*Ibid.*, p. 754.)

Quelques détails sur Wissant. Térouanne n'a jamais été voisine de la mer; le *Sinus Itius* a-t-il existé? 1885. (T. VIII, p. 668.)

Rapport sur un travail de M. Castan : Les peintres Jean et Jacques Van Battele et Roland Maille, du XVIe siècle. (*Ibid.*, p. 413.)

Rapport sur une lettre concernant un manuscrit du XIVe ou du XVe siècle relatif à la seigneurie de Pollaer. (*Ibid.*, p. 414.)

Sur les premiers temps de l'histoire de la Flandre. 1885. (T. IX, p. 165.)

Les origines de la population flamande de la Belgique. Étude précédée de quelques nouveaux détails à propos des Suèves de la Flandre. 1885. (T. X, p. 99.)

Les origines de la population flamande. Réponse aux observations faites sur mon travail. 1885. (*Ibid.*, p. 794.)

Le château impérial de Gand et la fosse othonienne. (T. XI, p. 165.)

Sur les Suèves et les autres populations de la Belgique flamande. 1886. (T. XII, p. 220 et 289.)

Annuaire.

Notice nécrologique sur Ad. Mathieu. Année 1879.

Notice nécrologique sur le général Guillaume. Année 1881.

PUBLICATIONS DE LA COMMISSION ROYALE D'HISTOIRE.

Chroniques.

Table chronologique des chartes et diplômes imprimés concernant l'histoire de la Belgique. Tomes I à VII. 1866-1885 ; 7 vol. in-4°.

Comptes rendus des séances.

(*3e série.*)

De l'importance des correspondances du moyen âge. (T. V, p. 6.)

Note sur les difficultés que présente la chronologie des diplômes. (T. VII, p. 233.)

Rapport sur une lettre de M. Vanderkindere concernant le port de Clusium. (T. XIV, p. 241.)

(*4e série.*)

A propos de la manière de compter que l'on suivait dans la partie du Brabant ressortissant à l'évêché de Liège. (T. XI, p. 203.)

Rapport sur des manuscrits, etc., qui se trouvent à la Bibliothèque nationale et aux archives nationales de France. 1874. — Deuxième rapport. 1875. (T. II, p. 79 et t. III, p. 65.)

Fragments inédits concernant l'abbaye de Gembloux. 1875. (T. II, p. 247.)

Le Hainaut pendant la guerre du comte Jean d'Avesnes contre la ville de Valenciennes, 1290-1297. 1875; in-8°. (T. II, p. 295.)

Analectes de diplomatique. Quatre séries. 1879 et années suiv. (T. VII, pp. 111 et 317; t. VIII, p. 331; t. X, p. 17; t. XIII, p. 75.)

Une mention dans un diplôme du IXe siècle de *Thuinas* en Hesbaie, c'est-à-dire *Thienen* ou Tirlemont. 1881. (T. IX, p. 367.)

Chartes inédites extraites du cartulaire de Saint-Nicaise, de Reims, par M. le comte de Gourjault, annotées par M. Wauters. 1882; in-8°. (T. X, p. 16.)

Le testament d'Ermesinde, comtesse de Luxembourg. 1884. (T. XI, p. 236.)

A propos de deux documents apocryphes ou altérés : l'inscription de Conrad Ier, comte de Luxembourg; la charte de fondation de l'abbaye de Laach, en 1093. 1884. (T. XII, p. 6.)

BIOGRAPHIE NATIONALE.

Notices : tome Ier : Aerts (Jean-Antoine), Alaers (François), Anneessens ;

Tome II : Bellegambe (Jean), Bodeghem (Louis Van), Bouts (Thierri), Bouts le jeune (Thierri);

Tome III : Camargo (Marie-Anne), Campana, Celles (le comte de), Champagne (les de);

Tome IV : Charles II, Chasteler (le marquis de), Cobenzl (le comte de), etc.

Tome VI : Dullaert, Emebert, Ermens, Ermesinde de Namur, Étienne, évêque de Tournai; Éverard de Béthune, Everghem (Henri Van), Faulconnier.

Tome VII : Fillastre (Guillaume), Folcard, Folcuin, France Renom de), Francon Calaber, Francon d'Arquennes, Fricx, Fulbert, Gamond (Madame de), Gérard Ier, évêque de Cambrai; Gérard de Saint-Trond, Gertrude (sainte), Gislebert (le duc), Godefroid Ier, Godefroid II, Godefroid III, ducs de Brabant, Godefroid de Brabant.

Tome VIII : Godescalc, évêque d'Arras, Goes (Van der), Gothelon Ier, Gothelon II, les deux Granvelle, Grobbendonck (Schets de), Gruythuyse (le sire de), Guillaume, comte de Luxembourg; Guillaume de Dampierre, comte de Flandre; Guillaume de Hildernisse, Hardouin.

Tome IX : Les comtes de Louvain Henri Ier, II et III, les ducs de Brabant Henri Ier, II, III et IV, les ducs de Limbourg Henri Ier, II, III et IV, les comtes de Luxembourg Henri II et IV, Henri de Brabant, duc de Limbourg; Henri de Flandre, comte de Lodi, Henri de Flandre ou de Valenciennes, empereur d'Orient; Herman de Valenciennes, etc.

OUVRAGES NON PUBLIÉS PAR L'ACADÉMIE.

Atlas pittoresque des chemins de fer de la Belgique. Bruxelles, 1839; 1 vol. oblong. — 2e édition, 1840. — 3e édition, 1842.

Les serments de Bruxelles, leur origine, leur organisation et leurs règlements. Bruxelles, 1841; in-12.

L'Ommeganck et les autres fêtes du serment de Bruxelles. Bruxelles, 1841; in-12.

Recherches sur l'hôtel de ville de Bruxelles, l'époque de sa construction et la destination de chacune de ses parties. Gand, 1841; in-8o.

Notice sur le château de Beersel. Gand, 1841; in-8o.

La levée du dixième denier. Bruxelles, 1842; in-8o.

Notice sur la Maison du Roi ou Maison au pain, sur le Grand'-marché, à Bruxelles. Gand, 1842; in-8o.

Notice sur le château d'Esschenbeek ou Escaubecq, près de Hal. Gand, 1843; in-8°.

Histoire civile, politique et monumentale de la ville de Bruxelles. (En collaboration avec A. Henne.) Bruxelles, 1843-1845; 3 vol. in-8°.

Les délices de la Belgique ou Description historique, pittoresque et monumentale de ce royaume. Bruxelles, 1845; in-8°.

Notice sur l'hôtel de ville de Hal. Gand, 1845; in-8°.

Notice sur Roger Vander Weyden, appelé depuis Roger de Bruges, le Gaulois ou de Bruxelles. Gand, 1846; in-8°.

L'ancienne abbaye de Coudenberg à Bruxelles, aujourd'hui l'École militaire. Bruxelles, 1847; in-fol.

Bruxelles et ses environs. Guide de l'étranger dans cette capitale. Bruxelles, 1848; in-12.

Notice sur les anciens serments ou gildes d'arbalétriers, d'archers, d'arquebusiers et d'escrimeurs. Bruxelles, 1848; in-fol. à 2 colonnes.

Le bombardement de Bruxelles de 1695. Bruxelles, 1848; in-12.

L'ancien Ommeganck de Bruxelles. Bruxelles, 1848; in-12.

Histoire des environs de Bruxelles. Bruxelles, 1850-1857; 3 vol. et une table in-8°; l'un des ouvrages qui ont obtenu en 1856 le prix quinquennal d'histoire.

L'église de Laeken près de Bruxelles. Gand, 1852; in-8°.

L'ancienne abbaye de Villers. Histoire de l'abbaye et description de ses ruines. Bruxelles, 1856; in-8°.

Roger Vander Weyden, ses œuvres, ses élèves et ses descendants. Bruxelles, 1856; in-8°.

La Belgique ancienne et moderne. Géographie et histoire des communes belges. Arrondissement de Nivelles, par Tarlier et Wauters, Bruxelles, 1859-1873; 2 vol. gr. in-8°, à deux colonnes.

Le même ouvrage. Arrondissement de Louvain. Tome Ier, 1874 et années suivantes.

Ce travail a obtenu une médaille de première classe au Congrès géographique de Paris de 1875.

Un épisode des annales des communes belges. Avènement et mort du comte de Flandre Guillaume de Normandie. Bruxelles, 1860; in-8°.

Mélanges d'histoire et d'archéologie. Bruxelles, 1862; in-8°. (*Revue d'histoire et d'archéologie.*)

Jean Bellegambe, de Douai, le peintre du tableau polyptique d'Anchin. Bruxelles, 1862; in-8°.

Rapport à M. le gouverneur du Brabant sur les explorations de *tumuli* faites pendant l'année 1863. Bruxelles, 1863; in-8°.

Thierri d'Alsace Études sur le règne de ce prince. Gand, 1863, in-8°. (*Mémoires de la Société des Beaux-Arts de Gand.*)

Notre première école de peinture, Thierri Bouts dit de Haarlem. Bruxelles, 1863; in-8°.

Une ancienne monnaierie des ducs de Brabant, Linsmeau près de Jodoigne. Bruxelles, 1864; in-8°. (*Revue belge de numismatique.*)

Nouvelles études sur la géographie ancienne de la Belgique. Bruxelles, 1867; in-12. (*Revue trimestrielle.*)

De l'origine et des premiers développements des libertés communales. Preuves. Bruxelles, 1869; in-8°.

Hugues Van der Goes, sa vie et ses œuvres. Bruxelles, 1872; in-8°.

Les libertés communales. Essai sur leur origine et leurs premiers développements en Belgique, etc. Bruxelles, 1878; 2 vol. in-8°.
Ouvrage qui a obtenu le prix de 25,000 francs institué par le Roi.

Les tapisseries bruxelloises. Essai historique sur les tapisseries et les tapisseries de haute et de basse-lice de Bruxelles. Bruxelles, 1878; in-8°. (*Bull. des comm. d'art et d'archéologie.*)

Les bois communaux de Chimay. Recherches historiques sur la nature et l'étendue des droits des communes de Chimay, Saint-Remy, Bauwelz et Villers-la-Tour. Bruxelles, 1881; in-8°.

Documents concernant le canal de Willebroeck, publiés par ordre de l'administration communale de Bruxelles. 1882; in-8°.

Landen. Description. Histoire. Institutions. Bruxelles, 1883; in-8°. (*Bulletins de la Société de Géographie.*)

Attenhoven, dans le canton de Landen. Bruxelles, 1884; in-8°. (*Bulletins de la Société de Géographie.*)

Le rôle des grandes villes et leur importance politique et sociale, discours lu à la séance annuelle de la Société de Géographie du 17 avril 1884. In-8°.

Liste par ordre chronologique des magistrats communaux de Bruxelles depuis 1794 jusqu'en 1883, publiée par ordre de l'administration de la ville. Bruxelles, 1884; in-8°.

Jean-Baptiste Van Moer. (*Journal des beaux-arts* du 31 décembre 1884.)

Études et anecdotes relatives à nos anciens architectes. Bruxelles, 1885; in-8°.

M. Wauters a, en outre, publié : dans l'*Écho du Parlement* de 1880, une suite d'articles sur les tapisseries, les dentelles, les objets d'orfèvrerie, les cartes, etc., exposés à Bruxelles, à l'ancien Champ des Manœuvres, à l'occasion de l'Exposition industrielle de 1880, et, en 1884, cinq articles sur l'histoire de l'architecture en Belgique, intitulés : *À propos de l'Exposition nationale d'architecture;* — dans le journal l'*Art*, une biographie de Rubens, un article considérable sur les tapisseries de Bruxelles, où l'auteur a fait connaître un grand nombre de marques de haut-liciers, etc.;— dans le volume de luxe intitulé : *L'Art ancien à l'Exposition nationale belge* de 1880, deux chapitres consacrés, l'un aux tapisseries historiées, l'autre aux porcelaines et aux faïences; dans le journal de la Société d'Architecture, *l'Émulation*, des notices sur la maison dite *la Louve*, à Bruxelles; le château de *Steen*, etc.

WEDDINGEN (J.-J.-E.-Aloïs **VAN**), ✠, domicilié à Laeken, place Léopold, 2; né à Louvain le 16 août 1841; docteur en philosophie et en théologie; prélat de la maison du Pape; chanoine honoraire de Malines; aumônier de la Cour; *élu* correspondant de l'Académie le 10 mai 1886.

PUBLICATIONS ACADÉMIQUES.

Mémoires.

Essai critique sur la Philosophie de S. Anselme de Cantorbéry.— Mémoire couronné. 1874. (*Mémoires* in-8°, t. XXV.)

OUVRAGES NON PUBLIÉS PAR L'ACADÉMIE.

De Miraculo deque ejus in Christiana Demonstratione usu et valore. Dissertatio ad summos in S. Theologiâ honores. Louvain, 1869.

Essais sur le concile œcuménique du Vatican et la définition de l'infaillibilité pontificale. Louvain, 1870.

Apologétique fondamentale. (9e édit.) Bruxelles, 1875.

Étude sur la restauration de la philosophie chrétienne et l'encyclique de Léon XIII. Bruxelles, 1878; 3e édit.

Le droit domestique et le mariage, et l'encyclique de Léon XIII. Bruxelles, 1879; 4e édit.

Lao-T'se : une page de l'histoire primitive de la philosophie. Louvain, 1886.

Monographie religieuse de Montaigu. Bruxelles, 1879; 4e édit.

Étude critique sur la philosophie d'Albert le Grand, le maître de S. Thomas. Bruxelles, 1881; 3e édit.

Feuilles de lierre, poèmes philosophiques. Louvain, 1873; 3e tirage.

Julienne de Cornillon. Poème philosophique. 1876.

Max Volmar. Poème philosophique. Bruxelles.

Le centenaire de la fondation de la poudrerie royale de Wetteren. Bruges.

Cantate et scènes lyriques du cinquantenaire de la maison de Melle, sous la direction de M. Théophile Wicart. Bruges. — Musique de M. Isidore De Vos.

Souvenirs d'enfance. Poème philosophique.

Mélanges philosophiques et littéraires. — Articles parus dans la *Revue générale*, les *Annales de philosophie chrétienne* de Paris, la *Revue catholique* de Louvain.

En préparation : Les principes générateurs de la philosophie. 3 vol.

WILLEMS (Pierre-Gaspard-Hubert), ✠, domicilié à Louvain, rue de Bruxelles, 192; né à Maestricht le 6 janvier 1840; docteur en philosophie et lettres; professeur à la faculté de philosophie et lettres et secrétaire de l'Université catholique de Louvain; élu correspondant de l'Académie le 6 mai 1872; membre, le 14 mai 1877; directeur de la Classe des lettres en 1886.

PUBLICATIONS ACADÉMIQUES.

Mémoires.

Rapport sur le mémoire de M. Henrard : Jules César et les Éburons. 1882. (*Mémoires* in-8°, t. XXXIII.)

Bulletins (2e *série*).

Notes de critique et d'exégèse sur Horace, 6e satire du 1er livre. 1873. (T. XXXV.)

Lettre à M. Roulez sur le vers 75 et suiv. du chant V de l'Énéide. 1873. (T. XXXVI.)

Quelques remarques à propos de la communication de M. Nolet de Brauwere van Steeland sur le particularisme linguistique flamand de la Flandre occidentale. 1874. (T. XXXVII.)

La compétence du Sénat de la République romaine en matière d'affaires étrangères. 1877. (T. XLIV.)

Rapport sur un travail de M. de Ceuleneer concernant une inscription d'un proconsul de la Narbonaise. 1878. (T. XLV.)

La rédaction et la garde des sénatus-consultes pendant la République romaine. 1878. (T. XLVI.)

(*3e série.*)

Redevoering uitgesproken in naam der Academie ten sterfhuize van M. Hendrik Conscience (avec traduction française.) 1883. (T. VI.)

Rapport sur un travail de J. Van den Gheyn, S. J. : Remarques sur quelques racines sanscrites de la 8e classe. 1884. (T. VII.)

Rapport sur un mémoire de concours en réponse à la question : *On demande une étude sur l'application des règles de la métrique grecque et latine à la poésie néerlandaise.* 1885. (T. IX.)

Les élections municipales à Pompéi; discours prononcé comme directeur de la Classe des lettres, en séance publique du 12 mai 1886. (T. XI.)

Annuaire.

Notice nécrologique sur Jean-Henri Bormans : Zijne verdiensten op 't gebied der Nederlandsche taal- en letterkunde. Année 1881.

OUVRAGES NON PUBLIÉS PAR L'ACADÉMIE.

De verdiensten van hoogleeraar J.-B. David in het gebied der Nederlandsche taal- en letterkunde. Louvain, 1867; in-8°.

Nederlandsche gedichten met taal- en letterkundige aanteekeningen van wijlen hoogleeraar J.-B. David, uitgegeven door P. Willems met eene voorrede des uitgevers. Louvain, 1869; in-8°.

Les antiquités romaines envisagées au point de vue des institutions politiques. Louvain, 1870; in-8°.

Le droit public romain depuis l'origine de Rome jusqu'à Constantin le Grand, ou les antiquités romaines, etc., 2e édition. Louvain, 1872; in-8°. — 3e édition. Louvain, 1874; in-8°.

Le droit public romain depuis la fondation de Rome jusqu'à Justinien, 4e édition. Louvain, 1880; in-8°. — 5e édition. Louvain, 1883; in-8°.

Le Sénat de la République romaine. T. I. La composition du Sénat. Louvain, 1878; in-8°. (2e édition, avec appendices. Louvain, 1885.) T. II. Les attributions du Sénat. Louvain, 1883; in-8°. T. III. Registres. Louvain, 1885; in-8°.

Des idées d'Homère sur l'immortalité de l'âme et sur la vie future (dans les *Choix de Mémoires de la Société littéraire de l'Université de Louvain*). Louvain, 1860; in-8°.

Coup d'œil sur l'enseignement philosophique, littéraire et philologique des écoles de Paris en 1862 (dans la *Revue belge et étrangère*). Bruxelles, 1863; in-8°.

Étude sur Isocrate (dans la *Revue de l'instruction publique en Belgique*). Bruges, 1864; in-8°.

Dautzenberg herdacht (in de *Verhandelingen van het XIe taal- en letterkundig congres te Leuven*). Louvain, 1870; in-8°.

Over de verbuiging der zelfstandig gebruikte bijvoeglijke naamwoorden en voornaamwoorden. Het voornaamwoord *degene* (dans *De Toekomst*). Bruxelles, 1871; in-8°.

Notes épigraphiques (dans les *Études archéologiques, linguistiques et historiques, dédiées à M. le Dr C. Leemans*). Leide, 1885; in-4°.

L'organisation des flottes romaines. (*Revue de l'instruction publique en Belgique*). Gand, 1885; in-8°.

CLASSE DES BEAUX-ARTS.

ALVIN (Louis-Joseph), C. ✠, homme de lettres; domicilié à Ixelles, rue du Trône, 45; né à Cambrai le 18 mars 1806 (naturalisé); professeur au collège de Liège, de 1826 à 1830; attaché au Ministère de l'Intérieur, de 1830 à 1850; en dernier lieu directeur de l'instruction publique; conservateur en chef de la Bibliothèque royale de Belgique; nommé membre de l'Académie le 1er décembre 1845; directeur de la Classe des beaux-arts en 1848, 1857, 1865, 1873, 1877 et 1886; président de l'Académie en 1865, 1877 et 1886.

PUBLICATIONS ACADÉMIQUES.

Bulletins (*1re série*).

Étude sur un tableau de P.-P. Rubens, représentant le *Christ au tombeau.* 1846. (T. XIII.)

Notice sur la décoration des monuments par la peinture murale, à propos d'une chapelle de Saint-Germain-l'Auxerrois, à Paris. 1847. (T. XIV.)

Discours prononcé, comme directeur, en séance publique de la Classe des beaux-arts, le 25 septembre 1848. (T. XV.)

Notice sur deux monuments. (*Ibid.*)

Rapport sur le jugement des cantates du concours de composition musicale de 1849. (T. XVI.)

Notice sur des sculptures du XIe siècle, appartenant à l'église de Sainte-Gertrude, à Nivelles. 1850. (T. XVII.)

Rapport sur l'organisation des grands concours de peinture. (*Ibid.*)

Note complémentaire à la notice sur les sculptures de Nivelles. (T. XVII.)

Rapport sur le concours extraordinaire pour un monument à ériger à la mémoire de S. M. la reine des Belges. 1851. (T. XVIII.)

Rapport sur une notice de M. Alex. Pinchart, relative au tombeau de Marie de Bourgogne. (*Ibid.*)

Rapport de la Commission chargée de préparer les programmes des examens des lauréats du grand concours d'architecture. 1852. (T. XIX.)

Rapport fait en qualité de commissaire du concours sur la question relative aux caractères distinctifs de la peinture flamande, sous le règne des ducs de Bourgogne. (*Ibid.*)

Rapport sur les résultats des examens subis par les lauréats des concours de peinture et de sculpture de l'Académie des beaux-arts d'Anvers. (*Ibid.*)

Quelques renseignements nouveaux sur la vie de Rembrandt Van Ryn. 1853. (T. XX.)

Notice sur le char de Sainte-Gertrude, à la collégiale de Nivelles. 1854. (T. XXI.)

Biographie du peintre Henri De Caisne. (*Ibid.*)

Deuxième notice sur le char de Sainte-Gertrude. 1855. (T. XXII.)

Sur un manuscrit de Jean Molanus. (*Ibid.*)

Deuxième rapport sur le concours académique pour la question relative aux caractères de la peinture flamande, etc. (*Ibid.*)

Jacques Jordaens appartenait-il à la religion réformée? (*Ibid.*)

Rapport sur le droit de copie des tableaux des Musées. 1856. (T. XXIII.)

(2e *série.*)

Les nielles de la Bibliothèque royale de Belgique. 1857. (T. II.)

Les commencements de la gravure aux Pays-Bas. 1857. (T. III.)

L'alliance de l'art et de l'industrie, discours prononcé, comme directeur, en séance publique de la Classe des beaux-arts, le 29 septembre 1857. (*Ibid.*)

Les grands prix dits *prix de Rome;* exposé des motifs de la proposition de M. J. Portaels sur le séjour des lauréats à l'étranger. (T. III.)

Rapport sur la formation du programme des examens à imposer aux lauréats des grands concours d'architecture. 1858. (T. IV.)

Les grandes armoiries du duc Charles de Bourgogne; description d'une gravure unique de 1467. 1859. (T. VI.)

Les commencements de la gravure aux Pays-Bas; deuxième rapport sur le concours académique. 1859. (T. VIII.)

Encouragements à donner à la gravure. Avant-projet et rapport. (*Ibid.*)

Encouragements à donner à la gravure; plan proposé au Ministre de l'Intérieur; exposé des motifs. (*Ibid.*)

Des droits respectifs des auteurs et de l'Académie sur la propriété des mémoires adressés à la Compagnie. 1860. (T. IX.)

Rapport sur d'anciennes peintures murales découvertes dans le chœur de l'église de N.-D. des Victoires, au Sablon, à Bruxelles. 1860. (T. X.)

Un vers d'André Chénier redressé par Mlle Justine Guillery. 1862. (T. XII.)

Rapport sur la situation des écoles de dessin dans la ville de Paris. 1862. (T. XIV.)

Rapport sur le concours pour les paroles d'une cantate. 1863. (T. XVI.)

Rapport sur le concours académique de 1863. Caractères de l'école flamande de peinture. (*Ibid.*)

Discours prononcé sur la tombe de M. Roelandt, membre de l'Académie. 1864. (T. XVII.)

Notice sur les gravures insérées dans le manuscrit du *Spirituale pomerium* de la Bibliothèque de Bourgogne. (*Ibid.*)

Rapport sur un mémoire envoyé au concours de 1864, en réponse à une question ayant pour objet l'histoire de l'enseignement des arts plastiques et graphiques dans les Pays-Bas. 1864. (T. XVIII.)

Discours prononcé sur la tombe de M. Braemt, membre de l'Académie. 1865. (T. XIX.)

Discours prononcé sur la tombe de M. Demanet, membre de l'Académie. 1865. (T. XX.)

Rapport sur le concours pour une cantate. (*Ibid.*)

Rapport sur un mémoire envoyé en réponse à une question du concours de 1864, remise au concours de 1865, relative à l'histoire de l'enseignement des arts plastiques et graphiques dans les Pays-Bas. (*Ibid.*)

Discours prononcé, comme directeur, en séance publique de la Classe des beaux-arts, le 23 septembre 1865. (*Ibid.*)

De la constitution des Académies (écoles de dessin) de Belgique, depuis leur origine jusqu'à nos jours. (*Ibid.*)

Allocution adressée, en qualité de président de l'Académie, au nom de la Compagnie, à S. M. Léopold II, lors de son avènement au trône, le 17 décembre 1865. (*Ibid.*)

Notice biographique sur les trois frères Jean, Jérôme et Antoine Wierix, graveurs anversois. 1866. (T. XXI.)

Rapport sur le concours pour une cantate. 1867. (T. XXIV.)

Iconographie princière des Pays-Bas. 1868. (T. XXV.)

L'Égypte entrevue à travers l'inauguration du canal de Suez. 1870. (T. XXIX.)

Quelques mots touchant l'application du droit de conquête aux monuments de l'art. 1872. (T. XXXII.)

Examen des questions relatives aux grands concours pour les prix dits *de Rome*. 1872. (T. XXXIV.)

Discours prononcé, comme directeur, en séance publique de la Classe des beaux-arts, le 29 septembre 1873. (T. XXXVI.)

Discours prononcé aux funérailles de M. Partoes, le 31 décembre 1873. (T. XXXVII.)

Rapport sur les arrêtés royaux réorganisant les grands concours (prix de Rome). 1875. (T. XL.)

Souvenir du IVe centenaire de Michel-Ange. (*Ibid.*)

La plus ancienne gravure en taille-douce exécutée aux Pays-Bas. 1876. (T. XLII.)

Note sur deux estampes représentant les grandes armoiries du duc Charles le Téméraire. 1877. (T. XLIII.)

Discours prononcé aux funérailles de M. Madou. (T. XLIII.)

Discours prononcé aux funérailles de M. Payen. (*Ibid.*)

Rapport sur le mémoire de concours concernant les influences subies par P.-P. Rubens et A. Van Dyck, pendant leur séjour en Italie. 1877. (T. XLIV.)

Discours prononcé, comme directeur, en séance publique de la Classe des beaux-arts, le 24 septembre 1877. (*Ibid.*)

Discours prononcé à l'inauguration du buste de Rubens, à Anvers. (*Ibid.*)

Discours prononcé à la séance d'installation des Académies. (*Ibid.*)

Toast au Roi lors du banquet d'installation. (*Ibid.*)

Rapport sur un mémoire de concours concernant l'école de gravure sous Rubens. 1878. (T. XLVI.)

Rapport sur un mémoire de concours concernant le régime de la profession de peintre en Belgique. 1879. (T. XLVIII.)

(*3e série.*)

Rapport sur un travail de M. Jos. Geefs (planches d'anatomie pittoresque). 1881. (T. I.)

Discours prononcé aux funérailles de M. Verboeckhoven. (*Ibid.*)

Rapport sur deux mémoires de concours concernant la profession de peintre. 1881. (T. I et II.)

Rapport sur un mémoire de M. Helbig concernant les reliques données par saint Louis au couvent des Dominicains de Liège. (T. II.)

Discours prononcé, comme directeur, en séance publique de la Classe des beaux-arts, le 31 octobre 1886. (T. XII.)

Annuaire.

Notice nécrologique sur H. Vander Haert. Année 1854.

Id. le chevalier F.-J.-F. Marchal. Année 1860.

Id. Léonard Jehotte. Année 1862.

Id. François Navez. Année 1871.

Notice nécrologique sur F.-J. Fétis Année 1874.
Id. H.-L.-F. Partoes. Année 1875.
Id. A. Van Hasselt. Année 1877.
Id. Louis Calamatta. Année 1882.
Id. E. Verboeckhoven. Année 1883.

Biographie nationale.

Notices : Dewez (L.-D.-J.), Coché-Mommens (J.-J.), Edelinck (G.), Edelinck (J.), Edelinck (G.-F.), Engelspach (A.), Eschen (P.-J. van), Fallot-Laurillard (Ch.-G.-A.), Flémalle (B.), Fremich (L.), Fremich (S.), Fremich (V.), Guillery (Justine), Guillery (H.), Guillery (C.-F.-H.), Halen (Don Juan Van), Hallard (L.-J.), Hasselt (André Van), Hellemans (P.-J.), Hellemans (M.-J.).

OUVRAGES NON PUBLIÉS PAR L'ACADÉMIE.

Sciences morales et politiques.

État de l'instruction primaire en Belgique, de 1830 à 1840. Bruxelles. 1842 ; vol. grand in-8°.

État de l'instruction moyenne en Belgique, même période. Bruxelles, 1843; vol. grand in-8°.

État de l'instruction supérieure en Belgique, de 1794 à 1840. Bruxelles, 1844; 2 vol. grand in-8°.

Ces trois documents ont été rédigés avec le concours de plusieurs fonctionnaires de l'administration, revus et présentés aux Chambres législatives par M. Nothomb, Ministre de l'Intérieur.

Rapport triennal sur la situation de l'instruction primaire en Belgique, années 1843, 1844 et 1845, et sur l'exécution de la loi du 23 septembre 1842. Bruxelles, 1847; 2 vol. grand in-8°.

Rapport comprenant l'administration des Ministres Nothomb, S. Van De Weyer et de Theux, présenté par ce dernier aux Chambres législatives.

État de l'instruction moyenne en Belgique, de 1842 à 1848. Bruxelles, 1849; vol. in-folio.

Rédigé avec le concours de plusieurs fonctionnaires de l'administration, et présenté par le Ministre Ch. Rogier aux Chambres législatives.

Discussion de la loi sur l'instruction primaire du 23 septembre 1842, précédée d'une introduction historique et des documents principaux antérieurs aux débats publics, accompagnée de notes explicatives. Bruxelles, 1843; vol. in-8°.

Discussion de la loi sur l'enseignement supérieur du 27 septembre 1835, et de la loi sur le jury d'examen, du 8 avril 1844, précédée d'un aperçu historique sur l'organisation universitaire en Belgique, accompagnée de notes explicatives. Bruxelles, 1844; vol. in-8°.

Quatre rapports sur la situation de la Bibliothèque royale, 1850-1853, 1854-1856, 1857-1858, 1859-1861. (*Moniteur belge.*)

Rapport sur l'Exposition universelle de Vienne. Groupe XXVI : Éducation, enseignement, instruction. Bruxelles, 1874; vol. in-8°.

Rapport sur l'Exposition universelle de Paris. (Classe 7, Organisation de l'enseignement secondaire.) Bruxelles, 1878; br. in-8°.

Beaux-Arts.

Compte rendu du salon d'exposition de Bruxelles. Bruxelles, 1836; vol. in-8°.

Compte rendu des expositions de Liège, de Bruxelles, d'Anvers et de Gand, inséré dans l'*Émancipation*, la *Revue de Bruxelles*, le *Recueil encyclopédique belge* et dans la *Revue de Liège*.

Études sur quelques tableaux de P.-P. Rubens, publiées en 1835 et 1836, dans l'*Émancipation*. Une de ces études a été insérée dans les *Bulletins de la Société des gens de lettres*, en 1848.

Éloge de P.-P. Rubens, inséré dans l'ouvrage intitulé : *Scènes de la vie des peintres*. Bruxelles.

Notice sur Jacques Jordaens, insérée dans les *Belges illustres*. Bruxelles, 1844.

Rapport de la Commission chargée de préparer l'organisation d'un concours entre les établissements consacrés à l'enseignement des arts graphiques et plastiques. Bruxelles, 1853.

Discours prononcés en qualité de secrétaire de l'Académie royale des beaux-arts de Bruxelles, aux distributions des prix des années 1837 à 1844. (Celui de l'année 1839 est l'éloge du peintre Paelinck.)

Exhibitions d'eaux-fortes aux Cercles artistiques et littéraires de Bruxelles, d'Anvers et de Liège. Rembrandt, Adrien Van Ostade, etc. (*Revue universelle des arts.*) Bruxelles, 1855.

Supplément du rapport sur l'enseignement des arts plastiques et graphiques. Bruxelles, 1855.

Excursion dans l'histoire de la gravure. (*Revue universelle des arts.*) Bruxelles, 1856.

Résumé des travaux de la 1re session du Conseil de perfectionnement de l'enseignement des arts du dessin. (*Moniteur belge*, 1860.)

Coup d'œil sur la situation des beaux-arts en Belgique, à propos de l'Exposition nationale de 1860. Brochure de 88 pages. (Inséré d'abord dans le journal l'*Observateur belge.*)

Séjour de Jacques Callot à Bruxelles. (*Revue universelle des arts.*) Bruxelles, 1861.

Rapports faits au nom du conseil de perfectionnement de l'enseignement des arts du dessin, en qualité de président, sur les travaux de ce collège, durant les sessions de 1861-1862, 1863-1864, 1865 et 1866. (*Moniteur belge.*)

Un chapitre de l'histoire de l'administration des beaux arts en Belgique. (Publié dans l'*Écho du Parlement belge.*) 1862.

Dentelles et guipures, à propos d'anciens modèles gravés en Italie, en France et dans le pays de Liège. (*Journal des Dames et des Demoiselles.*) Bruxelles, 1862.

L'alliance de l'art et de l'industrie au point de vue de l'enseignement des arts du dessin en Belgique. Bruxelles, 1863; vol. in-8°.

Expositions des travaux des écoles de dessin en Bavière, en France et dans le royaume de Wurtemberg. (*Moniteur belge*, 1863.)

Le *Spirituale Pomerium*. (Inséré dans les *Documents iconographiques et typographiques de la Bibliothèque royale de Belgique.*) Bruxelles, 1864; grand in-folio.

Entretien sur les méthodes de dessin, en collaboration avec M. Gaillard, professeur à l'école des beaux-arts de Toulouse. Bruxelles, 1866 ; in-8°.

Catalogue raisonné de l'œuvre des frères Jean, Jérôme et Antoine Wierix. Bruxelles, 1866 ; vol. in-8° avec trois suppléments.

Les académies de Belgique. Rapport adressé à M. Alph. Vandenpeereboom, Ministre de l'Intérieur. Bruxelles, 1866; vol. in-8°.

Littérature.

Sardanapale, tragédie en cinq actes et en vers, imitée de lord Byron, représentée sur le théâtre de Bruxelles, le 11 janvier 1834. Bruxelles, 1834.

Le Folliculaire anonyme, comédie en trois actes et en vers, non représentée. Bruxelles, 1835.

Les étrangers en Belgique, fragment d'une comédie, par Mme la comtesse Anastasie de R*** (pseudonyme), inséré dans la *Revue de Liège.* 1845.

Analyse de la *Divine épopée,* par Alexandre Soumet, insérée dans le même recueil. 1843.

Souvenir de ma vie littéraire, recueil de vers et de prose. Bruxelles, Lesigne, 1843; vol. in-18.

Annuaire de la Bibliothèque royale de Belgique, fondé par M. le baron de Reiffenberg. Nouvelle série, années 1851-1853. Bruxelles ; 3 vol. in-18.

Les recontemplations, pastiche satirique, publié sous le pseudonyme de Louis-Joseph Van Il. Bruxelles, 1856 ; vol. in-16.

L'enfance de Jésus, tableaux flamands ; petit poëme accompagné de reproductions photographiques des gravures de Jérôme Wierix : *Infantia D.-N. Jesus-Christi.* Paris et Lyon, 1860 ; in-16.

Galerie de contemporains. Bruxelles; in-16 :

Louis Gruyer, sa vie, ses œuvres et ses correspondances, 1867;

Eugène Robin, 1867;

F.-J. Navez, 1870.

Introduction à la réimpression de l'ouvrage de Marchet, intitulé : *La prinse de Térouane et Hesdin, avec la bataille de Renti.* (Publiée par la Société des Bibliophiles belges.) Bruxelles, 1872.

Articles d'analyse et de critique littéraire, insérés dans les journaux et recueils périodiques suivants : l'*Artiste belge*, le *Recueil encyclopédique belge*, la *Revue de Liège*, le *Courrier des Pays-Bas*, l'*Émancipation*, la *Revue de Bruxelles*, etc.

Introduction aux œuvres d'André Van Hasselt, publiées à Bruxelles, 1876, 1877; 10 vol. in-8°.

André Van Hasselt, sa vie et ses travaux. Bruxelles, 1877; 1 vol. in-8°.

BALAT (Alphonse-François-Hubert), G. O. ✠, architecte; domicilié à Ixelles, rue de Londres, 17; né à Namur le 15 mai 1818; architecte du Roi; membre effectif du Corps académique de l'Académie royale des beaux-arts d'Anvers, depuis le 18 août 1863; vice-président de la Commission royale des monuments; membre des Conseils d'administration des musées royaux de l'État; élu correspondant de l'Académie le 13 janvier 1853; membre, le 9 janvier 1862; directeur de la Classe des beaux-arts en 1867, 1875 et 1881.

PUBLICATIONS ACADÉMIQUES.

Bulletins.

Sur la création d'un Palais des beaux-arts à Bruxelles, discours prononcé comme directeur à la séance publique du 30 septembre 1875. (2e série, t. XL, p. 246.)

Sur la crise artistique, discours prononcé comme directeur à la séance publique du 30 octobre 1881. (3e série, t. II, p. 349.)

PRINCIPALES OEUVRES D'ART.

Plans et construction de quelques habitations particulières à Bruxelles, entre autres de l'hôtel du marquis d'Assche, place de la Société Civile.

Plans et construction du château de Presles (province de Hainaut).

Appropriation du Marché de la Madeleine à la grande fête nationale donnée, en septembre 1848, par le Cercle artistique et littéraire de Bruxelles.

Constructions érigées dans les jardins du Palais Ducal (actuellement Palais des Académies), lors de la fête nationale, donnée en septembre 1851, par le Cercle artistique et littéraire de Bruxelles.

Agrandissements et transformation du Palais du Roi, à Bruxelles, 1862 à 1874. — Abords de ce palais, place du Trône. — Plans de la façade principale à ériger place des Palais.

Plans et construction du Palais des beaux-arts, rue de la Régence, à Bruxelles. 1876.

Agrandissements, plans et construction des serres et d'un jardin d'hiver au château royal de Laeken.

BENOIT (Peter), C. ✠, domicilié à Anvers, Vieux-Marché au Blé, 30; né à Harlebeke (Flandre occidentale) le 17 août 1834; lauréat du Grand concours de composition musicale de 1857; nommé directeur de l'école de musique d'Anvers en 1867, il transforma cet établissement et y organisa un enseignement musical purement flamand; élu correspondant de l'Académie le 8 janvier 1880; membre, le 5 janvier 1882.

OUVRAGES NON PUBLIÉS PAR L'ACADÉMIE.

De Vlaamsche muziekschool van Antwerpen, hare inrichting en strekking. Anvers, 1873; in-8°, 24 pages.

Considérations présentées à M. le Ministre de l'Intérieur à propos d'un projet pour l'institution de festivals en Belgique. Bruxelles, 1874; in-8°, 19 pages.

Verhandeling over de nationale toonkunde. Anvers, 1875-1877; 2 volumes.

De muzikale opvoeding en opleiding in België.

Het droombeeld eener muzikale wereldkunst.

Over « Schijn en Blijk » in onze muzikale Vlaamsche beweging.

Onze muzikale beweging op dramatisch gebied.

Een koninklijk Vlaamsch Conservatorium te Antwerpen.

Onze Nederlansche muzikale eenheid.

Brieven over Noord-Nederland.

De oorsprong van het cosmopolitisme in de muziek. Anvers, 1876.

Collaboration : *De Vlaamsche Kunstbode; De Eendracht; Le Guide musical; L'Art universel; De Zweep; Revue trimestrielle; Willems-Fonds.*

PRINCIPALES COMPOSITIONS MUSICALES, DE 1854 A 1863.

De Belgische Natie, pièce en 3 actes.

Het dorp in 't gebergte, pièce en 3 actes.

Six mélodies pour chant et piano.

Vingt motets avec orgue. — Messe brève avec orgue (orchestrés plus tard).

Ave Maria, double chœur mixte sans accompagnement.

Le Roi des aulnes, poème de Castan.

Moïse au Sinaï, double chœur pour voix d'hommes.

Isa, poème d'Emmanuel Hiel, pièce en 3 actes.

Pièce nationale en 3 actes, poème de Marcel Briol.

Motets, chœurs mixtes et orchestre ; *Tantum ergo, Alma mater,* etc.

Hymne à la colonne, poème de De Vos, pour chœurs mixtes, soli et orchestre.

Tétralogie religieuse (texte latin) : Noël; Messe; Te Deum; Requiem. Pour chœur mixtes, soli, orchestre, orgue et harpes.

OEUVRES DIVERSES POUR PIANO, DEPUIS 1864 JUSQU'A 1886.

Deux concertos avec orchestre : *a*) pour piano-forte; *b*) pour flûte (développement final d'une série de compositions pour piano-forte seul, intitulées : *Sagen en Balladen*). 1864-1866.

De Maaiers, poésie de Napoléon Destanberg, double et triple chœur pour voix d'hommes. 1866.

Cyclus : Liefde in 't leven, poésies d'Emmanuel Hiel, pour voix seule et piano-forte. 1866-1868.

De Schelde, poème d'Emmanuel Hiel, en trois parties, soli, chœurs, orchestres et harpes. 1868.

Lucifer, en trois parties, soli, chœurs, orchestre, harpes et orgue ; poème d'Emmanuel Hiel. 1869.

Drama Christi, texte évangélique, pour soli et chœur de voix d'hommes, orgue, violoncelles, contrebasses, trompettes et trombones. 1871.

De Leie, poème de Ad. Verriest, pour chœur mixte, baryton solo et orchestre. 1872.

De Oorlog, poème de Jean van Beers, en trois parties, pour soli, plusieurs groupes de chœurs et d'orchestres, harpes, orgue. 1873.

Liefdedrama, poésies diverses, tirées de Shakspeare, Emmanuel Hiel et Eugène van Oye, et coordonnées par le compositeur. Cette œuvre constitue une suite de scènes pour voix seule et piano-forte. 1873-1875. L'épilogue, ayant pour titre: *Aan zee,* a pour instrumentation : piano-forte, harmonium, deux cors et quintet d'instruments à cordes.

Charlotte Corday, drame en 5 actes. 1875-1876.

Willem de Zwijger, épisode de l'histoire de la Pacification de Gand, poème dramatique en 5 actes, par Émile Van Goethem. 1876.

Vlaanderens Kunstroem (Rubens-Cantate), poésie de J. De Geyter, chœurs mixtes, voix d'enfants et orchestre. 1877.

Antwerpen, poésie de Frans De Cort, triple chœur pour voix d'hommes. 1877.

De Wereld in! poésie de J. De Geyter, pour voix d'enfants et orchestre. 1878.

Joncfrou Kathelyne, poème de J. De Geyter, scène dramatique-romantique pour voix d'alto et grand orchestre. 1879.

Muze der Geschiedenis, poésie de J. De Geyter, pour chœurs et orchestres. 1880.

Hucbald, poésie de J. De Geyter, à double chœur, baryton solo, orchestre et harpes. 1880.

Triomfmarsch : chœur mixte, orchestre de symphonie, orchestre d'harmonie et orchestre de fanfares. 1880. Exécuté à l'occasion de l'ouverture de l'Exposition nationale de Bruxelles.

Hymnus aan de Schoonheid, poème d'Emmanuel Hiel, première partie d'une trilogie; les seconde et troisième parties sont : Hymnus aan de Menschheid; Hymnus aan de Waarheid. 1882.

Kinderhulde aan een Dichter (Van Ryswyck-Cantate), poème de J. De Geyter, pour voix d'enfants et orchestre. 1884.

Feestzang bij de opening der Wereldtentoonstelling, poème de Jean van Beers. Exécuté à l'occasion de l'ouverture de l'Exposition internationale d'Anvers. Grand orchestre, chœur mixte, chœur d'enfants, orgue, harpes et canon obligé. 1885.

Bij de onthulling van Conscience 's Praalgraf, poème de Victor de la Montagne. Chœur mixte, chœur d'enfants, quatre trompettes, deux trombones alto, quatre cors, trois trombones, tuba et trompettes thébaines. 1886.

Juicht met ons (Buls-cantate), poème d'Emmanuel Hiel, chœur mixte, chœur d'enfants, alto solo, trois voix de soprano et baryton solo, deux petites flûtes, deux grandes flûtes, deux hautbois, harpes, harmonium, trompettes thébaines, deux jeux de clochettes, une cloche (tam-tam), tambour, cymbales, triangle et grosse caisse. 1886.

BEYAERT (Henri-Joseph-François), O ✠, domicilié à Bruxelles, rue du Trône, 18; né à Courtrai le 29 juillet 1823; membre de la Commission royale des monuments et du Conseil supérieur d'hygiène publique; élu correspondant de l'Académie le 1er mars 1883.

PRINCIPALES OEUVRES D'ART.

Restauration et appropriation de la porte de Hal comme Musée d'armures et d'antiquités, à Bruxelles.

Plan et construction de la Fontaine de Brouckere, à Bruxelles.
— de la Banque Nationale, à Bruxelles.
— de la Banque Nationale, à Anvers.
— de la Station du chem. de fer de l'État à Tourna.
— de la Douane et Entrepôt de Tournai.
— de l'Hôtel de M. Kegeljan-Godin, Namur.
— du Château de Faulx (province de Namur).
— de l'Église de Tombes id.
— du Château de Wespelaer (Brabant).

Restauration complète de la partie intérieure du Palais de la Nation à Bruxelles, réservée à la Chambre des Représentants et au Sénat et incendiée le 6 décembre 1883.

BIOT (Gustave-Joseph), O. ✠, domicilié à Ixelles, chaussée d'Ixelles, 280; né à Bruxelles le 1er janvier 1833; élève de Calamatta; lauréat du grand concours de gravure de 1855; élu membre de l'Académie le 10 janvier 1884.

PRINCIPALES OEUVRES D'ART.

Gravures en taille-douce.

Portrait du duc d'Albe, d'après le Titien, pour les Archives du royaume à Bruxelles. 1849.

Portrait de Weustenraad, pour l'*Annuaire de l'Académie.* 1850.

Portrait de Vander Haert, pour l'*Annuaire de l'Académie.* 1851.

Portrait de Overbeck, d'après lui-même, pour la Calcographie de Florence. 1853.

Portrait de M. Norbert d'Huyvetter, d'après Vander Haert. 1854.

Portrait de F. Pourbus, d'après lui-même, pour la Calcographie de Florence. 1855.

Figure d'après nature, 1er prix du grand concours de gravure. 1855.

Oh! d'après Madou; en collaboration avec Calamatta. 1856.

Portrait de Mme Luisa Riva-Cassati, pour l'ouvrage de Dall'Ongaro. 1856.

Madona della Scala, d'après le Corrège, Musée de Parme, planche éditée par MM. Dusacq, de Paris. 1861.

Le Miroir, d'après Cermak, planche commandée par le Gouvernement pour l'Exposition triennale de Bruxelles en 1866.

Portrait de Mme Ernest Motte, d'après nature. 1868.

Portrait de M. Sanford, d'après Liévin de Winne. 1871.

Portrait de François-Joseph, empereur d'Autriche, d'après Von Angeli, édité par M. Kayser de Vienne. 1873.

Le triomphe de Galathée, d'après la fresque de Raphaël, planche éditée par M. Kayser de Vienne. 1875.

Portrait de M. le baron Alfred de Rothschild, d'après nature. 1876.

Aglaé, d'après Cabanel, planche éditée par MM. Dusacq de Paris. 187

L'ascension du Christ, d'après Gustave Doré, planche commandée par MM. Fairless et Beeforth, de Londres. 1884.
Portrait de Marie-Henriette, reine des Belges, d'après Gallait, commandé par le Gouvernement. 1886.
La Revue des Écoles, d'après J. Verhas (planche non terminée).

Eaux-fortes.

Une marine, d'après P.-J. Clays. 1868; — Une vieille femme; en collaboration avec Boulanger. Ces deux eaux-fortes pour l'Ulenspiegel de Charles De Coster. 1868.
Aglaé, d'après Cabanel, pour un catalogue de vente.
Quarante et quelques portraits au fusain, d'après nature.
Deux dessins non gravés : La Vierge au Voile, d'après Raphaël, et l'Intrigue, d'après Portaels.

BURBURE DE WESEMBEEK (Léon-Philippe-Marie, chevalier de), O. ✠, domicilié à Anvers, rue Vénus, 17; né à Termonde, le 16 août 1812; docteur en droit, 1832; archiviste de la cathédrale d'Anvers, 1847; administrateur de l'Académie royale d'Anvers, 1854-1861, et membre honoraire du corps académique depuis le 21 août 1855; vice-président du Comité provincial de la Commission royale des monuments; membre des jurys des grands concours de composition musicale, 1838-1881; président du comité pour la publication des Inscriptions funéraires et monumentales de la province d'Anvers; membre de la Commission du musée Plantin-Moretus; président du Comité de rédaction du *Codex Rubenianus*, etc., etc.; élu membre de l'Académie le 9 janvier 1862; directeur de la Classe des beaux-arts en 1879.

PUBLICATIONS ACADÉMIQUES.

Mémoires.

Les œuvres des anciens musiciens belges. Étude sur un manuscrit du XVIe siècle, contenant des chants à quatre et à trois voix; suivie d'un Post-scriptum sur le *Bellum musicale*. 1882. (*Mémoires* in-8°, t. XXXIII, 44 pages et six dessins du manuscrit Basevi, en phototype.)

Bulletins (2e *série*).

Lettre à M. Alvin sur l'ancienneté de l'art typographique en Belgique. 1859. (T. VIII.)

Aperçu sur l'ancienne corporation des musiciens instrumentistes d'Anvers. 1862. (T. XIII.)

Recherches sur les facteurs de clavecins et les luthiers d'Anvers, depuis le XVIe siècle jusqu'au XIXe. 1863. (T. XV.)

Notes sur le graveur flamand Jean Schorkens. 1864. (T. XVII.)

Documents biographiques inédits sur les peintres Gossuin et Roger Vander Weyden le jeune. 1865. (T. XIX.)

Robert Peril, graveur du XVIe siècle, sa vie et ses ouvrages; avec portrait. 1869. (T. XXVII.)

Discours prononcé aux funérailles de Ch.-L. Hanssens. 1871. (T. XXXI.)

Le nom de famille du compositeur de musique Jean de Turnhout. 1878. (T. XLVI, 4 pp.)

Deux virtuoses français à Anvers (1541). Épisode des mœurs musicales au XVIe siècle. Discours prononcé, comme directeur, à la séance publique de la Classe des beaux-arts, le 24 septembre 1879. (T. XLVIII, 42 pp. avec les suppl.)

Charles Luython, compositeur de musique de la cour impériale (1550-1620). Sa vie et ses ouvrages, avec une composition de Luython. 1880. (T. XLIX, 30 pp.)

Annuaire.

Notice nécrologique sur le graveur Michel Verswyvel. Année 1869.
Id. sur Charles-Louis Hanssens. Année 1872.
Id. sur Ch.-F.-M. Bosselet. Année 1876.

Biographie nationale.

Notices : Abshoven, Abts, Ancot, Angelet, Adriaens (Luc), Van Aken (Bosch), Van Ameyden, Anselme de Flandre, Ansiaux, Laurent d'Anvers, d'Argentil, Artot, Arnould de Flandre, Antoine Barbé, Jean Barbé, Jean et Pierre Appelmans, Noël Baldwin, Baston, Bonomius, Jacques Barbireau, Bassenge, Pierquin Beurse, Henri Bredeniers, Van Baurscheit, Louis Van Beethoven le vieil, Berckelaers, Bettigny, Beys, Blavier, le Cocq, Cocx, Coddeman, Gilles Coignet, Jean Cordier, Séverin Cornet, Jean Cossiers, André de Cuypere, Delahele (Isaac), etc.

OUVRAGES NON PUBLIÉS PAR L'ACADÉMIE.

Lettres inédites d'Aubertus Mireus (le Mire). Gand, 1850; in-8°.

David Lindanus, sa famille, ses amis. Gand, 1851; in-8°.

Toestand der beeldende kunsten in Antwerpen, omtrent 1454. Anvers, 1854; in-4° et in-16.

La Sainte-Cécile en Belgique. Bruxelles, 1860; in-8°.

Notice sur les auteurs de l'ancien jubé de Bourbourg. Lille, 1864; in-8°.

Jan Van Ockeghem, zijne geboorteplaats en zijn verblijf in Antwerpen. 1re édit., Anvers, 1856; 2e édit., Termonde, 1868; in-8°.

Catalogue du Musée d'Anvers, édition de 1857. Anvers, 1857, 1861 et 1874; in-12.

Notes sur les *Liggeren* de saint Luc, publiés par MM. Rombouts en Van Lerius. Anvers; 1864, 2 vol., gr. in-8°.

Chronologische lijst der Ammans van Antwerpen, avec M. L. Torfs. Anvers, 1871; in-8°.

Lijst der Schepenen van Antwerpen, voor de XV^de eeuw, avec M. L. Torfs. Anvers, 1872; in-8°.

De antwerpsche Ommegangen in de XIV^de en XV^de eeuw, naar gelijktijdige handschriften. (Publication des Bibliophiles anversois 1878; 23 pp. in-8°.)

Familles du pays de Waes affranchies en 1243. Généalogies de leurs descendants aux XIVe et XVe siècles. (Publication du Cercle archéologique du pays de Waes. St-Nicolas, 1879; 62 pp. in-8°.)

Collaboration à l'Histoire des rues d'Anvers, par Aug. Thys. Anvers, 1873; in-8°.

COMPOSITIONS MUSICALES.

Musique d'église à quatre voix et orchestre.

Messe solennelle, en ut. 1846.
Amalecitæ, oratorio, en ré. 1835.
Stabat mater, en ut mineur. 1840.
Te Deum, en mi bémol. 1835.
Exultate Deo, psaume LXXX, en ré. 1849.
Litanies solennelles de la Vierge, en si bémol. 1849.
Cæli enarrant, psaume XVIII, en sol. Gand, 1859.
Alma redemptoris, en si bémol. Gand, 1858.
Ave Regina, en sol. 1836.
Regina Cœli, en ré. Gand, 1863.
Salve Regina, en fa. 1837.
Exaudi Deus, avec violoncelle concertant, en ré. 1838.
Ave Maris stella, en mi bémol. 1840.
Hæc Dies, en mi bémol. Mayence et Bruxelles, 1869.
Veni sponsa Christi, en fa. 1834.
Miseremini mei, en ré mineur. 1836.
Emitte spiritum tuum, en mi bémol. 1842.
Jesu dulcis memoria, en la bémol. Mayence et Bruxelles, 1869.
Levavi oculos, en mi bémol. Mayence et Bruxelles, 1869.
Adjuva nos Deus, en mi bémol. Mayence et Bruxelles, 1869.

Cantantibus organis, en sol. Mayence et Bruxelles, 1869.
Ave Maria, en mi bémol. Gand, 1842.
Divers *Tantum ergo*, en fa, sol, mi bémol, si bémol et ut. Mayence, 1869.
In exitu Israel, psaume CXIII, en mi bémol.
Deux litanies à trois voix. Gand, Gevaert. 1858.
Deus firmavit, chant de Noël, en ré. 1867.
Domine salvum fac Regem, en ré. 1867.
Ecce quam bonum, en si bémol. Mayence et Bruxelles, 1869.
Ave Maria, en ut. 1868.
Ecce panis, en mi bémol, avec instruments à vent. 1872.
Responsoria Passionis secundum Mattheum, à quatre voix, sans accompagnement, en sol. Gand. 1838.
Hymne à sainte Cécile, à dix voix, sans accompagnement, en sol. 1840.
Te Joseph celebrent, en la, avec orchestre. 1879.

Musique d'orchestre.

Divertissement, en ut 1830.
Ouverture de concert, en mi bémol; idem, en sol. 1831-1833.
Ouverture de *Jacques Van Artevelde*, en ré. 1834.
Ouverture de *David Teniers* ou *la Kermesse villageoise*, en ut. 1864.
Symphonie triomphale, en ré. 1853. Mayence, 1865.
Fantaisies pour violon, cor, clarinette et autres instruments solis. 1834-1840.

Musique pour harmonie militaire.

Ouverture de *Quentin Metsys*. 1840.
Id. de *La Serafina*. 1836.
Id. de *Godefroid de Bouillon*. 1841.
Id. de *Charlemagne*. 1835.
Id. de *Charles-Quint*, couronnée au concours, en 1840.

Divertissement de festival. 1837.

Fantaisies et pots-pourris sur *les Huguenots*, *Guido et Ginevra*, *les Martyrs*, *le Brasseur de Preston*, *le Postillon de Lonjumeau*, etc.

Divers airs variés, marches, valses, pas redoublés, etc.

Musique de chambre.

Trios, quartetti et quintette pour instruments à cordes. 1832-1835.

Chœurs, cantates, scènes, avec orchestre ou harmonie.

Le Chant des pirates, à quatre voix. 1833. — Barden zang, à quatre voix. 1831. — La Ronde des fées, à troix voix Gand, 1858. — Vengeance! à quatre voix. Gand, 1849. — De Slag by Doggersbank, à quatre voix. Anvers, 1850. — Lindanus, ode symphonique, à quatre voix. 1850. — Hulde aan de Kunst, ode symphonique, à quatre voix, poème de Van Duyse. 1854. — De Hoop van Belgie, à quatre voix, poésie de H. Conscience. 1853. — Art, Patrie et Dieu, à quatre voix, poésie de Boucquillon. 1851. — Etc.

Chœurs sans accompagnement.

Les mauvais Garçons, à quatre voix. 1841. — Sur l'eau, à trois voix. Gand, 1838. — Amis, chantons, à trois voix. Bruxelles, 1843. — Flandre au Lion, à quatre voix. Bruxelles, 1843. — België, à quatre voix. Gand, 1848. — Souvenir de Boitsfort, valse à quatre voix. Bruxelles, 1843. — Amis, rentrons, à cinq voix. 1839. — Invocation à Mozart, à quatre voix. 1851. — De Zangvrienden, à quatre voix. 1852. — Storm en Kalmte, à quatre voix. 1853. — Chant de Noël, à quatre voix. 1841. — Etc.

Scènes et airs, avec orchestre ou piano.

Le Marin, air de basse. 1837. — L'Absence, pour soprano. 1837. — Le Château de Male, ballade pour contr'alto. 1838. — La Mort du juif, scène pour basse. Gand, 1839. — Christophe Colomb, id.

1838. — Tobie, ou le retour à la lumière, grande scène pour basse. Gand, 1839. — Le Proscrit, cantilène pour ténor. Gand, 1840. — La mort de Charles Ier, id. 1841. — Martyre chrétienne, scène pour soprano. 1842. — Le Cri de guerre, grande scène dramatique pour ténor et basse. Bruxelles, 1re édition en 1839, Lahou ; 2e édition en 1870, Schott. — Le Retour, duetto pour soprano et ténor. Gand, 1837. — Attends encore, à deux voix. Bruxelles, 1836. — Le Beau jour, id. Gand, 1834. — Délire d'amour, scène pour basse. Bruxelles, 1841. — Lena, air de baryton. Anvers, 1852. — La Jeune Indienne. Bruxelles, 1835. — Devine-moi. Gand, 1835. — Le Corsaire. Bruxelles, 1836. — Gulielmo, souvenir de Venise, 1re édition en 1836, Bruxelles ; 2e édition en 1857, Gand. — La Serafina, nos 1 et 2. Bruxelles, 1837. — Nenni. Mayence, 1837. — L'Étoile amie. Bruxelles, 1838. — L'Attente. Bruxelles, 1838. — Je vais partir. Bruxelles, 1839. — Curieuse. Gand, 1840. — Tu ne le sauras pas. Gand, 1840. — Grand'Mère. Bruxelles, 1841. — L'Exilé. Bruxelles, 1841. — Reviens, petit oiseau. Bruxelles, 1842. — Le Souvenir. Bruxelles, 1842. — Vive mon métier! Bruxelles, 1843. — L'Orpheline. Bruxelles, 1846. — Het antwerpsch Meisje. Anvers, 1854. — Aimez votre prochain. Bruxelles, 1855. — La Marguerite effeuillée. Bruxelles, 1836. — Vlaamsch Schilderslied, pour baryton et chœur. Gand, 1855. — Ne pleure pas. Bruxelles, 1839. — Fiancée, épouse, mère. Bruxelles, Katto. 1875. — Etc.

Soixante-seize des compositions musicales de M. de Burbure ont été publiées à Anvers, Gand, Bruxelles et Mayence, de 1834 à 1868.

BUSSCHOP (Jules-Auguste-Guillaume), O. ✠, domicilié à Bruges, quai Sainte-Anne, 13; né à Paris, de parents belges, le 10 septembre 1810; lauréat du grand concours de composition musicale de 1834; élu correspondant de l'Académie le 11 janvier 1883.

OUVRAGES NON PUBLIÉS PAR L'ACADÉMIE.

Miscellanées poétiques. Bruxelles, 1885; in-12.
L'Habit d'Arlequin. Moralités et Boutades en vers (sous presse).

PRINCIPALES COMPOSITIONS MUSICALES.

Le Drapeau belge, cantate couronnée lors des fêtes de septembre 1834.

Six chants religieux pour une, deux, trois ou quatre voix, avec orgue. Bruxelles et Mayence.

Ave Maria et *Tantum ergum*, à trois ou quatre voix, en chœur, orchestre avec orgue. Bruxelles et Mayence.

Trois morceaux religieux, à trois voix, avec ou sans orgue. Bruxelles et Mayence.

Ave verum corpus; Ecce panis Angelorum; o Sacrum convivium, chœurs pour deux ténors et basse avec orgue. Leipzig.

La *Toison d'or*, opéra inédit.

M. Busschop a composé pour les sociétés chorales de la Belgique un grand nombre de chœurs avec ou sans orchestre. Ses productions les plus considérables en ce genre sont : 1° *L'étendard de la patrie;* 2° *Le Chant des montagnards;* 3° *La Fête bachique;* 4° *La Prière des cénobites;* 5° *Le Réveil des pâtres;* 6° *Les Charmes de la valse;* 7° *L'Hymne de la nuit;* 8° *La Marche au combat;* 9° *Le Départ des ménestrels;* 10° *La Chasse au cerf;* 11° *Le Chœur national;* 12° *La Vision fantastique;* 13° *Le Crépuscule du matin;* 14° *Bruges;* etc.

En outre, M. Busschop est l'auteur de beaucoup de motets publiés à Mayence et à Leipzig; de nombreuses mélodies, avec accompagnement de piano; de plusieurs messes, dont une écrite pour le mariage du duc de Brabant; de plusieurs symphonies et ouvertures; d'une cantate exécutée à l'inauguration de la statue de Simon Stévin à Bruges, en 1846; d'un *Te Deum* commandé par le Gouvernement et exécuté à l'église des SS. Michel et Gudule à Bruxelles, le 21 juillet 1860, etc., etc.

CLAYS (Paul-Jean), C. ✠, domicilié à Schaerbeek, rue Seutin, 27; né à Bruges le 27 novembre 1819; élu membre de l'Académie le 1er mars 1883.

PRINCIPAUX TABLEAUX.

La rade d'Ostende. 1851. (Musée de Bruxelles.)
Brouillard du matin sur les bords de l'Escaut. 1854.
Rade de Portsmouth. 1854.
Temps de grain sur les bords de la côte de Flandre. 1854.
Rade d'Ostende, effet du matin. 1857.
Plage des environs de Tréport. 1857.
Plage de Blankenberghe, marée descendante. 1857.
Souvenir de la tête de Flandre. 1857.
La digue d'Ostende. 1857.
L'entrée de la reine Victoria à Ostende. (Acquis par le Roi des Belges.)
Vue de la digue d'Ostende. 1857.
Une accalmie. 1863. (Musée de Bruxelles.)
La rade d'Anvers. 1869. (Musée de Bruxelles.)
Plage du bourg d'Ault. 1857. (National Gallery. Londres.)

L'Escaut à Anvers, effet du matin. 1859.
Temps de grain. (Acquis par le Roi des Belges.)
Le Moerdijck.
Un gros temps.
Calme plat.
Le Rupel.
} (Exposition universelle de Paris en 1867.)
Calme dans l'Escaut. 1868.
Un calme plat en Hollande. 1874.
Un coup de vent sur l'Escaut. 1874.
La Tamise aux environs de Londres. 1875. (Appart. à M. W. Rau.)
Calme par un temps nuageux sur l'Escaut. 1875.
Bruges. 1876.
La mer du Nord. 1876.
Le Zuijderzee par un temps calme. 1877.
Un canal en Zélande. 1877.
Rade de Dordrecht.
Sortie du bassin à Anvers.
La Tamise.
Rade d'Anvers.
Calme dans le Waring Wiet.
} (Exposition universelle de Paris en 1878.)
Marine. Vue d'Escaut. 1863. (Vendu à M. Cave, à Londres.)
Marine. Mer houleuse. (Vendu à M. Arthur Edwin Hay Ashln Lodje, membre du Parlement, à Bristol.)
Marine. Mer calme. (Vendu à M. J.-S. Forbes, à Londres.)
Le départ des pêcheurs de Blankenberghe. (Vendu à M. P. Kaeser, à Vienne.)
Vue de l'Escaut. (Vendu au Prince Joseph d'Arenberg.)
Rade de l'Escaut. 1870. (Vendu à M. Newton Mappin, à Sheffield.)
Vue de l'Escaut. Calme. (Vendu à M. Heinrich Scheuer, à Vienne.)
Marine. Mer calme. (Vendu à Mme Martinet, à Paris.)
Marine. Mer calme. (Vendu à M. Kaezer, à Vienne.)
Marine avec vue de village. (Vendu à M. Forbes, à Beckenham.)
Mer calme avec bateau à vapeur à l'ancre. (Vendu à M. Benjamin Huart.)

Mer houleuse avec bâtiments. (Vendu à MM. Th. Agnew et Sons, à Londres.)
Le coup de canon. (Vendu à M. Forbes, à Beckenham.)
Mer calme avec bâtiments. (Vendu à M. P. de Rudder, à Paris.)
Calme dans l'Escaut. (Vendu à M. Arthur Warocqué.)
Marine. En hauteur. (Vendu à M. Wilson, à Paris.)
Marine avec bâtiments. En hauteur. (Vendu à M. Arthur Warocqué.)
Marine. Calme avec bâtiments. (Vendu à M. Goldschmidt, à Paris.)
Mer calme. (Vendu à M. J. Grant-Morris, à Liverpool.)
Marine avec bâtiments. (Vendu à M. Jedels, à Bruxelles.)
Le coup de canon. (Vendu à M. Recaredo Ossa, à Paris.)
Calme avec bâtiments. (Vendu à M. Bouvier.)
Marine avec bâtiments. 1873. (Vendu à M. A. Van Volxem, à Bruxelles.)
Mer calme. (Vendu à M. Fontaine, à Bruxelles.)
Calme avec bâtiments. (Vendu à M. Knoedler, à New-York.)
Vue de rivière avec bateaux. (Vendu à M. Elkan, directeur du Gresham, à Bruxelles.)
L'Escaut à Anvers. (Vendu à M. Janssens de Burges, à Bruxelles.)
Marine avec bâtiments. (Vendu à M. Herriman, à Rome.)
Effet du matin. Soleil perçant le brouillard. Côtes de Belgique. (Vendu à M. le baron van Outheusden, à Bruxelles.)
Marine. Calme. (Vendu à M. John Seltzer, à Kensington.)
Port de Marseille. (Vendu à M. Rittweger, à Bruxelles.)
Marine. (Vendu à M. J. Delebecque, à Bruxelles.)
Marine. (Vendu à M. Winand-Janssens, à Bruxelles.)
Calme. (Vendu à MM. Williams et Everett, à Boston.)
Calme à Dordrecht. (Vendu à M. Jochems, à La Haye.)
Côtes de Hollande. (Vendu à M. Forbes, à Londres.)
Rade de Terneuzen. (Vendu à M. Léopold Hirsch, à Vienne.)
Zierickzee (Zélande). (Vendu à M. van Outheusden, à Bruxelles.)
Intérieur du port d'Ostende. (Vendu à M. Sabatier, à Bruxelles.)
Marine avec bâtiments. Effet du matin. (Vendu à M. Stewart, à Paris.)

Calme dans le Zuiderzee. (Vendu à M. P.-L. Éverard.)
Effet du matin aux environs d'Amsterdam. (Vendu à M. P.-L. Éverard.)
Port de Marseille. (Vendu à M. Ch. Sedelmeyer.)
Marine, calme. (Vendu à M. P.-L. Éverard.)
Navires du Rhin par un temps calme. (Vendu à M. P.-L. Éverard.)
Marine avec bâtiments. (Vendu à M. P.-L. Éverard.)
Environ d'Anvers. Effet du matin. Mer houleuse dans l'Escaut. (Vendu à M. P.-L. Éverard.)
Bateaux et barques. (Vendu à M. Fr. Schaus, à New-York.)
Marine. (Vendu à M. P.-L. Éverard.)
Remorqueur à Dordrecht. (Vendu à M. Cornelius Vander Bilt, à New-York.)
Effet du matin sur les côtes de Belgique. (Vendu à M. Fr. Schaus.)
Départ de bateaux pêcheurs à Ostende. Mer agitée. (Vendu à M. P.-L. Éverard.)
Vue prise dans le Volkerak. (Vendu à M. Knoedler, à New-York.)
Bâtiments à l'ancre. (Vendu à M. Kohn, à New-York.)
Bateaux amarrés près d'un quai. (Vendu à M. Kohn, à New-York.)
Clair de lune dans la rade de Flessingue. (Vendu à M. Kohn, à New-York.)
Groupe de bateaux dans l'Escaut. Effet de nuit. (Vendu à M. Knoedler, à New-York.)
Clair de lune. (Vendu à M. Kohn, à New-York.)
Intérieur du port d'Ostende. (Vendu à M. Kohn, à New-York.)
Calme dans le Doel. Hollande. (Vendu à M. S.-P. Avery, à New-York.)
Soleil perçant le brouillard. Escaut. (Vendu à M. Fr. Schaur, à New-York.)
Bateau hollandais sortant du port de Flessingue. (Vendu à M. Williams et Everett, à Boston.)
Calme dans la Meuse. (Vendu à M. Knoedler, à New-York.)
Marine. (Vendu à M. P.-L. Éverard.)
Marine, côtes de Hollande. (Vendu à M. P.-L. Éverard.)
Port hollandais. (Vendu à M. Dmitry-Bodkin, à Moscou.)

Clair de lune. (Vendu à M. J.-S. Forbes, à Londres.)
Calme dans le Kiel. (Vendu à M. Knoedler.)
Mer houleuse. Aquarelle. (Vendu à M. Secretan, à Paris.)
Bateaux près d'un port. (Vendu à M. Avery, à New-York.)
Marine. Lever de Lune. (Collection de M. W. Harpès, banquier, à Paris.)
Port de Hollande. (Vendu à M. Avery, à New-York.)
Marine. (Collection de M. Aug. Braive, à Bruxelles.)
Marine avec bâtiments. (Collection de M. P. Kerdyck, au Havre.)
Clair de lune dans la Tamise. (Vendu à M. Knoedler, à New-York.)
Port d'Ostende. (Vendu à M. Crist, à New-York.)
L'Escaut à Flessingue. Salon de 1881. (Vendu à M. Knoedler, à New-York.)
Départ de bateaux-pêcheurs d'Ostende. (Vendu à MM. Williams et Everett, à Boston.)
Intérieur du port d'Ostende. (Collection Benjamin Hart, à Paris.)
Marine. Clair de lune. Côtes de Hollande. (Vendu à M. Hateltine, à Philadelphie.)
Entrée des bassins à Ostende. (Collection de M. J.-J. Astor, à New-York.)
Clair de lune dans la Tamise. (Collection Moore, à Londres.)
Vue de rivière avec batiments. (Vendu à M. L.-D. Crist.)
Clair de lune. (Collection Kastor, à Paris.)
Navires américains dans l'Escaut, près d'Anvers. (Vendu à MM. Noyes et Blakeslee, à Boston.)
Vue de Hollande. (Vendu à M. S.-D. Avery.)
Bords de l'Escaut. (Vendu à M. Knoedler.)
Calme avant l'orage. Le Waal (Hollande). (Vendu à M. Hodges, à New-York.)
Accalmie aux environs d'Amsterdam. Salon de 1884. (Collection de Ch. Rafart.)
Calme plat à l'entrée de l'Escaut. (Vendu à M. P. Petit.)
Marine. Clair de lune. (Vendu à M. N.-L. Lepke, à Berlin.)
Calme. (Vendu à M. N.-L. Lepke, à Berlin.)

Côtes de Hollande. (Vendu à M. Knoedler, à New-York.)
Calme. Soleil couchant. (Vendu à M. Reechout, à New-York.)
La Tamise. Lever de lune. (Vendu à M. Knoedler, à New-York.)
Petite crue dans l'Escaut. (Vendu à M. Blakeslee, à Boston.)
Environs de Dordrecht. (Vendu à M. Blakeslee, à Boston.)
Brouillard sur la Tamise. (Vendu à M. Reechout, à New-York.)
Rade de Dordrecht. Hollande. (Musée d'Anvers.)
Dutch schepping and boats in a calme on the river near Dort-South Holland. (National Gallery. Londres.)
Dutch boats lying in the roads of Flushing. (National Gallery. Londres.)
L'affranchissement de l'Escaut à Anvers, 1863-1881. (Musée de New-York.)
La rade d'Anvers. (Collection de W.-H. Vander Bilt.)
Marine. Escaut. (Musée de Liège.)
Marine. (Vendu à M. W.-J. Andrews, à New-York.)
Marine. (Galerie Morgan.)
Marine. (Vendu à M. Black, à Chicago.)
Le bassin du Commerce à Bruxelles. (Vendu à M. Rang, à Bruxelles.)
Intérieur du port d'Ostende. 1882. (Vendu à M. Adolphe Neyt, à Gand.)
La Tamise vers le soir aux environs de Londres. (Vendu à M. Jean Vander Donck.)
La rade de Dordrecht. (Vendu à M. Jean Vander Donck.)
Navires américains dans l'Escaut. (Vendu à M. Jean Vander Donck.)

DE GROOT (Guillaume), ✠, domicilié à Bruxelles, avenue Louise, 406 ; né à Bruxelles le 22 août 1839 ; membre correspondant de la Commission royale des monuments ; élu membre de l'Académie le 10 janvier 1884.

PRINCIPALES OEUVRES D'ART.

Divers bustes et statues, notamment les bustes de M. Van Volxem, ancien bourgmestre de Bruxelles, du docteur Crocq, etc., etc. Les statues *la Source*, le *Réveil*, etc., etc., exécutées à diverses époques pour des hôtels particuliers.

Diverses sculptures décoratives faites à différentes époques pour les palais de l'Université, de la Banque Nationale et de la Bourse, à Bruxelles.

Toutes les sculptures (commencées en 1869) de l'escalier Gothique (dit des Lions) de l'hôtel de ville de Bruxelles.

Fronton, représentant la *Numismatique*, exécuté pour la Bibliothèque royale de Bruxelles (faisant face au fronton du sculpteur Delvaux). (1879.)

Statue représentant le *Travail*, exécutée pour la nouvelle gare de Tournai. (1881.)

Statue représentant la *Musique*, placée sur une des colonnes de la façade principale du Palais des Beaux-Arts, rue de la Régence, à Bruxelles. (1882.)

En voie d'exécution : les bas-reliefs du monument de Godefroid de Bouillon et les huit statues destinées à orner les deux pignons latéraux de la Maison du Roi, Grande place, à Bruxelles.

DE KEYSER (Nicaise), G. O. ✠, peintre d'histoire; domicilié à Anvers, rue de la Pépinière, 15; né à Santvliet (province d'Anvers) le 26 août 1813; directeur de l'Académie royale des beaux-arts d'Anvers de 1855 à 1879; membre effectif du Corps académique de la même Institution; nommé membre de l'Académie de Belgique le 1er décembre 1845; directeur de la Classe des beaux-arts en 1856, 1864, 1869 et 1874; président de l'Académie en 1874.

PUBLICATIONS ACADÉMIQUES.

Bulletins (*1re série*).

Rapport sur l'état des grands tableaux de Rubens dans la cathédrale d'Anvers. (T. XVI, 1° p. 567.)
Discours prononcé, comme directeur, le 26 septembre 1856, dans la séance publique de la Classe des beaux-arts. (T. XXIII, 2°, p. 286.)

(*2e série.*)

Discours sur la marche suivie par les arts plastiques, prononcé comme directeur, le 26 septembre 1864, à la séance publique de la Classe des beaux-arts. (T. XVIII, p. 206.)
Rapport sur deux mémoires de concours concernant l'histoire de la peinture de paysage. (T. XX, p. 582.)
Discours prononcé aux funérailles de H. Leys. (T. XXVIII, p. 288.)
Discours prononcé, comme directeur, le 25 septembre 1869, à la séance publique de la Classe des beaux-arts. (*Ibid.*, p. 295.)
Discours prononcé aux funérailles de J. Navez. (*Ibid.*, p. 514.)

Discours prononcé aux funérailles d'Ad. Quetelet. (T. XXXVII, p. 248.) Dernier hommage rendu à sa mémoire, en séance publique des trois classes le 5 mai 1874. (*Ibid.*, p. 778.)

Discours prononcé, comme directeur, le 26 septembre 1874, à la séance publique de la Classe des beaux-arts. (T. XXXVIII, p. 393.)

Discours au Roi, le 1er janvier 1875. (T. XXXIX, p. 47.)

PRINCIPALES OEUVRES D'ART.

Bataille des éperons d'or. (Musée de Courtrai.) 1836.

Bataille de Woeringen. (Musée de l'État, à Bruxelles.) 1839.

Le Christ; mort sur les genoux de la Vierge. (Église de Tirlemont. 1841.)

Raphaël et la Fornarina. (Collection particulière.) 1842.

Le Tasse et Éléonore d'Este. (Ibid.) 1843.

Albert et Isabelle, assistant à une leçon de Juste-Lipse. (Ibid.) 1844.

Bataille de Nieuport. (Ancienne galerie du prince Frédéric des Pays-Bas.) 1844.

Portrait de Guillaume II, roi des Pays-Bas. 1845.

Portrait de la Reine des Pays-Bas. 1845.

Le Giaour. (Collection particulière.) 1845.

Portrait du prince d'Orange, à cheval, à la bataille de Waterloo. (Au château de Windsor.) 1846.

Le duc Éverard de Wurtemberg, devant Jérusalem. (Collection particulière.) 1846.

Rubens faisant le portrait dit le *Chapeau de paille*. (Galerie du roi de Prusse.) 1846.

La Pieta. (Collection particulière.) 1846.

Maximilien d'Autriche et Marie de Bourgogne, visitant Hemling à l'hôpital St-Jean. à Bruges. (Ancienne galerie du prince de Prusse.) 1847.

Portrait de la grande-duchesse héréditaire de Saxe-Weimar. 1848.

Giotto, dessinant des moutons sur le sable. (Collection particulière.) 1848.

La mort de Marie de Médicis. (Ibid.) 1848.

Portrait du roi de Wurtemberg, 1848.

Portrait de la princesse royale de Wurtemberg. 1848.

Portrait des princes de Gortschakoff. 1848.

Bataille de Seneffe. (Ancienne galerie du prince Frédéric des Pays-Bas.) 1849.

Dévouement de Cornelis Seyssone, héros populaire gantois, décédé en 1452. (Collection particulière.) 1849.

Derniers moments du roi Guillaume II des Pays-Bas. (Ibid.) 1849.

Portrait d'Anna-Paulowna, reine des Pays-Bas. (Galerie impériale, à St-Pétersbourg.) 1850.

Portraits du prince et de la princesse royale de Suède. 1850.

La résurrection de la fille de Jaïre. (Appartient à la princesse royale de Wurtemberg.) 1851.

Le Christ et ses disciples. (Église de Leyde.) 1851.

Sainte Élisabeth de Hongrie, distribuant des aumônes. (Galerie du Roi des Belges.) 1851.

Le retour du Croisé dans sa patrie. (Collection particulière.) 1852.

Portraits du prince et de la princesse Frédéric des Pays-Bas. 1852.

Christophe Colomb, traité de fou et de visionnaire. (Collection particulière.) 1852.

Le Tasse en prison. (Ibid.) 1852.

Le départ de Van Dyck pour l'Italie. (Ibid.) 1852.

Vision de sainte Thérèse. (Couvent des Thérésiennes.) 1853.

Portrait du duc et de la duchesse de Brabant. 1853.

L'Orient et l'Occident. (Galerie du roi de Wurtemberg.) 1854.

François Ier à l'atelier de Benvenuto Cellini. (Collection particulière.) 1855.

Virginie au bain. (Ibid.) 1855.

Massacre des innocents. (Musée de Gand.) 1855.

Godefroid de Bouillon déposant son épée sur le tombeau du Christ. (Collection particulière.) 1855.

Portrait de Léopold Ier, roi des Belges. (Au Palais de la Nation, salle du Sénat, à Bruxelles.) 1856.

Portrait de Louise-Marie, reine des Belges. (Ibid.) 1856.

Portrait de la princesse Charlotte. (A l'hôtel de ville d'Anvers.) 1857.

Marino Faliero, doge de Venise. (Collection particulière.) 1857.

Le Dante en exil. (Ibid.) 1857.

Milton et ses filles. (Au palais du Roi, à Bruxelles.) 1858.

Derniers moments de Carl-Maria von Weber. (Collection particulière.) 1858.

Christophe Colomb et son fils malade à la porte du couvent de la Rabida. (Ibid.) 1858.

Le Dante chez Giotto. (Ibid.) 1860.

Charlemagne à la vue des voiles normandes. (Ibid.) 1861.

Marguerite à l'église. (Ibid.) 1864.

La cour de Laurent de Médicis. (Ibid.) 1864.

L'école de Raphaël. (Ibid.) 1864.

La cour de François Ier à Fontainebleau. (Ibid.) 1869.

La confidence. (Ibid.) 1869.

Le vœu à la Madone. (Ibid.)

Les archiducs Albert et Isabelle visitant l'imprimerie de Plantin à Anvers. (Ibid.) 1871.

L'école d'Anvers. Peintures monumentales exécutées au grand vestibule d'entrée du Musée d'Anvers. 1872.

Portrait de Mme la comtesse ***. 1873.

Charles-Quint, à la conquête de Tunis, rend la liberté aux prisonniers chrétiens. (Au Musée du corps académique, à Anvers.) 1873.

Le Dante et les jeunes filles de Florence. 1873.

Portrait de Mme la baronne ***. 1873.

Christophe Colomb. (Collection particulière.) 1874.

Portraits des princesses de Croy. 1876.

Portrait de la duchesse d'Ossuna. 1877.

Les artistes anciens et modernes. (Collection particulière, villa des Palmiers, à Nice.) 1878.

Bravo torero. 1879.
Le Sacré-Cœur. (Église du couvent de Waesmunster.) 1880.
La malagueña el torero, danse espagnole. (Collection particulière.) 1882.
Le Tasse chez sa sœur à Sorrento. (Collection particulière.) 1883.
La semaine sainte à Séville. 1885.

DE MAN (GUSTAVE), ✠, architecte; domicilié à Ixelles, rue du Parnasse, 27; né à Bruxelles le 20 mai 1805; lauréat du grand concours d'architecture de 1834; ingénieur attaché aux constructions des bâtiments du chemin de fer de l'État, depuis l'année 1841; chargé, par le Département de l'Intérieur, en 1850, de l'inspection des bâtiments et du mobilier des athénées et des écoles moyennes de l'État, et, depuis 1852 jusqu'en 1871, de l'examen de tous les projets de construction de maisons d'école; ancien professeur à l'Académie royale des beaux-arts de Bruxelles; ancien membre de la Commission royale des monuments; élu membre de l'Académie le 12 janvier 1865.

PUBLICATIONS ACADÉMIQUES.

Bulletins.

Rapport concernant un mémoire de concours relatif à l'influence italienne sur l'architecture aux Pays-Bas 1873. (2e sér., t. XXXVI.)
Rapport sur un mémoire de concours relatif à l'histoire de la sculpture aux Pays-Bas pendant les XVIIe et XVIIIe siècles. (T. XXXVIII et XL.)

Annuaire.

Notice nécrologique sur Louis Roelandt. Année 1865.
— — sur Auguste Payen. Année 1878.

PRINCIPALES OEUVRES D'ART.

Construction de la sacristie de l'église du Sablon, à Bruxelles. 1846.

Construction de la Chapelle évangélique, rue Belliard (Quartier Léopold, à Bruxelles.) 1850.

Construction de l'église de Sugny. 1851.
— — de Rouvroy. 1856.
— — de Macon, près de Chimay. 1859.
— — de Couvin. 1863.
— — d'Ethe. 1864.
— — de Lacuisine. 1869.

Un grand nombre d'habitations, parmi lesquelles l'hôtel de M. Idiers, rue Neuve, à Bruxelles; de M. le Dr Leclercq, au Quartier Léopold, dans la même ville; du Dr Vander Cam, à Isque; du notaire Piret, à Couvin, etc.

Diverses maisons de campagne, entre autres celles du notaire Eliat, à Schepdael; de M. de la Roche, à Harvengt, près de Mons; de M. le baron Mulle de Terschueren, à Nevele, etc.

Constructions des anciennes tribunes au Champ des courses (Plaine des manœuvres, rue de la Loi), à Bruxelles, en 1845.

Installations de la grande Exposition agricole de 1848 et diverses autres constructions du même genre, à Bruxelles.

Hospice des enfants rachitiques, à Ixelles. 1853.

Appropriation du Temple des Augustins (1853) et du Palais ducal (1860) pour les concerts du Conservatoire et autres solennités publiques.

Plan du Palais du Roi, à Ostende. 1863. (Non continué.)
Débarcadère des bateaux à vapeur, à Ostende. 1869.
Bâtiments de la halte à la station de Cureghem. 1870.
— — — de Koekelberg. 1871.
— — — de l'Ouest, Bruxelles. 1872.

DEMANNEZ (JOSEPH-ARNOULD), ✻, domicilié à Saint-Josse-ten-Noode, rue de la Ferme, 8; né à Anvers le 19 août 1826; professeur à l'Académie royale des beaux-arts de Bruxelles; membre agrégé du corps académique de l'Académie royale des beaux-arts d'Anvers, depuis le 12 août 1884; élu correspondant de l'Académie le 10 janvier 1878; membre, le 11 janvier 1883.

PRINCIPALES OEUVRES D'ART.

Portrait de Galilée, pour la galerie de Florence, d'après Sustermans. 1848.
Portrait d'Antoine Van Dyck, d'après lui-même. 1852.
— de Godefroid de Bouillon, d'après Mme J. Calamatta. 1853.
— de Don Carlos, d'après A.-S. Coëllo. 1860.
La bonne aventure, par Navez. 1860.
Portrait du vicomte du Bus, d'après Schubert. 1861.
— de Victor-Emmanuel, roi d'Italie. (Gravé en collaboration avec L. Calamatta.) 1863.
Un chrétien martyr, d'après Ern. Slingeneyer. 1863. (Commandé par la Commission de l'exposition triennale de Bruxelles.)
Melpomène, d'après Le Sueur.
La fille de Rubens, d'après Rubens.
Léda, d'après Léonard de Vinci.
La maîtresse, d'après Titien.
} (Pour l'*Art*, à Paris. 1865.)
Roméo et Juliette, d'après Jalabert. 1866. (Planche commandée par la maison Goupil de Paris.)

L'Orientale, d'après J. Portaels. 1869. (Pour l'*Art journal*, de Londres.)

Ne mens pas! d'après Coomans. 1872. (Idem.)

Pensierosa, d'après Johnston. 1872. (Idem.)

Le cabinet d'Érasme, d'après Leys. 1872. (Commandé par la Commission de l'exposition triennale de Bruxelles.)

Portrait du vicomte B.-A.-L. Du Bus, pour le catalogue de la vente de ses tableaux. 1875.

La veuve, d'après F. Willems. 1878. (Pour la maison Goupil de Paris.)

L'Astrologue, d'après Lucas Seymour. 1881. (Pour l'*Art journal*, de Londres.)

Portrait du Radja Sourindro Mohun Tagore, à Calcutta. 1882.

Les rhétoriciens d'Anvers, d'après Markelbach. 1884. (Commandé par la Commission de l'exposition triennale de Bruxelles.)

M. Demannez a gravé, en outre, les portraits suivants.

Pour l'*Annuaire* de l'Académie :

Le baron de Stassart. 1855. — J.-G. Crahay. 1856. — C.-L. Sommé. 1857. — Léonard Jehotte. 1863. — Félix Bogaerts. 1864. — C.-H. Geerts. 1865. — Bruno Renard. 1867. — Le chanoine J. David. 1867. — P.-J. Braemt. 1867. — Mathieu Schaar. 1868. — Le colonel C.-A.-J. Demanet. 1868. — L.-A. Warnkoenig. 1868. — F.-J. Cantraine. 1868. — Le baron Jules de Saint-Genois. 1868. — Tilman-F. Suys. 1869. — H.-G. Moke. 1870. — Éd. Ducpetiaux. 1870. — François-Joseph Navez. 1871. — L'abbé Eug. Coemans. 1872. — Th. Lacordaire. 1872. — M.-L. Polain. 1873. — Eugène Defacqz. 1873. — Constantin Wesmael. 1874. — Nicolas-Joseph Laforet. 1874. — Adolphe Quetelet, 1875. — Adolphe Borgnet. 1876. — R. Van Rees. 1877. — P.-F. Van Meenen. 1877. — Michel Gloesener. 1878. — A.-H.-E. Lamarle. 1879. — J.-B. Madou. 1880. — J.-H. Bormans. 1881. — Le général baron G. Guillaume. 1881. — Louis Calamatta. 1882. — Le colonel Émile Adan. 1883. — Le baron G. Wappers. 1884. — Simonis. 1885. — Pinchart. 1887.

Pour les *Acta Sanctorum :* Les Pères Van Hecke, Carpentier, Matagne, Bossue, et De Buck, frères.

Pour la *Correspondance de Granvelle,* publiée par la Commission royale d'histoire : Jean de Ligny, comte d'Arenberg. 1881. — Elbertus Leoninus, professeur à l'Université de Louvain. 1884.

DU CAJU (Joseph-Jacques), O. ✠, domicilié à Anvers, rue des Escrimeurs, 52 ; né à Anvers le 31 août 1823 ; membre effectif du corps académique d'Anvers depuis 1886 ; élu correspondant de l'Académie le 8 janvier 1885.

PRINCIPALES OEUVRES D'ART.

Le groupe de Boduognat. (Boulevard Léopold, à Anvers.)

La statue en bronze de David Teniers. (Place Teniers, à Anvers.)

— — de Leys. (Boulevard des Arts, à Anvers.)

Une des statues ornant la façade du Théâtre royal d'Anvers.

— — — — néerlandais d'Anvers.

La statue principale ornant la façade de l'Athénée royal d'Anvers.

— de Léopold II, place publique d'Eeckeren. (Anvers.)

— de Gabriel Mudée, place publique de Brecht. (Anvers.)

Les bas-reliefs de la façade de la gare du Midi, à Bruxelles.

Le groupe en marbre (chute de Babylone). (Musées de l'État, à Bruxelles.

Les bas-reliefs en bois de chêne des stalles de la cathédrale de Saint-Paul, à Liège.

M. Du Caju a exécuté, en outre, plusieurs autres œuvres se trouvant dans des collections particulières du pays et de l'étranger, ainsi que les bustes de Wappers, du Dr Broeckx, du baron de Schilde, de Victor Lynen et de Léopold II (au conseil provincial).

DYCKMANS (Joseph-Laurent), O. ✠, peintre de genre; domicilié à Anvers, chaussée de Malines, 269 ; né à Lierre le 9 août 1811 ; élève de Tielemann, de l'Académie de Lierre, et de Wappers; professeur de la Classe de peinture à l'Académie royale des beaux-arts d'Anvers, de 1841 à 1854 ; membre effectif du Corps académique de la même Académie depuis le 23 août 1870; élu correspondant de l'Académie de Belgique le 8 janvier 1847.

PRINCIPALES OEUVRES D'ART.

Tableaux.

La Déclaration. – Visite chez la Tante. — Groupe de trois portraits. — L'Amant trompé. — La Leçon paternelle. — La Partie de dames. — La Leçon de piano. — Les Comptes de ménage. — Idem, avec variantes. — Le Lever. — La Dentellière. — Idem, plusieurs fois répété, avec variantes. — La Fileuse. — Le Marché aux légumes. (Avec de nombreuses figures.) — Idem, réduction. — Les Contes de la grand'mère. — La Brodeuse. — Idem, réduction. — La Vieille couturière. — La Vieille plumant un coq. (Musée Fodor, Amsterdam) — La Lecture de la Bible. — La Femme à la mode. — Rigolette. — Idem, avec réduction. — La vieille Dentellière. (Pour la Reine d'Angleterre). — L'Aveugle mendiant. (Musée des Académiciens d'Anvers.) — Même sujet, autrement traité. (Galerie nationale, Londres.) — Une Dame faisant de la tapisserie. – La Marquise. — La Toilette de la mariée. — La Veuve du marin. — Idem, réduction avec variante. — L'Amour maternel. — L'Attente. — Idem, réduction. — L'occasion fait le larron. — Idem, réduction. — La Madeleine au pied de la croix. — Idem, réduction. — Le Printemps. (Composition de plusieurs figures.) — Idem, réduction. — La Fête de la grand'maman. (Galerie nationale, Londres.) — La Vieille en prière. — La Madeleine repentante. — Idem, réduction. — Le Déjeuner partagé. — La Chanteuse de rue. — L'Enfant égaré dans un bois. — L'Aveugle, composition de plusieurs figures. — Idem, réduction. — Le premier né. — La Sieste. — Une jeune paysanne gardant un troupeau. — Même sujet autrement traité. — L'entrée d'un bois, avec figures. — Les premières fleurs du printemps. — L'Hiver, vieille dame se chauffant. — La Fête de Madame. — L'Atelier de peinture ou le Modèle. — La bonne nouvelle. — Vue de ville avec figures.

M. Dyckmans a exécuté, en outre, un grand nombre d'autres tableaux tels que des portraits de petites dimensions, des paysages, des vues de ville, des fleurs.

Il a fait aussi des dessins et des aquarelles.

ELEWYCK (Xavier-Victor-Fidèle, chevalier van), O. ✠, domicilié à Louvain, rue des Sœurs-Noires, 10; né à Ixelles le 24 avril 1825; docteur en sciences politiques et administratives; élu correspondant de l'Académie le 11 janvier 1883.

PUBLICATIONS ACADÉMIQUES.

Bulletins.

Petites remarques musicales faites récemment (automne de 1883) dans les principales villes de l'Europe centrale. (3e série, t. VI.)

Annuaire.

Notice nécrologique sur Charles-Edmond-Henri de Coussemaker Année 1884.

OEUVRES DIVERSES.

Compositions musicales non religieuses imprimées. — Beaucoup d'œuvres légères pour chant, piano, etc., parmi lesquelles : *Un grand album* de chant (Louvain); *Violetjen,* ballade flamande (2 éditions, Bruxelles); *Le tournoi,* fantaisie brillante pour piano (Gand); *L'eau et le vin,* chœur (Bruxelles); Marche solennelle (Bruxelles); *Rêverie sur le carillon de Louvain,* pour piano (Bruxelles); *Chanson d'une petite fille.*

Musique religieuse imprimée. — Une grande quantité de motets soit pour trois et quatre voix et orgue, soit avec accompagnement d'orchestre, publiés à Bruxelles, à Gand, à Toulouse, parmi lesquels : *Tu es Petrus,* chœur avec orgue et aussi avec orchestre (5 éditions, Gand); *Veni Creator,* idem ; *Salve regina, Tantum ergo, O sanctissima,* plusieurs *Ave Maria* (partie d'orchestre en manuscrit, Gand); *Ecce Panis,* chœur sans accompagnement (Toulouse). Plusieurs de ces motets ont eu diverses éditions. *Pange lingua,* une voix, orgue et orchestre (Bruxelles et Répertoire publié par les PP. Jésuites de Mons); *Serment à Marie,* cantique pour pensionnats, à la mode italienne (Bruxelles); *Domine Salvum fac Papam nostrum,* chœur et orgue, partie d'orchestre en manuscrit (Bruxelles), etc.; *Pie Jesu* (Toulouse), trois voix et orgue, et (Gand).

Brochure politique. — Aperçu sur la situation (février 1859).

Ouvrages de musicologie, publiés. — De la Musique religieuse, les Congrès de Malines (1863 et 1864) et de Paris (1860), et la Législation de l'Église sur cette matière, par T.-J. de Vroye, chanoine titulaire de la cathédrale de Liège, et X. van Elewyck. Paris, Louvain, Bruxelles, vol. in-8°, 1866.

La 2ᵉ édition, considérablement augmentée, est sous presse (1887).

Matthias Vanden Gheyn et les célèbres fondeurs de cloches de ce nom, depuis 1450 jusqu'à nos jours. Paris, Bruxelles, 1862; in-8°. La 2ᵉ édition est sous presse.

Biographies de Ch. de Bériot, Fr. Fétis, Ch.-L. Hanssens et autres grands musiciens belges, dans la *Revue générale.*

Collaboration sous la signature d'X., pendant vingt-cinq ans, a *Journal de Bruxelles*, Comptes-rendus des grands festivals, Londres, Cologne, Paris, Italie, etc., etc.

Collaboration au *Ménestrel* de Paris, à l'*Archivio musicale* de Naples, au *Musical Standard* de Londres, au *Monde* et à l'*Univers* de Paris, à la *Gazetta musicale* de Milan, au *Journal des beaux-arts de Belgique*, etc., etc., pendant de longues années.

De l'état actuel de la musique en Italie, rapport officiel présenté à M. le Ministre de l'Intérieur de Belgique, vol. in-8°. Paris, Bruxelles, 1875. Traduit dans le *Rome*, journal de Rome, et en anglais par le *Musical Standard*, etc.

Œuvres de Musiciens anciens retrouvées et publiées par le chevalier van Elewyck.

Preludium VIII toni, auctore M. Vanden Gheyn. Paris.

Fuguette pour orgue, par le même. Paris.

Preludium V^ti^ toni, par le même. Paris.

Recueil de productions légères, par le même. Bruxelles.

Morceaux fugués, par le même. Bruxelles.

Collection d'œuvres composées par d'anciens et célèbres clavecinistes flamands (au nombre de 19). 2 forts volumes. Bruxelles. Cet ouvrage sera suivi d'un autre dont tous les éléments sont coordonnés et qui aura pour titre : *Collection de tous les airs populaires d'Europe qui ont été joués sur les carillons de Belgique, notamment sur celui de St-Pierre de Louvain pendant les XVIe, XVIIe et XVIIIe siècles.*

En manuscrit. — Chœurs, fragments symphoniques, œuvres pour chant et pour piano. Parmi ces œuvres citons : *Ave Verum*, grand motet, une tonique non diatonique, chœur pour voix d'hommes et orchestre, composé comme l'œuvre qui suit, pour l'Académie de Ste-Cécile de Rome; *Ave Maris Stella*, double chœur et orchestre, voix alternant en style ancien et en style moderne; *idem*, petits motets, voix et orchestre.

FÉTIS (ÉDOUARD), O. ✠, né à Bouvignes le 12 mai 1816; conservateur à la Bibliothèque royale de Belgique; membre honoraire du Corps académique de l'Académie royale des beaux-arts d'Anvers; professeur d'esthétique à l'Académie royale des beaux-arts de Bruxelles; vice-président de la Commission directrice des Musées royaux de peinture et de sculpture; élu membre de l'Académie le 8 janvier 1847; directeur de la Classe des beaux-arts en 1863, 1872 et 1883; président de l'Académie en 1883.

PUBLICATIONS ACADÉMIQUES.

Mémoires.

L'art dans la société et dans l'État. (*Mémoires* in-8°, t. XXII.)

Bulletins (*1re série*).

Note sur l'architecture bourgeoise. 1847. (T. XIV, 2°.)

Rapport sur un dessin allégorique de la vapeur, présenté par M. De Marneffe. 1848. (T. XV, 2°.)

Rapport sur une notice de M. De Marneffe, intitulé: *Quelques mots sur le paysage, le coloris et la couleur*. 1849. (T. XVI, 1°.)

Rapport sur la proposition de M. le comte A. de Beauffort concernant les inscriptions à placer sur les anciens édifices civils et religieux. 1849. (T. XVI, 2°.)

Note sur l'utilité qu'il y aurait à présenter un tableau du progrès des arts, dans ces derniers temps, en Belgique. 1852. (T. XIX, 1°.)

Notice sur Jean Warin. 1853. (T. XX, 2°.)

Notice sur une estampe satirique du XVIe siècle. 1854. (T. XXI, 1°.)

Rapport sur une notice de M. A. Pinchart, intitulée : *Liévin Van den Clite, peintre gantois du XVIe siècle*. 1854. (*Ibid.*)

Rapport sur une notice de M. A. Pinchart, intitulée : *Thomas Vincidor, de Bologne, peintre et architecte du XVI*e *siècle*. 1854. (T. XX, 2o.)

Notice sur la famille des Sadeler. 1854. (T. XXI, 2o.)

Notice sur Georges Hoefnagel. 1854. (*Ibid.*)

Notice sur Jean de Stradan. 1855. (T. XXII, 1o.)

Notice sur Mathieu et Paul Bril. 1855. (*Ibid.*)

Rapport sur un mémoire de concours relatif à l'influence exercée par la musique sur les mœurs. 1855. (T. XXII, 2o.)

Rapport sur des mémoires de concours traitant des causes auxquelles on doit attribuer la bonne conservation des œuvres de peinture de certaines écoles et de certains maîtres. 1855. (*Ibid.*)

Notice sur Gérard de Lairesse. 1855. (*Ibid.*)

Sur la restauration de l'escalier de l'église Sainte-Gudule. 1855. (*Ibid.*)

Notice sur Livin Mehus. 1855. (*Ibid.*)

Notice sur Abraham Genoels. 1856. (T. XXIII, 1o.)

Notice sur Balthazar Gerbier. 1856. (*Ibid.*)

Notice sur Juste Sustermans. 1856. (*Ibid.*)

Notice sur François Du Quesnoi. 1856. (*Ibid.*)

Notice sur Jean Miel. 1856. (T. XXIII, 2o.)

Notice sur Jacques Fouquières. 1856. (T. XXIII, 2o.)

Notice sur Jean Ross. 1856. (*Ibid.*)

Notice sur Ambroise Dubois. 1856. (*Ibid.*)

Notice sur Paul Franchoys. 1856. (*Ibid.*)

(*2e série.*)

Notice sur Barthélemy Spranger. 1857. (T. I.)

Les artistes belges à l'étranger. Observations sur le but que s'est proposé l'auteur de ce travail et sur le plan qu'il s'est tracé. 1857. (*Ibid.*)

Notice sur J.-P.-A. Tassaert. 1857. (T. II.)

Notice sur François Millet. 1858. (T. IV.)

Notice sur Gérard Van Opstal. 1858. (*Ibid.*)

Notice sur Roelandt Savery. 1858. (T. IV.)
Notice sur Van der Meulen. 1858. (T. V.)
Notice sur Lucas et Martin Van Valckenborcht. 1859. (T. VI.)
Rapport sur un mémoire de concours relatif à l'origine et au progrès de la gravure dans les Pays-Bas. 1859. (T. VIII.)
Rapport sur un mémoire de concours répondant à la question : *Faire l'histoire de la tapisserie de haute lisse dans les Pays-Bas.* 1859. (*Ibid.*)
Notice sur Denis Calvaert. 1859. (*Ibid.*)
Notice sur Gérard Edelinck. 1860. (T. IX.)
Notice sur Philippe Buyster. 1860. (T. X.)
Rapports sur les travaux de la commission de la Biographie nationale, de 1861 à 1864. (T. XI, XIII, XV et XVII.)
Notice sur Philippe et Nicolas Vleugels. 1861. (T. XI.)
Notice sur Philippe de Champaigne. 1863. (T. XV.)
Sur les concours dits de Rome, discours prononcé en séance publique de la Classe des beaux-arts, le 21 septembre 1863. (T. XVI.)
Notice sur Jean Schorquens. 1863. (T. XVI.)
Notice sur Jean Van Noort. 1863. (*Ibid.*)
Notice sur Jacques Denys. 1864. (T. XVII.)
Notice sur Jacques Coelemans. 1864. (*Ibid.*)
Notice sur Pierre Van Schuppen. 1864. (*Ibid.*)
Notice sur Léonard Thiry. 1864. (*Ibid.*)
Notice sur Robert de Longé. 1864. (*Ibid.*)
Notice sur Pierre Vlerick. (*Ibid.*)
Sur les peintures d'un incunable de la Bibliothèque royale. 1864. (T. XVIII.)
Notice sur Melchior Tavernier. 1865. (T. XIX.)
Notice sur Bertholet Flemalle. 1865. (T. XX.)
Notice sur Adrien de Weert. 1865. (*Ibid.*)

(Les notices biographiques ci-dessus indiquées ont été réunies sous ce titre : *Les Artistes belges à l'étranger ; études biographiques, historiques et critiques*, Bruxelles, 1857-1865 ; 2 vol. in-8°.)

Rapport sur deux mémoires de concours, reçus en réponse à la question : *Apprécier Quentin Metsys comme peintre et déterminer l'influence qu'il a exercée.* 1867. (T. XXIV.)

Rapport sur trois mémoires de concours, reçus en réponse à la même question, remise au programme de 1868. (T. XXVI.)

Rapport sur un mémoire de concours répondant à la question : *Rechercher l'époque à laquelle l'architecture a subi, dans les Pays-Bas, l'influence italienne.* 1870. (T. XXX.)

Rapport présenté au nom de la Commission chargée d'élaborer un plan pour l'édification d'un local destiné aux expositions triennales. 1872. (T XXXIII.)

Rapports sur les concours de peinture et de sculpture ouverts par la Classe des beaux-arts. 1872. (T. XXXIV.)

De la part de la nature dans les œuvres d'art, discours prononcé en séance publique de la Classe des beaux-arts, le 24 septembre 1872. (*Ibid.*)

Notice sur les dernières acquisitions du Musée de Bruxelles. 1876. (T. XLI.)

Rapport sur un mémoire de concours concernant l'histoire de la typographie musicale. 1877 (T. XLIV.)

Un nouveau peintre du XVIIe siècle. 1878. (T. XLVI.)

(*3e série.*)

Rapport sur une communication de M. le comte de Linas relative à des pièces d'orfèvrerie du XIIe siècle. 1881. (T. I.)

Rapport sur un mémoire de M. Helbig concernant les reliquaires donnés par saint Louis au couvent des Dominicains de Liège. 1881. (T. II.)

Rapport sur un mémoire de concours concernant la vie et les œuvres de Grétry. 1881. (T. II.)

Discours prononcé aux funérailles de M. Julien Leclercq. 1882. (T. III.)

Discours prononcé aux funérailles de M. Simonis. 1882. (T. IV.)

Discours prononcé aux funérailles de M. G. Geefs. 1883. (T. V.)

Discours prononcé aux funérailles de M. Franck. 1883. (*Ibid.*)

Sur quelques autographes de Grétry. 1883. (T. VI.)

Réponse à M. Bormans sur le même sujet. 1883. (*Ibid.*)

Sur les Expositions; discours prononcé à la séance publique de la Classe des beaux arts, le 28 octobre, en qualité de directeur. 1883. (*Ibid*)

Rapport sur un mémoire de concours en réponse à la question: Définir le réalisme et indiquer son influence sur la peinture contemporaine. 1883. (*Ibid.*)

Annuaire.

Notice sur Ch. Geerts, correspondant de l'Académie. Année 1856.

Id. sur Mengal, correspondant de l'Académie. Année 1859.

Id. sur Henri Leys, membre de l'Académie. Année 1872.

Centième anniversaire de fondation.

Rapport sur les travaux de la Classe des beaux-arts, de 1845 à 1872. (T. I.)

Discours sur les travaux de la Classe, lu dans la séance solennelle du 29 mai 1872. (*Ibid.*)

OUVRAGES NON PUBLIÉS PAR L'ACADÉMIE.

Les musiciens belges. Bruxelles, 1846-1848; 2 vol. in-12.

Les splendeurs de l'art en Belgique (en collaboration avec Moke et Van Hasselt). Bruxelles. 1848; 1 vol. gr. in-8°.

Catalogue descriptif et historique du Musée de Bruxelles. Bruxelles, 1863; 1 vol. in-12. (Plusieurs éditions.)

Notice sur un mystique du Musée de Bruxelles, attribué par erreur à Goswin Van der Weyden. (*Bulletin des commissions royales d'art et d'archéologie*, t. I.)

Notice historique sur l'origine et sur les accroissements du Musée de Bruxelles. (*Ibid.*, t. II.)

La Descendance apostolique de sainte Anne, triptyque de Quentin Metsys. (*Bulletin des commissions royales d'art et d'archéologie*, t. V.)

Batailles de P. Snayers, acquises par le Musée de Bruxelles. (*Ibid.*, t. VI.)

La grande kermesse de Teniers. (*Ibid.*, t. VI.)

Quelques réflexions sur la peinture monumentale. (*Ibid.*, t. IX.)

Les incunables de la Bibliothèque royale, examinés au point de vue des arts et de l'archéologie. (*Ibid.*)

Un demi-siècle de l'histoire de la musique en France. (*Revue de Paris*, édition belge, 1850-1851.)

Paysages et chasses de Rubens, reproduites en lithographie, avec texte explicatif. Bruxelles, Muquardt, 1857; 1 vol. in-fol.

La Bible de Rubens; quarante photographies avec texte explicatif. Bruxelles, 1858 ; 1 vol. in-fol.

Allégories sacrées, vierges, saints et martyrs de Rubens; quarante photographies avec texte explicatif. Bruxelles, 1860; 1 vol. in-fol.

Nouveaux documents pour la tradition iconographique des Neuf Preux. (*Documents iconographiques et typographiques de la Bibliothèque royale.*) Bruxelles, Muquardt, 1873; in-fol.

Derniers accroissements du Musée de Bruxelles. (*Bulletin des commissions royales d'art et d'archéologie.*, t. XIV. 1875.)

Même sujet. (*Ibid.*, t. XV. 1876.)

Un peintre célèbre qui n'a pas existé. (*Ibid.*, t. XIX. 1880.)

Accroissement du Musée de Brnxelles. (*Ibid.*, t. XX. 1881.)

Même sujet. (*Ibid.*, t. XXIII. 1884.)

M. Éd. Fétis a, en outre, écrit la Chronique des beaux-arts et la Chronique musicale de l'*Indépendance belge*, depuis 1837; des notices dans les *Belges illustres*; des articles dans la *Revue nationale*, dans la *Gazette musicale de Paris*, etc.

FRAIKIN (CHARLES-AUGUSTE), C. ✠, domicilié à Schaerbeek, chaussée d'Haecht, 182; né à Hérenthals (province d'Anvers) le 14 juin 1817; statuaire; membre effectif du Corps académique de l'Académie royale des beaux-arts d'Anvers depuis le 15 août 1882; membre effectif de la Commission royale des monuments; élu membre de l'Académie de Belgique le 8 janvier 1847; directeur de la Classe des beaux-arts en 1870 et en 1887.

PUBLICATIONS ACADÉMIQUES.

Bulletins.

Discours prononcé, comme directeur, en séance publique de la Classe des beaux-arts, le 24 septembre 1870. (2e série, t. XXX.)

PRINCIPALES OEUVRES D'ART.

La Vénus à la colombe, groupe. 1842.

Baigneuses surprises. 1842.

Saint Paul, statue. (Église de Spy, près de Namur.) 1843.

Les neuf Muses. Bas-relief. (Chez M. Van Volxem, à Trois-Fontaines, près de Vilvorde.) 1844.

Apollon. Statue. (Chez le même.) 1844.

L'Amour captif. Groupe en marbre, commandé par le Gouvernement. (Musée royal à Bruxelles.) 1845.

Onze statues en pierre de France, représentant la Force, la Tempérance, la Paix, la Loi, la Prudence, la Justice, saint Michel, saint Christophe, saint Georges, saint Sébastien et saint Géry. (Portail de l'hôtel de ville de Bruxelles.) 1846.

Divers bustes de madones et de bacchantes. 1847.

Psyché appelant l'Amour à son secours. 1848.

La Prière. 1849.

La ville de Bruxelles. Statue en marbre commandée par la ville. (Fontaine Rouppe, à Bruxelles.) 1850.

L'Amour au berceau. (Chez le Dr Lombard, à Liège.) 1850.

La Bienfaisance. Monument à la mémoire de M. Nevraumont (Église SS.-Jean et Nicolas, faubourg de Cologne, Bruxelles.)

Monument de la Reine des Belges, à Ostende. (Commandé par la ville d'Ostende) 1852.

Les trois Arts. Groupe en bronze. (Chez le comte d'Oultremont, à Warfusé.) 1854.

Le commandeur Nicolaï. Monument en marbre. (Cimetière de Laeken) 1855.

Le Sommeil. Statue en marbre. (M. Warocqué, à Mariemont.) 1856.

L'Abondance. Statue d'enfant. 1857.

La sainte Vierge. Statue en pierre. (Église Salazar, à Bruxelles.) 1857.

Enfants jouant. Groupe en pierre. (Hôtel Visschers, à Bruxelles.) 1858.

La liberté d'association. Statue en bronze. (Colonne du Congrès, à Bruxelles.) 1859.

Monument du comte Félix de Mérode. Exécuté en marbre. (Église des SS. Michel et Gudule, à Bruxelles.)

Vénus Anadyomène. Groupe en marbre. (Palais du Roi, à Bruxelles.) 1861.

Cupidon voguant. Statue d'enfant en marbre. 1862.

Le pigeon captif. Statue d'enfant en marbre. 1862.

La fée des bois et la fée des eaux. Bustes en marbre.

Les comtes d'Egmont et de Hornes. Groupe en bronze. (Place du Petit-Sablon, à Bruxelles.) 1864.

Masui. Statue en marbre. (Station du Nord, à Bruxelles.)

Monument à la mémoire du R. Père Passerat. Statue en pierre. (Rumillies, environs de Tournai.)

Deux statues d'enfant, bronze. (Baron de Hirsch.)

Groupe d'enfant, en bronze. (Mme Drion.)

Buste du Roi Léopold Ier, en marbre. (Château de Laeken.)

Buste de Marie-Henriette, Reine des Belges. Marbre. (Palais du Roi, à Bruxelles.)

Triomphe de Bacchus. Groupe de cinq figures et une chèvre. 1869.

L'Artiste. Statue en marbre.

Monument funéraire à la mémoire de Mlle Van Heteren. Statue en pierre. (Église d'Herenthals.) 1871.

La Mère. Groupe en marbre. 1871.

Amphitrite sur un Dauphin. Statue. 1872.

Le Bourdon. Statue en marbre. 1873.

Comme bon papa. Groupe en marbre 1873.

Henry II, duc de Brabant. Statue en pierre. (Vestibule de l'hôpital Saint-Jean, à Bruxelles.)

L'Industrie, recevant ses produits des quatre parties du monde. Coupe en argent. (Chez M. Remy, à Louvain.)

Monument à la mémoire d'André Van Hasselt. (Cimetière de Laeken.)

Monument à la mémoire de M. et Mme Cloquet. (Idem.)

Monument à la mémoire de M. De Houx. (Idem.)

Statue en bronze du R. Père Desmet. (Termonde.)

Monument de Mgr Dehessel, évêque de Namur. (Église de Saint-Aubain, à Namur.)

La Paix, sous les traits de Minerve. Statue en marbre. (Grand escalier du Palais du Roi, à Bruxelles.)

Monument d'Adolphe Quetelet. Statue en marbre. (Devant le palais des Académies à Bruxelles.)

Monument de B.-C. du Mortier. Statue en marbre. (Tournai.)

La sortie du bain de mer. Statue en marbre.

La Mère de Moïse. Groupe en marbre.

Moïse enfant. Marbre.

L'Amour endormi Marbre.

Statue en marbre de Léopold Ier. (Chambres de Représentants, à Bruxelles.)

Deux Génies, soutenant les armes du roi. Bas-relief.

Christ en croix. Marbre dans la chapelle funéraire de la famille Drion. (Au cimetière d'Evere.)
Chien jouant avec une grenouille. Bronze.
Trentre-deux portraits en plâtre et en marbre.

GALLAIT (Louis), G. C. ✠, peintre d'histoire; domicilié à Schaerbeek, rue des Palais, 106; né à Tournai le 9 mai 1810; élève d'Auguste Hennequin, ancien directeur de l'Académie de Tournai; membre effectif du Corps académique de l'Académie royale des beaux-arts d'Anvers, depuis le 26 septembre 1852; président de la Commission des Musées royaux de peinture et de sculpture; nommé membre de l'Académie le 1er décembre 1845; directeur de la Classe des beaux-arts et président de l'Académie en 1871 et en 1880.

PUBLICATIONS ACADÉMIQUES.

Bulletins.

Discours prononcé aux funérailles de François-Joseph Fétis. 1871. (2e série, t. XXXI.)
Discours prononcé, comme directeur, en séance publique de la Classe des beaux-arts, le 26 septembre 1871. (Id., t. XXXII.)
Communications au sujet d'un édifice pour les expositions triennales des beaux-arts. 1871 et 1872. (Id., t. XXXII et XXXIII.)
Communication relative au projet d'un Panthéon national. 1880. (3e série, t. IV.)

PRINCIPALES OEUVRES D'ART.

Tableaux.

Le denier de César. (Premier prix du concours historique du salon de Gand de 1832, décerné par la Société royale des beaux-arts et de littérature de la même ville.)

La Guérison de l'aveugle. 1833. (Cathédrale de Tournai.)

Le duc d'Albe dans les Pays-Bas. 1835. (Collection de sir Richard Wallace, à Londres.)

Le Ménétrier. 1835.

Portrait de M. E... F... 1835.

Le Tasse, visité par Montaigne. 1836. (Collection de M. Jules Van Praet, à Bruxelles.)

Job et ses amis. 1837. (Acquis pour le Musée du Luxembourg; actuellement au Musée de Lille.)

Portraits historiques. 1837. (Exécutés pour les galeries de Versailles.)

Bataille de Cassel. 1838. (*Ibid.*)

Prise d'Antioche. 1838. (L'original est à Amsterdam, chez M. Jacobson; une copie se trouve dans les galeries de Versailles et une au Musée de Bruxelles.)

Portrait de M. Cousin (graveur) en costume oriental. 1838. (Musée de Lille.)

Le Domino noir. 1839.

Le Maître des pauvres. 1839.

Portraits de la mère et de la sœur de l'artiste. 1840.

L'Abdication de Charles-Quint. 1841. (Musée de Bruxelles.)

Bonheur et malheur. 1842.

Saint-Hubert. 1843. (Appartient à la Reine d'Angleterre.)

La Maternité. 1843. (*Ibid.*)

La Femme du pêcheur (Attente). 1844. (Commandé par l'Empereur Nicolas de Russie.)

La Glaneuse. (En Hollande.)

Portraits de C. M. Nagelmaekers ; de la famille Biolley; de M. et de Mme de Theux ; de Mme Pick. 1846.
Le Conseil des troubles. 1847. (Acheté par M. Abel Warocqué.)
Le Couronnement de Baudouin de Constantinople. 1847. (Galeries de Versailles.)
La Tentation de saint Antoine. 1848. (Acheté par le Roi des Belges.)
Art et Liberté. 1849. (Musée royal de Bruxelles.)
Les derniers moments du comte d'Egmont. 1849. (Musée de Berlin.)
Derniers honneurs rendus aux comtes d'Egmont et de Hornes. 1850. (Musée de Tournai.)
L'Oubli des douleurs. 1851. (A Berlin.)
Le Chant du prisonnier. 1852.
Sentinelle croate. 1853.
Le Tasse dans sa prison. 1854. (Palais impérial de St-Pétersbourg.)
La chute des feuilles. 1855. (Appartient à M. Champion de Villeneuve, à Bruxelles.)
Une famille bohémienne. 1855. (Musée Fodor, à Amsterdam.)
Jeanne la Folle. 1856. (Commandé par Sophie de Wurtemberg, Reine de Hollande.)
Léonard de Vinci et François Ier. 1857. (Chez M. Devos, à Amsterdam.)
Portrait de Sophie de Wurtemberg, Reine de Hollande.
Dalila. 1858.
Le duc d'Albe et Vargas. 1859. (A Manchester.)
Le Printemps, jeune fille italienne. (En Angleterre.)
Prière du soir. 1858. (Chez M. Rickheim.)
Le Prisonnier italien. (Acheté par la bne de Hirsch, à Bruxelles.)
Christophe Colomb en prison. 1860.
Lecture de la sentence de mort du comte d'Egmont. 1867. (Au Roi des Belges.)
Portraits : Pie IX. 1862. (Au Vatican.) — Général Lamoricière. 1864. — M. Barth.-Ch. Du Mortier. (Musée de Bruxelles.) — M. Paul de Sinçay. — Mme de Sinçay. 1874. — Colonel Hallart. — Louis Haghe. — Général de Q... — Mme la duchesse de Croy. —

Mme B... — Mme F... — Mme la comtesse Louis de Mérode. — Le comte de Mérode. — M. Émile de Laveleye. 1874.

La Paix. 1871.

La Guerre. 1871.

Jeune fille anglaise. 1871. (Acheté par M. Champion de Villeneuve, à Bruxelles.)

Portrait de la petite-fille de l'artiste. 1871.

Quinze portraits historiques en pied. 1872. (Salle des séances du Sénat, à Bruxelles.) Ces portraits représentent :

Pépin de Herstal ; Charlemagne; Godefroid de Bouillon; Robert de Jérusalem ; Baudouin de Constantinople; Notger; Philippe d'Alsace; Jean II, duc de Brabant; Guillaume le Bon ; Philippe le Beau ; Philippe le Bon ; Charles-Quint ; Isabelle; Albert; Marie-Thérèse.

Portrait de la petite-fille de l'artiste. 1873.

Portrait équestre de Godefroid de Bouillon, esquisse. 1873. (Palais du Roi, à Bruxelles.)

Portrait équestre de Charles-Quint. 1873. (*Ibid.*)

Portrait de la princesse Clémentine, fille du Roi des Belges. 1874.

Portrait de Rubens. 1874.

Portraits du Roi et de la Reine des Belges. 1875. (Musée de Bruxelles.)

La peste de Tournai. (Musée de l'État, à Bruxelles.)

Lithographie.

Pêcheurs de Blankenberghe. 1848.

Eaux-fortes.

Le Tasse. 1836; L'archet brisé. 1858; La jeune mère. 1858; La guerre. 1872.

GEVAERT (FRANÇOIS-AUGUSTE), G. O. ✠, compositeur; domicilié à Bruxelles, place du Petit-Sablon, 15; né à Huysse (Flandre orientale) le 31 juillet 1828; lauréat du grand concours de composition musicale de 1847; directeur du Conservatoire royal de musique de Bruxelles; maître de chapelle de S. M. le Roi des Belges; élu membre de l'Académie le 4 janvier 1872; directeur de la Classe des beaux-arts en 1876.

PUBLICATIONS ACADÉMIQUES.

Bulletins.

Discours sur l'enseignement public de l'art musical à l'époque moderne. 1876. (2e série, t. XLII.)

Notes bibliographiques sur des ouvrages du radjah Sourindro Mohun Tagore et du chevalier X. van Elewyck. (T. XLIII et XLV.)

OUVRAGES NON PUBLIÉS PAR L'ACADÉMIE.

Traité d'instrumentation. Gand, 1864; 1 vol. in-8°.

Histoire et théorie de la musique de l'antiquité. Gand, 1875-1881; 2 vol. gr. in-8°.

Nouveau traité d'instrumentation. Paris, 1886; 1 vol. in fol.

PRINCIPALES OEUVRES D'ART.

Super flumina Babylonis. Psaume (voix et orchestre). Gand, 1848; partition complète in-fol.

Hugues de Somergem, opéra en 3 actes. Gand, 1849; partit. pour piano et chant in-fol.

La Comédie à la ville, opéra en 1 acte. Gand, 1849; partit. pour piano et chant in-fol.

Georgette, opéra comique en 1 acte. Paris, 1853; partit. pour piano et chant in-fol.

Le Billet de Marguerite, opéra comique en 3 actes. Paris, 1854; grande partit. in-fol.; piano et chant in-8°.

Les Lavandières de Santarem, opéra comique en 3 actes. Paris, 1855; partit. pour piano et chant in-8°.

Quentin Durward, opéra comique en 3 actes. Paris, 1858; grande partit. in-fol.; piano et chant in-8°.

Le Diable au moulin, opéra comique en 1 acte. Paris, 1859; partit. pour piano et chant in-8°.

Le Capitaine Henriot, opéra comique en 3 actes. Paris, 1864; grande partit. in-fol.; piano et chant in-8°

De Nationale Verjaardag, cantate pour voix d'hommes et orchestre Gand, 1855; grande partit format oblong.

Jakob Van Artevelde, cantate pour voix mixtes et orchestre. Gand, 1863; grande partit in-fol.; piano et chant in-8°.

GUFFENS (ÉGIDE-GODEFROID), C. ✠, peintre d'histoire; domicilié à Schaerbeek, Place Le Hon, 4; né à Hasselt le 22 juillet 1825; élève de N. de Keyser; membre effectif du Corps académique de l'Académie royale d'Anvers, depuis le 24 août 1880; membre de la Commission directrice des Musées royaux de peinture et de sculpture; élu membre de l'Académie royale de Belgique le 6 janvier 1876.

OUVRAGES NON PUBLIÉS PAR L'ACADÉMIE.

Souvenirs d'un voyage artistique en Allemagne, par J. Sweerts et G. Guffens. Ce travail a été adressé à M. le Ministre de l'Intérieur, à propos de l'Exposition universelle de Paris, en 1855. (*Messager des sciences*, Gand, 1857.)

Rapport à M. le Ministre de l'Intérieur sur l'Exposition historique de Munich, par les mêmes. Bruxelles, 1858 (*Moniteur,* 1858.)

PRINCIPALES OEUVRES D'ART.

Peintures murales exécutées en collaboration avec Jean Sweerts.

Peintures murales de la salle de la Chambre de Commerce à Anvers, détruites, au moment de son achèvement, par l'incendie de la Bourse en 1858. — Les treize panneaux représentaient les premières relations commerciales d'Anvers avec les peuples étrangers.

Peintures murales de l'église de Notre-Dame à Saint-Nicolas (Flandre orientale); quatre-vingt-trois panneaux qui représentent les trois âges de l'histoire sacrée : la Tradition, la Loi écrite et l'Évangile.

Peintures murales de la salle échevinale à Ypres, trois panneaux. Celui peint par Guffens a 15 mètres de large sur 2,40 mètres de haut; il représente la Joyeuse Entrée de Philippe le Hardi, duc de Bourgogne, et sa femme, Marguerite de Male, à Ypres, le 24 avril 1383.

Peintures murales de l'église St-Georges, à Anvers. — L'ensemble des peintures est consacré à la représentation de la vie de Jésus. — L'idée fondamentale et sa division en trois parties symbolisent l'unité et le triple caractère de l'Église : la partie militante, la partie souffrante et la partie triomphante.

Peintures murales de la salle gothique de l'hôtel de ville à Courtrai. — Les sept panneaux représentent les trois castes du moyen âge : le Clergé, la Noblesse et la Bourgeoisie. Pour le Clergé : Introduction du Christianisme en Flandre par saint Éloi. — La féodalité : départ pour la Terre-Sainte de Baudouin IX, comte de Flandre (1202). — La Commune : réunion, dans la salle du collège échevinal, des chefs de l'armée flamande, la veille de la bataille des Éperons d'or en 1302.

Peintures murales dans le chœur de la chapelle du château de Well Blundell en Angleterre.

Peintures murales exécutées dans l'église Saint-Quentin, à Hasselt.

Peintures murales exécutées dans la chapelle du pensionnat, à Saint-Nicolas.

Le chemin de la croix, peintures murales exécutées dans l'église Saint-Ignace, à Anvers.

Peintures murales dans le chœur de l'église de Lanaeken (Limbourg).

Décoration du chœur de l'église Saint-Joseph, à Louvain.

Peintures monumentales dans la grande salle de l'hôtel du baron de Schilde, rue Kipdorp, à Anvers, représentant des faits de la famille de Schilde qui se rattachent à l'administration de la ville, aux œuvres de bienfaisance ainsi qu'à la protection accordée aux lettres, aux sciences, aux arts et au commerce. Tout en retraçant le passé de la famille van de Werve, ces sujets appartiennent essentiellement à l'histoire d'Anvers.

Peintures murales dans la chapelle Sainte-Barbe, à Louvain; huit panneaux se rapportant à la vie de sainte Barbe.

Tableaux.

Jean Mantelius, chroniqueur. (A l'hôtel du Gouvernement provincial, à Hasselt.)

Couronnement de la Sainte-Vierge.

Le comte de Looz octroyant les privilèges de ville à la commune de Hasselt.

Épisode de la destruction de Pompéï.

Prière des trois sœurs. Ballade de F. van Kerkhoven.

Arabe et sa femme. (Appartient au Roi de Wurtemberg.)

Deux jeunes Italiennes à la fontaine. (Idem.)

Lucrèce la Romaine parmi ses femmes. (A Mlle la comtesse de Baillet, à Anvers.)

Pausias et la belle bouquetière. Ballade de Goethe.

La Vierge et l'enfant Jésus. (A M. Mackensie, à Londres.)

Rouget de Lisle chantant pour la première fois la Marseillaise. (Au Musée de Philadelphie, Amérique.)

Julie et sa mère. D'après le poème Jocelin par Lamartine. (A M Maus, à Anvers.)

Retour du Saint-Sépulcre. (Au Musée de Prague.)

Le Christ en croix. (Au comte de Thun, à Prague)

Marguerite d'Autriche recevant la première ambassade de Perse. (Au château de M. Philps, en Angleterre.)

Triptyque, représentant la Vierge et l'enfant Jésus, sainte Madeleine et sainte Isabelle Sur les volets sont les portraits de la famille du comte de Liedekerke-Beaufort.

Triptyque, représentant la nativité du Christ, sa mort et sa résurrection. (Dans la chapelle du château de Minley, en Angleterre.)

L'Hymne mystique. (Au château de M. Philps, en Angleterre.)

Blanche de Felzenstein en prison. Ballade de Van Ryswyck.

Le Christ assis dans sa gloire. (Exécuté dans la chapelle de M. Chambers, à Londres.)

Jeune fille italienne. (Appartient à la princesse Ghika, à Waslisi.)

Jeune fille grecque à sa toilette. (A la comtesse Olga Meraviglia, à Gräz.)

Saint Herman reçu au couvent des Prémontrés. (A la comtesse de Stainlein de Saalenstein.)

Principaux portraits.

Le général comte du Val de Baulieu.

Le chevalier de Corswarem.

Le comte et la comtesse Émile de T'Serclaes.

La comtesse Léon de Baillet.

Madame Becquet d'Harpigny.

Le baron et la baronne de Merex.

Mademoiselle la comtesse Victorine de Baillet.

Mademoiselle Nathalie Eschbom (duchesse de Wurtemberg.)

Prum, violoniste.

La comtesse de Ways-Ruart.

La comtesse van de Werve.

Le baron et la baronne de Gilman.

Le maréchal comte de Baillet la Tour.
Madame Osterreith-Lemmée.
La comtesse de Baillet-Bauwens de Lichtervelde.
Monsieur et Madame F. Moretus de Bouchout.
M. et Mme Bauwens de Lichtervelde.
Mme C. Van Hoobrouck ten Heule.
La baronne de Gaiffier-Moreau.
Le chevalier G de Stuers.
La baronne Buffin.
La comtesse d'Aerschot.
Le baron et la baronne de Vrints de Treuenfels.
M. Jaminée, ancien président du Conseil provincial du Limbourg.
Le comte et la comtesse de Renduff.
M. Julliot, ancien membre de la Chambre des Représentants.
M. Thonissen, Ministre d'État.
Le chevalier de Schöller.
Le baron et la baronne van de Werve et de Schilde.
La baronne Van der Bruggen.
La vicomtesse C. de Beughem.
Mlle Anna Caroly.
Mme V. Wouters.
Mme Geudens.
Mme de Prins.
M. et Mme J. Meeus-de Vicq de Cumptich.
La vicomtesse de Sousberghe.
Le comte Herman de Stainlein de Saalenstein.
La comtesse Bloudoff.
M. Van Heule, bourgmestre d'Ypres.
M. et Mme Dujardin-Dansaert.
La baronne de Vicq de Cumptich.
Le comte A. du Val de Baulieu.
M. et Mme Goethals-Danneel.

HYMANS (Henri), ✠, méd. civ. de 1re classe; domicilié à Ixelles, rue de la Croix, 44; né à Anvers le 8 août 1836; attaché à la Bibliothèque royale de Belgique (1857); conservateur (1875); professeur d'esthétique et de littérature générale à l'Académie royale des beaux-arts à Anvers (1877); professeur d'esthétique à l'Institut supérieur des beaux-arts (1886); membre honoraire du Corps académique de l'Académie royale des beaux-arts d'Anvers (1879); élu correspondant de l'Académie royale de Belgique le 1er mars 1883; membre, le 8 janvier 1885.

PUBLICATIONS ACADÉMIQUES.

Mémoires.

La gravure dans l'École de Rubens. 1879. (*Mém. cour. et mém. des sav. étr.*, in-4o, t. XLII.)

Le réalisme; son influence sur la peinture contemporaine. 1884. (*Ibid.*, t. XLV.)

Bulletins (3e *série*).

Marin le Zélandais, dit de Rommerswael. 1884. (T. VII.)

Sur le portrait de Bernard Van Orley, peint par Albert Dürer en 1521. 1884. (T. VIII.)

La grand'mère de Van Dyck. 1884. (*Ibid.*)

Discours prononcé aux funérailles de Jos. Geefs, au nom de la Classe des beaux-arts. 1885. (T. X.)

Concours pour le prix de Stassart : 5e période (1875-1880). Rapport fait à la Classe des lettres, comme troisième commissaire. 1886. (T. XI.)

Rapport fait à la Classe des beaux-arts sur le mémoire de M. Henri Évrard, sur la situation de l'Art en France. 1886. (T. XII.)

Notices bibliographiques :

Les grès cérames de Namur, par D. Vande Casteele. 1885. (T. X.)
La caricature et les mœurs en Allemagne, en Autriche, en Suisse, par J. Grand-Carteret. 1885. (*Ibid.*)
Giunte agli Artisti Belgi ed Olandesi in Roma, negli secoli XV e XVII, par A. Bertolotti. 1885. (*Ibid.*)
Der Meister mit den Banderollen. Ein Beitrag zur Geschichte des ältesten Kupferstiches in Deutschland, von Max Lehrs. 1886. (T. XII.)

Annuaire.

Notice sur Ferdinand de Braekeleer, membre de la Classe des beaux-arts. Année 1885.

OUVRAGES NON PUBLIÉS PAR L'ACADÉMIE.

Notes et recherches sur quelques tableaux du Musée royal de Belgique. 1871. (*Mess. des sciences historiques.*)
Jonas Suyderhoef, son œuvre gravé, classé et décrit, d'après l'allemand de J. Wussin, avec notes et commentaires. (*Rev. univ. des Arts.*) Paris, Bruxelles, 1862.
Notice sur Corneille Cels. Bruxelles, 1863.
Notice sur J.-B. Vander Hulst peintre de la cour des Pays-Bas. Bruxelles, 1863.
L'art de la lithographie et ses ressources. (*Rev. univ. des Arts.*) Paris, Bruxelles, 1863.
Gravure criblée, impressions négatives. (*Docum. iconographiques et typographiques de la Bibl. roy. de Belgique.*) Bruxelles, 1864.
Rembrandt. Conférence donnée à l'Union des artistes. (*Ann. de l'Union des Artistes.*) Liège, 1868.
Les images populaires flamandes au XVIe siècle. Liège, 1869

Notice sur Charles de Groux. (En tête du catalogue de l'œuvre de l'artiste.) Bruxelles, 1870.

Compositions décoratives et allégoriques des maîtres de toutes les Écoles. Liège-Paris, 1870-85; 2 vol. gr. in-folio.

Respect de la vie. (*Bibl. de la Paix.*) Paris 1871.

De quelques livres rares réédités par sir William Stirling Maxwell. (*Bull. du bibliophile belge*) Bruxelles, 1874.

Histoire du costume en Belgique. (*Patria Belgica.*) Bruxelles, 1875.

Histoire de la gravure en Belgique. (*Ibid.*) Bruxelles, 1875.

Albert Dürer et Lucas de Leyde, leur rencontre à Anvers. (*Bull. des Comm. roy. d'art et d'arch.*, t. XVI.) Bruxelles, 1877.

Quentin Metsys et son portrait d'Érasme. (*Ibid.*, t. XVI.) Bruxelles, 1877.

Notice sur Adolphe Dillens. Catalogue des œuvres délaissées par l'artiste. Bruxelles, 1877.

L'œuvre de P.-P. Rubens. Catalogue de l'Exposition organisée à Anvers, sous les auspices de l'administration communale, par l'Académie d'archéologie, à l'occasion du troisième centenaire de la naissance du maître. (En collaboration avec MM. Ph. Rombouts, Max. Rooses et Alph. Goovaerts.) Anvers 1877.

La planche des armoiries de Bourgogne. (*L'Art*, t. IX.) Paris, 1877.

Les graveurs de Rubens. (*Ibid.*, t. X.) Paris, 1877.

Note sur un voyage artistique en Italie. (*Bull. des Comm. roy. d'art et d'arch.*, t. XIX.) Bruxelles, 1878.

Rubens nach seinen neuesten Biographen. (*Repertorium für Kunstwissenschaft.*) Traduction par M. Alfr. Woltmann Stuttgart, 1879.

Le cabinet des Estampes de Bruxelles. (*L'Art*, t. XVI.) Paris, 1879.

Histoire de la gravure dans l'École de Rubens. Bruxelles, 1879; 1 vol. in-8°.

Note sur le commerce anversois au XVIe siècle, d'après une estampe du temps. (*Bull. de l'Acad. d'archéologie*, 3e série.) Anvers, 1881

Un tableau de Pierre Coeck. (*L'Art*, t. XXVI.) Paris, 1881.

Les commencements de la gravure aux Pays-Bas. (*Bull. des Comm. roy. d'art et d'archéol*, t. XX.) Bruxelles, 1881.

Un tableau retrouvé de Jean Van Eyck. (*Ibid*, t. XXII.) Bruxelles, 1883.

Notes sur quelques œuvres d'art conservées en Flandre et dans le nord de la France (*Ibid.*, t. XXII.) Bruxelles, 1883.

Rubens d'après ses portraits; étude iconographique. (*Bulletin Rubens*). Anvers, 1883.

Jean-Étienne de Calcar. (*L'Art*, t. XXXIII.) Paris, 1883.

Les Pourbus. (*Ibid.*, t. XXXIV.) Paris, 1883.

Le livre des Peintres, de Carel van Mander (1604); Vies des Peintres flamands, hollandais et allemands. Traduction avec notes et commentaires. Paris, 1884-85; 2 vol. gr. in-4°.

Rubens et la gravure sur bois. (*L'Art*, t. XXXVII.) Paris, 1884.

Joachim Beuckelaer. (*Ibid.*) Paris, 1884.

Pierre Aertsen. (*Ibid.*) Paris, 1884.

Henri van Steenwyck. (*Ibid.*) Paris, 1884.

Un nouveau maître anversois : Jacques Blondeau. (*Bull. de l'Acad. d'archéologie*, 4e série.) Anvers 1885.

Notice sur Alexandre Pinchart. (Catalogue de la Bibliothèque de ce savant.) Bruxelles, 1885.

Recherches sur l'origine d'Ambroise Du Bois. (*Bull. de l'Acad. d'archéologie*) 1886.

P.-P. Rubens. (*Encyclopædia Britannica* de Black., t. XXI.) Édimbourg, 1886.

P.-P. Rubens, sa vie et son œuvre. (En collaboration avec MM. O. Berggruen, J. Comyns Carr, etc) Paris, 1886; 1 vol. gr. in-4°.

Les Teniers; Van Dyck. (*Encyclopædia Britannica.*)

Collaboration : *Allgemeines Künsterlexikon* de Meyer, Leipzig, 1884-86; *Journal des Beaux-Arts; Gazette des Beaux-Arts; L'Art; Athenæum belge; Revue de Belgique*, etc.

JAQUET (JEAN-JOSEPH), O. ✠, domicilié à Schaerbeek, rue des Palais, 156; né à Anvers le 30 janvier 1822; statuaire; membre effectif du Corps académique de l'Académie royale des beaux-arts d'Anvers, depuis le 14 août 1883; professeur à l'Académie royale des beaux-arts de Bruxelles; élu membre de l'Académie royale de Belgique le 11 janvier 1883.

PRINCIPALES OEUVRES D'ART.

Monument national érigé en mémoire du rétablissement de l'indépendance hollandaise en 1813 et du retour du prince Guillaume-Frédéric d'Orange-Nassau, plus tard le roi Guillaume Ier. Willemspark, La Haye, 1869.

La partie sculpturale exécutée par Joseph Jaquet se compose d'une *Batavia* en bronze tenant le drapeau national de la main gauche et, de la droite, un faisceau de flèches. Derrière se trouve le Lion néerlandais. Du côté du monument qui est tourné vers la ville se voit le prince Guillaume-Frédéric, prêtant serment à la Loi fondamentale. Sur le revers sont: *Gysbert-Karel van Hogendorp, Fr.-Adr. van der Duyn* et le comte L. de Limbourg-Stirum, les chefs du mouvement en novembre 1813 « Oranje boven! » Enfin sur les deux petites faces sont les figures allégoriques de la Liberté et de la Loi, sous lesquelles se trouvent deux bas-reliefs représentant le soulèvement du peuple et l'arrivée du roi.

Froissart. Statue monumentale. (Chimai.) 1848.

Baudouin IX, comte de Flandre, empereur de Constantinople. Statue équestre en bronze. (Boulevard de Mons.)

Charles de Lorraine, gouverneur général des Pays-Bas. Statue équestre en bronze. (Sur le fronton de la maison des brasseurs, Grand'Place, à Bruxelles.) 1853.

Louise-Marie d'Orléans, première reine des Belges. Statue en bronze. (Philippeville.) 1879.

Fronton de la façade principale et les deux groupes au-dessus du mur de soutènement du grand escalier de la Bourse de Bruxelles. 1872.

La Victoire. Statue colossale en bronze. (Couronnant le faîte du Palais de l'industrie, à Amsterdam.) 1864.

Fontaine monumentale. (Dans le parc de M. Neller, au pays de Galles.)

L'Aurore. Groupe en bronze, grandeur nature. (En Angleterre.)

Deux figures. Groupe en marbre, grandeur nature. (Idem.)

Vénus montant à l'Olympe. Groupe en bronze, grandeur nature. (Idem.)

Candélabres de la Place du Congrès, à Bruxelles.

Œuvres en marbre, grandeur nature.

L'Age d'or, commandé par le Gouvernement. (Au Musée royal de Bruxelles.) 1851.

L'Hospitalité. (Appartenant à M. Barbanson.)

L'Amour consolateur. (Appartenant à M. Mosselmann de Francquen.) Bruxelles, 1851.

Pandore. (Appartenant à M. le baron Goethals.)

Flore. (Appartenant à M. Deridder.)

La bienvenue. (Appartenant à M. le comte de Beauffort.)

Vénus et l'Amour. (Appartenant à M. Dewit.)

Œuvres demi-nature.

L'Enlèvement des Sabines. Groupe en bronze. (Au baron Goethals.) 1851.

Le Dévouement. Groupe en marbre. (A M. Petit.)

Les Maraudeurs. Groupe en marbre. (Idem.)

Le Massacre des Innocents. Groupe en bronze. (Idem.)

La Corbeille de noce. Marbre. (Appartient à M. Verheyden, à Paris.)

Œuvres en bronze coulées par Wegang, Vidos, Lerol frères, etc., à Paris.

Environ cinquante sujets dont les principaux sont (1) :
Caïn et Abel. Groupe. 1851.
Scène du déluge. Groupe.
Le Dévouement. Groupe.
Élisa. Groupe.
La première nuit d'exil. Groupe.
L'Amour désarmé. Groupe.
Les Maraudeurs. Groupe.

M. Jaquet a exécuté, en outre, une quantité considérable de statues et de groupes (plus de 300), dont un certain nombre sont en Allemagne et en Amérique; ainsi qu'une trentaine de bustes en marbre, dont les principaux sont : De Potter, pour le Sénat; Van Helmont, pour l'Académie royale de médecine; le général Anoul; le baron Goethals; le comte et la comtesse de V....; la princesse de C....; le comte de M....

MARCHAL (Edmond-Léopold-Joseph-Gustave, chevalier), ✠, méd. civ. de 1re classe, domicilié à St-Josse-ten-Noode, rue de la Poste, 61; né à Saint-Josse-ten-Noode le 15 juillet 1833; membre honoraire du Corps académique de l'Académie royale des beaux-arts d'Anvers, depuis 1881; adjoint au secrétariat de l'Académie royale de Belgique le 1er janvier 1853; nommé secrétaire adjoint

(1) Sur quelques-uns de ces ouvrages les Français ont introduit un c dans le nom de Jaquet.

par arrêté royal du 24 juin 1874; élu correspondant le 1er mars 1883; membre, le 7 janvier 1886.

PUBLICATIONS ACADÉMIQUES.

Mémoires.

Mémoire sur la sculpture aux Pays-Bas pendant les XVIIe et XVIIIe siècles, précédé d'un résumé historique. 1875. (*Mém. cour. et Mém. des sav. étr.*, in-4°, t. XLI.)

Annuaire.

Essai sur la vie et les œuvres de Guillaume Geefs, membre de la Classe des beaux-arts. Année 1886.

Essai sur la vie et les œuvres de Louis-Eugène Simonis, membre de la Classe des beaux-arts. Année 1887.

Catalogue des livres légués à l'Académie par le baron de Stassart. 1860.

Tables générales du Recueil des Bulletins de l'Académie. 1867 à 1880. (2e série, t. XXI à L.)

(Cités seulement pour les méthodes nouvelles de classification des matières et des connaissances humaines suivies depuis pour d'autres ouvrages du même genre.)

Biographie nationale.

Les notices de De la Baerze (Jacques), Delen (Jean), Delsart, Demeyer (Joachim), De Nève (Sébastien), De Sutter (Pierre), De Vaere (Jean), Devos (Marc), Devrée (J.-Bte), De Wayer (Mathieu), Diez (Gustave-Adolphe), Garnet (Nicolas), etc.

MARKELBACH (Alexandre-Pierre-Jacques), O. ✠, domicilié à Schaerbeek, chaussée d'Haecht, 129; peintre d'histoire; né à Anvers le 7 août 1824; élève de Wappers et de W. von Kaulbach; membre agrégé du Corps académique de l'Académie royale des beaux-arts d'Anvers, depuis 1878; élu correspondant de l'Académie royale de Belgique le 1er mars 1883.

PRINCIPALES OEUVRES D'ART.

Tableaux religieux.

La Vierge au Rosaire. 1843. (Église de Wuestwezel, prov. d'Anvers.)
Le Dépouillement du Christ. 1853. (Église Saint-Michel, Louvain.)
Le Calvaire. } 1850. (Église St-André, Anvers.)
Jésus tombant sous la croix. (Grandeur nature.) } 1850. (Église St-André, Anvers.)
L'éducation de la Vierge par sainte Anne. (Église de Koekelberg, Bruxelles.)

Tableaux de genre.

La dernière leçon, peut-être. (Salon de Gand, 1844.)
Daniel Seghers botanisant avec ses confrères. 1852. (Musée de la ville, Liège.)
La Bibliothèque d'incunables de San Lorenzo, à Florence. 1860.
La dernière heure de Charles Ier d'Angleterre. } 1863-1864.
La Veuve de Charles Ier, à Chaillot. } 1863-1864.
Cromwell au lit de mort de sa fille Lady Claypole. 1868.
Les rhétoriciens d'Anvers, au XVIe siècle, s'apprêtant à une joute oratoire. 1872. (Musée de l'État, Bruxelles.)
Le Tuteur. 1873.
Une Gilde flamande au XVIIe siècle. 1883.

M. Markelbach a exécuté encore d'autres tableaux de genre, ainsi que des portraits.

MEUNIER (Jean-Baptiste), ✠, domicilié chaussée d'Ixelles, 262, à Ixelles; né à Molenbeek-St-Jean, le 28 juillet 1821; graveur, élève de Calamatta; professeur de dessin à l'Athénée royal de Bruxelles; élu correspondant de l'Académie le 10 janvier 1884.

PRINCIPALES OEUVRES D'ART.

Gravures.

Saint Sébastien, d'après Savorna. 1845.
Giorgione et Primaticcio. 1845.
Boccace chez Jeanne de Naples lisant le Décaméron, d'après G. Wappers. 1851.
Louis XIV au Temple, d'après Wappers. 1857.
Intérieur, eau-forte d'après Van Moer. 1857.
La chasse au rat, d'après Madou. 1860.
La Samaritaine, d'après le Guerchin. 1860.
L'Arquebusier, d'après Madou. 1863.
Portrait de Rubens. 1863.
Le Christ au Calvaire, d'après Rubens. 1863
Portrait de Léopold Ier, Roi des Belges, d'après Eug. Devaux. 1866.
Portrait de M. D.... 1866.
Les deux maîtresses, d'après Bida. 1866.
L'Avare, d'après Alfred Stevens. 1869.
Robert Nanteuil, graveur de Louis XIV, d'après un pastel fait par lui-même. 1869.
Le Camoëns, d'après G. Wappers. 1872.
Saint Alphonse, d'après une vieille estampe.
Rolla, d'après Bida.
Un souper chez Rachel, d'après Bida.
Portrait d'Overbeeck, d'après lui-même.
Plus fidèle qu'heureux eau-forte, d'après Joseph Stevens.

Portrait de Rubens, d'après un tableau de la galerie des offices, à Florence. 1878.

Portrait de M Fontainas, ancien bourgmestre de Bruxelles. 1881.

— de Marguerite de Parme.

— de Larochejaquelin, d'après Schubert.

— de Van Dyck, d'après lui-même.

— du cardinal de Lenoncourt, d'après Clouet, dit Janet.

M. Meunier a gravé, en outre, les portraits suivants pour *l'Annuaire de l'Académie :*

Alexis Baron, Baguet, Ernest Quetelet, L. Hymans, Éd. Morren.

Dessins.

L'Avare, dessin d'après Alfred Stevens. 1857.

Portrait de Rubens, dessin. 1866.

La Loge, dessin original. 1875

Portrait de M. E. M...., dessin. 1881.

L'abdication de Charles-Quint, dessin d'après Gallait. 1881.

Évanouissement de sainte Catherine de Sienne, d'après Antonio Razzi, dit le Sodoma.

Portrait de Pourbus, d'après lui-même. (Galerie des offices, à Florence.)

— de Giovanno di Giovanni, d'après lui-même. (Idem.)

— d'Overbeeck, d'après lui-même. (Idem.)

— d'Helzeimer, d'après lui-même. (Idem.)

Brutus, d'après Michel-Ange. (Idem.)

Masque de Satyre, d'après Michel-Ange. (Idem.)

Bacchus ivre, d'après Michel-Ange. (Idem.)

Saint Jean dans le désert, d'après Donatello. (Idem.)

Portrait du duc d'Orléans, d'après Ingres.

Bacchante, d'après Jean Portaels.

La Fiancée, d'après Jean Portaels.

PAULI (Adolphe-Édouard-Théodore) O. ✠, croix civique de 1re classe, ingénieur-architecte, domicilié à Gand, place des Fabriques, n° 1 ; né à Gand, le 29 février 1820; directeur des cours d'architecture à l'Académie royale des beaux-arts de Gand depuis 1850; architecte de la ville de Gand de 1856 à 1867, époque à laquelle il fut nommé professeur à l'Université de Gand pour y donner les cours d'architecture civile et d'histoire de l'architecture; membre agrégé du Corps académique de l'Académie royale des beaux-arts d'Anvers depuis 1878 ; membre de la Commission royale des monuments, depuis le 2 août 1880; élu membre de l'Académie le 7 janvier 1875; directeur de la Classe des beaux-arts en 1885.

PUBLICATIONS ACADÉMIQUES.

Bulletins (3e série).

Rapport sur un mémoire envoyé en réponse au concours de 1884 relatif aux caractères de l'architecture flamande du XVIe et du XVIIe siècle. (T. VIII, p. 487.)

Discours prononcé aux funérailles de M. Stappaerts, le 7 mars 1885. (T. IX, p. 309.)

Discours prononcé, comme directeur, à la séance publique de la Classe des beaux-arts, le 25 octobre 1885. (T. X.)

PRINCIPALES OEUVRES D'ART.

Asile provincial et communal pour 650 hommes aliénés, à Gand.
Hôpital pour les aliénés des deux sexes de la colonie de Gheel.
Asile pour les ouvriers invalides, à Gand.

Hôpital général pour 700 malades des deux sexes, à Gand.
Restauration partielle de l'hôtel de ville de Gand.
Orphelinat pour garçons, à Gand.
Agrandissement de la bibliothèque de l'Université de Gand.
Agrandissement de l'école industrielle, à Gand.
Édifice pour les expositions d'horticulture, à Gand.
Marché couvert, à Gand.
Amphithéâtre et Musée d'anatomie, à Gand.
Cimetière communal, à Gand.
Pont fixe en fer et fonte sur l'Escaut aux abords de la station du chemin de fer de l'État, à Gand.
Divers ponts mobiles en fer, à Gand.
L'institut des sciences, à Gand.
Plans pour la reconstruction du Château royal de Tervueren.
Établissement d'un système de chauffage et de ventilation mécanique à l'hôpital civil de Gand et à l'ancienne salle des séances du palais de la Nation, à Bruxelles.
Monument de M. le comte Charles de Kerchove de Denterghem, ancien bourgmestre, au cimetière communal de Gand.
Pavillon en fer de fonte pour concerts, Place d'Armes, à Gand.
Pavillon en fer de fonte pour concerts, Casino de Gand.
Un grand nombre de maisons particulières, à Gand, et dans ses environs, en Belgique et à l'étranger.
Diverses écoles communales, à Gand.

PINCHART (Alexandre-Joseph) [1] ✠, né à Wavre (Brabant) le 23 juillet 1823; attaché aux Archives de l'État, à Mons (1er mars 1846); second commis (26 novembre 1847), puis, chef de la 2e section des Archives du royaume (2 mars 1859); membre de la Commission pro-

[1] Voir la note de la page 105.

vinciale de statistique; membre correspondant de la Commission royale des monuments; membre honoraire du Corps académique de l'Académie royale des beaux-arts d'Anvers ; élu correspondant de l'Académie le 4 janvier 1877; membre, le 11 janvier 1883; mort à St-Josse-ten-Noode le 23 juillet 1884.

PUBLICATIONS ACADÉMIQUES.

Sur les antiquités gallo-romaines trouvées dans le Hainaut. (*Mém. cour. et mém. des sav. étr.*, in-4°, t. XXII et XXIII.)

Histoire du conseil souverain du Hainaut. (*Mém. cour. et autres*, collection in-8°, t. VII.)

Histoire de la gravure des médailles en Belgique depuis le XVIe siècle jusqu'à 1794. (*Mém. cour. et mém. des sav. étr.*, in-4°, t. XXXV.)

Bulletins (1re série).

Notice historique sur la chambre légale de Flandre. (T. XVI, 2e part., p. 482.)

Notice historique sur Pierre De Beckere, auteur du mausolée de Marie de Bourgogne, à Bruges. (T. XVIII, 2e part., p. 227.)

Notice sur Liévin Van den Clite, peintre gantois du XVe siècle. (T. XXI, 1re part., p. 186.)

Notice sur Thomas Vincidor de Bologne. (T. XXI, 1re part., p. 538.)

(2e série.)

Roger Vander Weyden et les tapisseries de Berne. (T. XVII, p. 54.)

Lettre à M. Éd. Fétis sur le séjour de Jean Van Eyck à La Haye. (T. XVIII, p. 297.)

Sur l'histoire de la tapisserie de haute lisse, à Arras. (T. XLIV, p. 250.)

Un dernier mot sur les deux planches représentant les grandes armoiries de Bourgogne. (T. XLVI, p. 250.)

(3e série.)

Un congrès de peintres en 1468. (T. I, p. 360.)
Rapport sur le mémoire de concours de 1881, relatif à la profession de peintre au moyen âge. (T. II, p. 335.)
Note sur le livre de M. Guiffrey consacré à Antoine Van Dyck. (T. II, p. 603.)
Quelques artistes et quelques artisans de Tournai, des XIVe, XVe et XVIe siècles. (T. IV, p. 559.)

PUBLICATIONS DE LA COMMISSION ROYALE D'HISTOIRE.

Comptes rendus des séances.

Notice sur les archives judiciaires du Hainaut. (1re série, t. XIV, p. 16; t. XV, p. 96.)
Analyses et extraits de documents. (2e série, t. III, pp. 39, 97 et 101.)
Correspondance artistique du comte de Cobenzl. (3e série, t. XI, pp. 193, 269, 353; t. XII, p. 18.)

OUVRAGES NON PUBLIÉS PAR L'ACADÉMIE.

Recherches sur l'histoire et les médailles des académies et des écoles de dessin, de peinture, de sculpture, d'architecture et de gravure en Belgique. Bruxelles, 1848; in-8o, 96 pages.

A paru dans le tome IV de la *Revue belge de numismatique.*

De l'inféodation du comté de Namur au comté de Hainaut. Mons, 1850; in-8o, 80 pages.

Couronné par la Société des arts, des sciences et des lettres de Mons, et publié dans le tome VIII de ses mémoires. 1847-1848.

Recherches sur la vie et les travaux des graveurs de médailles, de sceaux et de monnaies des Pays-Bas. Bruxelles, 1858, t. I; in-8°, 486 pages.

Extrait de la *Revue belge de numismatique.*

Mémoires de Pasquier de la Barre et de Nicolas Soldoyer, pour servir à l'histoire de Tournai (1565-1570). Bruxelles, 1859, t. I; in-8°, 373 pages. T. II, 1866, 410 pages.

Publié par la Société de l'histoire de Belgique.

Les anciens peintres flamands, leur vie et leurs œuvres, par J.-A. Crowe et G.-B. Cavalcaselle, traduit de l'anglais par O. Delepierre, annoté et augmenté de documents inédits par Alex. Pinchart et Ch. Ruelens. Bruxelles, 1865; 3 vol. in-8°.

Histoire générale de la tapisserie, avec Paul Mantz et Guiffrey In-4°.

Inventaire des archives de la chambre des comptes, faisant partie des archives générales du royaume à Bruxelles. 1851, t. III, 1865, t. IV, 1879, t. V; 1 vol. in-fol.

Bulletin des Commissions royales d'art et d'archéologie.

Preuves authentiques de l'existence de la fabrique de porcelaine établie au château de Tervueren. 1864. 3e année, t. III, p. 564.

Notice sur deux tapisseries de haute lisse du XVIe siècle conservées au Musée royal d'antiquités, à Bruxelles. 1865, 4e année, p. 322.

Miniaturistes, enlumineurs et calligraphes employés par Philippe le Bon et Charles le Téméraire, et leurs œuvres. *Ibid.*, p. 474.

Jacques de Gérines, batteur de cuivre du XVe siècle, et ses œuvres. 1866. 5e année, p. 114.

Roger de la Pasture, dit Vander Weyden. 1867. 6e année, p. 408.

Voyage artistique en France et en Suisse, en 1865. 1868. 7e année, p. 186.

Histoire de la dinanderie et de la sculpture de métal en Belgique. 1874. 13e année; 1875. 14e année.

La plus ancienne gravure sur cuivre faite dans les Pays-Bas. Les grandes armoiries du duc Charles de Bourgogne. 1876. 15e année.

Les fabriques de verres de Venise, d'Anvers et de Bruxelles au XVIe et au XVIIe siècle (inachevé). 1882. 21e année.

Messager des sciences historiques.

Biographies belges : Jean Zuallart et Gilles Zuallart. 1847, p. 476.

Notice historique sur le collège Saint-Michel, à Bruxelles. 1848, p. 52.

Coup d'œil sur l'état de la peinture historique en Belgique, depuis André Lens jusqu'à Wappers (1830). 1848, p. 333.

Les protestants à Dour, en Hainaut. 1848, p. 407.

Annales de l'abbaye de Saint-Ghislain, manuscrit de la bibliothèque de Mons. 1849, p. 71.

Un document contemporain de la guerre de Grimberghe. 1850, p. 483.

Essai sur les relations commerciales des Belges avec le nord de l'Italie, et particulièrement avec les Vénitiens, depuis le XIIe jusqu'au XVIe siècle. 1851, p. 9.

Récit de la guerre de 1542, par Gérard le Prince contemporain. 1851, p. 228.

Biographie de Désiré-Nicolas Toilliez. 1852, p. 467.

La corporation des peintres de Bruxelles. 1877, p. 289; 1878, pp. 315, 475; 1879, p. 459.

Archives des arts, sciences et lettres.

Documents inédits sur les peintres, verriers, architectes, sculpteurs, musiciens, et en général sur tous les artistes des Pays-Bas des XVe, XVIe, XVIIe et XVIIIe siècles sur lesquels M. Pinchart a recueilli des documents dans les archives tant publiques que privées. Soit cent et deux articles publiés depuis 1854 jusqu'en 1884.

Les cent premiers articles ont été réunis en 3 vol. in-8°.

PORTAELS (JEAN-FRANÇOIS), C. ✠, peintre d'histoire; domicilié à St-Josse-ten-Noode, rue Royale, 184; né à Vilvorde, le 1er mai 1818; lauréat du grand concours de peinture de 1842; directeur de l'Académie des beaux-arts de Gand, de 1847 à 1850; premier professeur de dessin à l'Académie royale des beaux-arts de Bruxelles, de 1863 à 1865, directeur, depuis 1877; membre effectif du Corps académique de l'Académie royale des beaux-arts d'Anvers depuis le 23 août 1870; membre de la Commission royale des monuments et de la Commission directrice des Musées de peinture et de sculpture; élu membre de l'Académie le 4 janvier 1855; directeur de la Classe des beaux-arts en 1878.

OUVRAGES NON PUBLIÉS PAR L'ACADÉMIE.

Bulletins (*2e série*).

Discours prononcé comme directeur de la Classe des beaux-arts à la séance publique du 25 septembre 1878. (T. XLVI, p. 304.)

PRINCIPALES OEUVRES D'ART.

Rebecca. — Ruth.

Ces deux tableaux, exécutés en 1844, forment le premier envoi réglementaire en qualité de lauréat du grand prix de Rome.

La sécheresse en Judée. — La Sulamite. — Portrait de Méhémet-Ali. — Le Simoun. — Un souvenir du Caire.

Ces cinq tableaux, exécutés en 1847, forment un second envoi réglementaire en qualité de lauréat du grand prix de Rome.

Fatma la Bohémienne.

Un convoi funèbre au désert de Suez. 1848.

La Fileuse grecque.

Jeune femme des environs de Trieste.

Jeune juive de l'Asie-Mineure.

Un conteur dans les rues du Caire.

Le suicide de Judas.

Fresque au wasserglass du fronton de l'église St-Jacques-sur-Caudenberg, place Royale, à Bruxelles. 1851.

Fresques au wasserglass de la chapelle des Frères de la Doctrine chrétienne, rue Notre-Dame-aux-Neiges, à Bruxelles. (Chapelle démolie aujourd'hui.) 1851.

Portrait de la princesse Charlotte, archiduchesse d'Autriche. (Fait à Monza.) 1852.

Une loge à l'opéra de Pesth. (Musée de Bruxelles.)

Caravane surprise par le simoun. (Idem.)

La fille de Sion. (Idem.)

La veillée de Marie-Madeleine.

Les deux Calvaires. (Église Saint-Jacques-sur-Caudenberg, à Bruxelles.)

Principaux portraits : Paul Déroulède. — Antoine Clesse. — Général Maréchal. — Mme Caron. — Mlles Maria et Angèle Legault. — Mlle Maria Derivis. — Mme Robert Reyntjens.

M. Portaels a peint, en outre, un grand nombre de tableaux de genre, de scènes et types de la Hongrie et d'Égypte; plusieurs grands paysages; ainsi qu'une grande quantité d'esquisses de sujets importants.

M. Portaels a formé un atelier d'élèves qui date depuis 1868.

RADOUX (Jean-Théodore), O. ✠, domicilié à Liège, boulevard Piercot; né à Liège le 9 novembre 1835; lauréat du grand concours de composition musicale de 1859; nommé professeur de basson au Conservatoire royal de musique, à Liège, en 1856; directeur de cet établissement depuis 1872; élu correspondant de l'Académie le 8 janvier 1874; membre, le 3 avril 1879.

PRINCIPALES OEUVRES D'ART

Quarante mélodies, 1er et 2e volumes. Paris, 1868; Liège, 1874.
Chanson du Pêcheur, mélodie, paroles de Théophile Gautier. Paris.
Les Fileuses, vieille chanson, paroles de A. Pellier. Bruxelles.
Cinq chœurs pour 4 voix d'hommes, sans accompagnement :
Le Chant des Matelots, paroles de Remacle. — Les Veneurs, paroles de H. Kirsch. — Le Serment des Franchimontois, paroles de A. Delchef. — Les Montagnards Spadois, paroles de J. Dumoulin. — La Tempête, paroles de J. Collinet. Bruxelles.
Trois chœurs pour voix de femmes, avec accompagnement :
La Nuit, accompagnement d'orchestre, paroles de A. Pellier. — Le Printemps, accompagnement d'orchestre, paroles de A. Houssaye. — Berceuse, accompagnement de piano, paroles de Méan. Liège.
Six morceaux de musique religieuse. Liège.
Dix romances sans paroles pour piano-solo. Liège.
Fugue d'orchestre transcrite pour le piano (2 mains). Liège.
Grande marche internationale pour le piano (4 mains). Bruxelles.
Six mélodies, transcrites pour le violon par R. Massart, accompagnement de piano. Paris.
Grande marche internationale pour orchestre militaire. Bruxelles.
Grande marche nationale belge pour orchestre militaire. Bruxelles.

Le Béarnais, opéra-comique en 3 actes et 4 tableaux, paroles de A. Pellier et H. Kirsch. Paris.

Solfèges de concours, à changements de clefs (1er volume). Liège.

OEUVRES MANUSCRITES.

Caïn, poème lyrique, solo, chœur et orchestre, paroles de Mme Pauline Braquaval.

Le Travail, hymne, voix de femmes et d'hommes et orchestre, paroles de Léon Jacques.

Art et Liberté, hymne, voix d'hommes et orchestre, paroles de Bosart.

Patria, poème lyrique, en trois parties, solo, chœur et orchestre, paroles de Lucien Solvay. (Sous presse.)

Cantate des Écoles, voix d'enfants, accompagnement de musique militaire, paroles de ***.

Te Deum, solo, chœur et orchestre.

Le Juif errant, cantate, solo, chœur et orchestre.

Neuf morceaux de musique symphonique :

Fantaisie, ouverture pour symphonie et petit orchestre (fanfares). — Ouverture en *la*, pour symphonie. — Ouverture de l'opéra inédit et inachevé : *André Doria*, pour symphonie. — Fugue d'orchestre, pour orchestre symphonique. — Grande marche internationale, en symphonie. — Grande marche nationale belge, en symphonie. — Deux pièces symphoniques : *a*. Élégie ; *b*. Marche kabyle, pour symphonie. – Ouverture du Béarnais, pour musique militaire. — Ouverture de la Coupe enchantée, pour musique militaire.

Romance, sans paroles, pour violoncelle avec accompagnement d'orchestre ou de piano.

Lamento, sans paroles, pour violon et violoncelle avec accompagnement d'orchestre ou de piano.

Trois morceaux pour piano à 4 mains, et douze morceaux pour piano à 2 mains.

Quatre morceaux pour orgue.

Cinq morceaux de musique vocale :

Fabiano Fabiani à Jane, mélodie, paroles de Victor Hugo. — Le Revenant, *légende pour baryton*, *paroles de Victor Hugo et* Géraldy. — La Fiancée, ballade pour ténor, paroles de Millevoye. — La Brise et le Captif, duo de concert pour soprano et baryton, accompagnement d'orchestre, paroles de A. Pellier. — Boléro : L'ombre se fait, tout est mystère, boléro pour soprano et orchestre, paroles de A. Pellier.

La Coupe enchantée, opéra-comique en 1 acte, paroles de A. Pellier et H. Kirsch.

Le Miracle, opéra-comique (1 acte), paroles de J. Demoulin.

Une aventure sous la Ligue, opéra-comique.

Le Festin de Balthasar, cantate, solo, chœur et orchestre, paroles de Brahy.

La mort d'Abel, cantate, solo, chœur et orchestre.

Le Papillon, chœur pour 4 voix d'hommes, paroles de Lamartine.

Les Fleurs mourantes, chœur pour 4 voix d'hommes.

Ave Regina, solo de ténor, chœur (accompagnement d'orgue).

O Salutaris, duo pour ténor et basse (orgue).

O Salutaris, baryton, solo et orgue.

Ave Maria (composé à 12 ans), solo.

Miserere, 4 voix et orgue.

L'Orphelin à Marie, prière pour baryton.

Invocation au saint Ange gardien, chœur pour 2 soprani et basse.

Petite cantate pour la fête d'une mère, soprano et piano.

O Salutaris (en *fa mineur*), baryton et orgue.

Andante pour ténor (fragments). Ah! qu'il doit être doux, là-haut dans une étoile, paroles de A. Pellier.

La Mer, mélodie.

Romance sans paroles et rondo pour le piano.

Le Festin de Balthasar (2e ouverture), grand orchestre.

Ahasvérus, tableau symphonique en trois parties, grand orchestre et chœur.

Sonatine pour basson.
Rondo du 1er concerto, basson, accompagnement de piano.
Souvenirs de Donizetti, fantaisie pour basson et orchestre.
Adagio et Rondo du concerto en *la* de Vieuxtemps (arrangement), basson et orchestre.

ROBERT (NESTOR-ALEXANDRE-NICOLAS), O. ✠, peintre d'histoire; domicilié à Saint-Josse-ten-Noode, place Madou, 6; né à Trazegnies (Hainaut) le 26 février 1817; membre effectif du Corps académique de l'Académie royale des beaux-arts d'Anvers, depuis le 21 août 1877; professeur à l'Académie royale des beaux-arts de Bruxelles; élu membre de l'Académie de Belgique le 7 avril 1870.

PRINCIPALES OEUVRES D'ART.

Moïse sur la montagne, soutenu par Aaron et Ibur. (Église de Trazegnies.) 1839.
Martyre de sainte Barbe. (Église de Courcelles.) 1840.
Résurrection de la fille de Jaïre. 1842.
Retour de l'esclavage. 1845.
Mater dolorosa, saint Jean et la Madeleine. (Appartient au Gouvernement belge.) 1846.
Lucca Signorelli, peintre italien, peignant le portrait de son fils mort. (Musée de l'État, à Bruxelles.) 1848.
Un regret. (Musée de Gand.) 1851.
Charles-Quint au couvent de Saint-Yuste. 1854.

Sac du couvent des Carmes à Anvers. (Musée de l'État, à Bruxelles.) 1866.

L'Enfant prodigue. 1872.

M. Robert a exécuté encore d'autres tableaux représentant des scènes de la vie monacale, des sujets de fantaisie, etc.

Il a fait égalcment un grand nombre de portraits.

ROOSES (MAXIMILIEN), domicilié à Anvers, rue de la Province (Nord), 99; né à Anvers, le 10 février 1839; ex-professeur de langue et de littérature néerlandaises aux athénées royaux de Namur et de Gand; conservateur du Musée Plantin-Moretus à Anvers; docteur en philosophie et lettres; professeur agrégé pour l'enseignement des langues modernes; élu correspondant de l'Académie le 7 janvier 1886.

PUBLICATIONS ACADÉMIQUES.

Plantijn en de Plantijnsche drukkerij. 1878. (*Mémoire couronné*, collection in-8°, t. XXVII.)

Ce travail a remporté le prix fondé par le baron de Stassart pour une notice sur un Belge célèbre.

OUVRAGES NON PUBLIÉS PAR L'ACADÉMIE.

Een drietal verhandelingen over de geschiedenis der letterkunde. Anvers, 1865.

Brieven uit Zuid-Nederland. Anvers, 1871.

Levenschets, keus uit de werken, brieven van J.-F. Willems. 1874. (*Uitgaven van het Willemsfonds*, 4 vol.)

Schetsenboek. Gand, 1877.
Boek gehouden door Jan Moretus II als deken der St-Lucas-Gilde. (*Antwerpsche bibliophilen.*) 1878.
Geschiedenis der Antwerpsche schilderschool. Gand, 1879.
Over de Alpen. Amsterdam, 1880.
Kilianus' Latijnsche gedichten. (*Antwerpsche bibliophilen.*) 1880.
Nieuw Schetsenboek. Gand, 1882.
Christophe Plantin, imprimeur anversois. Anvers, 1883; in-fol.
Correspondance de Plantin. (*Antwerpsche bibliophilen.*) 1883 et 1885; deux premiers vol.
P.-P. Rubens en Balthasar Moretus. Gand, 1884.
Derde Schetsenboek. Gand, 1885; 2 vol.
Jacques Jordaens. Anvers, 1885; in-4°.
L'OEuvre de P.-P. Rubens. Anvers, 1886; 1er vol. in-4°.

Collaboration : *Noord en Zuid, Bulletijn der Antwerpsche bibliophilen, Bulletin Rubens, Annales de l'Académie d'archéologie, Revue artistique, Chronique des beaux-arts* (Anvers), *De Toekomst, Nederduitsch Tijdschrift, Nederlandsche Dicht- en Kunsthalle* (Bruxelles), *Jaarboek van het Willemsfonds, Nederlandsch Museum* (Gand), *Nederland, Het Nederlandsch Tooneel, de Gids* (Amsterdam), *Kunstkronijk* (La Haye), *L'Art* (Paris), *Die graphischen Künste* (Vienne), *etc., etc.*

SAMUEL (ADOLPHE), C. ✠, compositeur; domicilié à Gand, place de l'Évêché; né à Liège le 11 juillet 1824; lauréat du grand concours de composition musicale, de 1845; fondateur des concerts populaires de Bruxelles (1865) et des festivals de musique classique, en Belgique (1869); directeur du Conservatoire royal de musique de Gand (depuis 1871); membre du Conseil de perfectionnement de la musique; élu membre de l'Académie le 8 janvier 1874.

PRINCIPALES OEUVRES D'ART.

Musique dramatique et musique vocale.

Il a rêvé, opéra-comique en trois actes. 1845.

Giovanni da Procida, opera seria in quattro atti. 1848.

Madeleine, opéra-comique en un acte. 1849.

Les deux Prétendants, grand opéra en trois actes. 1851.

L'heure de la retraite, opéra-comique en deux actes. 1852.

Ouverture, entr'actes, romance et musique mélodramatique, composés pour le drame *Les Gueux,* de Charles Potvin. 1864.

La Vendetta, cantate pour soprano et ténor, à grand orchestre. 1845.

Cantate pour voix d'homme et instruments de cuivre, composée pour le XXVe anniversaire de l'indépendance nationale. 1855.

Cantate nationale, pour deux chœurs et harmonie, composée pour l'inauguration de la Colonne du Congrès. 1859.

Mélodies diverses pour chant et piano, publiées à Mayence, à Cologne, à Paris et à Bruxelles.

Quatre chœurs pour voix égales et piano, publiés à Bruxelles.

Chœur pour la tragédie Esther, de Racine, pour voix mixtes et orchestre, publié (avec accompagnement de piano) à Bruxelles. 1857.

Trois chœurs pour voix égales, sans accompagnement, publiés à Bruxelles.

Ave Maria, pour chœur, orchestre et orgue. 1870.

Quatre motets (*Ave Maria, Salve Regina, Pater noster, Tantum ergo*) pour chœur et orchestre, publiés, avec un accompagnement d'orgue, à Bruxelles.

De Wederkomst (*Le Retour*), poème lyrique-dramatique d'Emmanuel Hiel, traduction française d'Antheunis (1875), exécuté au festival de Gand en 1875 et à celui de Bruxelles en 1881.

Léopold Ier, cantate composée pour l'inauguration du monument de Laeken (1880), poème de Lucien Solvay.

Les Fugitifs, chœur pour voix d'hommes, poème de Lucien Solvay (1881).

Amor lex Æterna, cycle lyrique en six épisodes, poème de Gustave Lagye (1883), exécuté au festival de Gand en 1883.

Plusieurs recueils de mélodies (inédits).

Le récit de Théramène (de la tragédie *Phèdre*, de Racine), scène dramatique pour ténor, solo et orchestre. 1882.

Extase (poésie de Victor Hugo), mélodie pour ténor et orchestre. 1886.

Mélodies diverses pour chant et piano (manuscrites).

Solfèges mélodiques (manuscrits).

Musique instrumentale.

Symphonie nº 1 à grand orchestre, en *la majeur*. 1846.
Symphonie nº 2 Id. en *la mineur*. 1847.
Symphonie nº 3 Id. en *mi mineur*. 1858.
Symphonie nº 4 Id. en *ré mineur*. 1863.
Symphonie nº 5 Id. en *si bémol*. 1869.
Ouverture de concert, en *fa majeur*. 1846.
Roland à Ronceveaux, fragments symphoniques. 1850.
Ouverture de concert, en *ré majeur*. 1853.
Quatuor nº 1 pour instruments à archet, en *mi bémol*. 1844.
Quatuor nº 2 Id. en *si mineur*. 1866.
Divers morceaux de piano, publiés à Bruxelles.

OUVRAGES DE THÉORIE ET DE LITTÉRATURE MUSICALE.

Cours d'accompagnement pratique et de basse chiffrée, publié à Mayence et à Bruxelles. 1862.

Notice sur la musique des Indiens et des Chinois (*Revue trimestrielle*).

Notice sur la situation de l'art musical à l'époque actuelle (*Revue trimestrielle*).

Voyage musical en Italie (*la Civilisation*).

Résumé de l'histoire de la musique en Belgique, publié dans la *Patria Belgica* (1875).

Notice sur les instruments de musique à l'Exposition de Paris, publiée dans la *Belgique à l'Exposition universelle* (1878).

La musique en Belgique et les musiciens belges depuis 1830, publié dans : *Cinquante ans de liberté* (1881).

Histoire générale et populaire de la musique (inachevée).

Livre de lecture musicale formant un Recueil des airs nationaux les plus caractéristiques. Paris et Bruxelles, 1886; in-8°.

M. Samuel a écrit, de plus, de nombreux articles de critique musicale, publiés dans *la Civilisation, l'Écho de Bruxelles, le Télégraphe, l'Indépendance belge, la Revue trimestrielle, l'Art universel, la Flandre libérale* (de 1849 à 1878), etc.

SCHADDE (H.-M.-Joseph), O. ✠; domicilié à Anvers, rue Leys, 18; né à Anvers le 3 août 1818; ancien architecte de la cathédrale d'Anvers; professeur d'architecture à l'Académie royale des beaux-arts d'Anvers; architecte honoraire de la province d'Anvers; membre de la Commission provinciale des monuments et de la Commission du Musée d'antiquités (Steen); membre du Corps académique de l'Académie royale des beaux-arts d'Anvers; conseiller de l'Académie d'archéologie de Belgique; élu membre de l'Académie de Belgique le 10 janvier 1878.

PUBLICATIONS ACADÉMIQUES.

Bulletins (*3e série*).

Rapport sur le mémoire de concours concernant l'architecture qui florissait en Belgique pendant le cours du XVe et au commencement du XVIe siècle. 1885. (T. X.)

PRINCIPALES OEUVRES D'ART.

Comme architecte provincial depuis 1853 à 1869 : Construction, restaurations : seize églises, vingt et une écoles et divers bâtiments communaux. Restauration de l'ancien hôtel Busleyden (Mont-de-Piété actuel), à Malines.

De 1848 à 1886. Constructions et agrandissements : quarante châteaux dans les provinces de Brabant, d'Anvers, du Limbourg, de Namur, de Liège et des deux Flandres. — La Bourse d'Anvers. — Les gares de Bruges et du Trooz. — Le vestibule et la salle Leys (salle de réception) de l'hôtel de ville d'Anvers. — Les églises de Saint-Amand, à Roulers (Fl. occ.), de Ham-sur-Heure (Hainaut), d'Yves-Gomezée et Senzeilles (Namur). — Les hôpitaux de Borgerhout (Anvers), de Puers et de Bornhem. — Les monastères des Rédemptoristes, à Roulers, des Dames Irlandaises, à Ypres. Restauration du monastère des Rédemptoristes, à Malines, et de l'abbaye de Bornhem. — Divers hôtels particuliers, à Bruxelles, Anvers et Gand.

SIRET (ADOLPHE), ✠, domicilié à Anvers, rue Albert, 32; né à Beaumont (Hainaut) le 15 juillet 1818; ancien commissaire d'arrondissement; secrétaire de la Commission pour la publication d'une *Biographie natio-*

nale; élu correspondant de l'Académie le 4 janvier 1855; membre, le 12 janvier 1866; directeur de la Classe des beaux-arts en 1882.

PUBLICATIONS ACADÉMIQUES.

Bulletins (1re série).

Louise d'Orléans, première reine des Belges; poème couronné par l'Académie royale de Belgique. 1851. (T. XVIII, 1°, p. 517.)

(Ce poème a eu six éditions. Bruxelles, Namur et Tournai. 1851.)

Sur les moyens de répandre le goût des gravures nationales. 1856. (T. XXIII, 1°, p. 456.)

De l'art nouveau. 1856. (T. XXIII, 2°, p. 603.)

(2e série.)

Quelques notes sur la lettre ministérielle concernant les encouragements à l'art de la gravure. 1859. (T. VII.)

Sur le droit de propriété des modèles et dessins de fabrique. En collaboration avec MM. Payen et G. Geefs. 1865. (T. XIX.)

La note à payer pour le livre intitulé : *Pompa triumphalis introïtus Ferdinandi Austriaci Hispaniarum,* etc., publiée par la ville d'Anvers en 1642. 1866. (T. XXII, p. 160.)

Rapport sur le mémoire de concours concernant l'époque à laquelle l'architecture a subi, aux Pays-Bas, l'influence italienne. 1873. (T. XXXVI, p. 255.)

Rapport sur le mémoire de concours concernant l'histoire de la sculpture en Belgique aux XVIIe et XVIIIe siècles. 1874. (Tome XXXVIII, p. 380.)

Notice sur Frédéric Van de Kerkhove, paysagiste, mort à l'âge de 11 ans. 1874. (T. XXXVIII, p. 536.)

Rapport relatif à un travail de M. Em. Neeffs, sur l'œuvre de P.-P. Rubens à Malines. 1876. (T. XLI, p. 200.)

Rapport sur le mémoire de concours, concernant le séjour de Rubens et de Van Dyck en Italie. 1877. (T. XLIV, p. 270)

Rapport sur le mémoire de concours concernant l'histoire de la gravure sous Rubens. 1878. (T. XLVI, p. 289, 292.)

Rapport sur un mémoire de M. De Potter, relatif à l'église Saint-Michel de Gand. 1880. (T. XLIX, p. 692.)

Note bibliographique sur un volume de M. Bertolotti. 1880. (T. L, p. 136.)

(3e série.)

Discours prononcé aux funérailles de M. Edm. De Busscher. 1882. (T. III, p. 226.)

Rapports sur les travaux de la Commission de la *Biographie nationale* pendant les années 1881-1882, 1882-1883, 1883-1884, 1884-1885, 1885-1886. (T. III, p. 676; t. V, p. 688; t. VII, p. 688; t. IX, p. 499; t. XI, p. 518.)

Les prix de Rome, discours prononcé, comme directeur de la Classe des beaux-arts, dans la séance publique du 29 octobre 1882. (T. IV, p. 380.)

Note bibliographique sur un ouvrage de M. Clément Lyon. 1884. (T. VIII, p. 486.)

Note bibliographique sur un ouvrage de M. Loir-Mongazon. 1885. (T. X, p. 818.)

Tables générales et analytiques du recueil des Bulletins de l'Académie. 1re série. T. I à XXIII. (1832 à 1856.) Bruxelles, 1858; vol. in-8°.

Tables générales et analytiques du recueil des Bulletins de l'Académie, 2e série. T. I à XX. (1857 à 1866.) Bruxelles, 1867; vol. in-8°.

Annuaire.

Notice nécrologique sur Erin Corr. Année 1865.

— sur C.-A.-J. Demanet. Année 1868.

— sur Ernest Busschmann. Année 1870.

— sur Edm. De Busscher. Année 1883.

Biographie nationale.

Notices : tome I. — Abbé (H.), Achtschelling (L.), les Adriaenssens, Aelst (P. van), Aken (J. van), Alsloot (van), Anciaux (J.-J.-E.-A.), Avont (P. van), Backereel (G.), Badens (J.), Badens (Fr.), Badoux (R. de), Baillieur, (C. de), les Van Balen, Bargas (A.-F.), Battele (J. van), Battele (Jacques van), Bauerscheit (le vieux), Becquet (H.-J.), Bedaff (A.-A.-E. van), Beeck (J.), Beerblock (J.), Beerings (G.), Beernaert (Ph.), Bellechose (H.), Benoit (P.), Berges (J.-F.), Berré (J.-B.), les Beschey.

Tome II. — Bessemers (M. van), Beuckelaer (A.), Beuckelaer (J.), les Biset, les Van Bloemen, Blondeel (L.), Bock (van), les Boel, Boeyermans (Th.), Bol (J.), Bologne (J. de), Bologne (J.), Boon (D.), Borrekens (J.-P.-Fr.), Bosschaert (M.), Bosschaert (Th.-W.), Boucquet (V.), Boudewyns (A.-F.), Bouillon (M.), Boulogne (H. de), Bout (P.), les Van Bredael, Brée (M. van).

Tome III. — Les Breughel, les Breydel, les Bril, Britselius (A.), Broederlam, Broers (G.), Brulle (A. de), les Van Brussel, Bruyns (A.-Fr. de), les De Bry, les Busschmann, Buyster (Ph.), Calvaert (D.), Campenhout (F. van), Campen (R.), Capiaumont (H.-J.), Carlier (J.-G.), Carpentero (J.-Ch.), Casembroodt (A.), Casteels (P.), Castel (A.), Castello (F. de), Cels (C.).

Tome IV. — Charles d'Ypres, les Claes, Claessens (L.-A.), les Van Cleef, Clouet (J.), Cnudde (L.), Coberger (W.), Coecke (P.), Cogels (J.-L.), les Coninxlo, Coques (G.), Cornelis (A.), Cortbemde (B. van), Coustain (P.), Craesbeeck (J. van), Cransse (J.), Cristus (P.), Dael (J.-Fr. van), les Damery, Daret (Jacques), Daret (Jean), David (G.), De Backer (Fr.), De Backer (J.), De Beer (A.), De Bie (A.), De Bloot (P.), De Brauwer (A.), les De Bruyn, De Caisne (H.), De Clerck (H.), De Cock (Fr.), De Cockq (P.-J.), De Coninck (D.), De Cort (H.).

Tome V. — De Coster, Delsast, Delseert (W.), Delseert (W. le jeune), De Gent (J.), De Hase (J.), De Hase (M.), De Hollander, De Houd-Koeter (G.), De Jonghe (J.-B.), De Keyser (G.), Delcour (J.-G.),

Delin (J.-J.), De Loose (J.-J.), Delvaux (F.-M.), Delvaux (Ed.), Demanet (C.-A.-J.), De Momper, De Neve (Fr.), Denis (S.-A.-C.), De Noter (P.-F.), De Noter (P.-F. le jeune), De Noter (J.-H.), Denys (Fr.), Denys (J.), De Pape (S.), De Rycke (D.), De Rycke (B), De Rycke (G.), De Rycke (N.), De Rycke (J.-Z), De Rycker (A.), De Saive (J.-B.), De Saive (J.), De San (L.), De Subleo (M.), Deurwerders (M.), De Vadder (L.), De Visch (M.), De Vliegher (S.), Les Devos.

Tome VI. — De Witte (P.), Dielman (P.-E.), Diepenbeke (A. van), Dierickx (M.-J.), Diest (J.-B. van), Douffet (G.), Dubois, Duchâtel (Fr.), Du Corron (J.-Fr.), Dufour, Dyck (A. van), Dyck (D. van), Eek (N. van), Egmont (J. van), Ehrenberg (G. van), Elburg (J. van), Evrard (P.), Eyck (Les van), Eyck (G. van), Eyck (N. van), Falier (P.-C.), Falier (M.-H), Faes (P.), Falens (Ch. van).

Tome VII. — Felaert (Th.), Finsonius (L.), Fisen (E.), Flamen (A.), Flemalle (R.), Foulques, Fouquières, France (L. de), Les Franck, François (P.-J.-C.), Franquart (J.), Fruytiers (P.), Galeron (G), Garibaldo, Gaspers (J.-B.), Gassel (L.), Geeraerts (M.-J.), Geeraerts (M.), Geeraerts (M. le jeune), Geernaert (J.-L.), Gelder (N. van), Gend (J. van), Genoels (A.), Gerard (H.-P), Gerbo (L.), Ghyselers (A.), Gietlengen (J.), Gillemans (J.-P.), Gillis (F.), Gillis (H.), Gilson (J.-H.), Giselenius (F.), Glere (J. de).

Tome VIII. — Godyn (A.), Godyn (P.-M.), Goedaert (J.), Goemar (J.), Goesin (P.-F.-A), Goethem (J. van), Goetkind (P.) Goetval (A.), Gogel (G.-J.-A.), Goirle (A.), Gonsales (A.), Goor (P.-G. van), Goossens (J.), Goovaerts (H.), Goris (J.), Gorkom (M.-L. van), Gossaert (J.), Gosswyn (G.), Gottignies (G), Goubau (A.) Goubau (Fr.), Gourselaire (M.), Goyvaerts (A.), Graphaens (A.), Gravius (J.), Gregorius (A.-J.-Fr.), Grisius (M.), Groenendael (C), Grootaers (L.), Groux (Ch. De), Guillaume (S.), Ventadour, Guyaux (J.-J.), Haeck (J.), Hal (J. van), Halen (P. van), Hallet (G.), Hallez (G.), Hals (Fr.), Hamilton (Ch.-J.-P. van), Hamilton-Smith (Ch.), Hauselaere (P. van), Hardimé (P.), Hardy (G.), Haym (G.), Heede (G. van), Heede (V. van), Hegret (T.), Heil (D. van), Heil (L. van), Heil (J.-B. van), Helderberg (J.-B.).

OUVRAGES NON PUBLIÉS PAR L'ACADÉMIE.

Le dernier jour du Christ (poème). Gand, 1838; 1 vol. in-8°.

Romans publiés dans le *Messager de Gand*, sous le nom d'Émile Aubry. 1839.

Gloires et Misères (prose et vers). Bruxelles, 1840; 2 vol. in-18.

Moïse Vauclin, roman maritime (prose). Gand 1840; vol. in-8° illustré.

Anna Boleyn ou le procès d'une reine, drame en cinq actes et en vers, représenté à Gand. Deux éditions. Gand et Bruxelles, 1841.

La Florentine, drame en trois actes (prose), représenté à Gand. Publié à Gand, 1842.

Les trois Marquis, comédie en un acte (prose), représentée à Gand. Publiée à Gand, 1842.

Rêves de jeunesse (poésies). Bruxelles, 1843; vol. in-18.

Chants nationaux : 1° Préludes; 2° A la dérive; 3° Le Travail (vers). Bruxelles, 1846; 3 brochures in-8°.

Parallèle entre Raphaël et Rubens, mémoire couronné par la *Société royale pour l'encouragement des beaux-arts et de la littérature*, à Gand. (Inséré dans les *Annales de la Société*.) Gand, 1848; in-8°.

Feuilletons dans le *Journal de Namur*, sous le titre : Études pittoresques sur la province de Namur. 1850.

Les vieux châteaux. Beauraing. Poilvache. (*Annales de la Société archéologique de Namur*.) 1851; in-8°.

L'Ermitage de St-Hubert, avec gravure. (*Ibid.*) 1851; in-8°.

François Pirson. Notice biographique avec portrait. (*Ibid.*) 1851; in-8°.

Ambroise Spinola, nouvelle couronnée par la *Société royale pour l'encouragement des arts et de la littérature d'Anvers*. (Imprimée dans les *Annales de la Société*.) Anvers, 1851. — Deuxième édition publiée à Namur, en 1855; vol. in-18.

Anciennes peintures murales de l'abbaye de Floreffe, avec gravures. (*Ann. de la Soc. arch. de Namur*.) 1853.

Les graveurs belges. Extraits publiés dans les *Annales de l'Académie d'archéologie de Belgique.* Anvers, 1856; in-8°.

Récits historiques belges. Six éditions, dont quatre in-18 et deux in-8°, ces dernières illustrées. Bruxelles et Tournai, 1856-1874. — Le même ouvrage a été traduit en flamand et, à la date de 1874, a eu trois éditions publiées à Gand. Cet ouvrage a également paru par province, en plusieurs éditions dans les deux langues.

Les Veillées belges, lectures de famille (prose et vers). 1858; 1 vol.

Discours prononcés au Congrès archéologique de Gand en 1859.

Journal des Beaux-Arts et de la Littérature, fondé en 1859. En cours de publication. En 1886, ce journal compte 28 volumes et a publié des gravures inédites, eaux-fortes, lithographies, etc. 1859-1886.

Jamais! Namur, 1859; brochure in-18.

Jean Le Sayve. Notice. (*Annales de la Société archéologique de Namur.*) 1860; in-8°.

Les gloires populaires. Tournai, 1860; 1 vol. in-18. — Les notices publiées dans ce volume ont également paru séparément et ont eu plusieurs éditions.

Dictionnaire historique des peintres de toutes les écoles. Première édition. Bruxelles, 1848; 1 vol. in-4° en tableaux synoptiques. — Deuxième édition par ordre alphabétique, revue et augmentée. Bruxelles et Paris, 1862-1866; 1 vol. in-8° de 1200 pages à deux colonnes. — Troisième édition originale [1], considérablement augmentée et ornée de 105 gravures, 2 vol. in-8°, 1884.

Manuel du touriste et du curieux à Gand. Bruxelles, 1864; 1 vol. in-18.

Revues des expositions triennales des beaux-arts de Belgique, publiées dans les journaux du pays et en brochures.

Notes sur le Musée de Bruxelles (*Messager des sciences histor.*).

[1] Cette édition est appelée *originale* pour la distinguer de fausses éditions publiées à l'insu de l'auteur sur la deuxième édition.

Les semailles et la moisson, roman de mœurs, publié d'abord en feuilletons à Tournai, puis en deux vol. in-18. Collection Casterman. Tournai, 1866.

Le pays de Waas, histoire des communes, monuments, institutions, etc., du pays de Waas (en langue flamande). 1868. 1 vol. in-8°.

(Le même ouvrage, en français, a été publié en partie dans les *Annales de la Société royale pour l'encouragement des arts et de la littérature*, à Gand.)

Jules Borgnet. Notice biographique avec portrait. (*Ann. de la Soc. arch. de Namur.*) 1873; in-8°.

Les Huysmans. (*Bulletin des Commissions royales d'art et d'archéologie*, année 1874.)

L'Enfant de Bruges. 1 fort vol. in-8° avec nombreuses gravures à l'eau-forte, bois, etc. Louvain, 1876.

Collaboration : *Revue de Belgique, Gazette des Beaux-Arts de Paris, Messager des sciences historiques, Annales des Sociétés archéologiques de Namur et de Saint-Nicolas, Annales de l'Académie d'archéologie d'Anvers, Annales de la Société royale des arts et de la littérature de Gand, Revue de l'art chrétien, La Renaissance, Magasin pittoresque;* ainsi que d'autres journaux du pays et de l'étranger.

SLINGENEYER (Ernest), C. ✠, peintre d'histoire, domicilié à Bruxelles, rue du Commerce, 93; né à Loochristi, près de Gand, le 29 mai 1823; élève de Wappers; membre de la Chambre des Représentants; membre effectif du Corps académique de l'Académie royale des beaux-arts d'Anvers; élu membre de l'Académie de Belgique le 7 avril 1870; directeur de la Classe des beaux-arts en 1884.

PUBLICATIONS ACADÉMIQUES.

Bulletins (*3e série*).

Rapport sur les mémoires de concours concernant le réalisme. 1883. (T. VI, p. 344.)

Discours prononcé aux funérailles d'Alexandre Pinchart. 1884. (T. VIII, p. 295.)

Nécessité de la peinture d'histoire et de la statuaire monumentale, discours prononcé, comme directeur de la Classe des beaux-arts, le 26 octobre 1884. (*Ibid.*, p. 490.)

PRINCIPALES OEUVRES D'ART.

Tableaux de grandes dimensions.

Le Vengeur. 1842. (Musée de Cologne.)
La mort de Claessens. (Appartient au Roi de Hollande.)
La mort de Jacobsen. 1845. (Appartient au Roi des Belges.)
La bataille de Lépante. 1848. (Musée de Bruxelles.)
La bataille de Roosebeke.
La mort de Nelson à Trafalgar. 1850.
La bataille de Brouwershaven. 1852.
Le Camoëns. (Appartient au Roi de Portugal.)
Arrestation du comte Louis de Crécy.
Un épisode de la Saint-Barthélemy.
Héroïsme et dévouement des marins du feu.
Clodion élevé sur le pavois. (Au château de Seneffe.)
Saint Amand prêchant le christianisme dans les Gaules. (*Ibid.*)
Saint Éloi affranchissant les esclaves. (*Ibid.*)
L'apparition des arts dans les Gaules. (*Ibid.*)
Nicolas Zannekin.
Jeanne la Folle.
Souvenir de Carthage. 1872.
Triomphe de sainte Philomène.

Saint Sébastien.
L'ascension du Christ.
Chemin de la Croix (14 tableaux) pour une église de la Hollande.
Portrait du Duc de Brabant. (Hôtel des officiers du régiment des Grenadiers, à Bruxelles.)
Portraits : La princesse de Croy. — Le général Capiaumont. — F.-J. Fétis. — Le général Renard. — Le baron Liedts, Ministre d'État. — Th. Braun.
Douze tableaux décoratifs ornant les panneaux de la grande salle du Palais des Académies (ancien Palais Ducal).
(Ces tableaux représentent : 1° les premiers Belges; 2° la civilisation chrétienne; 3° les institutions carlovingiennes; 4° la féodalité; 5° les communes; 6° les corporations; 7° fondation de la dynastie nationale; 8° les belles-lettres; 9° l'art musical; 10° l'art ancien; 11° l'art moderne; 12° les sciences)
Les gloires belgiques, grand tableau décorant le fond de la grande salle du Palais des Académies.
Le martyr chrétien.
Le naufrage du Camoëns.
Picciola.
La Gargouillette (Afrique).
Femmes de Tunis.
La marchande d'oranges.
Jeune Algérienne.
Femme mauresque.
Type de femme juive.
Jeune fille de la frontière d'Égypte.
Plusieurs types de femmes d'Alger, de Bône, de Constantine, de Tunis, de Carthage, etc.
Blanche.
Souvenir de la villa Attina.
Jeune mère.
Le Tambourin.
Plusieurs études d'hommes et de femmes italiens.
Types romains.

Cervantès.
Le Christ en croix.
Charles-Quint.
La princesse d'Épinoy, épisode du siège de Tournai.
Pompéï. 1884.

M. Slingeneyer a exécuté, en outre, plus de quatre cents tableaux, de dimension moyenne, dont les principaux sont :
Rouget de l'Isle, auteur de la *Marseillaise*.
Pifferari.
Scène de naufrage.
Scène de la révolution de 1793.
Arrestation de La Ruelle, bourgmestre de Liège.
Le Hamac.
Mort du brigand.
Scène de brigands.
Fantasia arabe.
Siège de Harlem.
Épisode du siège de Harlem.
Kenau Hasseleer.
Siège de Leyde.
Scène d'inondation.
Le Tasse partageant son pain avec des pauvres.
Le dimanche. (A la Reine de Hollande.)
Pêcheurs de Blankenberghe.
Marchandes de poissons.
Les adieux.
Un intérieur à Heyst-sur-Mer.
Vue de la plage de Heyst.
L'Armurier.
L'Angelus.
Charles-Quint au couvent de Saint-Yuste
Un brouillard sur le Moerdijk.
L'Abandonné.

STALLAERT (JOSEPH-JEAN-FRANÇOIS), O. ✠, domicilié à Ixelles, rue des Chevaliers, 20; né à Merchtem (Brabant) le 19 mars 1825; lauréat du grand concours de peinture de 1847; directeur de l'Académie de Tournai de 1852 à 1865; premier professeur à l'Académie des beaux-arts et à l'École des arts décoratifs de Bruxelles; élu correspondant de l'Académie le 1er mars 1883.

PUBLICATIONS ACADÉMIQUES.

Bulletins (3e série).

Rapport sur un mémoire de concours concernant le réalisme. 1883. (T. VI, p. 346.)

PRINCIPALES OEUVRES D'ART.

L'aveugle et sa fille. Saint Michel combattant le diable. La Trinité. Raphaël et la Fornarina.	Tableaux exécutés chez M. Navez, en 1844.
Berceau spartiate. L'ange de l'Apocalypse (détruit). Joueuse de harpe.	Envois réglementaires, comme lauréat, pendant son séjour à Rome.

Le moineau de Lesbie. (Vendu à l'Exposition internationale de Paris. 1867.)

Femme au paon. (Acquis par la Commission de l'Exposition de Bruxelles.)

Héro éclairant la traversée de Léandre. (Vendu à M. Orban, à l'Exposition de Bruxelles. 1863.)

Héro et Léandre au Temple. (Vendu à M. Keppenne, à Liège 1862.

La mort d'Évrard de T'Serclaes. (Hôtel de ville de Bruxelles. 1854.)

La balançoire (Idylle). (Musée de Liége. 1866.)

La cave de Diomède. (Médaille d'or, Bruxelles.) (Musée de l'État à Bruxelles.)

Le paralytique guéri. (Acquis pour le Collège Notre-Dame, à Tournai.)

Saint Pierre recevant les clefs du ciel. (Acquis pour le Collège Notre-Dame, à Tournai.)

Mater Dolorosa. (Acquis pour le Collège Notre-Dame, à Tournai.)

Le Christ (Sacré-Cœur). (A Lille.)

Ulysse reconnu par sa nourrice. (Exposition de Bruxelles, en 1863.)

Clélie traversant le Tibre à la nage.

Polyxène immolée sur le bûcher d'Achille. (Musée de Gand.)

Ruth. (Vendu à M. Nollet, Bruxelles. 1874.)

La balançoire. Scène italienne. (Vendu à M. Mahillon, Bruxelles.)

La mort de Didon. 1873. (Musée royal de Bruxelles.)

OEdipe et sa fille Antigone à Calonne. (Acquis par le roi Léopold II.)

Hébé donnant à boire à des paons. (Vendu à Dublin.)

Le dernier combat du gladiateur (Saint Almacque). (Vendu au Musée de Philadelphie.)

Ruth.

Le Maïs (demi-figure). (Vendu à M. Félix Stappaerts, Bruxelles.)

Les Colombes (intérieur Pompéen). (Vendu à M. F. Berden.)

L'éventail (tête). (Vendu à M. Lemaire, à Namur.)

Iris.

Médée.

Les fiancés roumains. (A Nivelles.)

Le tourniquet ou le droit de passage (Idylle).

Homère et son guide attaqués par des chiens.

Plafond et quinze peintures décoratives à la salle des fêtes de la Banque nationale de Bruxelles.

Trois plafonds, au Palais du comte de Flandre à Bruxelles.

Les Nations amies. Peinture décorative faite pour la fête du Cercle artistique de Bruxelles, en 1880.

Le plafond du grand escalier du Musée royal de peinture et de sculpture, à Bruxelles.

Une peinture décorative (Lucinia), à la gutta-percha (invention de Van Eyck), pour la maison de M. Nollet. Cette peinture est conservée à l'Université de Bruxelles.

M. Stallaert a exécuté, en outre, plusieurs plafonds et peintures décoratives dans des maisons particulières à Bruxelles, ainsi que nombre de portraits à Tournai et à Bruxelles.

VERLAT (Michel-Charles), C. ✠, né à Anvers le 25 novembre 1824; élève de Wappers; domicilié dans la même ville, rue du Fagot, 17; peintre d'histoire; membre effectif du Corps académique de l'Académie royale des beaux-arts d'Anvers, depuis le 22 août 1876; directeur de cette Institution; élu membre de l'Académie de Belgique le 10 janvier 1884.

PRINCIPALES OEUVRES D'ART.

<table>
<tr><td>Vox Populi, Barabbas préféré à Jésus.
Vox Dei, triptyque.
Le tombeau du Christ.
La Fuite en Égypte.
Mon portrait.
Convoi de chameaux, route de Jérusalem à Jaffa.
Le porteur d'eau.
Le mendiant à Jérusalem. (Appartient au Roi des Belges.)
Cheick, au pays du Soleil.</td><td>Tableaux faits à Jérusalem, de 1874 à 1876.</td></tr>
<tr><td>Le coup de collier, chevaux percherons. 1857.
La défense du troupeau, lion et buffles.
La mère du Messie.</td><td>Au Musée moderne à Anvers.</td></tr>
</table>

Godefroid de Bouillon à l'assaut de Jérusalem. Chien berger défendant son troupeau contre un aigle.	Au Musée royal de Bruxelles.

Tableaux divers.

Pépin le Bref coupant la tête à un lion.
Les deux amis.
Le Tintoret instruisant sa fille.
Deux loups se disputant une proie. 1847.
Buffles surpris par un tigre. 1852.
Gérard Dow dans l'atelier de Rembrandt. 1853.
Combat d'aigles. 1885.
Bucheron attaqué par un ours.
Secours à temps!
Le lion et le serpent.
L'Amour et Borée.
La première neige (moutons).
Sobre et laborieux, glouton et paresseux (âne et cochon).
Au loup! (Appartient au Roi des Belges.) 1861.
Un taureau se défendant contre des loups. 1864.

Chiens.

Le bon prince.
Chien en arrêt. 1869.
Chasse à courre, lévriers.
Chasse à la bécasse.
Chasse aux perdreaux.
Tout beau!
Apporte!
Éducation du riche.
Éducation du pauvre.
Entre deux feux, avec figure.
Convoitise, avec figure. 1859.

Rien ne sert de courir, il faut partir à point. 1885.
L'huître et les plaideurs. 1885.
La lice et sa compagne. 1885.
Chasse au faisan.
Chasse au chevreuil.
Chasse au sanglier. 1886.

Renards.

Le bout de la queue et le bout de l'oreille.
Espoir : Renard guettant des perdreaux. 1855.
Déception : Canard échappé. 1855.
Le retour du maraudeur.
Le mauvais réveil. 1863.
Un jour de deuil.

Singes.

Les mauvais voisins.
La question d'Orient.
La force prime le droit.
Un quatuor.
La dent de sagesse.
Le passage difficile, scène musicale.
Plus lourd que l'air. 1868.
Les capacitaires.
Chez le marchand, vente d'un vieux maître.
Bertrand et Raton.

Divers tableaux représentant des poules, coqs, canards et autres animaux domestiques.

Tableaux religieux.

Mater Dolorosa, Christ mort au pied de la croix.
La Vierge et l'enfant Jésus (en Angleterre). 1865.
La Vierge et l'enfant Jésus. (Appartient à l'impératrice Eugénie.)
La Sainte Famille. 1867.

Principaux portraits.

Franz Listz; Gounod; Mme Lassen, mère du compositeur; Peter Benoit; Baron van Havre; Baronne de Wit-Della Faille; Victor Jacobs, ancien ministre.

Théophile Smekens, président du tribunal de 1re instance, à Anvers. 1886.

Dens, architecte de la ville d'Anvers.

F. Lamorinière, artiste-paysagiste. 1886.

A. Snieders, homme de lettres, à Anvers. 1886.

Eyermans, conservateur des hypothèques, à Anvers.

La Grande-Duchesse de Saxe-Weimar.

Lies, artiste-peintre. (Au Musée moderne, à Anvers.)

Fleurs.

Hommage à la reine des fleurs (Roses). 1884.

Fleurs des champs, fleurs des bois, fleurs des eaux, fleurs des bruyères. (*Le tout forme un grand tableau qui appartient à* Mme Victor Lynen, à Anvers.)

Flore et Pomone. Grand tableau, fleurs et fruits. 1886.

Paysages.

La bruyère, à Calmpthout. 1886.

La bruyère, marais à Niemours. 1886.

Etc., etc.

Bataille de Waterloo. Grand panorama, à Anvers.

Grande revue de l'armée russe à San Stefano. Grand panorama, à Moscou.

VINÇOTTE (Thomas-Jules), ✠, domicilié à Schaerbeek, rue de la Consolation; né à Anvers le 8 janvier 1850; professeur à l'Institut royal des beaux-arts d'Anvers; élu membre de l'Académie le 12 mai 1886.

PRINCIPALES OEUVRES D'ART.

Giotto. Marbre. (Au Musée de Bruxelles.) 1875.
Buste du roi. Marbre. (*Ibid.*) 1880.
Buste de la reine. Marbre. (*Ibid.*) 1882.
Bas-relief : la Musique. Marbre. (Façade du Palais des Beaux-Arts, rue de la Régence, à Bruxelles.) 1881.
Monument à la mémoire du statuaire Godecharle (Parc, à Bruxelles.) 1882.
Figure allégorique « l'Étude ». Bronze. (Gare de Tournai.) 1882.
Le dompteur de chevaux. Groupe en bronze. (Avenue Louise, à Bruxelles.) 1885.
Buste de Mme Lambert de Rothschild. 1883.
— du prince Antoine d'Arenberg. 1885.
— de la comtesse de Lalaing. 1886.
— de la comtesse de Flandre. 1886.

WAUTERS (Émile-Charles), O. ✠, domicilié à Bruxelles, rue Froissart, 111; né à Bruxelles le 29 novembre 1846; élu membre de l'Académie le 5 janvier 1882.

PRINCIPALES OEUVRES D'ART.

Tableaux de grandes dimensions.

Grande nef de Saint-Marc, à Venise. 1868. (Au Roi des Belges.)
Edith retrouvant le corps d'Harold sur le champ de bataille d'Hastings. 1869. (Galerie Löwenstein.)
Marie de Bourgogne implorant la grâce d'Hugonet et d'Imbercourt. 1870. (Musée de Liège.)

La folie du peintre Hugues Van der Goes. 1872. (Musée de Bruxelles.)

Portrait de M. Somzée fils. 1875.

Marie de Bourgogne jurant de respecter les privilèges de la ville de Bruxelles. 1877. (Hôtel de ville de Bruxelles.)

Jean IV, duc de Brabant, et les métiers de Bruxelles. 1878. (Hôtel de ville de Bruxelles.)

Portrait en pied de Mme Somzée. 1879.

Portrait de M. Somzée fils, à cheval. 1879.

Portrait de Mme Judic, dans *Niniche*. 1879.

Grande toile panoramique du Caire et des bords du Nil. 1880.

Sobieski et son état-major au Kahlenberg (à Vienne).

Le Caire au pont de Kasr-el-Nil. (Musée d'Anvers.)

Le charmeur de serpents, à Tanger (Maroc).

Pêcheur marocain. (Appartient à M. Fernand Jamar, à Bruxelles.)

M. Wauters a peint, outre ces tableaux, de nombreux souvenirs d'Italie, d'Égypte et du Maroc.

Portraits.

M. Samyn, architecte; M. Devoyod, baryton, dans le rôle de Saint-Brice; MMmes E. Vanderborght et C. Vanderborght; Mme Bérardi; M. Janlet; M. Solvay, fils; M. le baron Beeckman; M. Daye; Mlle Vanderborght; M. le capitaine Wauters, des chasseurs-éclaireurs; M. Jamar, Gouverneur de la Banque Nationale; M. Vanden Nest, échevin d'Anvers; M. le vicomte de Greffuhle; M. le lieutenant-général baron Goffinet, aide de camp du Roi; Mme la baronne Goffinet; M. le prince Pierre de Caraman-Chimay; Mlle la princesse Ghislaine de Caraman-Chimay; Monseigneur Goossens, archevêque de Malines; M. César Godecharle, sur son lit de mort, etc., etc.

ERRATUM.

Page 50. M. Vanderkindere a été élu le 2 juillet 1883, et non le 7 mai.

TABLE ALPHABÉTIQUE DES NOMS.

A

B

C

D

E

F

G

H

L

M

P

Q

R

S

T

W

Z

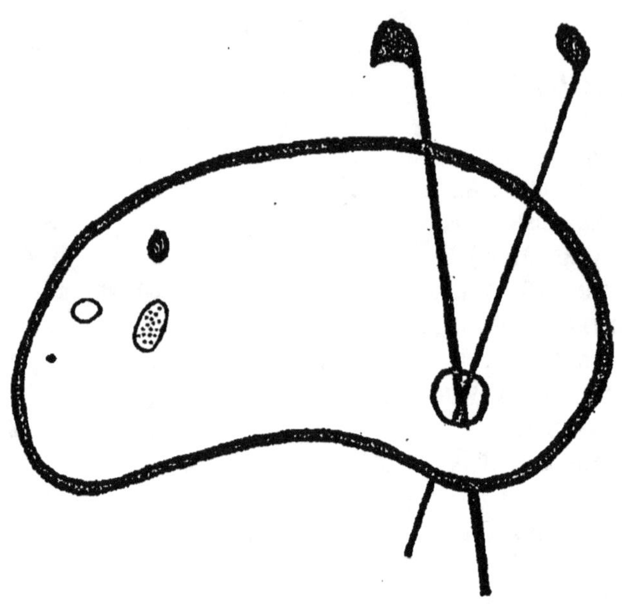

www.ingramcontent.com/pod-product-compliance
Lightning Source LLC
LaVergne TN
LVHW010519100826
845148LV00001B/41
9782012592230